南昌统计年鉴

NAN CHANG STATISTICAL YEARBOOK

2019

(总第 25 期)

南昌市统计局　国家统计局南昌调查队 编

中国统计出版社
China Statistics Press

图书在版编目(CIP)数据

南昌统计年鉴. 2019 / 南昌市统计局, 国家统计局南昌调查队编. -- 北京 : 中国统计出版社, 2019.9
ISBN 978-7-5037-8934-2
Ⅰ. ①南… Ⅱ. ①南… ②国… Ⅲ. ①统计资料-南昌-2019-年鉴 Ⅳ. ①C832.561-54
中国版本图书馆 CIP 数据核字(2019)第 183073 号

南昌统计年鉴——2019

作　　者/ 南昌市统计局　国家统计局南昌调查队
责任编辑/ 钟钰
责任校对/ 陈锋
出版发行/ 中国统计出版社有限公司
地　　址/ 北京市丰台区西三环南路甲 6 号
邮政编码/ 100073
电　　话/ 邮购(010)63376909　书店(010)68783171
网　　址/ http://www.zgtjcbs.com
印　　刷/ 江西昌和特种票证有限公司
经　　销/ 新华书店
开　　本/ 890mm×1240mm　1/16
字　　数/ 980 千字
印　　张/ 30.75
印　　数/ 1–400 册
版　　别/ 2019 年 9 月第 1 版
版　　次/ 2019 年 9 月第 1 次印刷
定　　价/ 400.00 元

如有印装差错，由本社发行部调换。

《南昌统计年鉴—2019》

编 辑 委 员 会

编　辑　部

编 者 说 明

一、《南昌统计年鉴-2019》是一部按年连续出版的大型统计资料书。真实记录了2018年南昌的经济和社会各方面的发展变化，以及历史重要年份和改革开放以来的主要统计数据。

二、全书内容分为19个篇目:1.综合;2.人口·劳动力;3.就业人员和职工工资;4.人民生活;5.物价;6.固定资产投资;7.城市公用事业;8.财政·金融;9.农业;10.工业;11.能源;12.建筑业;13.交通运输、邮电通信和规上服务业;14.国内贸易;15.外贸和旅游;16.房地产;17.科技·教育·文化;18.卫生·体育·其他;19.附录，在附录部分收集了2018年国家和江西省统计公报，全国各省(市、区)、省会城市和江西省各设区市主要经济指标。为便于读者正确使用资料，每个篇章后面附有主要统计指标解释。

三、本年鉴总量指标计算所采用的价格除注明外均为当年价格。

四、本年鉴资料主要来自年度统计报表，一部分来自抽样调查。

五、本年鉴部分数据合计数或相对数由于单位取舍不同产生的计算误差均未作机械调整。

六、本年鉴表中的符号使用说明:"空格"表示该项统计数据不详或无该项数据;"#"表示其中项。

七、读者在使用历史资料时，凡与本年鉴有出入的，均以本年鉴为准。

八、《年鉴》公开出版以来，受到了广大读者的关心和支持，对此我们深表谢意。欢迎读者对年鉴内容、编排等方面提出宝贵意见，帮助我们进一步提高编辑水平，更好地为读者服务。

篇目索引

篇　　目

一、综 合

二、人口·劳动力

三、就业人员和职工工资

四、人民生活

五、物　　价

六、固定资产投资

七、城市公用事业

八、财政·金融

九、农　　业

十、工　业

十一、能　源

十二、建　筑　业

十三、交通运输、邮电通信和规上服务业

十四、国内贸易

十五、外贸和旅游

十六、房 地 产

十七、科技·教育·文化

十八、卫生·体育·其他

附 录

一、综　合

GENERAL SURVEY

本篇内容包括：

1. 南昌市2018年国民经济和社会发展统计公报
2.《南昌市2018年统计公报》解读
3. 一套表新增法人单位数
4. 主要年份国民经济主要指标

地区生产总值

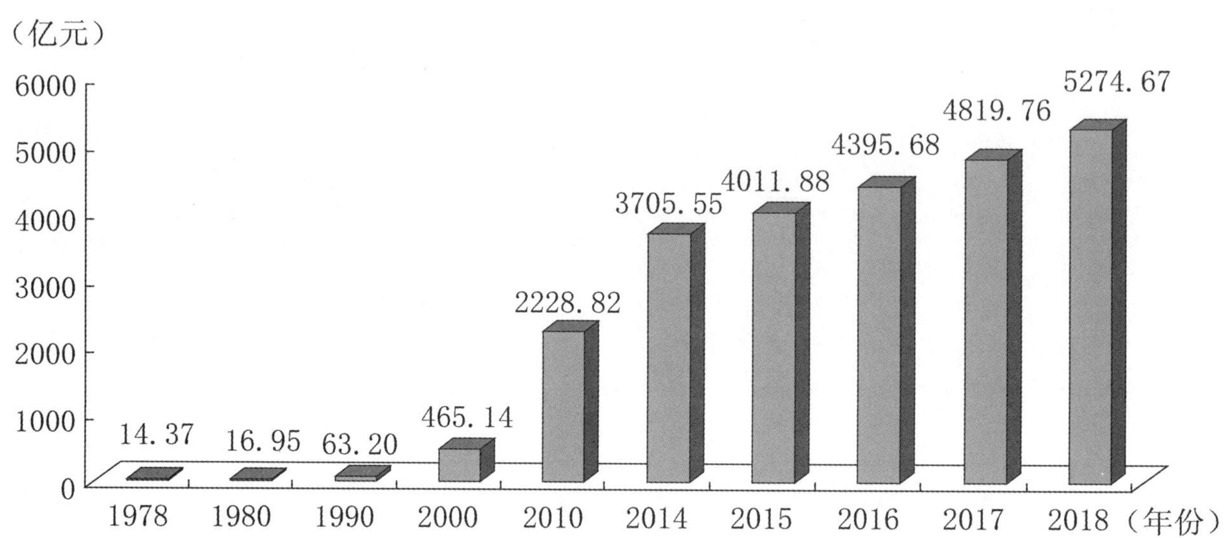

2018年地区生产总值构成

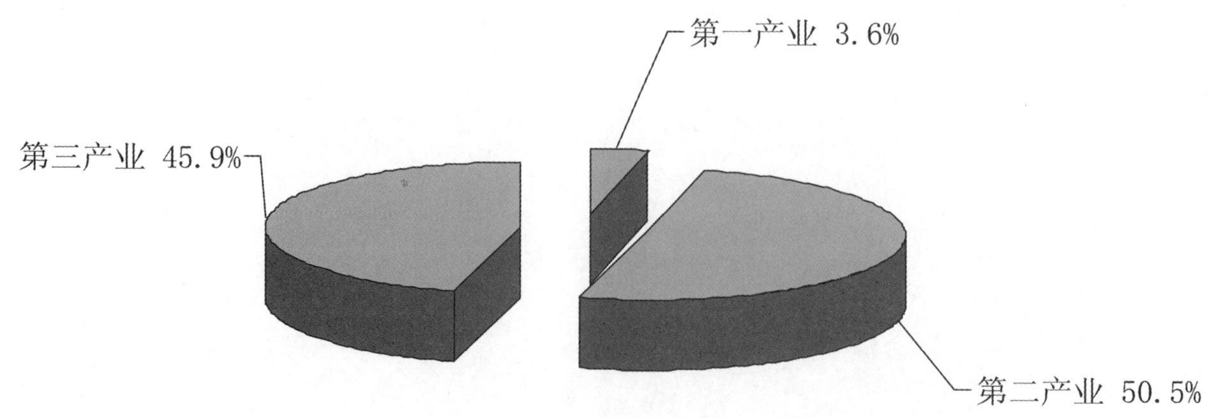

南昌市2018年国民经济和社会发展统计公报

南昌市统计局　国家统计局南昌调查队

2019年3月29日

2018年，在市委、市政府的坚强领导下，全市上下认真学习贯彻党的十九大和十九届二中、三中全会精神，以习近平新时代中国特色社会主义思想为指导，坚持稳中求进工作总基调，围绕“一核两重”产业发展总战略，持续深化供给侧结构性改革，统筹推进稳增长、促改革、调结构、惠民生、防风险各项工作，全年经济运行总体平稳，发展质量稳步提升，人民生活持续改善，全市经济社会保持了健康发展，实现全面建成小康社会更进一步。

一、综　合

初步核算，全年实现地区生产总值（GDP）5274.67亿元，按可比价格计算，比上年增长8.9%。其中，第一产业增加值190.68亿元，增长3.2%；第二产业增加值2660.92亿元，增长8.5%；第三产业增加值2423.07亿元，增长10.1%。南昌县、高新区、青山湖区、西湖区、东湖区等5个县区地区生产总值超500亿元，分别完成811.63亿元、664.49亿元、562.74亿元、527.71亿元、513.05亿元。在全市地区生产总值中，非公有制经济实现增加值3039.90亿元，按可比价格计算，增长9.4%。

图1：2014-2018年地区生产总值及其增长速度

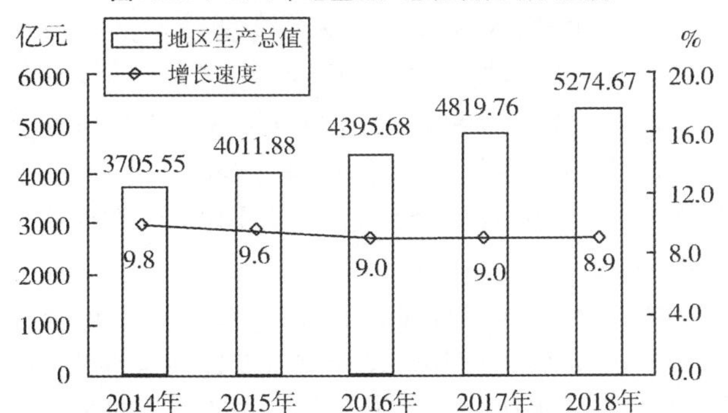

截至11月末，全市户籍总人口531.88万人。其中，城镇人口294.55万人，户籍人口城镇化率为55.38%。年末常住人口554.55万人，比上年末增加8.20万人。其中，城镇人口411.64万人，常住人口城镇化率为74.23%；全年出生人口7.07万人，出生率12.84‰；死亡人口3.31万人，死亡率6.02‰；自然增长率6.82‰，比上年下降0.81个千分点。

全年城镇新增就业7.97万人，城镇登记失业率3.48%；安置“4050”等困难群体0.79万人；新增转移农村劳动力4.08万人。

全年财政总收入869.36亿元，比上年增长11.1%。其中，地方一般公共预算收入461.75亿元，增长10.7%。地方一般公共预算收入中，完成增值税138.51亿元，增长9.8%；企业所得税60.27亿元，增长12.7%；个人所得税21.33亿元，增长19.3%。财政总收入超50亿元的县区8个，其中南昌县、西湖区、红谷滩新区、高新区超100亿元，东湖区、青山湖区、新建区、经开区超50亿元。全年地方一般公共预算支出752.13亿元，增长15.2%。其中，公共安全支出49.68亿元，增长20.1%；科学技术支出27.39亿元，增长26.0%；文化体育与传媒支出7.94亿元，增长0.6%；教育支出111.00亿元，增长11.2%；社会保障和就业支出89.80亿元，增长18.3%；医疗卫生与计划生育支出78.97亿元，增长14.6%。

图2：2014-2018年财政总收入及其增长速度

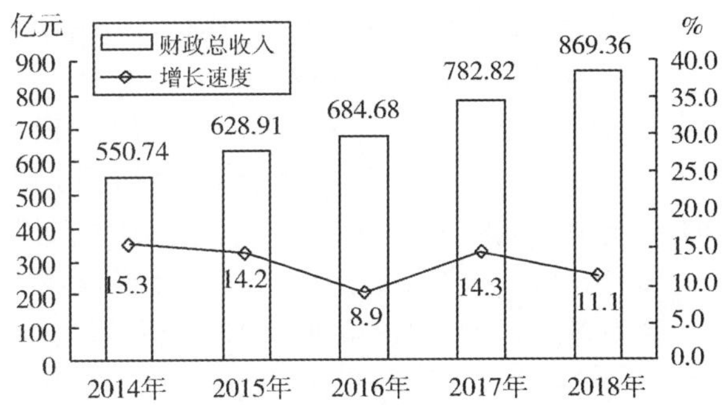

全年居民消费价格总指数（CPI）比上年上涨2.3%。其中，消费品价格上涨1.4%，服务价格上涨3.8%，商品零售价格上涨0.8%。工业生产者出厂价格指数103.21，工业生产者购进价格指数102.22。

表1：2018年居民消费价格情况

指　标	比上年上涨(%)
居民消费价格总指数	2.3
#食品烟酒	2.0
衣着	-1.3
居住	2.3
生活用品及服务	0.9
交通和通信	2.0
教育文化和娱乐	2.2
医疗保健	10.9
其他用品和服务	1.1

二、农　业

农业生产:全年完成农林牧渔及服务业现价总产值321.01亿元,比上年增长3.4%。其中,农业产值141.74亿元,增长4.5%;林业产值4.96亿元,增长5.1%;牧业产值87.22亿元,增长0.7%;渔业产值73.08亿元,增长3.2%;农林牧渔服务业产值14.00亿元,增长10.6%。

农产品产量:全年谷物种植面积33.39万公顷,谷物总产量238.20万吨;油料种植面积6.99万公顷,油料总产量11.54万吨。

渔业:全年水产品总产量40.44万吨,比上年增长3.2%。其中特种水产品产量13.02万吨,增长6.8%。

生产条件:全市已建成中小型水库493座,年末农田有效灌溉面积18.98万公顷;年末农业机械总动力256.92万千瓦。年内完成机耕面积380705公顷、机播面积146690公顷;机械收获面积342634公顷。

三、工业和建筑业

工业生产:全年规模以上工业增加值比上年增长9.5%。分轻重工业看,轻工业增加值增长4.1%,重工业增加值增长13.2%。分经济类型看,国有企业增加值下降3.8%;集体企业增加值下降11.9%;股份制企业增加值增长12.3%;股份合作企业增加值下降55.7%;私营企业增加值增长17.2%;外商及港澳台商投资企业增加值增长4.0%。全市规模以上工业36个行业大类中,计算机、通信和其他电子设备制造业,电气机械和器材制造业,电力、热力生产和供应业等15个行业增速高于全市平均水平。高技术产业增加值增长20.6%,高于全市规上工业11.1个百分点,比上年提高2.8个百分点。战略性新兴产业增加值增长12.1%,高于全市规上工业2.6个百分点,比上年提高4.4个百分点。装备制造业增加值增长14.2%,高于全市规上工业4.7个百分点。

图3:2014-2018年规模以上工业增加值增长速度

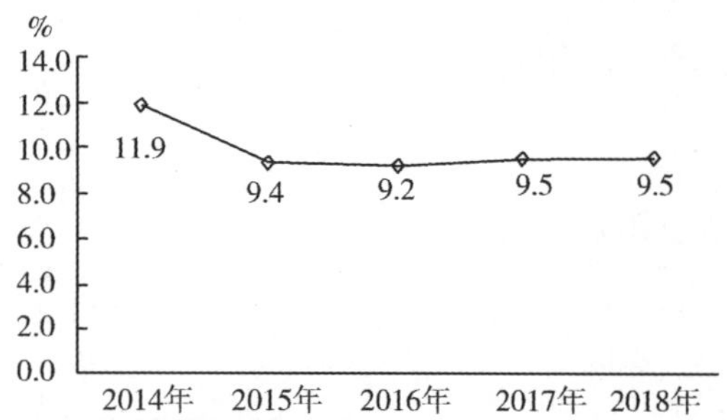

工业经济效益:全年规模以上工业产品销售率为99.4%;实现利润总额363.37亿元,增长10.1%。

全年规模以上工业实现主营业务收入6395.38亿元,比上年增长15.2%,主营业务收入过百亿元的行业达到13个。其中,汽车制造业,计算机、通信和其他电子设备制造业,农副食品加工业,电力、热力生产和供应业分别实现主营业务收入1175.92、1077.49、792.64和731.46亿元。

表2:2018年主要工业产品产量及其增长速度

产品名称	单位	绝对量	比上年增长(%)
饲料	万吨	1313.0	1.5
智能手机	万台	4035.9	10.0
沥青和改性沥青防水卷材	万平方米	360.3	43.5
卷烟	亿支	638.0	-3.1
光缆	万芯千米	79.8	-14.9
光电子器件	亿只(片)	221.4	21.4
钢化玻璃	万平方米	55.2	5.9
彩色电视机	万台	21.8	-7.5
水泥	万吨	693.1	9.8
商品混凝土	万立方米	1007.0	7.3
生铁	万吨	346.0	12.8
粗钢	万吨	420.3	15.3
钢材	万吨	464.3	21.6
交流电动机	万千瓦	81.5	69.1
汽车	万辆	41.3	-6.2
房间空调器	万台	488.8	8.0

工业开发区:全市八个省及省以上开发区工业企业累计完成主营业务收入5790.48亿元,比上年增长12.6%;工业增加值增长9.0%;实现利润总额367.09亿元,增长9.4%。南昌高新技术产业开发区工业主营业务收入达到2381.71亿元,继续高居全省工业开发区榜首。南昌经济技术开发区和小蓝经济技术开发区工业主营业务收入分别达到1329.88亿元和1062.58亿元,分别排名全省第二和第四位。

建筑业:全年建筑业总产值3640.72亿元,比上年增长14.3%。全市共有资质以上建筑业企业743家,比上年增加12家。全年完成竣工产值1682.24亿元,增长10.2%;施工面积18048.57万平方米,增长10.7%;竣工面积6368.67万平方米,增长0.4%。

四、固定资产投资

投资总量:全市500万元及以上固定资产投资比上年增长10.9%。其中,工业投资增长15.2%;

房地产开发投资增长 12.6%。全年投资施工项目 3151 个,其中新开工项目 1824 个。

投资结构:全市 500 万元及以上固定资产投资中第一产业投资比上年增长 99.5%,第二产业投资增长 16.8%,第三产业投资增长 7.6%。三次产业在固定资产投资中所占比重为 1.1:31.8:67.1。

图4:2018年三次产业投资比例

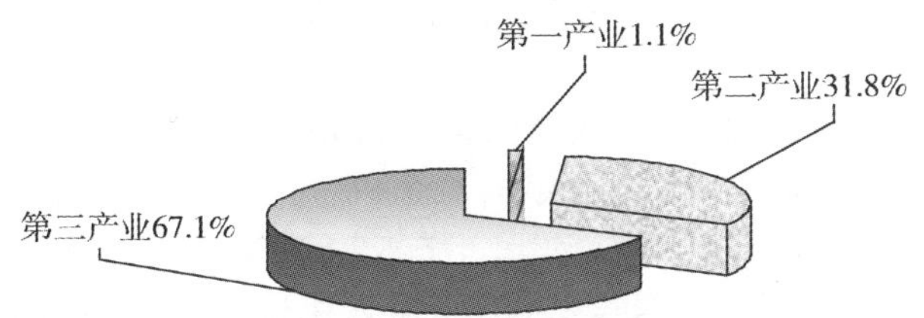

表 3:2018 年分行业固定资产投资(不含农户)增长速度

行　　业	比上年增长(%)
合　　计	10.9
第一产业	99.5
第二产业	16.8
采矿业	—
制造业	17.2
#化学原料及化学制品制造业	-29.2
非金属矿物制品业	-15.1
黑色金属冶炼及压延加工业	-38.9
有色金属冶炼及压延加工业	-34.3
电气机械及器材制造业	14.6
计算机、通信和其他电子设备制造业	82.4
电力、燃气及水的生产和供应业	-25.4
建筑业	283.2
第三产业	7.6
批发和零售业	-15.1
交通运输、仓储和邮政业	10.3
住宿和餐饮业	10.3
信息传输、软件和信息技术服务业	-18.2
金融业	-57.2
房地产业	4.8
租赁和商务服务业	33.0
科学研究和技术服务业	94.4
水利、环境和公共设施管理业	16.3
居民服务和其他服务业	-22.4
教育	115.7
卫生和社会工作	-29.7
文化、体育和娱乐业	152.5
公共管理和社会组织	-32.4

从投资主体看,全市 500 万元及以上固定资产投资中国有经济投资比上年下降 1.4%。非国有经济投资增长 15.6%,其中民间投资增长 13.2%。

全年房地产开发投资比上年增长 12.6%。其中,住宅投资增长 26.0%,特别是中、大户型住宅投资加速,90—144 平方米及以上住宅投资增长 31.2%,144 平方米及以上住宅投资增长 56.5%;办公楼和商业营业用房投资下降 15.1%。商品房销售面积 1846.31 万平方米,增长 14.6%。

城市建设:城市建设加快推进。昌东大道南延、志敏大道、前湖立交及前湖大道快速路主线相继通车;轨道交通 2 号线后通段、3 号线、4 号线,洪都大道快速路改造,昌九大道快速路改造二期、昌西大道、海昏大道、昌南大道快速路改造等项目快速推进;“六改”项目扎实推进,推动城市环境持续提升;新建区新城吾悦广场、青山湖区万达广场、红谷滩新区红星美凯龙全球家居生活广场等一批商业综合体相继建成。全年基础设施投资比上年增长 12.5%;新开通公交线路 35 条,公交线路已达到 271 条。

五、国内贸易

消费品市场:全市实现社会消费品零售总额(法人口径)2131.63 亿元,比上年增长 11.1%。按城乡分,城镇实现零售额 1968.25 亿元,增长 10.8%;农村实现零售额 163.39 亿元,增长 14.0%。分行业看,批发和零售业实现零售额 1949.43 亿元,增长 11.2%;住宿和餐饮业实现零售额 182.20 亿元,增长 9.2%。

在限额以上批发零售业零售额中,粮油、食品、饮料、烟酒类零售额增长 17.2%;家用电器及音像器材类增长 8.7%;中西药品类增长 23.9%;家具类增长 20.7%;汽车类增长 3.8%;建筑及装潢材料类增长 24.4%。汽车类消费实现零售额 321.85 亿元,是我市规模最大的商品类别,占限额以上批零住餐零售额比重为 30.9%。

商品交易市场:全市年成交额亿元以上的商品交易市场有 27 个,成交总额 771.21 亿元,比上年下降 7.1%。其中,洪城大市场年交易额 291.90 亿元,下降 10.5%;南昌(深圳)农产品批发市场年交易额 198.52 亿元,增长 1.7%。

六、对外经济

对外贸易:据海关统计,2018 年南昌地区内企业(含中央、省属公司)实现进出口总值 787.55 亿元,比上年增长 18.2%。其中,出口值 451.67 亿元,增长 6.2%;进口值 335.88 亿元,增长 39.4%。分贸易方式看,一般贸易出口 382.72 亿元,增长 6.2%;加工贸易出口 49.7 亿元,下降 8.3%。分重点商品看,高新技术产品出口 119.88 亿元,增长 52.9%,占全市比重 26.5%;机电产品出口 233.69

亿元,增长17.8%。

图5:2014-2018年进出口情况

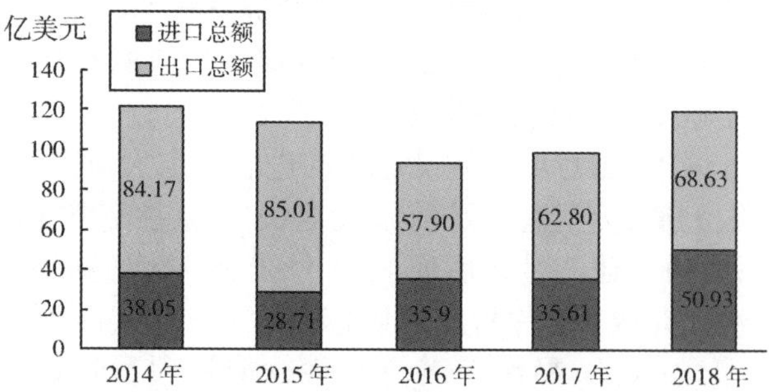

利用外资:全市实际利用外资45.82亿美元,比上年增长18.6%。合同外资金额10.01亿美元,比上年增长18.6%。全年批准外商投资企业53家,其中中外合资企业占39.6%,外商独资企业占60.4%。全年实际利用内资1693.06亿元,增长19.2%。其中,利用省外资金项目进资1136.62亿元,增长18.7%。

七、交通、邮电和旅游

交通运输:全年铁路、公路完成旅客运输量6541万人,比上年增长1.1%;铁路、公路、水路完成货物运输量15648万吨,增长13.1%。昌北机场旅客吞吐量1352.4万人次,增长23.7%;货邮吞吐量8.26万吨,增长58.1%。

表4:2018年铁路、公路、水路完成客货运输量及其增长速度

指　标	单位	绝对数	比上年增长(%)
旅客运输量	万人	6541	1.1
铁路	万人	3769	7.2
公路	万人	2772	-6.1
货物运输量	万吨	15648	13.1
铁路	万吨	327	19.8
公路	万吨	14198	14.2
水路	万吨	1123	0.1

汽车保有量:年末民用汽车保有量107万辆,比上年增长10.9%。年末民用轿车保有量65万辆,增长10.4%,其中私人轿车保有量60万辆,增长10.5%。

邮电通信:全市完成邮电业务总量449.59亿元,比上年增长112.8%。其中,邮政业务总量63.49亿元,增长47.5%;电信业务总量386.1亿元,增长129.5%。快递业务收入30.86亿元,发送快递27718万件,其中国内同城快递4958万件、国内异地快递22542万件、国际及港澳台快递218万件。订销报刊累计数8921万份。年末全市固定电话用户90.5万户,下降3.1%;移动电话用户696.8万户,增长13.6%;互联网宽带接入用户数237.9万户,增长28.7%。

旅游:全年旅游总人次15102万人次,比上年增长25.2%。旅游综合收入1520亿元,增长26.2%。截至2018年末,全市拥有星级宾馆(饭店)56家;拥有旅行社264家,其中出境组团社49家。

八、金融、证券和保险业

金融业:全市金融机构本外币各项存款余额为10733.08亿元,比上年增长5.9%。其中,非金融企业存款4504.75亿元,增长5.7%;住户存款3175.45亿元,增长9.0%。金融机构本外币各项贷款余额为12124.64亿元,增长17.0%。其中,短期贷款3123.03亿元,增长7.0%;中长期贷款8354.94亿元,增长17.8%。全市金融机构人民币各项存款余额为10605.78亿元,增长5.9%;金融机构人民币各项贷款余额为11950.32亿元,增长17.1%。

证券业:全市拥有证券分支机构131家,全年证券机构股民资金账户数245.76万户,比上年增长8.6%。全年客户交易结算资金62.18亿元,下降12.0%;A股交易额12570.95亿元,下降21.2%;B股交易额4.53亿元,下降30.5%。

保险业:全市共有保险公司46家。全年实现保费收入201.48亿元,比上年增长5.3%。其中,财产保险60.66亿元,增长14.8%;人寿保险110.81亿元,下降5.9%。全年赔款支出61.52亿元,增长22.1%。其中,财产保险32.00亿元,增长18.8%;人寿保险19.49亿元,增长24.0%。

九、教育和科学技术

教育:全市拥有各级各类学校879所(不含技工学校),教职工9.63万人,其中专任教师7.93万人。全年招收研究生1.27万人,在校研究生3.21万人,毕业研究生0.82万人。全市共有普通高校53所,招生18.22万人,在校生61.06万人,毕业生17.74万人。中等专业学校26所,招生2.37万人,在校生6.93万人,毕业生2.94万人。普通高中75所,招生3.46万人,在校生10.63万人,毕业生3.43万人。普通初中213所,招生6.9万人,在校生19.94万人,毕业生6.14万人,初中阶段适龄少年入学率100%。职业高中17所,招生2428人,在校生12166人,毕业生2759人。小学487所,招生7.77万人,在校生42.98万人,毕业生6.88万人,小学适龄儿童入学率100%。特殊学校8所,特殊教育招生212人,在校生1007人,毕业生198人。

幼儿园934所，在园幼儿14.54万人。

表5:2018年各类全日制学校基本情况

项　目	学校数（个）	招生数（人）	在校生（人）	毕业生（人）	专职教师（人）
高等学校	53	182185	610624	177386	32150
中等学校	26	23674	69282	29386	1720
普通中学	288	103653	305760	95742	26791
职业高中	17	2428	12166	2759	564
小　学	487	77745	429758	68759	17838
特教学校	8	212	1007	198	228

科技：全市新认定高新技术企业556家，累计拥有高新技术企业1055家。累计拥有国家级工程技术研究中心4家、重点实验室5家；累计拥有省级工程技术研究中心119家、重点实验室131家；登记省级技术成果35项。全年专利申请量22479件，比上年增长22.0%，专利授权量13040件，增长58.2%。全年登记技术合同1818项，技术合同成交金额48.31亿元，增长12.9%。全市新增省级产业技术创新联盟2家，累计拥有省级产业技术创新联盟28家。

十、文化、卫生和体育

文化：全市文艺创作获省级以上奖项20个，其中国家级奖项6个。年末全市拥有各类专业艺术表演团体4个，公共图书馆10个，文化馆10个，博物馆、纪念馆17个，全国重点文物保护单位9处。年末全市有线电视用户126.45万户。

卫生：全市拥有各类医疗卫生机构2245个，其中医院122个；拥有床位3.35万张，其中医院床位2.82万张。拥有各类专业卫生技术人员4.15万人，其中执业（助理）医师1.48万人。全市婴儿死亡率为2.28‰，5岁以下儿童死亡率为3.55‰，每十万孕产妇死亡人数为3.74人。

体育：2018年，全市运动员参加比赛人数2万人次，共获得金牌768枚，银牌452枚，铜牌409枚。全年举办单项比赛150次，举办全民健身活动428次，其中千人以上的活动52次，参加活动的人数总计110余万人。全年完成全民健身工程50个，总投资350万元。全年发行体育彩票16.14亿元，比上年增长79.9%。

十一、人民生活和社会保障

人民生活：据抽样调查，城镇居民人均可支配收入40844元，比上年增长8.4%，城镇居民人均消费性支出26081元，增长7.4%。城镇居民家庭恩格尔系数为27.5%。年末城镇居民人均住房建筑面积38.27平方米，比上年末增加2.74平方米。农村居民人均可支配收入17866元，增长9.2%。农村居民人均生活消费支出11352元，增长10.9%。农村居民家庭恩格尔系数为35.3%。

图6:2014-2018年城乡居民收入水平

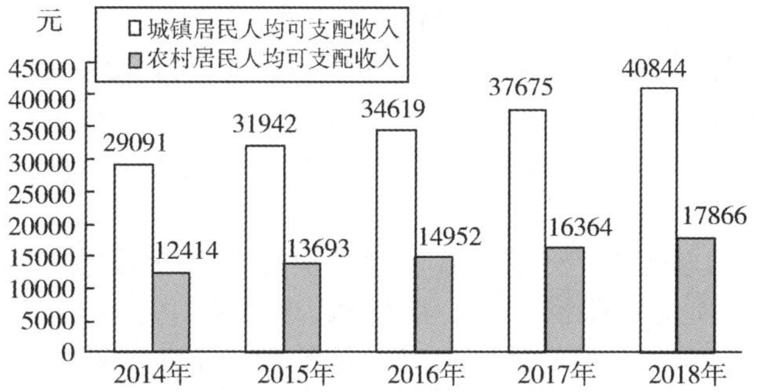

社会治安：全年共立案各类刑事案件2.41万起，破获经济案件300起，挽回经济损失176.66万元。

住房公积金：全市（市本级）归集公积金80.28亿元（含年度结息2.65亿元），比上年增长14.3%；发放住房公积金贷款12.12亿元，下降58.9%；发放户数3043户，下降61.7%；提取住房公积金57.07亿元，增长23.1%。

社会保障：全市城镇职工参加基本医疗保险人数118.7万人，比上年增加1.4万余人。参加失业保险人数63.09万人，比上年增加0.84万人。城镇参加基本养老保险人数为199.68万人，其中参保职工139.36万人，参保离退休人员60.32万人；企业养老金社会化发放率达100%。2018年完成廉租住房租赁补贴23009户。

社会福利：全市拥有各类社会福利单位127个，床位1.58万张；收养各类人员0.68万人。城镇社区服务站（中心）785个；城市居民最低生活保障家庭2.40万户，保障人数4.39万人；农村居民最低生活保障家庭4.81万户，保障人数8.32万人；城乡医疗救助人数17.20万人。

十二、资源、环境与安全生产

环境质量：全市拥有国家级生态示范县2个、国家级生态区1个、国家级生态乡（镇）18个，省级生态县（区）4个、省级生态乡镇56个、省级生态村74个，“绿水青山就是金山银山”省级实践创新基地1个，市级生态村807个。自然保护区9个，总面积13.65万公顷。全年空气质量优良天数达327天，优良率为89.6%，列中部六省会城市第一。赣江、抚河南昌段共14个监测断面水质达标率为100%，集中式饮用水质水量达标率为100%。区域环境噪声昼间等效声级为54.4分贝，夜间等效声级为42.9分贝，道路交通噪声等效声级路段长度加权均值67.1分贝。夜间等效声级路段长度加权均值62.9分贝。城市生活污水集中处理率达到71.6%。

城市园林绿化:初步核算,全市拥有园林绿地面积13489.5公顷,绿化覆盖面积14155.4公顷,公园绿地3502公顷,城市绿化覆盖率达到41.03%,人均公共绿地面积达到11.8平方米。

节能减排:初步核算,全年万元生产总值综合能耗下降4.21%,化学需氧量、氨氮、二氧化硫和氮氧化物排放总量四项指标均完成我省下达的年度减排目标任务。

安全生产:全市共发生各类生产安全事故188起,死亡140人,与上年相比,事故多19起,上升11.2%,死亡人数少19人,下降12.0%。生产经营性道路交通事故140起,死亡91人。全年发生火灾事故1139起,同比下降26.3%;死亡9人,下降62.5%。

注:

1. 本公报中统计数据均为初步统计数,正式数据以《南昌统计年鉴-2019》为准。部分数据因四舍五入的原因,存在分项与合计不等的情况。

2. 规模以上工业统计范围为年主营业务收入2000万元及以上的法人工业企业;固定资产投资(不含农户)统计范围为计划总投资500万元及以上项目和房地产;限额以上企业是指年主营业务收入2000万元及以上的批发业企业、500万元及以上的零售业企业、200万元及以上的住宿和餐饮业企业。

3. 地区生产总值和各产业增加值绝对数按现价计算,增长速度按不变价格计算。

4. 根据《国民经济行业分类》(GB/T4754-2011),第一产业指农、林、牧、渔业(不含农、林、牧、渔服务业),第二产业指采矿业(不含开采辅助活动),制造业(不含金属制品、机械和设备修理业),电力、热力、燃气及水生产和供应业,建筑业,第三产业即服务业,是指除第一产业、第二产业以外的其他行业。

5. 常住人口是指实际经常居住在某地区一定时间的人口。按人口普查和抽样调查规定,主要包括:居住在本乡镇街道、户口在本乡镇街道或户口待定的人,居住在本乡镇街道、离开户口所在的乡镇街道半年以上的人,户口在本乡镇街道、外出不满半年或在境外工作学习的人。

开启新征程　谋篇高质量

——《南昌市2018年国民经济和社会发展统计公报》解读

南昌市统计局党组书记、局长　夏小兰

《2018年南昌市国民经济和社会发展统计公报》(以下简称《公报》)如期发布了,《公报》通过丰富翔实的数据图表,全面客观地展示了南昌经济社会发展全貌。可以看到,过去的一年,全市上下在市委市政府的坚强领导下,扎实工作、开拓进取,主动适应经济发展新常态,自觉践行新发展理念,取得了一笔笔成绩、一项项硕果。

一、"稳"是主基调,经济稳中提质"韧性强"

2018年,市委、市政府坚持三次产业协同发展,着力推动都市现代农业发展迈出新步伐,汽车和新能源汽车、电子信息、绿色食品等千亿级产业集群支撑工业经济领跑全省,VR、金融、会展等生产性服务业蓬勃兴起,生活性服务业向精细化和高品质转变,全年经济实现平稳健康发展。

经济运行总体平稳。《公报》显示,2018年,全市实现地区生产总值(GDP)5274.67亿元,按可比价格计算,比上年增长8.9%,增速分别高于全国、全省2.3和0.2个百分点,占全省比重达24.0%。物价保持温和上涨,有助于经济平稳运行。2018年,全市居民消费价格指数(CPI)比上年上涨2.3%,年内各月稳定在2.2%-2.7%的温和涨幅。

质量效益持续改善。《公报》显示,2018年,全市财政总收入突破800亿元,达到869.36亿元,比上年增长11.1%。其中,地方一般公共预算收入461.75亿元,增长10.7%,高于上年7.0个百分点,增速连续两年领跑全省。财税质量不断优化,全市税收收入占财政总收入和地方一般公共预算收入的比重分别达到89.6%和80.5%,分别高于全省8.3和10.4个百分点。企业效益稳步向好,全年规模以上工业主营业务收入达到6395.38亿元,比上年增长15.2%,高于上年6.1个百分点。规模以上服务业企业实现营业收入717.41亿元,比上年增长14.2%,增速首次领跑全省。

对外经济活力彰显。2018年,我市积极融入"一带一路"和长江经济带,对外开放步伐明显加快,开放型经济水平全面提升,为经济发展不断注入了新的活力。《公报》显示,全年实现海关进出口总值787.55亿元,比上年增长18.2%,高于上年10.3个百分点。其中,出口总值451.67亿元,增长6.2%,高于全省5.5个百分点。全市实际利用外资34.89亿美元,增长9.7%,总量占全省的比重达27.8%,高于上年0.1个百分点。

二、"进"是关键词,结构调整优化"潜力大"

《公报》显示,一年来,全市全力实施"一核两重"产业发展战略,大力推动产业链条延伸、结构调优,强化传统支柱产业、战略性新兴产业和现代服务业多点支撑,着力构建高质量现代产业体系。

产业结构更趋协调。2018年,全市三次产业协调发展。农业生产保持稳定,全年实现农林牧渔业总产值321.01亿元,比上年增长3.4%;工业生产增势强劲,全市规模以上工业增加值增长9.5%,连续19个月排名全省首位;服务业发展稳中显快,全年实现增加值2423.07亿元,增长10.1%,分别高于GDP和第二产业1.2、1.6个百分点,对经济增长贡献率为48.0%,拉动经济增长4.3个百分点,服务业已经成为拉动全市经济增长的压舱石。

工业结构更为高端。2018年,以高技术产业为代表的先进制造业快速发展,全年高技术产业、装备制造业、战略性新兴产业增加值分别增长20.6%、14.2%和12.1%,高于全市工业11.1、4.7和2.6个百分点。我市重点打造的八大产业工业增加值增长9.2%,其中,电子信息产业、机电装备制造产业和现代轻纺产业发展迅速,分别增长29.8%、19.8%和11.1%,高于全市工业20.3、10.3和1.6个百分点。

消费结构更显品质。改善型、享受型消费发展势头良好,生活质量改善和品质提升消费日益加快,全年旅游总人次15102万人次,比上年增长25.2%,旅游综合收入1520亿元,增长26.2%。限额以上法人企业大类商品中,中西药品类、化妆品类、家具类、日用品类等商品零售额分别增长23.9%、22.7%、20.7%和15.4%。

投资结构更加合理。2018年,全市投资领域呈现结构优化、活力提升的良好局面，为高质量发展拓展了广阔空间。全市500万元及以上固定资产投资比上年增长10.9%。其中，工业投资增长15.2%，高于上年1.8个百分点。工业技改投资增长17.5%，持续保持较高增长态势。服务业投资中，文化体育和娱乐业、教育、科学研究和技术服务业、租赁和商务服务业投资增速较快，分别增长152.5%、115.7%、94.4%和33.0%。

三、“绿”是主动力，生态产业体系“活力足”

《公报》显示，全市积极培育发展新动能，深入践行绿水青山就是金山银山的理念，突出生态文明建设导向，坚定不移走生态优先、绿色发展新路，推动创新生态优化和环境质量改善协同推进，美丽南昌建设迈出新步伐。

新兴动能加快集聚。先进产能发展向好。新技术、新动能加速集聚，代表智能制造、新型材料、新型交通运输设备和高端电子信息产品的新产品产量实现较快增长，全年智能手机比上年增长10.0%，新能源汽车增长18.9%，光电子器件增长21.4%。创新成果不断涌现。全市新认定高新技术企业556家，全年专利申请量22479件，增长22.0%。全年登记技术合同1818项，技术合同成交金额增长12.9%。全市新增省级产业技术创新联盟2家，累计拥有省级产业技术创新联盟28家。

节能减排成效明显。2018年，全市新能源发电量6.87亿千瓦时，比上年增长51.76%。其中，太阳能发电量0.95亿千瓦时，占新能源发电量比重由上年的0.43%升至13.83%；风力发电量3.99亿千瓦时，增长56.55%。全年万元生产总值综合能耗下降4.21%，规模以上工业万元增加值能耗下降5.02%，化学需氧量、氨氮、二氧化硫和氮氧化物排放总量四项指标均完成我省下达的年度减排目标任务。

生态环境持续改善。截至2018年底，全市拥有自然保护区9个，总面积13.65万公顷；拥有园林绿地面积13489.5公顷，比上年增加821.5公顷。全市空气质量优良天数达327天，优良率为89.6%，高于上年7.6个百分点，上升幅度排全省第一，优良率连续五年在中部省会城市排名第一。环境空气质量在中部省会城市和省内设区市率先达到国家二级标准。赣江、抚河南昌段共14个监测断面水质达标率为100%，集中式饮用水质水量达标率为100%。

四、“好”是总态势，民生福祉改善“品质高”

《公报》显示，我市始终贯彻以人民为中心的发展思想，大力发展社会事业，全面落实精准扶贫，民生事业实现新改善，群众获得感进一步增强。

居民收入稳步增长。全市城镇居民人均可支配收入40844元，比上年增长8.4%；农村居民人均可支配收入17866元，增长9.2%。城乡居民人均收入倍差为2.29，比上年缩减0.01。全市城镇和农村居民恩格尔系数分别为27.5%和35.3%，分别比上年下降3.1和0.9个百分点。

社会保障不断扩大。2018年末，全市城镇职工参加基本医疗保险人数118.7万人，比上年末增加1.4万余人；城镇参加基本养老保险人数199.68万人，其中参保职工139.36万人。经济持续平稳增长带动就业人数进一步提升，积极的就业政策成效不断显现。全年城镇新增就业7.97万人，年末城镇登记失业率为3.48%，新增转移农村劳动力4.08万人。

生活品质持续提高。一是医疗服务更加优质。全市拥有各类医疗卫生机构2245个，其中医院数122个，比上年新增4个；拥有床位数3.35万张，比上年增加0.11万张；拥有各类专业卫生技术人员4.15万人，比上年增加0.21万人。二是文化配套更加健全。年末全市拥有各类专业艺术表演团体4个，公共图书馆10个，文化馆10个，博物馆、纪念馆17个，全国重点文物保护单位9处。年末全市有线电视用户126.45万户。三是生活水平更加改善。年末城镇居民人均住房建筑面积38.27平方米，比上年末增加2.74平方米。年末民用汽车保有量107万辆，比上年增长10.9%。

总体而言，2018年南昌经济在结构调整中加速动能转换，社会发展在改革创新中促进和谐稳定。面对经济稳中有变的大环境，南昌乘势而上、奋力攻坚，积极对抗经济下行压力，推动新兴势能集聚发力，向着高质量发展扬帆航行。

2019年是新中国成立70周年，是全面建成小康社会关键之年。前进道路上，有机遇也有挑战，有困难更有希望。站在新时代的历史坐标上，南昌将立足经济发展实际，积极践行新发展理念，推进创新驱动，加速转型跃升。相信在市委、市政府的正确领导下，按照“做大做强做优大南昌都市圈”的总体要求，全市经济社会发展各项目标将圆满实现。

自然、地理、资源

位　置

南昌市位于东经115°27′－116°11′北纬28°09′－29°11′。地处江西省中部偏北，赣江、抚河下游，东北方濒临我国最大的淡水湖鄱阳湖。

地势、面积

全市以平原为主，东南地势平坦，西北丘陵起伏。全市土地面积7194.61平方公里。南北长约112.1公里，东西宽为107.6公里。

山脉、河流、湖泊

位于西北部的西山山脉，呈东北向逶迤绵延，山脉中段的梅岭为市区最高点，其主峰洗药峰海拔841.4米。

全市境内江河纵横，湖泊池塘星罗棋布。主要河流有赣江、抚河、锦江和潦河等。湖泊主要有军山湖、青岚湖、金溪湖、瑶湖等，市区有青山湖、贤士湖，市中心错落着东湖、西湖、南湖、北湖等四个人工湖。

气　候

南昌气候湿润温和，属亚热带季风区，雨量充沛，四季分明，春秋季短，冬夏季长。2018年平均气温19.2℃，极端最高气温37.5℃，极端最低气温－2.7℃。年降水量1568.7毫米，降水日为151天，年平均相对湿度为73%。年日照时间1859.8小时。年平均风速1.7米/秒。年无霜期296天。冬季多偏北风，夏季多偏南风。适合植物、花卉生长，是营造“花园城市”的理想地区。但是，由于每年季风强弱和进退迟早不同，气温变化较大，降水分布不均，高温干旱，低温冷害和暴雨洪涝时有发生。

土地资源

全市土地面积7194.61平方公里，其中耕地面积27.44万公顷。在耕地面积中，有效灌溉面积18.98万公顷，占69.2%。

水力资源

全市水力资源蕴藏量为7.18万千瓦，可开发的资源3.42万千瓦，占蕴藏量的47.6%。

森林资源

全市林地面积14.03万公顷，森林覆盖率23.0%；活立木蓄积量676.19万立方米。野生动、植物资源品种繁多。

矿产资源

以非金属建矿为主，兼有燃料、矿泉水等各类矿产28余种。已发现矿点、矿化点100余处，尤其以建筑用砖、砖瓦粘土、饰面石材、石英石、石灰石和矿泉水等具有较好的开发前景。花岗石、砂卵石、砖瓦粘土储量巨大，开采历史悠久。

1-1 土 地 面 积

（2018 年末） 单位:平方公里

地 区	土地面积
全 市	**7 194.61**
区	
东 湖 区	57.89
西 湖 区	35.29
青 云 谱 区	36.87
湾 里 区	247.01
青 山 湖 区	240.64
新 建 区	2 159.73
县	
南 昌 县	1 810.70
安 义 县	660.14
进 贤 县	1 946.34

注:本表数据由市自然资源局提供。

1-2 行政区划

（2018年末）

单位:个

地区	街道办事处	居委会	镇	乡	村委会
全市	**34**	**843**	**52**	**28**	**1 163**
区	**33**	**657**	**25**	**6**	**491**
东湖区	11	173	1		32
西湖区	11	146	1		13
青云谱区	5	78	1		12
湾里区	2	15	4		35
青山湖区	4	181	5		84
新建区		64	13	6	315
县	**1**	**186**	**27**	**22**	**672**
南昌县	1	104	11	7	304
安义县		27	7	3	104
进贤县		55	9	12	264

注:本表数据由市民政局提供。

1－3 水文、气象

项　　目	2017	2018
最高水位(八一桥水面,米)	21.97	19.57
最低水位(八一桥水面,米)	12.47	12.24
全年平均水位(八一桥水面,米)	15.48	14.57
全年降雨天数(天)	171	151
全年降雪天数(天)	3	7
全年降水量(毫米)	1 698.8	1 568.7
全年无霜期总天数(天)	280	296
全年日照时数(小时)	1 853.5	1 859.8
全年蒸发量(毫米)	1 096.2	1 086.0
全年平均气温(度)	19.2	19.2
极端最高气温(度)	38.8	37.5
极端最低气温(度)	-0.3	-2.7
全年相对湿度(%)	73	73
全年平均风速(米/秒)	1.7	1.7

注:本表数据由市水文局和市气象局提供。

1-4 各县区按专业分组一套表新增法人单位数

(2018 年)

单位:个

地区	合计	工业	建筑业	批发和零售业	住宿和餐饮业	房地产开发经营业	服务业	其他投资
全市	**1 025**	**326**	**31**	**166**	**29**	**79**	**195**	**199**
东湖区	50		6	10		2	26	6
西湖区	67			38	5	3	16	5
青云谱区	49	2	2	12	2	7	15	9
湾里区	32	6	5	5	3	2	8	3
青山湖区	109	59	2	17	1	5	14	11
新建区	133	69		16	5	8	19	16
南昌县	169	57	6	19	1	8	20	58
安义县	60	29		1	1	5	7	17
进贤县	104	50			1	11	2	40
经济开发区	93	25	9	22	2	4	17	14
高新开发区	100	29		15	3	9	27	17
红谷滩新区	59		1	11	5	15	24	3

注:其他投资是指未纳入规模以上工业、有资质的建筑业、限额以上批发和零售业、限额以上住宿和餐饮业、房地产开发经营业、规模以上服务业,且在报告期内有计划总投资5000万元及以上在建投资项目的法人单位。

1－5　主要年份国民经济和社会发展主要指标

指　　标	1978	1980	1990	2000	2010	2014	2015	2016	2017	2018	2018 年比上年增长%
人口											
年末常住人口(万人)	306.82	317.23	378.39	433.17	504.26	524.01	530.29	537.14	546.35	554.55	1.5
#男性人口			196.28	226.18	263.39	271.09	274.63	277.27	281.70	285.97	1.5
女性人口			182.11	206.99	240.87	252.92	255.66	259.87	264.65	268.59	1.5
#城镇人口				211.54	331.33	371.32	379.48	388.30	400.58	411.64	2.8
乡村人口				221.62	172.93	152.70	150.81	148.84	145.77	142.91	-2.0
年末户籍人口(万人)	233.97	241.50	372.59	432.55	502.25	517.73	520.38	522.79	524.66	531.88	1.4
就业											
年末社会就业人数(万人)	131.13	136.03	199.00	214.96	292.56	330.12	331.69	333.35	332.98	332.29	-0.2
#职工人数	53.14	58.51	82.04	58.77	63.21	106.16	105.81	106.37	105.66	102.30	-3.2
国民经济核算											
地区生产总值(亿元)	14.37	16.95	63.20	465.14	2 228.82	3 705.55	4 011.88	4 395.68	4 819.76	5 274.67	8.9
第一产业	4.21	4.54	13.85	50.70	120.56	162.72	171.26	180.30	180.79	190.68	3.2
第二产业	7.07	8.20	25.07	212.87	1 269.01	2 048.55	2 185.61	2 307.70	2 516.07	2 660.92	8.5
第三产业	3.09	4.21	24.29	201.58	839.25	1 494.28	1 655.00	1 907.68	2 122.90	2 423.07	10.1
人均地区生产总值(元)	474	538	1 719	10 861	44 394	71 094	76 104	82 360	88 967	95 825	7.2
农业											
农业总产值(亿元)(按当年价)	4.50	5.56	23.65	69.44	204.66	283.63	296.92	298.37	310.04	321.01	3.4
主要农产品产量											
粮食(万吨)	117.43	120.16	170.81	156.12	220.85	221.10	221.74	221.75	217.41	243.16	11.8
棉花(万吨)	0.22	0.29	0.11	0.33	0.38	0.30	0.22	0.18	0.17	0.16	-5.9
油料(万吨)	1.16	1.43	4.04	9.78	10.80	13.32	12.81	12.06	11.11	11.54	3.9
园林水果(万吨)			0.94	0.92	2.36	3.18	3.54	3.74	4.03	4.17	3.3
蔬菜(万吨)			60.02	109.09	93.91	127.84	128.98	127.77	129.32	129.89	0.4
水产品(万吨)	0.83	1.16	5.52	22.00	34.57	34.97	36.44	37.64	39.19	40.44	3.2
肉类总产量(万吨)			10.23	20.80	32.97	33.82	33.38	31.95	29.70	31.43	5.8
生猪年末存栏(万头)	78.45	77.43	121.32	166.13	195.99	188.41	184.34	171.67	144.43	145.46	0.7
生猪当年出栏(万头)			140.98	208.18	317.77	328.73	320.82	300.47	284.11	290.02	2.1
工业											
规模以上工业增加值(亿元)				79.26	650.92	1 380.64	1 451.84	1 611.50			9.5
轻工业				42.76	329.19	661.65	718.76	749.70			4.1
重工业				36.50	321.73	718.99	733.09	861.81			13.2
主要工业产品产量											
纱(万吨)			2.33	2.61	3.00	4.40	4.75	3.67	4.34	6.64	43.5
布(万米)	7 976.00	12 294.00	9 923.00	13 285.00	12 691.00	8 712.80	7 383.50	6 033.00	4 923.10	2 553.10	-12.7
机制纸及纸板(万吨)	3.26	4.35	6.16	8.16	37.09	35.44	38.08	65.92	64.39	64.41	持平
发电量(亿千瓦小时)	7.54	7.91	15.46	31.13	77.81	85.85	90.01	86.99	111.65	111.50	-0.1
钢材(万吨)	7.75	20.67	22.33	80.85	307.13	373.67	375.76	371.29	381.93	464.29	21.6
水泥(万吨)	6.65	8.64	20.85	33.00	319.17	684.49	766.15	747.52	762.03	693.06	9.8
效益指标											
资产总计(亿元)					1 961.54	3 627.79	4 170.48	5 081.86	5 785.25	6 106.99	12.0
负债合计(亿元)					1 138.93	1 920.65	2 192.38	2 615.19	3 144.91	3 519.59	14.0
主营业务收入(亿元)					2 768.52	5 139.71	5 534.87	6 161.52	6 223.85	6 395.38	15.2

1－5 续表 1

指　　标	1978	1980	1990	2000	2010	2014	2015	2016	2017	2018	2018 年比上年增长%
建筑业(资质企业)											
建筑业企业人数(万人)				10.12	22.81	57.89	59.97	64.47	72.64	71.57	-1.5
建筑业总产值(亿元)	3.13	3.77	9.07	38.11	791.86	2 133.20	2 415.00	2 632.28	3 183.86	3 640.72	14.3
施工房屋面积(万平方米)	111.62	173.28	318.00	695.00	6 226.84	14 035.58	14 867.77	15 259.40	16 308.60	18 048.57	10.7
竣工房屋面积(万平方米)	37.25	96.56	126.00	298.00	2 167.65	4 523.18	5 693.29	6 003.29	6 343.53	6 368.67	0.4
交通运输业											
公路通车里程(公里)	1 286	1 148	1 831	1 958	9 707	11 166	11 199	11 386	11 388	11 258	-1.1
#等级公路					7 802	9 553	9 586	9 698	9 700	9 672	-0.3
货物运输量(万吨)			2 820	3 171	8 327	12 709	11 645	12 377	13 836	15 656	13.2
#民航					3	5	5	5	5	8	60.0
铁路			221	224	412	183	193	247	273	327	19.8
公路	261	257	2 298	2 784	7 244	11 734	10 397	11 067	12 436	14 198	14.2
水运	150	77	301	163	668	787	1 050	1 058	1 122	1 123	0.1
旅客运输量(万人)			3 289	3 904	10 971	6 970	6 709	6 913	7 562	7 893	4.4
#民航					475	724	749	786	1 094	1 352	23.6
铁路			517	906	1 977	2 415	2 941	3 126	3 515	3 769	7.2
公路	352	634	2 720	2 978	8 519	3 831	3 019	3 001	2 953	2 772	-6.1
水运	87	96	52	20							
邮电通信业											
邮电业务总量(亿元)	0.04	0.05	0.83	21.85	46.72	82.01	90.33	124.30	211.23	449.59	112.8
函件(万件)	6 472	9 739	4 781	3 016	17 971	1 049	1 065	1 097	1 055	1 384	31.2
移动电话用户(万户)				43	473	601	609	555	613	697	13.7
固定电话用户(万户)	0.58	0.65	3.15	74	162	112	107	102	93	91	-2.7
城市	0.49	0.56	2.99	60	85	71	68	65	61	53	-13.1
农村	0.09	0.09	0.16	14	23	15	13	12	11	9	-18.2
互联网宽带用户数(万户)					62	120	128	154	185	238	28.6
固定资产投资											
全社会固定资产投资(亿元)	1.22	2.11	10.32	79.87	1 939.35	3 463.22	4 021.47	4 576.73	5 157.29		10.9
#工业投资	0.53	0.49	1.46	17.29	646.86	1 242.34	1 552.73	1 625.86	1 843.99		15.2
房地产开发投资				13.20	110.22	414.07	485.37	674.60	790.69		12.6
新增固定资产(亿元)	0.71	1.31	8.62	36.72	1 412.92	2 003.93	2 692.88	2 771.81	3 143.84		-44.9
市政建设											
道路总长度(公里)	253	261	399	705	1 286	1 805	2 182	2 148	2 187	1 988	-9.1
排水管长度(公里)				486	633	2 355	2 520	3 036	3 665	4 034	10.1
液化气供应总量(吨)				30 195	87 615	66 044	58 408	61 481	53 537	34 810	-35.0
天然气供应总量(万立方米)						25 823	29 580	36 511	49 630	48 052	-3.2
供水总量(万立方米)	7 636	10 372	27 823	47 289	38 138	44 231	45 411	48 596	42 753	50 093	17.2
#生活用水	2 596	3 327	10 256	15 915	13 204	14 475	15 159	16 284	15 285	17 334	13.4
全社会用电量(亿千瓦时)	12.50	15.42	22.36	36.08	112.84	153.51	164.34	185.18	205.97	230.00	11.7
#工业用电量	5.50	7.47	15.53	23.23	64.24	81.34	85.21	92.62	105.46	116.85	10.8
营运公共汽车(辆)	198	246	350	867	2 490	3 219	3 305	3 423	3 691	4 112	11.4
绿化覆盖面积(公顷)					10 854	14 945	15 713	16 066	18 105	18 895	4.4

1－5 续表 2

指　　标	1978	1980	1990	2000	2010	2014	2015	2016	2017	2018	2018 年比上年增长%
建成区绿化覆盖率(%)					38.09	41.14	40.85	40.84	43.94	43.25	
污水处理率(%)					73.23	89.26	90.96	92.53	99.80	71.60	
内外贸易和旅游											
社会消费品零售总额(亿元)	5.26	7.49	29.49	161.65	764.94	1 429.21	1 662.87	1 868.00	1 919.17	2 131.63	11.1
海关进出口总额(亿美元)				11.15	53.07	122.22	113.72	93.80	98.41	119.56	21.5
出口额				8.86	36.76	84.17	85.01	57.90	62.80	68.63	9.3
进口额				2.28	16.30	38.05	28.71	35.90	35.61	50.93	43.0
实际利用外资额(亿美元)				0.29	14.77	23.21	26.17	28.90	31.81	34.89	9.7
旅游总收入(亿元)					100.80	386.25	537.90	816.80	1 204.60	1 520.00	26.2
接待入境旅游者人数(万人次)				3.70	12.05	20.78	22.20	25.10	27.86	29.12	9.9
旅游外汇收入(万美元)				2 578	3 069	6 803	7 415	8 603	9 971	12 681	27.2
财政											
财政总收入(亿元)	2.51	3.33	10.00	41.54	259.31	550.74	628.91	684.68	782.82	869.36	11.1
地方一般公共预算收入(亿元)				18.30	146.47	342.21	389.34	402.18	417.08	461.75	10.7
地方一般公共预算支出(亿元)	0.90	1.14	5.51	23.77	232.03	473.16	543.18	583.26	653.12	752.41	15.2
金融业											
金融机构本外币存款余额(亿元)				700.96	4 199.08	7 436.66	8 534.34	9 627.56	10 137.34	10 733.08	5.9
#金融机构人民币存款余额(亿元)	2.75	7.91	54.71	627.48	4 167.67	7 296.23	8 342.63	9 503.00	10 011.39	10 605.78	5.9
金融机构本外币贷款余额(亿元)				458.25	3 506.30	6 499.03	7 556.91	8 707.23	10 364.58	12 124.64	17.0
#金融机构人民币贷款余额(亿元)	9.92	12.45	82.20	400.74	3 461.52	6 329.26	7 376.05	8 604.57	10 209.28	11 950.32	17.1
保险公司保费收入(亿元)			0.61	8.05	61.36	102.35	124.85	152.71	191.27	201.48	5.3
保险公司赔付支出(亿元)			0.27	2.15	12.79	31.92	43.78	49.47	50.38	61.52	22.1
价格指数(上年=100)											
商品零售价格指数	99.7	107.4	101.8	97.8	103.0	101.1	100.5	100.4	101.0	100.8	0.8
居民消费价格指数	99.7	106.6	103.3	102.6	103.2	102.5	101.6	102.1	102.1	102.3	2.3
工业生产者出厂价格指数					102.9	99.3	97.3	99.1	104.4	103.2	3.2
工业生产者购进价格指数					108.1	97.6	95.0	98.3	105.7	102.2	2.2
教育、文化、卫生											
高等学校在校学生数(人)	11 989	18 359	30 939	78 252	490 241	554 360	587 368	611 819	609 801	610 624	0.1
中等专业学校在校学生数(人)	7 841	11 970	20 437	80 622	99 202	103 654	99 589	85 377	76 417	69 282	-9.3
普通中学在校学生数(万人)	15.19	12.94	20.97	26.15	30.21	29.62	29.35	29.09	29.67	30.58	3.1
小学在校学生数(万人)	32.35	33.21	37.86	40.94	43.66	39.73	40.67	41.24	41.96	42.98	2.4
图书馆藏书量(万册)	208	228	338	332	439.62	506.94	522.84	168.97	213.45	224.06	5.0
卫生机构数(个)	598	612	832	932	798	2 151	2 118	2 099	2 222	2 245	1.0
卫生技术人员数(人)	12 275	13 470	21 658	22 477	27 980	34 309	35 779	36 550	39 418	41 532	5.4
#医　生	5 582	6 693	9 632	9 527	10 330	12 349	12 875	13 139	14 143	14 797	4.6
医疗卫生机构病床数(张)	11 749	12 704	16 205	15 130	20 025	28 733	30 169	30 739	32 467	33 517	3.2
人民生活											
城镇非私营单位在岗职工平均工资(元)	577	732	1 798	8 756	35 038	51 851	57 730	65 812	72 686	82 672	13.7
城镇居民人均可支配收入(元)		339	1 349	5 734	18 276	29 091	31 942	34 619	37 675	40 844	8.4
农村居民人均可支配收入(元)		184	721	2 390	7 193	12 414	13 693	14 952	16 364	17 866	9.2

1-6　主要年份国民经济主要比例关系

单位:%

指　　标	1978	1980	1990	2000	2010	2014	2015	2016	2017	2018
地区生产总值										
第一产业	29.3	26.8	21.9	10.9	5.4	4.4	4.3	4.1	3.8	3.6
第二产业	49.2	48.4	39.7	45.8	56.9	55.3	54.5	52.5	52.2	50.5
工业			37.7	34.9	43.5	41.2	40.5	38.9	38.0	35.4
建筑业			2.0	10.9	13.4	14.1	14.0	13.6	14.2	15.1
第三产业	21.5	24.8	38.4	43.3	37.7	40.3	41.2	43.4	44.0	45.9
#交通运输邮电业			5.0	7.1	4.6	4.2	4.0	3.9	3.8	3.7
批零贸易和住宿餐饮业			10.8	12.0	8.9	8.7	8.6	8.6	8.4	8.2
金融业			10.7	4.6	5.3	6.7	7.4	8.1	7.3	7.3
全市总人口										
城镇人口					65.71	70.86	71.56	72.29	73.32	74.23
村人口					34.29	29.14	28.44	27.71	26.68	25.77
社会从业人员										
第一产业	58.6	55.8	47.5	39.5	24.4	20.6	19.0	18.1	17.4	17.3
第二产业	26.9	29.1	30.7	26.2	25.0	37.2	37.2	38.6	39.3	38.6
第三产业	14.5	15.1	21.8	34.3	50.6	42.2	43.8	43.3	43.3	44.1
农业总产值										
农　　业	85.4	84.1	55.6	41.9	37.1	36.8	38.9	42.8	43.7	44.1
林　　业	0.9	0.9	1.1	1.5	1.1	1.2	1.3	1.5	1.5	1.5
牧　　业	11.8	12.6	31.2	35.2	39.2	36.8	34.4	30.5	28.4	27.2
渔　　业	1.4	1.3	6.4	21.4	20.7	23.1	23.3	21.2	22.3	22.8
农林牧渔服务业	0.5	1.1	5.7		1.9	2.1	2.1	4.0	4.1	4.4
规模以上工业增加值										
轻工业				53.9	50.6	47.9	49.5	46.5	41.6	38.7
重工业				46.1	49.4	52.1	50.5	53.5	58.4	61.3
全社会固定资产投资										
第一产业	8.3	6.1	1.1	1.5	1.3	1.9	1.5	1.6	1.5	1.1
第二产业	43.1	23.1	14.2	54.2	40.8	41.6	39.8	36.2	36.4	31.8
第三产业	48.6	70.8	84.7	44.3	57.9	56.5	58.7	62.1	62.1	67.1
财政收入占地区生产总值的比例	17.5	19.6	15.8	8.9	11.6	14.9	15.7	15.6	16.2	16.5
税收收入占财政总收入比例	76.6	70.6	97.2	91.9	91.4	90.1	87.1	86.5	88.4	89.6
研究与试验经费(R&D 经费)占 GDP 比例				1.37	1.94	1.60	1.59	1.62	1.68	1.70
科教文卫事业费占财政支出的比例	29.9	31.2	24.6	22.8	26.7	29.6	28.6	28.4	30.4	29.9

1－7 主要年份主要指标每人年平均水平

指　　标	1978	1980	1990	2000	2010	2014	2015	2016	2017	2018
地区生产总值（元）	**474**	**538**	**1 705**	**10 861**	**44 394**	**71 094**	**76 104**	**82 360**	**88 967**	**95 825**
农业总产值（元）	**148**	**176**	**638**	**1 623**	**4 076**	**5 442**	**5 633**	**5 590**	**5 723**	**5 832**
财政总收入（元）	**84**	**106**	**270**	**971**	**5 165**	**10 566**	**11 930**	**12 828**	**14 450**	**15 793**
主要农产品产量（千克）										
粮食	386.96	381.37	460.80	364.84	439.89	424.20	420.64	415.48	401.31	441.75
棉花	0.73	0.92	0.30	0.77	0.76	0.58	0.42	0.34	0.31	0.29
园林水果			2.54	2.15	4.70	6.10	6.72	7.01	7.44	7.58
水产品	2.74	3.68	14.89	51.41	68.86	67.09	69.13	70.52	72.34	73.47
肉类总产量			27.60	48.61	65.67	64.88	63.33	59.87	54.83	57.10
主要工业产品产量										
纱（千克）			6.29	6.10	5.98	8.44	9.01	6.88	8.00	79.03
布（米）	26.28	39.02	26.77	31.05	25.28	16.72	14.01	11.30	9.09	4.64
发电量（千瓦小时）	248.42	251.05	417.07	727.48	1 549.82	1 647.10	1 707.47	1 629.89	2 060.92	2 025.61
钢材（千克）	25.53	65.60	60.23	188.94	611.74	716.92	712.81	695.66	704.99	843.48
水泥（千克）		27.42	56.25	77.12	635.72	1 313.24	1 453.37	1 400.59	1 406.62	1 259.07
人民生活										
城镇非私营单位在岗职工平均工资(元)	577	732	1 798	8 756	35 038	51 851	57 730	65 812	72 686	82 672
城镇居民人均可支配收入（元）		339	1 349	5 734	18 276	29 091	31 942	34 619	37 675	40 844
农村居民人均可支配收入（元）		184	721	2 390	7 193	12 414	13 693	14 952	16 364	17 866

1－10　主要年份地区生产总值

年　份	地区生产总值（万元）	第一产业	第二产业	第三产业	人均地区生产总值（元）
1949	14 278	8 804	1 152	4 322	107
1952	21 667	13 045	2 943	5 679	154
1957	37 287	18 053	10 601	8 633	223
1962	42 877	12 109	15 716	15 052	222
1965	65 435	21 413	28 837	15 185	315
1970	93 305	22 785	51 086	19 434	389
1975	107 291	34 267	47 251	25 773	382
1978	143 727	42 065	70 744	30 918	474
1979	158 303	42 494	74 784	41 025	511
1980	169 513	45 361	82 026	42 126	538
1981	189 093	53 874	91 014	44 205	593
1982	204 423	61 052	97 054	46 317	632
1983	212 229	62 386	100 002	49 841	649
1984	257 925	79 281	116 105	62 539	781
1985	325 718	78 735	171 408	75 575	977
1986	369 492	82 109	185 935	101 448	1 093
1987	435 864	90 367	193 554	151 943	1 266
1988	518 161	96 081	231 734	190 346	1 474
1989	591 567	120 079	252 286	219 202	1 647
1990	632 034	138 479	250 705	242 850	1 705
1991	728 886	143 295	285 370	300 221	1 910
1992	946 665	178 041	395 972	372 652	2 436
1993	1 293 955	225 343	584 546	484 066	3 279
1994	1 818 436	334 901	801 503	682 032	4 550
1995	2 454 072	398 415	1 115 241	940 416	6 074
1996	3 105 911	496 539	1 394 535	1 214 837	7 610
1997	3 752 067	536 822	1 702 856	1 512 389	9 100
1998	3 992 606	440 170	1 853 634	1 698 802	9 584
1999	4 237 630	500 233	1 940 558	1 796 839	10 074
2000	4 651 411	506 973	2 128 661	2 015 777	10 861
2001	5 245 868	535 141	2 406 607	2 304 120	11 974
2002	6 019 950	571 461	2 831 427	2 617 062	13 475
2003	7 054 437	604 223	3 415 536	3 034 678	15 501
2004	8 511 066	687 834	4 293 532	3 529 700	18 418
2005	10 077 025	725 990	5 321 257	4 029 778	21 530
2006	11 838 973	772 964	6 424 463	4 641 546	24 966
2007	13 898 920	867 328	7 542 682	5 488 910	28 925
2008	16 606 317	1 014 774	9 198 648	6 392 895	34 078
2009	18 375 008	1 119 023	10 164 345	7 091 640	37 127
2010	22 288 223	1 205 625	12 690 078	8 392 520	44 394
2011	27 170 751	1 349 201	16 017 311	9 804 239	53 580
2012	30 312 657	1 471 886	17 186 942	11 653 829	59 317
2013	33 872 614	1 541 357	18 676 144	13 655 113	65 671
2014	37 055 513	1 627 214	20 485 520	14 942 779	71 094
2015	40 118 771	1 712 609	21 856 147	16 550 015	76 104
2016	43 956 818	1 803 042	23 076 967	19 076 809	82 360
2017	48 197 602	1 807 875	25 160 741	21 228 986	88 967
2018	52 746 716	1 906 820	26 609 202	24 230 694	95 825

注:2018 年为快报数。

1－11　主要年份地区生产总值指数

（按可比价计算）

单位:%

年 份	地区生产总值	（以1978年为100）			地区生产总值	（以上年为100）			人均地区生产总值
		第一产业	第二产业	第三产业		第一产业	第二产业	第三产业	
1978	100.0	100.0	100.0	100.0	114.2	101.3	116.4	128.3	111.8
1979	115.5	101.0	105.7	148.4	115.5	101.0	105.7	148.4	113.1
1980	121.9	100.6	117.9	149.4	105.5	99.6	111.5	100.7	103.7
1981	130.4	107.0	135.9	141.1	107.0	106.4	115.3	94.4	105.7
1982	142.2	122.6	140.8	162.1	109.1	114.5	103.6	114.9	107.6
1983	154.8	135.3	162.3	174.4	108.8	110.4	115.3	107.6	107.6
1984	185.7	147.1	196.2	222.4	120.0	108.7	120.9	127.5	118.8
1985	216.2	157.1	239.8	251.7	116.4	106.8	122.2	113.2	115.3
1986	241.5	164.5	254.4	326.5	111.7	104.7	106.1	129.7	110.2
1987	256.9	185.5	233.8	416.6	106.4	112.8	91.9	127.6	104.5
1988	288.8	186.4	264.7	493.7	112.4	100.5	113.2	118.5	110.1
1989	306.7	216.8	268.1	529.2	106.2	116.3	101.3	107.2	103.9
1990	323.9	250.0	266.5	568.4	105.6	115.3	99.4	107.4	103.2
1991	366.6	260.0	315.3	647.9	113.2	104.0	118.3	114.0	109.6
1992	425.6	268.6	379.9	773.6	116.1	103.3	120.5	119.4	114.1
1993	497.1	281.2	470.7	902.8	116.8	104.7	123.9	116.7	115.3
1994	588.1	304.0	588.0	1 051.8	118.3	108.1	124.9	116.5	116.8
1995	682.8	316.1	699.1	1 251.7	116.1	104.0	118.9	119.0	114.8
1996	788.0	347.4	799.7	1 490.7	115.4	109.9	114.4	119.1	114.2
1997	891.2	371.1	901.3	1 732.2	113.1	106.8	112.7	116.2	112.0
1998	960.7	320.6	1 008.6	1 929.7	107.8	86.4	111.9	111.4	106.7
1999	1 046.2	353.3	1 094.3	2 105.3	108.9	110.2	108.5	109.1	107.8
2000	1 142.4	363.9	1 195.0	2 336.9	109.2	103.0	109.2	111.0	107.3
2001	1 280.7	378.8	1 349.1	2 652.4	112.1	104.1	112.9	113.5	109.6
2002	1 457.4	395.1	1 586.6	2 970.6	113.8	104.3	117.6	112.0	113.3
2003	1 683.3	412.5	1 886.4	3 389.5	115.5	104.4	118.9	114.1	111.7
2004	1 961.0	441.8	2 273.2	3 850.5	116.5	107.1	120.5	113.6	114.7
2005	2 290.5	463.9	2 755.1	4 366.4	116.8	105.0	121.2	113.4	115.3
2006	2 636.4	486.6	3 259.2	4 921.0	115.1	104.9	118.3	112.7	113.6
2007	3 042.4	515.3	3 803.5	5 664.0	115.4	105.9	116.7	115.1	114.6
2008	3 498.7	544.2	4 514.8	6 304.1	115.0	105.6	118.7	111.3	113.4
2009	3 955.8	586.1	5 171.8	7 040.3	113.1	107.7	114.6	111.7	111.4
2010	4 509.6	617.7	5 999.7	7 901.8	114.0	105.4	116.0	112.2	112.4
2011	5 095.8	644.9	6 839.7	8 905.3	113.0	104.4	114.0	112.7	111.9
2012	5 732.8	674.5	7 769.9	9 965.0	112.5	104.6	113.6	111.9	111.6
2013	6 346.2	695.5	8 694.5	10 941.6	110.7	103.1	111.9	109.8	109.7
2014	6 968.1	727.4	9 694.4	11 795.1	109.8	104.6	111.5	107.8	108.6
2015	7 637.1	755.8	10 654.1	12 951.0	109.6	103.9	109.9	109.8	108.4
2016	8 324.4	785.3	11 549.0	14 272.0	109.0	103.9	108.4	110.2	107.6
2017	9 073.6	816.7	12 519.2	15 727.7	109.0	104.0	108.4	110.2	107.4
2018	9 881.2	842.8	13 583.3	17 316.2	108.9	103.2	108.5	110.1	107.2

注:2018年为快报数。

1－12　主要年份地区生产总值构成

（以地区生产总值为100）　　单位：%

年　份	第一产业	第二产业	工业	建筑业	第三产业	#交通运输仓储邮电业	#批发零售住宿餐饮业	#金融保险业
1978	29.3	49.2			21.5			
1979	26.8	47.2			26.0			
1980	26.8	48.4			24.8			
1981	28.5	48.1			23.4			
1982	29.9	47.5			22.6			
1983	29.4	47.1			23.5			
1984	30.7	45.0			24.3			
1985	24.2	52.6			23.2			
1986	22.2	50.3			27.5			
1987	20.7	44.4			34.9			
1988	18.5	44.7			36.8			
1989	20.3	42.6	40.7	1.9	37.1	6.6	11.7	10.5
1990	21.9	39.7	37.7	2.0	38.4	5.0	10.8	10.7
1991	19.6	39.2	35.1	4.1	41.2	4.0	10.6	10.4
1992	18.8	41.8	37.7	4.1	39.4	3.5	10.3	10.3
1993	17.4	45.2	41.0	4.2	37.4	5.0	7.9	5.3
1994	18.4	44.1	39.8	4.3	37.5	5.0	10.3	5.1
1995	16.2	45.4	39.0	6.4	38.4	5.4	11.9	5.1
1996	16.0	44.9	37.0	7.9	39.1	5.8	11.3	5.0
1997	14.3	45.4	34.8	10.6	40.3	6.1	11.5	4.9
1998	11.0	46.4	35.7	10.7	42.6	6.6	11.9	5.0
1999	11.8	45.8	35.1	10.7	42.4	6.7	11.7	4.8
2000	10.9	45.8	34.9	10.9	43.3	7.1	12.0	4.6
2001	10.2	45.9	35.0	10.9	43.9	7.5	11.5	4.3
2002	9.5	47.0	35.2	11.8	43.5	7.5	10.7	4.3
2003	8.6	48.4	35.9	12.5	43.0	7.8	9.7	4.0
2004	8.1	50.4	36.3	14.1	41.5	7.9	9.3	4.6
2005	7.2	52.8	37.2	15.6	40.0	9.4	8.6	4.4
2006	6.5	54.3	37.9	16.4	39.2	9.2	8.4	4.3
2007	6.2	54.3	38.4	15.9	39.5	8.3	8.3	5.2
2008	6.1	55.4	40.8	14.6	38.5	7.5	8.3	5.0
2009	6.1	55.3	41.0	14.3	38.6	7.3	8.8	5.6
2010	5.4	56.9	43.5	13.4	37.7	4.6	8.9	5.3
2011	5.0	58.9	45.8	13.1	36.1	3.9	8.7	5.1
2012	4.9	56.7	43.4	13.3	38.4	4.6	8.9	5.2
2013	4.6	55.1	41.5	13.6	40.3	4.3	8.8	6.2
2014	4.4	55.3	41.2	14.1	40.3	4.2	8.7	6.7
2015	4.3	54.5	40.5	14.0	41.2	4.0	8.6	7.4
2016	4.1	52.5	38.9	13.6	43.4	3.9	8.6	8.1
2017	3.8	52.2	38.0	14.2	44.0	3.8	8.4	7.3
2018	3.6	50.5	35.4	15.1	45.9	3.7	8.2	7.3

注：2018年为快报数。

1-13 地区生产总值增长

单位:万元

项目	2017	2018	2018 年比上年增长%
地区生产总值	**48 197 602**	**52 746 716**	**8.9**
第一产业	**1 807 875**	**1 906 820**	**3.2**
第二产业	**25 160 741**	**26 609 202**	**8.5**
工业	18 314 973	18 640 864	9.1
建筑业	6 845 768	7 968 338	6.6
第三产业	**21 228 986**	**24 230 694**	**10.1**

注:1. 绝对数为当年价,增长速度按可比价计算。
2. 2018 年为快报数。

1－14 县区地区生产总值

地　区	地区生产总值(万元)		地区生产总值指数(%)	
	2017	2018	2017	2018
东湖区	4 749 864	5 130 460	108.7	108.1
西湖区	5 158 102	5 277 076	108.5	108.0
青云谱区	3 758 257	3 326 665	109.0	108.3
湾里区	644 031	670 246	109.7	109.5
青山湖区	5 749 888	5 627 365	108.8	109.3
新建区	4 483 585	4 505 571	109.3	109.6
南昌县	7 820 198	8 116 340	109.2	109.0
安义县	1 138 862	1 201 871	109.1	108.7
进贤县	3 409 451	3 626 832	108.7	109.1
经济开发区	4 285 940	4 908 745	109.0	109.4
高新开发区	5 954 511	6 644 929	109.4	109.4
红谷滩新区	3 091 298	3 710 644	109.8	109.8

注:2018 年为快报数。

主要统计指标解释

地区生产总值　即GDP，是一个国家（地区）所有常住单位在一定时间内按市场价格计算的生产活动的最终成果。国内生产总值有三种表现形态，即价值形态、收入形态和产品形态。从价值形态看，它是所有常住单位在一定时间内所生产的全部货物和服务价值超过同期投入的全部非固定资产货物和服务的差额，即所有常住单位的增加值之和；从收入形态看，它是所有常住单位在一定时间内所创造并分配给常住单位和非常住单位的初次分配收入之和；从产品形态看，它是最终使用的货物和服务减去进口货物和服务。在实际核算中，生产总值的三种表现形态为三种计算方式，即生产法、收入法和支出法。三种方法分别从不同的方面反映生产总值及其构成。这项指标名称全国为国内生产总值，各省、市、县都称地区生产总值。

增加值　指各部门（单位）在一定时期内从事经济、社会活动获得最终成果的货币表现。反映生产单位和部门对国内生产总值的贡献。增加值包括固定资产折旧、劳动者报酬、生产税净额、营业盈余。

三次产业　根据社会生产活动历史发展的顺序对产业结构的划分，产品直接取自自然界的部门称为第一产业，对初级产品进行再加工的部门称为第二产业，为生产和消费提供各种服务的部门称为第三产业。

根据《国民经济行业分类》（GB/T 4754－2017），我国的三次产业划分是：

第一产业是指农、林、牧、渔业（不含农、林、牧、渔专业及辅助性活动）。

第二产业是指采矿业（不含开采专业及辅助活动），制造业（不含金属制品、机械和设备修理业），电力、热力、燃气及水生产和供应业，建筑业。

第三产业即服务业，是指除第一产业、第二产业以外的其他行业。

最终消费支出　指常住单位在一定时期内对于货物和服务的全部最终消费支出，也就是常住单位为满足物质、文化和精神生活的需要，从本国经济领土和国外购买的货物和服务的支出；不包括非常住单位在本国经济领土内的消费支出。最终消费支出分为居民消费支出和政府消费支出。

居民消费支出　指常住住户在一定时期内对货物和服务的全部最终消费支出。居民消费支出除了直接以货币形式购买的货物和服务的消费支出外，还包括以其他方式获得的货物和服务的消费支出，即所谓的虚拟消费支出。居民虚拟消费支出包括以下几种类型：单位以实物报酬及实物转移的形式提供给劳动者的货物和服务；住户生产并由本住户消费了的货物和服务，其中的服务仅指住户的自有住房服务；金融机构提供的金融媒介服务；保险公司提供的保险服务。

政府消费支出　指政府部门为全社会提供公共服务的消费支出和免费或以较低价格向居民住户提供的货物和服务的净支出。前者等于政府服务的产出价值减去政府单位所获得的经营收入的价值；后者等于政府部门免费或以较低价格向居民住户提供的货物和服务的市场价值减去向居民住户收取的价值。

资本形成总额　指常住单位在一定时期内获得减去处置的固定资本和存货的净额，包括固定资本形成总额和存货增加两部分。

固定资本形成总额　指常住单位在一定时期内获得的固定资产减处置的固定资产的价值总额。固定资产是通过生产活动生产出来的，且其使用年限在一年以上，单位价值在规定标准以上的资产，不包括自然资产。可分为有形固定资本形成总额和无形固定资本形成总额。有形固定资本形成总额包括一定时期内完成的建筑工程、安装工程和设备器具购置（减处置）价值，以及土地改良、新增役、种、奶、毛、娱乐用牲畜和新增经济林木价值。无形固定资本形成总额包括矿藏的勘探、计算机软件等获得减处置。

存货增加　指常住单位在一定时期内存货实物量变动的市场价值，即期末价值减期初价值的差额，再扣除当期由于价格变动而产生的持有收益。存货增加可以是正值，也可以是负值；正值表示存货上升，负值表示存货下降。它包括生产单位购进的原材料、燃料和储备物资等存货，以及生产单位生产的产成品、在制品和半成品等存货。

当年价格　指报告期的实际价格，如工厂的出厂价格、农产品的收购价格、商业的零售价格等。按当年价格计算，是指一些以货币表现的物量指标加工农业总产值、国内生产总值等，按照当年的实际价格来计算总量。使用当年价格计算的数字,是为了使国民经济各项指标相互衔接,便于考察当年经济效益,便于对生产和流通、生产和分配、生产和消费进行经济核算的综合平衡。

按当年价格计算的价值指标,在不同年份之间进行对比时,因为包含有各年间价格变动因素,不能确切反映实物量的增减变动。必须消除价格变动因素后,才能真实反映经济发展动态。因此,在计算增长速度时都使用按可比价格计算的数字。

可比价格 指在不同时期的价值指标对比时,扣除了价格变动的因素,以确切表示物量的变化。按可比价格计算有两种方法:一种是直接按产品产量乘其不变价格计算;一种是用物价指数换算。

不变价格 指用同类产品的年平均价格作为固定价格,来计算各年产品价值。按不变价格计算的产品价值除了价格变动因素,不同时期对比可以反映生产的发展速度。新中国成立后,随着工农业产品价格水平的变化,国家统计局先后五次制定了全国统一的工业产品不变价格和农业产品不变价格。从 1 949 年至 1957 年使用 1952 年工(农)业产品不变价格,从 1957 年到 1971 年使用 1 957 年不变价格,从 1971 年到 1981 年使用 1970 年不变价格,从 1981 年到 1990 年使用 1980 年不变价格,从 1990 年开始使用 1990 年不变价格,从 1995 年开始使用 1995 年不变价格,从 2000 年开始使用 2000 年不变价格,从 2005 年开始使用 2005 年不变价格,从 2010 年开始使用 2010 年不变价格,从 2015 年开始使用 2015 年不变价格。

平均每年增长速度 在我国计算平均增长速度有两种方法,一种是习惯上经常使用的"水平法"又称几何平均法,是以间隔期最后一年的水平同基期水平对比来计算平均每年增长(或下降)速度。

另一种是"累计法",又称代数平均法或方程法,是以间隔期内各年水平的总和同基期水平对比来计算平均每年增长(或下降)速度。

在一般情况下,两种方法计算的平均每年增长速度比较接近,但在经济发展不平衡,出现大起大落时,两种方法计算的结果差别较大。

本《年鉴》内所列的从某年到某年平均增长速度的年份,均不包括基期年在内。如改革开放以来的平均增长速度是以 1978 年为基期计算的,则写为 1979 一年平均增长速度,其余类推。

国民经济行业分类 在统计工作中为取得分行业的数据资料并统一分类和编码,正确反映国民经济各行业的结构和发展状况,便于研究国民经济的各项比例关系,而制定的国民经济行业划分标准。按现行统计制度规定,我国行业划分为 20 大类,排列顺序如下:

(1)农、林、牧、渔业(2)采矿业(3)制造业(4)电力、热力、燃气及水生产和供应业(5)建筑业(6)批发和零售业(7)交通运输、仓储和邮政业(8)住宿和餐饮业(9)信息传输、软件和信息技术服务业(10)金融业(11)房地产业(12)租赁和商务服务业(13)科学研究和技术服务业(14)水利、环境和公共设施管理业(15)居民服务、修理和其他服务业(16)教育(17)卫生和社会工作(18)文化、体育和娱乐业(19)公共管理、社会保障和社会组织(20)国际组织。

二、人口·劳动力

POPULATION AND LABOUR FORCE

本篇内容包括:

1. 主要年份户数和人口
2. 人口构成情况
3. 人口变动情况
4. 计划生育情况

年末户籍总人口

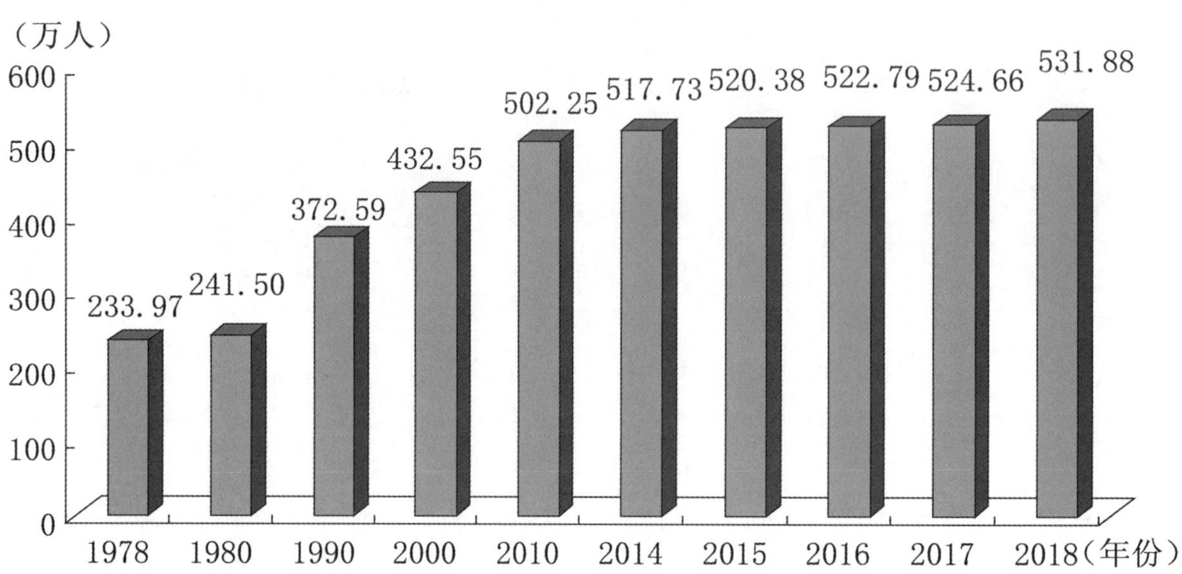

户籍人口自然增长率

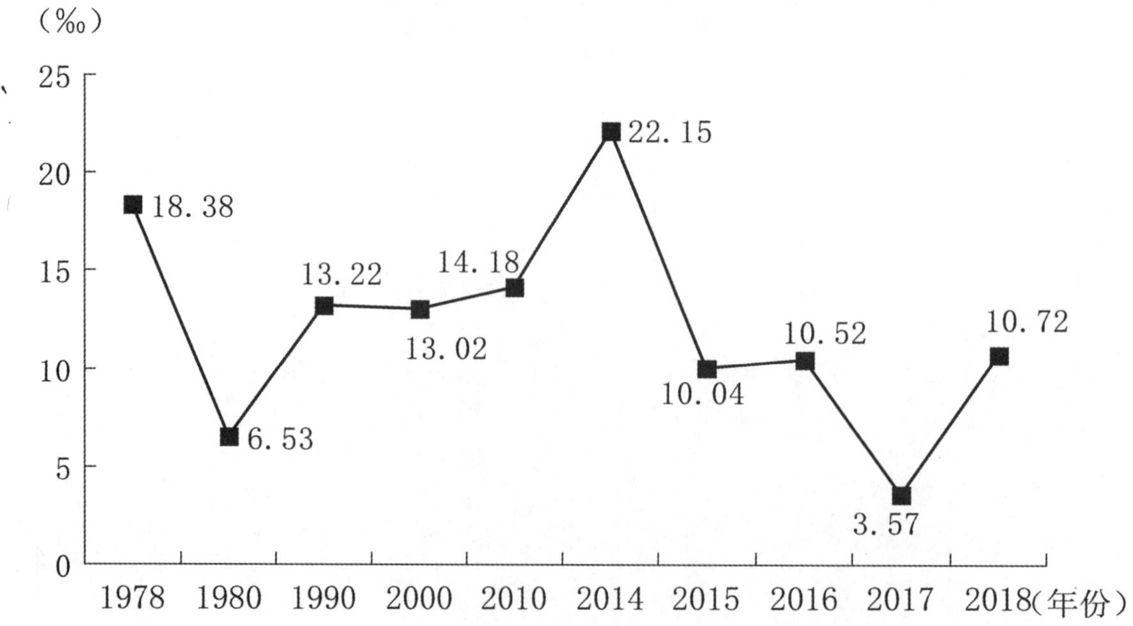

2-1 主要年份户数和人口数

单位:万人

年 份	总户数（万户）	总人口	按性别分	
			男	女
1980	49.42	241.50	126.32	115.18
1990	86.70	372.59	193.70	178.89
2000	111.85	432.55	225.42	207.13
2010	145.20	502.25	262.55	239.70
2011	148.86	504.95	263.30	241.65
2012	152.56	507.87	264.41	243.46
2013	156.28	510.08	265.30	244.78
2014	159.42	517.73	268.60	249.13
2015	160.42	520.38	269.98	250.40
2016	162.54	522.79	271.45	251.34
2017	166.13	524.66	271.57	253.09
2018	167.94	531.88	274.92	256.96

注:2-1至2-6表均为公安户籍数据。

2-2 主要年份农业、非农业人口数和人口结构

年 份	农业、非农业人口(万人)		人 口 结 构 (%)			
	农业人口	非农业人口	男	女	农业人口	非农业人口
1980	148.13	93.37	52.3	47.7	61.3	38.7
1990	235.79	136.80	52.0	48.0	63.3	36.7
2000	256.66	175.89	52.1	47.9	59.3	40.7
2010	268.22	234.02	52.3	47.7	53.4	46.6
2011	271.23	233.72	52.1	47.9	53.7	46.3
2012	273.59	234.28	52.1	47.9	53.9	46.1
2013	274.12	235.96	52.0	48.0	53.8	46.2
2014	279.35	238.38	51.9	48.1	54.0	46.0
2015			51.9	48.1		
2016			51.9	48.1		
2017			51.8	48.2		
2018			51.7	48.3		

2－3　主要年份人口自然变动

年　份	年平均人口 （万人）	人口出生率 （‰）	人口死亡率 （‰）	人口自然 增长率 （‰）	人口密度 （人/平方公里）
1980	240.29	11.73	5.20	6.53	504
1990	367.78	18.24	5.02	13.22	503
2010	499.79	21.97	7.79	14.18	678
2011	503.6	12.46	3.14	9.32	680
2012	506.41	15.03	8.39	6.64	684
2013	508.97	14.42	5.41	9.01	688
2014	513.9	26.89	4.74	22.15	694
2015	519.06	13.56	3.52	10.04	701
2016	521.59	13.41	2.89	10.52	704
2017	523.73	15.67	12.10	3.57	708
2018	528.27	13.90	3.18	10.72	714

2－4　县区户数和人口数

(2018年1月至11月)

地　　区	户　数 (户)	总　人　口(人)				
		合　计	男	女	城镇人口	乡村人口
总　　计	**1 679 416**	**5 318 840**	**2 749 221**	**2 569 619**	**2 945 497**	**2 373 343**
东 湖 区	145 892	453 186	225 302	227 884	423 663	29 523
西 湖 区	154 923	456 164	226 654	229 510	456 164	
青云谱区	86 374	265 302	135 456	129 846	265 302	
湾 里 区	30 621	80 530	42 519	38 011	39 552	40 978
青山湖区	145 949	439 359	223 895	215 464	377 683	61 676
新 建 区	204 663	702 884	369 516	333 368	190 381	512 503
南 昌 县	308 261	1 054 105	552 494	501 611	326 284	727 821
安 义 县	100 447	306 546	163 289	143 257	95 639	210 907
进 贤 县	259 946	850 474	446 152	404 322	277 665	572 809
经济开发区	50 593	146 892	76 029	70 863	142 318	4 574
高新开发区	95 786	292 401	152 040	140 361	137 060	155 341
红谷滩新区	95 961	270 997	135 875	135 122	213 786	57 211

2－5　各县区人口变动情况

(2018年)

地　　区	年平均 人　口 (人)	机械变动(人)		自然变动(人)		人　口 出生率 (‰)	人　口 死亡率 (‰)	人口自然 增长率 (‰)	人口机械 增长率 (‰)
		迁　入	迁　出	出　生	死　亡				
总　　计	**5 282 742**	**110 707**	**95 078**	**73 408**	**16 777**	**13.90**	**3.18**	**10.72**	**2.96**
东 湖 区	468 092	9 529	20 490	4 734	1 348	10.11	2.88	7.23	－23.42
西 湖 区	454 022	15 404	14 774	5 114	1 459	11.26	3.21	8.05	1.39
青云谱区	265 943	5 755	8 996	2 688	734	10.11	2.76	7.35	－12.19
湾 里 区	79 878	1 640	1 342	1 308	303	16.37	3.79	12.58	3.73
青山湖区	426 066	11 374	8 966	5 674	1 057	13.32	2.48	10.84	5.65
新 建 区	699 039	6 886	7 802	10 585	2 065	15.14	2.95	12.19	－1.31
南 昌 县	1 046 941	13 490	8 671	14 865	5 075	14.20	4.85	9.35	4.60
安 义 县	305 464	1 027	2 913	4 812	762	15.75	2.49	13.26	－6.17
进 贤 县	849 758	2 479	8 430	10 104	2 693	11.89	3.17	8.72	－7.00
经济开发区	145 032	5 836	3 588	2 301	312	15.87	2.15	13.71	15.50
高新开发区	283 834	12 763	3 396	5 492	637	19.35	2.24	17.11	33.00
红谷滩新区	258 673	24 524	5 710	5 731	332	22.16	1.28	20.87	72.73

2－6　县辖镇户数和人口数

（2018年）

地　区	户　数（户）	总　人　口（人）				
		合　计	男	女	城镇人口	乡村人口
合　　计	**438 522**	**1 409 932**	**739 851**	**670 081**	**563 816**	**846 116**
南昌县	**196 201**	**659 318**	**345 358**	**313 960**	**237 976**	**421 342**
莲塘镇	47 690	150 399	77 280	73 119	144 335	6 064
向塘镇	32 386	98 387	50 718	47 669	36 374	62 013
冈上镇	13 679	48 726	25 704	23 022	6 100	42 626
幽兰镇	23 837	78 161	41 735	36 426	8 318	69 843
武阳镇	16 570	54 748	29 351	25 397	7 048	47 700
三江镇	8 543	32 049	16 697	15 352	8 971	23 078
塘南镇	15 291	60 952	32 470	28 482	8 569	52 383
蒋巷镇	27 412	95 434	50 420	45 014	11 376	84 058
广福镇	10 793	40 462	20 983	19 479	6 885	33 577
安义县	**85 432**	**257 147**	**136 677**	**120 470**	**94 764**	**162 383**
龙津镇	26 762	70 721	37 173	33 548	60 590	10 131
鼎湖镇	13 196	39 284	20 833	18 451	9 266	30 018
东阳镇	9 095	27 454	14 528	12 926	6 697	20 757
长埠镇	6 951	23 506	12 510	10 996	4 157	19 349
万埠镇	9 700	31 480	16 849	14 631	5 084	26 396
石鼻镇	14 015	45 474	24 326	21 148	4 092	41 382
黄洲镇	5 713	19 228	10 458	8 770	4 878	14 350
进贤县	**156 889**	**493 467**	**257 816**	**235 651**	**231 076**	**262 391**
民和镇	55 658	171 106	87 662	83 444	119 008	52 098
梅庄镇	12 517	39 227	20 562	18 665	10 780	28 447
前坊镇	10 512	33 631	17 645	15 986	11 696	21 935
温圳镇	13 982	47 747	25 319	22 428	27 421	20 326
李渡镇	14 594	45 104	23 631	21 473	21 973	23 131
文港镇	19 312	54 450	28 879	25 571	17 294	37 156
架桥镇	9 512	31 922	16 939	14 983	13 124	18 798
罗溪镇	10 821	33 557	17 668	15 889	5 780	27 777
张公镇	9 981	36 723	19 511	17 212	4 000	32 723

2－7　人口和计划生育

（2017 年 10 月—2018 年 9 月）　　单位:人

项目	合计	东湖区	西湖区	青云谱区	湾里区	青山湖区	新建区
期末已婚育龄妇女数	1 024 778	94 268	82 051	46 748	15 914	90 437	137 587
#无孩	58 460	6 578	6 898	3 516	652	6 714	6 414
一孩	399 612	59 897	49 503	29 999	5 727	44 227	40 891
二孩	450 822	25 105	23 304	12 293	6 656	34 539	60 482
期末落实节育措施数	858 392	80 373	68 163	40 047	13 486	77 131	113 130
结扎	276 202	6 513	4 640	2 330	4 923	17 355	52 398
上环	274 215	25 290	17 573	14 239	4 504	26 255	39 398
皮埋	147	21		5	26	8	17
药具	306 985	48 530	45 922	23 449	4 023	33 398	21 148
其他	843	19	28	24	10	115	169
期内领取生育证、服务卡人数	49 492	4 005	3 888	2 168	720	4 735	5 732
期内出生人数	61 467	4 784	4 756	2 214	999	5 417	8 858
#一孩	25 242	2 277	2 163	983	390	2 402	3 364
二孩	29 234	2 339	2 352	1 165	430	2 692	3 762
国家免费孕前优生健康检查数	39 036	2 520	2 103	1 512	796	4 400	7 360

注:本表数据由市卫健委提供。

2－7　续表1　（2017年10月—2018年9月）　单位：人

项目	南昌县	安义县	进贤县	经济开发区	高新开发区	红谷滩新区
期末已婚育龄妇女数	201 505	61 881	175 227	24 821	47 851	46 488
＃无孩	11 090	2 645	6 733	1 889	2 651	2 680
一孩	62 223	13 235	52 834	9 349	12 537	19 190
二孩	104 683	35 422	95 004	10 099	24 458	18 777
期末落实节育措施数	166 642	50 909	148 587	20 768	39 321	39 835
结扎	71 627	21 539	60 663	6 825	17 582	9 807
上环	54 994	15 526	52 962	4 867	7 291	11 316
皮埋	5	23	18	6	2	16
药具	39 909	13 792	34 838	9 043	14 320	18 613
其他	107	29	106	27	126	83
期内领取生育证、服务卡人数	11 501	2 756	6 187	1 461	3 068	3 271
期内出生人数	12 349	3 888	9 089	1 895	3 515	3 703
＃一孩	5 031	1 389	3 737	736	1 463	1 307
二孩	5 850	1 716	4 145	889	1 721	2 173
国家免费孕前优生健康检查数	9 602	2 590	6 723	279	644	507

2－8　常住人口及变动情况

指　　标	2017	2018
年末常住人口(万人)	546.35	554.55
#区人口	364.81	370.70
#城镇人口	400.59	411.64
乡村人口	145.76	142.91
#男性	281.7	285.97
女性	264.65	268.59
年初常住人口	537.14	546.35
城镇化率(%)	73.32	74.23
出生率(‰)	13.64	12.84
死亡率(‰)	6.01	6.02
人口平均受教育年限(年)		
#6岁及以上	10.58	10.74
15岁及以上	10.87	11.06
年龄结构(%)		
0－14岁	17.5	17.5
15－64岁	72.3	71.8
65岁及以上	10.2	10.7

主要统计指标解释

人口数 指在一定时点、一定地区范围内的有生命的个人的总和。

市镇人口 指市、镇区内的全部常住人口。包括市(镇)区与郊区、农业与非农业人口,但不包括市辖县人口。

乡村人口 指县(不含镇)的全部常住人口。

市 是指经国家批准成立“市”建制的城市。

镇 是指经省正式批准行政建制的镇。1963 年以前为常住人口在 2000 人以上,非农业人口占 50% 以上的。1964 年改为常住人口在 3000 人以上,非农业人口占 70% 以上,或常住人口在 2500 人以上,不满 3000 人,非农业人口占 85% 以上的。1984 年后又调整为,凡县级地方国家机关所在地;或总人口在 20000 人以下的乡,乡政府驻地非农业人口超过 2000 人的;或总人口在 20000 人以上的乡,乡政府驻地非农业人口占全乡人口 10% 以上;或少数民族地区、人口稀少的边远地区、山区和小型工矿区、小港口、风景旅游、边境口岸等地,非农业人口虽不足 2000 人,都可建镇。

人口密度 指一定时点一定地区的人口数与该地区的面积数之比,即一定时点的单位土地面积上的人口数,通常以每平方公里的居住人数来表示:

$$人口密度=\frac{该地区的人口数}{该地区的土地面积}$$

出生率(又称粗出生率)指在一定时期内(通常为一年)一定地区平均每千人口所出生的人数的比率。它反映人口的出生水平,一般以千分率表示。计算公式:

$$出生率=\frac{年出生人数}{年平均人数}\times 1000\%$$

死亡率(又称粗死亡率)指在一定时期内(通常为一年)一定地区的死亡人数与同期平均人数(或期中人数)之比,一般以千分率表示。计算公式:

$$死亡率=\frac{年死亡人数}{年平均人数}\times 1000\%$$

人口自然增长率 指在一定时期内(通常为一年)一定地区人口自然增加数(即出生人数减死亡人数)与该时期平均人数(或期中人数)之比,一般以千分率表示。计算公式:

$$人口自然增长率=\frac{本年出生人数-本年死亡人数}{年平均人数}\times 1000\%$$

三、就业人员和职工工资

EMPLOYMENT AND WAGE

本篇内容包括：

1. 劳动力资源
2. 从业人员的社会分布状况
3. 单位从业人员劳动报酬、人数、平均工资

社会从业人员

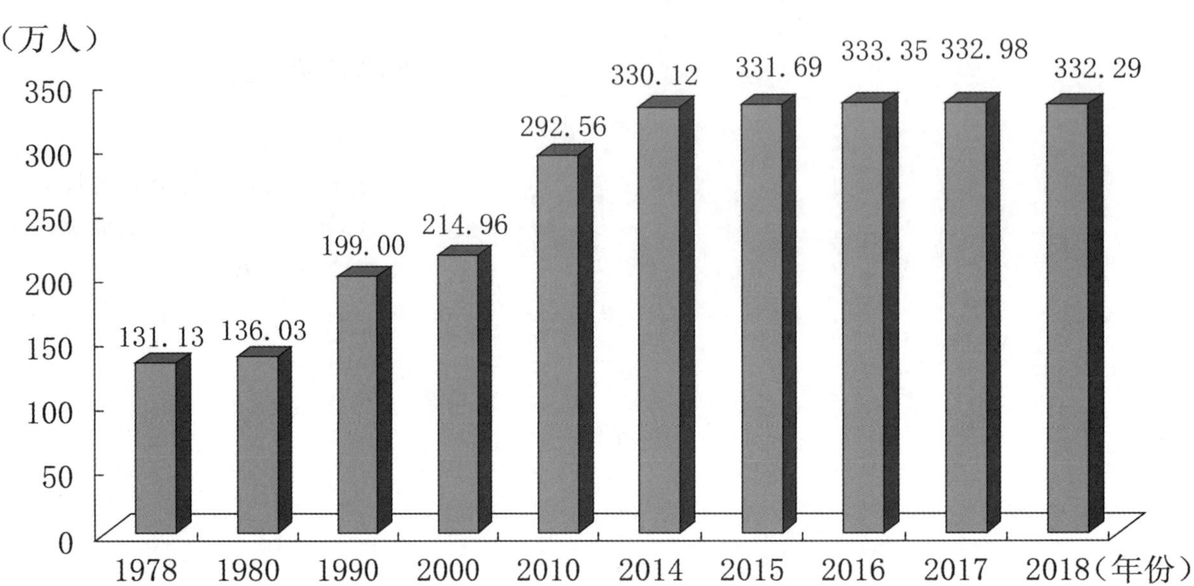

在岗职工平均工资

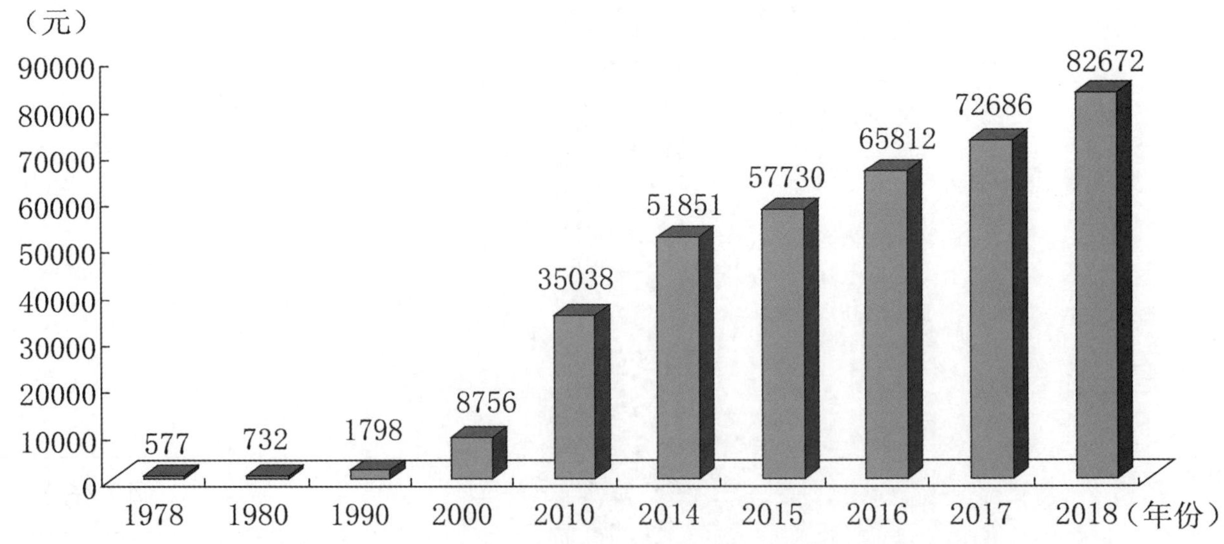

3-1 劳动力资源

(1978—2018)

单位:万人

年 份	劳动力资源总数	社会就业人数	#职工人数	国有经济单位	城镇集体经济单位	其他各种经济单位
1978	149.69	131.13	53.14	41.44	11.70	
1979		134.58	56.73			
1980	152.67	136.03	58.51	43.73	14.78	
1981		137.25	61.86			
1982		141.27	64.33			
1983		143.02	65.26			
1984		153.19	68.69			
1985	193.75	165.46	72.22	51.32	20.85	0.05
1986	195.01	166.54	73.92	52.88	20.96	0.08
1987	199.16	172.28	77.16	55.53	21.55	0.08
1988	211.77	182.55	81.28	58.71	22.48	0.09
1989	218.33	186.67	81.13	59.64	21.34	0.15
1990	233.57	199.00	82.04	60.52	21.35	0.18
1991	239.51	204.30	84.87	62.38	22.01	0.48
1992	241.51	205.96	86.79	64.23	21.87	0.69
1993	246.17	195.87	87.11	64.35	20.55	2.21
1994	251.42	205.28	88.03	64.51	20.59	2.93
1995	258.86	211.79	89.04	65.80	20.37	2.87
1996	261.08	210.96	81.04	61.83	16.18	3.04
1997	263.43	215.45	73.34	55.74	14.20	3.40
1998	277.94	215.39	66.88	46.52	11.30	9.06
1999	286.93	218.15	63.58	44.43	10.19	8.97
2000	296.74	214.96	58.77	40.25	9.22	9.31
2001	299.59	216.87	54.66	38.19	6.74	9.72
2002	300.42	214.54	51.27	35.60	5.72	9.94
2003	311.49	234.69	49.90	33.95	5.15	10.80
2004	319.09	239.60	51.34	33.90	4.89	12.56
2005	339.38	244.28	53.56	34.91	4.97	13.68
2006	345.22	267.78	56.06	36.71	4.57	14.77
2007	342.51	271.99	59.04	38.55	5.53	14.96
2008	352.82	277.59	58.98	38.49	4.95	15.54
2009	358.15	282.80	62.06	41.09	3.96	17.02
2010	360.49	292.56	63.21	40.89	3.93	18.38
2011	370.42	303.64	75.66	35.95	5.84	33.87
2012	379.65	315.92	86.99	39.20	2.47	45.32
2013	390.39	326.14	106.01	38.13	2.46	65.42
2014	392.24	330.12	106.16	31.61	2.03	72.52
2015	395.04	331.69	105.81	33.67	1.76	70.38
2016	397.05	333.35	106.37	33.13	1.69	71.54
2017	395.36	332.98	105.66	31.36	1.38	72.92
2018	395.29	332.29	102.30	25.61	1.50	75.20

注:1997 年之前,职工人数包含“离开本单位仍保留劳动关系的人员数”;自 1998 年起,职工人数为在岗职工人数;2012 年起,在岗职工人数含劳务派遣人员。

3-2 三次产业社会就业人员数(年末数)

(1978—2018)

年 份 地 区	合 计 (万人)	#城镇就业人员数	第一产业	第二产业	第三产业	构 成(以合计数为100) 第一产业	第二产业	第三产业
1978	131.13		76.89	35.33	18.91	58.6	26.9	14.5
1980	136.03		75.84	39.6	20.59	55.8	29.1	15.1
1985	165.46		72.58	54.88	38.00	43.9	33.2	22.9
1990	199.00		94.57	60.98	43.45	47.5	30.7	21.8
1991	204.3		92.53	67.03	44.74	45.3	32.8	21.9
1992	205.96		90.08	67.45	48.43	43.7	32.8	23.5
1993	195.87		82.47	61.96	51.44	42.1	31.6	26.3
1994	205.28	97.33	86.27	63.87	55.14	42.0	31.1	26.9
1995	211.79	100.54	89.65	66.55	55.59	42.3	31.4	26.3
1996	210.96		86.24	61.77	62.95	40.9	29.3	29.8
1997	215.45		89.12	63.5	62.83	41.4	29.5	29.1
1998	215.39	101.92	88.88	59.46	67.05	41.3	27.6	31.1
1999	218.15	103.39	87.84	59.07	71.24	40.3	27.1	32.6
2000	214.96	98.67	84.84	56.34	73.78	39.5	26.2	34.3
2001	216.87	98.05	84.52	56.49	75.86	39.0	26.0	35
2002	214.54	94.64	84.71	57.43	72.40	39.5	26.8	33.7
2003	234.69	113.35	82.73	66.61	85.35	35.2	28.4	36.4
2004	239.6	117.86	81.49	64.43	93.68	34.0	26.9	39.1
2005	244.28	120.77	80.00	63.29	100.99	32.7	25.9	41.4
2006	267.78	143.46	80.04	56.75	130.99	29.9	21.2	48.9
2007	271.99	149.24	77.42	60.44	134.13	28.5	22.2	49.3
2008	277.59	153.36	74.72	67.31	135.56	26.9	24.3	48.8
2009	282.80		71.93	67.02	143.85	25.4	23.7	50.9
2010	292.56	161.67	71.41	73.01	148.14	24.4	25.0	50.6
2011	303.64	169.28	69.49	87.27	146.88	22.9	28.7	48.4
2012	315.92	177.95	70.4	113.57	131.95	22.3	35.9	41.8
2013	326.14	188.38	68.91	118.68	138.55	21.1	36.4	42.5
2014	330.12	194.45	68.08	122.67	139.37	20.6	37.2	42.2
2015	331.69	200.14	63.15	123.41	145.13	19.0	37.2	43.8
2016	333.35	207.53	60.20	128.72	144.43	18.1	38.6	43.3
2017	332.98	215.44	58.10	130.72	144.16	17.4	39.3	43.3
2018	332.29	224.33	57.49	128.23	146.56	17.3	38.6	44.1

注:就业人员总计根据人口变动抽样调查资料推算,分地区、分经济类型、分行业资料相加不等于总计,下表同。

3－3　社会就业人员数（年末数）

单位:万人

类　　别	2017	2018
总　　计	**332.98**	**332.29**
按产业类型分		
第一产业	58.10	57.49
第二产业	130.72	128.23
第三产业	144.16	146.56
占比(%)		
第一产业	17.45	17.30
第二产业	39.26	38.59
第三产业	43.29	44.11
按经济类型分		
城镇	215.44	224.33
#国有	34.86	30.28
集体	2.07	2.17
股份合作	0.28	0.44
联营	0.02	0.06
有限责任公司	55.32	58.53
股份有限公司	12.70	11.13
港澳台投资	2.84	8.76
外商投资	3.84	3.33
私营和个体	102.82	107.89
乡村	117.54	107.96
#私营和个体	25.14	22.58
按国民经济行业分		
农、林、牧、渔业	58.10	57.49
采矿业、制造业	61.71	56.94
电力、热力、燃气及水生产和供应业	1.09	1.19
建筑业	67.93	70.11
批发和零售业	47.87	49.77
交通运输、仓储和邮政业	11.74	11.23
住宿和餐饮业	13.98	13.96
信息传输、软件和信息技术服务业	8.33	8.16
金融业	3.38	4.07
房地产业	5.81	8.10
租赁和商务服务业	11.43	10.98
科学研究和技术服务业	5.02	5.01
水利、环境和公共设施管理业	2.47	2.26
居民服务、修理和其他服务业	7.05	7.14
教育	9.44	9.62
卫生和社会工作	4.60	4.56
文化、体育和娱乐业	2.30	2.20
公共管理、社会保障和社会组织	6.50	9.52

3－4　城镇非私营单位就业人员年末人数、工资

（2018 年）

类　　别	就业人员人　　数（人）	就业人员平均工资（元）
总　　计	**1 175 259**	**78 793**
按经济类型分		
国有单位	293 839	104 333
城镇集体单位	21 667	54 354
其他单位	859 753	70 419
#股份合作	4 478	84 842
联营	531	89 459
有限责任公司	601 837	69 692
股份有限公司	111 517	75 329
其他	17 983	72 017
港澳台商投资	89 165	67 932
外商投资	34 242	70 294
按国民经济行业分		
农、林、牧、渔业	517	45 583
采矿业	35	51 297
制造业	243 278	72 601
电力、热力、燃气及水生产和供应业	9 529	78 843
建筑业	409 785	64 355
批发和零售业	68 228	62 055
交通运输、仓储和邮政业	47 039	80 913
住宿和餐饮业	9 761	48 529
信息传输、软件和信息技术服务业	26 402	76 151
金融业	37 467	112 520
房地产业	30 396	63 067
租赁和商务服务业	26 424	62 490
科学研究和技术服务业	27 608	109 347
水利、环境和公共设施管理业	8 553	69 899
居民服务、修理和其他服务业	2 393	59 136
教育	86 918	103 047
卫生和社会工作	39 391	145 782
文化、体育和娱乐业	10 640	88 667
公共管理、社会保障和社会组织	90 895	108 970

3－5 城镇非私营单位在岗职工年末人数、工资

（2018 年）

类　别	在岗职工 人　数 （人）	在岗职工 平均工资 （元）
总　计	**1 023 001**	**82 672**
按经济类型分		
国有单位	256 052	114 526
城镇集体单位	14 967	52 347
其他单位	751 982	72 087
#股份合作	4 403	85 832
联营	512	90 708
有限责任公司	507 773	70 925
股份有限公司	100 532	80 897
其他	17 162	73 501
港澳台商投资	88 307	67 827
外商投资	33 293	71 450
按国民经济行业分		
农、林、牧、渔业	443	48 830
采矿业	33	53 000
制造业	234 923	73 945
电力、热力、燃气及水生产和供应业	8 941	78 396
建筑业	310 440	65 592
批发和零售业	64 910	63 390
交通运输、仓储和邮政业	44 052	83 442
住宿和餐饮业	9 639	48 689
信息传输、软件和信息技术服务业	22 981	77 489
金融业	28 651	145 927
房地产业	29 321	64 010
租赁和商务服务业	22 217	62 318
科学研究和技术服务业	25 119	113 129
水利、环境和公共设施管理业	4 981	104 587
居民服务、修理和其他服务业	2 357	59 834
教育	82 202	106 691
卫生和社会工作	38 169	149 407
文化、体育和娱乐业	10 234	90 188
公共管理、社会保障和社会组织	83 388	115 837

3－6　城镇非私营单位各种分组的就业人员人数

（2018 年）　　　　单位:人

类　　别	合　计	国有单位	城镇集体单位	其他单位
总　　计	**1 175 259**	**293 839**	**21 667**	**859 753**
按国民经济行业分				
农、林、牧、渔业	517	400	2	115
采矿业	35		5	30
制造业	243 278	8 582	1 099	233 597
电力、热力、燃气及水生产和供应业	9 529	35		9 494
建筑业	409 785	27 065	16 675	366 045
批发和零售业	68 228	1 459	164	66 605
交通运输、仓储和邮政业	47 039	9 957	348	36 734
住宿和餐饮业	9 761	1 276	31	8 454
信息传输、软件和信息技术服务业	26 402	385	405	25 612
金融业	37 467	14 487		22 980
房地产业	30 396	1 944	256	28 196
租赁和商务服务业	26 424	9 518	288	16 618
科学研究和技术服务业	27 608	13 653	325	13 630
水利、环境和公共设施管理业	8 553	6 189	67	2 297
居民服务、修理和其他服务业	2 393	116		2 277
教育	86 918	72 761	913	13 244
卫生和社会工作	39 391	31 857	646	6 888
文化、体育和娱乐业	10 640	6 343	34	4 263
公共管理、社会保障和社会组织	90 895	87 812	409	2 674

3－7 城镇非私营单位各种分组的在岗职工人数

（2018 年）

单位：人

类　别	合　计	国有单位	城镇集体单位	其他单位
总　计	**1 023 001**	**256 052**	**14 967**	**751 982**
按国民经济行业分				
农、林、牧、渔业	443	326	2	115
采矿业	33		3	30
制造业	234 923	3 518	1 051	230 354
电力、热力、燃气及水生产和供应业	8 941	35		8 906
建筑业	310 440	12 060	10 325	288 055
批发和零售业	64 910	1 404	161	63 345
交通运输、仓储和邮政业	44 052	9 671	206	34 175
住宿和餐饮业	9 639	1 232	31	8 376
信息传输、软件和信息技术服务业	22 981	378	405	22 198
金融业	28 651	14 446		14 205
房地产业	29 321	1 302	241	27 778
租赁和商务服务业	22 217	9 169	286	12 762
科学研究和技术服务业	25 119	12 591	314	12 214
水利、环境和公共设施管理业	4 981	3 661	62	1 258
居民服务、修理和其他服务业	2 357	114		2 243
教育	82 202	68 475	868	12 859
卫生和社会工作	38 169	30 968	573	6 628
文化、体育和娱乐业	10 234	6 166	34	4 034
公共管理、社会保障和社会组织	83 388	80 536	405	2 447

3－8 城镇非私营单位各种分组的就业人员工资总额

（2018 年）　　单位:万元

类　别	工资总额	国有单位	城镇集体单位	其他单位
总　计	**9 106 359**	**3 083 669**	**117 188**	**5 905 503**
按国民经济行业分				
农、林、牧、渔业	2 320	1 791	8	521
采矿业	190		11	179
制造业	1 762 545	36 884	3 837	1 721 824
电力、热力、燃气及水生产和 供应业	74 767	221		74 546
建筑业	2 530 717	119 178	87 511	2 324 028
批发和零售业	431 771	17 262	873	413 636
交通运输、仓储和邮政业	373 359	100 387	1 297	271 674
住宿和餐饮业	46 510	5 831	46	40 633
信息传输、软件和信息技术服务业	200 011	3 550	2 067	194 394
金融业	405 601	202 779		202 822
房地产业	192 266	9 852	624	181 791
租赁和商务服务业	156 638	46 992	1 398	108 248
科学研究和技术服务业	300 290	142 870	4 306	153 113
水利、环境和公共设施管理业	59 296	47 020	386	11 890
居民服务、修理和其他服务业	14 240	908		13 332
教育	892 932	800 351	7 646	84 935
卫生和社会工作	571 962	517 621	4 355	49 986
文化、体育和娱乐业	103 351	64 070	103	39 178
公共管理、社会保障和社会组织	987 594	966 104	2 719	18 772

3-9 主要年份城镇非私营单位在岗职工工资总额

单位:万元

年　　份	合　计	国有单位	城镇集体单位	其他单位
1980	42 024	33 304	8 720	
1990	145 581	117 900	27 319	362
2000	511 784	375 482	45 363	90 939
2010	2 205 641	1 553 694	71 540	580 407
2011	2 962 726	1 570 047	141 242	1 251 437
2012	3 693 667	1 905 581	88 492	1 699 594
2013	4 876 812	2 213 845	93 016	2 569 951
2014	5 408 797	1 791 237	93 011	3 524 549
2015	6 132 271	2 219 316	77 517	3 835 438
2016	6 940 303	2 710 331	78 269	4 151 703
2017	7 416 789	3 011 664	62 929	4 342 196
2018	8 267 766	2 935 952	77 851	5 253 963

3－10 城镇非私营单位各种分组的在岗职工工资总额

（2018 年）

单位:万元

类　　别	工资总额	国有单位	城镇集体单位	其他单位
总　　计	**8 267 766**	**2 935 952**	**77 851**	**5 253 963**
按国民经济行业分				
农、林、牧、渔业	2 124	1 595	8	521
采矿业	186		7	179
制造业	1 730 650	23 516	3 549	1 703 586
电力、热力、燃气及水生产和 供应业	69 765	221		69 544
建筑业	1 913 825	56 183	49 222	1 808 420
批发和零售业	420 567	16 662	863	403 041
交通运输、仓储和邮政业	361 471	97 576	1 089	262 806
住宿和餐饮业	46 050	5 693	46	40 311
信息传输、软件和信息技术服务业	177 651	3 526	2 067	172 057
金融业	371 588	202 613		168 975
房地产业	188 344	7 691	590	180 063
租赁和商务服务业	135 454	45 560	1 392	88 502
科学研究和技术服务业	283 094	132 608	4 243	146 243
水利、环境和公共设施管理业	51 865	43 369	357	8 139
居民服务、修理和其他服务业	14 187	898		13 288
教育	874 367	783 636	7 536	83 195
卫生和社会工作	567 614	514 448	4 069	49 098
文化、体育和娱乐业	101 218	63 058	103	38 058
公共管理、社会保障和社会组织	957 748	937 101	2 709	17 938

3－11　主要年份城镇非私营单位在岗职工平均工资

单位:元

年　份	合　计	国有单位	城镇集体单位	其他单位
1980	732	779	597	
1990	1 798	1 972	1 300	2 122
2000	8 756	9 335	5 123	9 708
2010	35 038	37 938	18 422	32 042
2011	39 816	43 606	24 262	38 406
2012	43 771	49 987	38 255	38 670
2013	46 744	58 166	40 548	40 171
2014	51 851	57 322	46 540	49 594
2015	57 730	67 039	48 768	53 620
2016	65 812	84 069	49 629	57 952
2017	72 686	96 839	46 432	62 404
2018	82 672	114 526	52 347	72 087

3－12 城镇非私营单位各种分组的就业人员平均工资

（2018 年）

单位:元

类　别	平均工资	国有单位	城镇集体单位	其他单位
总　计	**78 793**	**104 333**	**54 354**	**70 419**
按国民经济行业分				
农、林、牧、渔业	45 583	45 681	42 000	45 313
采矿业	51 297		21 600	55 938
制造业	72 601	41 359	33 282	73 993
电力、热力、燃气及水生产和 供应业	78 843	63 114		78 902
建筑业	64 355	42 541	53 018	66 645
批发和零售业	62 055	119 294	53 901	60 856
交通运输、仓储和邮政业	80 913	99 759	38 943	75 999
住宿和餐饮业	48 529	44 990	14 968	49 210
信息传输、软件和信息技术服务业	76 151	92 443	48 991	76 356
金融业	112 520	141 152		93 548
房地产业	63 067	50 809	24 555	64 253
租赁和商务服务业	62 490	49 538	48 210	70 796
科学研究和技术服务业	109 347	104 216	132 901	114 017
水利、环境和公共设施管理业	69 899	76 505	55 114	52 448
居民服务、修理和其他服务业	59 136	78 293		58 167
教育	103 047	110 205	83 379	64 776
卫生和社会工作	145 782	163 241	67 410	72 665
文化、体育和娱乐业	88 667	86 933	30 324	92 141
公共管理、社会保障和社会组织	108 970	110 355	66 148	70 202

3－13　城镇非私营单位各种分组的在岗职工平均工资

（2018 年）　　单位:元

类　别	平均工资	国有单位	城镇集体单位	其他单位
总　计	**82 672**	**114 526**	**52 347**	**72 087**
按国民经济行业分				
农、林、牧、渔业	48 830	50 145	42 000	45 313
采矿业	53 000		21 667	55 938
制造业	73 945	66 616	33 476	74 245
电力、热力、燃气及水生产和 供应业	78 396	63 114		78 456
建筑业	65 592	45 265	48 210	67 189
批发和零售业	63 390	120 130	54 296	62 198
交通运输、仓储和邮政业	83 442	99 976	55 846	78 767
住宿和餐饮业	48 689	45 470	14 968	49 310
信息传输、软件和信息技术服务业	77 489	93 523	48 991	77 759
金融业	145 927	141 351		151 820
房地产业	64 010	60 370	24 699	64 513
租赁和商务服务业	62 318	49 917	48 330	71 830
科学研究和技术服务业	113 129	104 812	135 562	121 273
水利、环境和公共设施管理业	104 587	118 787	54 892	65 477
居民服务、修理和其他服务业	59 834	78 789		58 876
教育	106 691	114 672	86 525	65 276
卫生和社会工作	149 407	167 034	71 005	74 177
文化、体育和娱乐业	90 188	87 983	30 324	94 623
公共管理、社会保障和社会组织	115 837	117 387	66 568	73 395

3－14　城镇私营单位就业人员年末人数、工资

（2018 年）

类　　别	就业人员 人　　数 （人）	就业人员 平均工资 （元）
总　　计	**641 956**	**49 329**
按国民经济行业分		
农、林、牧、渔业	4 279	35 885
采矿业	179	31 358
制造业	147 060	47 156
电力、热力、燃气及水生产和 供应业	816	52 230
建筑业	266 585	49 575
批发和零售业	85 481	50 654
交通运输、仓储和邮政业	15 891	44 239
住宿和餐饮业	14 372	42 236
信息传输、软件和信息技术服务业	20 871	54 008
金融业	1 679	46 313
房地产业	17 793	58 184
租赁和商务服务业	36 085	52 007
科学研究和技术服务业	10 255	51 266
水利、环境和公共设施管理业	1 767	51 491
居民服务、修理和其他服务业	5 946	47 247
教育	5 797	48 409
卫生和社会工作	2 932	62 396
文化、体育和娱乐业	4 168	46 506
公共管理、社会保障和社会组织		

注：本表为城镇私营抽样调查资料整理。

主要统计指标解释

社会从业人员 指在劳动年龄内,有劳动能力,参加社会劳动取得劳动报酬或经营收入的人口。包括:(1)单位从业人员;(2)私营企业和个体从业人员;(3)乡镇企业从业人员;(4)农村从业人员;(5)其他共五个部份。这一指标反映了一定时期内全部劳动力资源的实际利用情况,是研究我国基本国情国力的重要指标。

单位从业人员 指在各类法人单位工作,并由单位支付劳动报酬的人员,包括在岗职工和其他从业人员。

在岗职工 指在本单位工作且与本单位签订劳动合同,并由单位支付各项工资和社会保险、住房公积金的人员,以及上述人员中由于学习、病伤产假等原因暂未工作,仍由单位支付工资的人员。

其他从业人员 指除在岗职工以外,实际参加本单位生产或工作并从本单位取得劳动报酬的人员。具体包括:非全日制人员、聘用的正式离退休人员、兼职人员和第二职业者,以及在本单位工作的外籍和港澳台方人员。

城镇个体和私营劳动者 城镇私营劳动者指在工商管理部门注册登记,其经营地址设有县城关镇及以上的私营企业的劳动者。包括私营企业投资者和雇工。城镇个体劳动者指在工商管理部门注册登记,并持有城镇户口或在城镇长期居住,经批准从事个体工商经营的劳动者。包括:个体经营者和个体工商户劳动的家庭帮工和雇工。

农村从业人员 指农村人口中经常参加社会劳动并取得劳动报酬的整半劳动力。包括在乡镇企业及其他集体经济组织和农户中参加各项生产的劳动者及外出从事个体经营的劳动者。从事家庭副业,其收入相当于当地一个社会劳动者最低收入水平或参加社会劳动累计在三个月以上的劳动者,也包括在内。

工资总额 根据《关于工资总额组成的规定》,工资总额是指本单位在报告期内(季度或年度)直接支付给本单位从业人员的劳动报酬总额。包括计时工资、计件工资、奖金、津贴和补贴、加班加点工资、特殊情况下支付的工资。

工资总额是税前工资,包括单位从个人工资中直接为其代扣或代缴的房费、个人所得税、水费、电费、住房公积金和社会保险基金个人缴纳部分等。

工资总额不论是计人成本的还是不计人成本的,不论是以货币形式支付的还是以实物形式支付的,均应列人工资总额的计算范围。

工资总额由基本工资、绩效工资、工资性津贴和补贴、其他工资四部分组成。工资总额不包括病假、事假等情况的扣款。

基本工资也可称为标准工资、合同工资、谈判工资。指本单位在报告期内(季度或年度)支付给本单位从业人员的按照法定工作时间提供正常工作的劳动报酬。各单位给个人确定的底薪可作为基本工资。包括工龄工资(年功工资)。基本工资不含定时、定额发放的各种奖金、各种津贴和补贴、加班工资,也不包括补发的上一季度或上一年度的基础工资。

绩效工资也可称为效益工资、业绩工资。指根据本单位利润增长和工作业绩定期支付给本单位从业人员的奖金;支付给本单位从业人员的超额劳动报酬和增收节支的劳动报酬。具体包括:值加班工资、绩效奖金(如年度、季度、月度等)、全勤奖、生产奖、节约奖、劳动竞赛奖和其他名目的奖金;以及某工作事项完成后的提成工资、年底双薪等。但不包括人股分红、股权激励兑现的钱和各种资本性收益。

工资性津贴和补贴指本单位制定的员工相关工资政策中,为补偿本单位从业人员特殊或额外的劳动消耗和因其他特殊原因支付的津贴,以及为保证其工资水平不受物价影响而支付的物价补贴。具体包括:补偿特殊或额外劳动消耗的津贴及岗位性津贴、保健性津贴、技术性津贴、地区津贴和其他津贴;如过节费、通讯补贴、交通补贴、不休假补贴、无食堂补贴、单位发的可自行支配的住房补贴以及上的各种商业性保险等。上述各种项目均包括货币性质的,也包括实物性质的和各种形式的充值卡、购物卡(券)等。

其他工资指上述基本工资、绩效工资、工资性津贴和补贴三类工资均不能包括的发给从业人员的工资,如补发上一年度的工资等。

平均工资 是指在报告期内单位发放工资的人均水平。计算公式为:

$$平均工资=\frac{报告期工资总额}{报告期平均人数}。$$

四、人民生活

PEOPLE'S LIVELIHOOD

本篇内容包括：

1. 居民家庭基本情况
2. 居民生活收入情况
3. 居民拥有耐用消费品数量

城乡居民收入水平

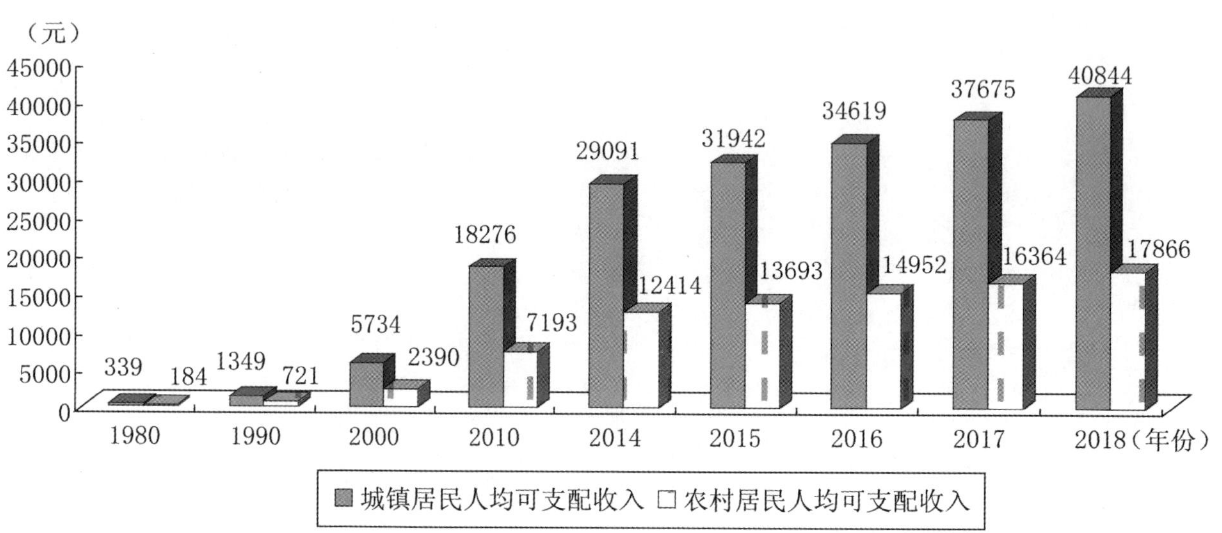

平均每百户家庭耐用消费品拥有量

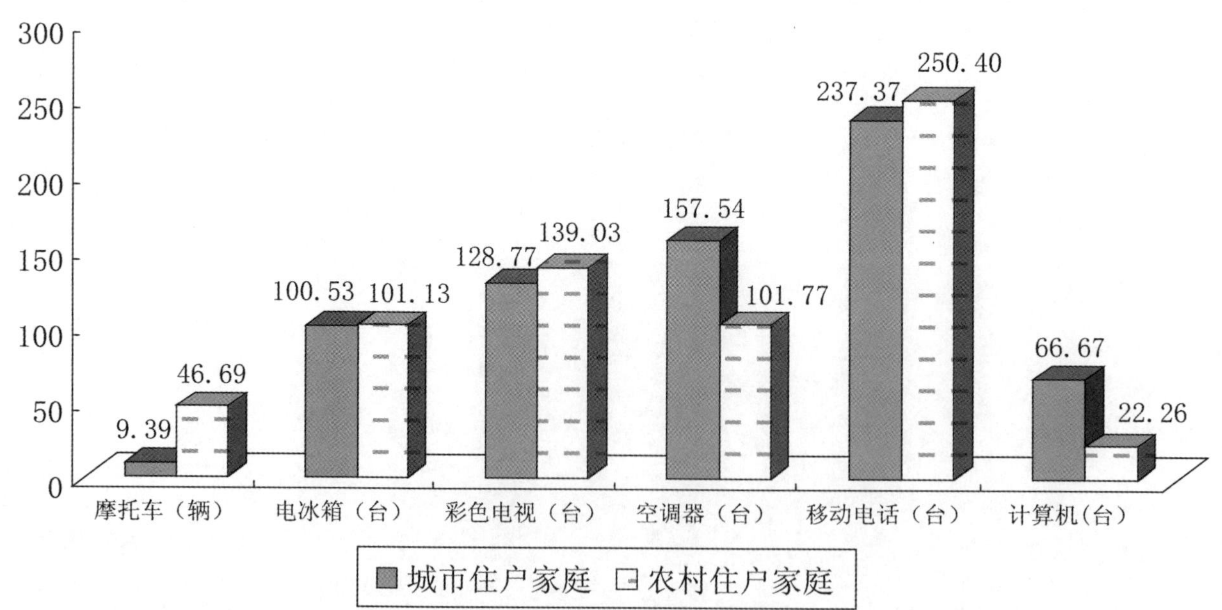

4－1　全市居民家庭生活基本情况

指　　标	1980	1990	2000	2010	2013	2014	2015	2016	2017	2018
就　　业(人)										
城镇居民每一劳动力负担人口	1.98	1.77	1.92	1.82	1.80	1.71	1.87	1.93	1.91	1.48
农村居民每一劳动力负担人口		1.78	1.45	1.40	1.46	1.42	1.43	1.43	1.43	1.64
收　　入(元)										
城镇居民人均可支配收入		1 349	5 734	18 276	26 446	29 091	31 942	34 619	37 675	40 844
农村居民人均可支配收入		721	2 390	7 193	11 184	12 414	13 693	14 952	16 364	17 866
消　　费(元)										
城镇居民人均消费性支出		1 086	3 925	13 899	17 925	19 628	21 396	22 536	24 275	26 081
农村居民人均消费性支出		588	1 613	3 992	7 153	7 896	8 788	9 460	10 240	11 352
居　　住(平方米)										
城镇居民人均建筑面积		29.37	33.42	28.20	30.50	32.11	35.08	35.42	35.53	38.27
农村居民人均建筑面积			26.10	46.64	52.22	54.70	58.38	58.18	58.23	68.14
交通、通讯										
城镇居民每百户汽车拥有量(辆)				5.06	16.20	17.31	15.22	22.56	23.45	46.45
城镇居民每百户摩托车拥有量(辆)				8.71	11.80	17.95	13.34	11.52	11.30	9.39
城镇居民每百户拥有移动电话(部)				16.70	208.41	215.87	204.03	204.09	211.51	237.32
农村居民每百户汽车拥有量(辆)					12.42	12.64	15.82	19.53	20.81	27.74
农村居民每百户摩托车拥有量(辆)			14.00	48.00	56.06	64.98	62.29	63.30	61.74	46.78
农村居民每百户拥有移动电话(部)				148.00	204.24	222.70	227.27	235.44	244.30	250.32
文　　化(台/套)										
城镇居民每百户拥有彩色电视机		45.00	113.00	148.60	142.68	141.88	137.92	133.81	134.81	128.77
城镇居民每百户拥有照相机		18.00	35.70	48.31	44.55	39.53	30.93	23.94	24.52	16.49
城镇居民每百户拥有计算机				71.35	85.05	87.16	76.22	76.49	75.96	66.67
农村居民每百户拥有彩色电视机		6.00	48.75	121.00	129.09	140.40	140.07	145.12	149.33	139.03
农村居民每百户拥有照相机		1.00	3.50	7.00	4.42	3.25	0.01	0.60	0.67	2.58
农村居民每百户拥有计算机				8.00	21.82	16.25	21.89	19.19	20.47	22.26

注:2013 年之前农村居民人均可支配收入为人均纯收入指标,2013 年之后所有调查指标为新口径调查数据,统一为可支配收入指标,后同。

4-2 1980—2018年城市住户基本情况

年份	调查户数（户）	平均每户家庭人口（人）	平均每户就业人口（人）	平均每个就业者负担人口（人）	平均每人每月家庭总收入（元）	平均每人每月可支配收入（元）	平均每人每月消费支出（元）
1980	120	4.28	2.16	1.98		28	28
1981	120	4.21	2.15	1.96	34	34	31
1982	120	4.21	2.17	1.94	36	36	31
1983	120	4.23	2.19	1.93	37	36	32
1984	120	4.09	2.18	1.88	44	43	39
1985	150	3.64	2.06	1.77	54	53	47
1986	150	3.66	2.05	1.79	64	64	53
1987	150	3.64	2.01	1.81	71	70	63
1988	200	3.54	1.94	1.82	84	83	76
1989	200	3.48	1.98	1.76	96	110	84
1990	200	3.34	1.88	1.77	113	112	90
1991	200	3.41	1.85	1.85	114	113	94
1992	200	3.35	1.81	1.85	129	128	111
1993	200	3.16	1.74	1.81	173	172	154
1994	200	3.11	1.74	1.79	256	255	216
1995	200	3.07	1.76	1.75	300	299	248
1996	200	3.03	1.67	1.82	334	334	268
1997	200	3.03	1.68	1.81	376	375	312
1998	200	3.09	1.76	1.75	408	406	320
1999	334	3.05	1.68	1.82	515	441	340
2000	300	3.21	1.67	1.92	482	478	327
2001	300	3.12	1.62	1.93	525	517	358
2002	300	2.99	1.55	1.93	603	585	399
2003	300	2.93	1.48	1.98	674	649	423
2004	300	2.78	1.53	1.82	762	729	489
2005	300	2.59	1.37	1.89	908	858	589
2006	300	2.61	1.43	1.83	992	937	629
2007	300	2.66	1.62	1.64	1 144	1 090	839
2008	300	2.81	1.63	1.72	1 326	1 259	963
2009	300	2.81	1.62	1.73	1 475	1 328	1 034
2010	300	2.77	1.52	1.82	1 652	1 523	1 158
2011	300	2.79	1.50	1.86	1 857	1 728	1 270
2012	300	2.83	1.58	1.79	2 096	1 967	1 371
2013	321	3.03	1.68	1.80	-	2 204	1 494
2014	468	3.14	1.84	1.71	2 672	2 424	1 636
2015	465	2.95	1.58	1.87	2 844	2 662	1 783
2016	471	2.92	1.51	1.93	3 070	2 885	1 878
2017	469	2.87	1.49	1.91	3 328	3 140	2 023
2018	570	3.29	1.66	1.98	3 692	3 404	2 173

注：平均每个就业者负担人口含就业者本人。

4－3 城市居民家庭生活基本情况

项　　目	2017	2018
调查户数(户)	469	570
家庭人口(人)	1 342	1 873
就业人口(人)	699	948
平均每户家庭人口(人)	2.87	3.29
平均每户就业人口(人)	1.49	1.66
平均每户就业面(%)	51.92	50.46
平均每一就业者负担人数(含就业者本人)(人)	1.93	1.98
平均每人家庭总收入(元)	39 931	3 692
平均每人可支配收入(元)	37 675	40 844
平均每人消费支出(元)	24 275	26 081
家庭常住人口(人)	1 334	1 779
建筑面积(平方米)	47 397	68 086
平均每人建筑面积(平方米)	35.53	38.27
平均每户建筑面积(平方米)	101.06	119.45

4－4 城市住户基本情况

（按收入分组，2018 年）

项　　目	总平均	低收入户	中低收入户	中等收入户	中高收入户	高收入户
调查户数（户）	570	114	114	114	114	114
家庭人口（人）	1 873	484	401	342	337	309
家庭常住人口（人）	1 779	467	384	326	320	283
就业人口（人）	948	205	197	191	173	182
平均每户家庭人口（人）	3.29	4.25	3.52	3.00	2.96	2.71
平均每户家庭常住人口（人）	3.12	4.10	3.37	2.86	2.81	2.48
平均每户就业人口（人）	1.66	1.80	1.73	1.68	1.52	1.60
平均每户就业面（%）	50.46	42.36	49.13	55.85	51.34	58.90
就业者负担人口（人）	1.98	2.28	1.95	1.71	1.85	1.55
人均可支配收入（元）	40 844	18 248	30 600	38 950	47 099	87 108
人均消费性支出（元）	26 081	15 011	20 391	26 964	30 250	46 372
离退休人数（人）	274	47	53	64	75	35

4－5　城市住户平均每百户主要消费品年末拥有量

品　　名	2017	2018
摩托车(辆)	11.30	9.39
助力车(辆)	73.61	86.62
家用汽车(辆)	23.45	46.49
洗衣机(台)	99.40	96.84
电冰箱(台)	100.27	100.53
彩色电视(台)	134.81	128.77
热水器(台)	98.99	102.28
照相机(架)	24.52	16.49
空调器(台)	147.81	157.54
微波炉(台)	75.91	69.82
电话(台)	44.99	24.60
移动电话(台)	211.51	237.37
计算机(台)	75.96	66.67

4-6 城市居民平均每人每年收支

单位:元

项目	2017	2018
可支配收入	**37 675**	**40 844**
工资性收入	22 019	25 547
经营净收入	2 694	4 488
财产净收入	4 073	4 749
转移净收入	8 889	6 061
#赡养收入	156	270
养老金或离退休金	9 662	6 538
经常性捐赠收入		
非收入所得	**654**	**754**
出售资产所得	178	40
记帐补贴	347	246
借贷性所得	**155**	**426**
提取储蓄存款	134	147
借入款		202
家庭总支出	**28 572**	**32 908**
赡养支出	90	73
一次性捐赠支出	418	617
借贷性支出	**924**	**939**
存入储蓄款	343	40
归还借款	7	13
借出款	10	

4－7 城市居民平均每人每年收支

（按收入分组，2018 年） 单位：元

项 目	总平均	低收入户	中低收入户	中等收入户	中高收入户	高收入户
可支配收入	**40 844**	**18 248**	**30 600**	**38 950**	**47 099**	**87 108**
工资性收入	25 547	12 352	19 845	23 150	32 115	50 382
经营净收入	4 488	1 205	2 084	1 744	1 813	19 213
财产净收入	4 749	1 449	3 326	4 810	5 106	11 650
转移净收入	6 061	3 242	5 346	9 246	8 065	5 862
#赡养收入	270	252	336	350	229	164
养老金或离退休金	6 538	3 243	5 705	9 608	8 797	7 130
经常性捐赠收入						
非收入所得	**754**	**387**	**551**	**744**	**646**	**1 767**
出售资产所得	40	3	1	214		
记帐补贴	246	177	235	270	283	306
借贷性所得	**426**	**898**	**411**	**168**	**65**	**360**
提取储蓄存款	147	898	411	168	65	360
借入款	202	136	352	11	62	138
家庭总支出	**32 908**	**19 425**	**32 204**	**41 208**	**50 277**	**98 516**
赡养支出	73	39	38	93	57	173
一次性捐赠支出	617	197	545	869	596	1 151
借贷性支出	**939**	**563**	**645**	**809**	**1 336**	**1 661**
存入储蓄款	40	25		58	70	66
归还借款	13	2			42	28
借出款			1			

4-8 城市住户平均每人每年消费支出及构成

项　　目	金　　额(元)		构　　成(%)	
	2017	2018	2017	2018
消费支出	**24 725**	**26 081**	**100**	**100**
食品烟酒	**7 424**	**7 182**	**30.0**	**27.5**
#粮　食	547	714	2.2	2.7
油　　脂	269	245	1.1	0.9
肉禽蛋水产品类	2 190	2 094	8.9	8.0
#蛋　类	141	131	0.6	0.5
水产类	513	395	2.1	1.5
蔬菜和食用菌	953	786	3.9	3.0
烟　类	447	473	1.8	1.8
酒和饮料	271	270	1.1	1.0
干鲜瓜果	570	499	2.3	1.9
糖果糕点及奶类	591	570	2.4	2.2
衣　着	**1 900**	**1 788**	**7.7**	**6.9**
#衣　类	1 542	1 413	6.2	5.4
鞋　类	357	375	1.4	1.4
生活用品及服务	**1 323**	**1 481**	**5.3**	**5.7**
#耐用消费品	252	263	1.0	1.0
医疗保健	**1 015**	**1 264**	**4.1**	**4.8**
交通和通信	**3 003**	**3 916**	**12.1**	**15.0**
教育文化娱乐	**2 876**	**2 536**	**11.6**	**9.7**
#文化娱乐用品	279	254	1.1	1.0
教　育	1 397	1 366	5.7	5.2
文化娱乐服务	1 201	916	4.9	3.5
居　住	**6 173**	**6 914**	**25.0**	**26.5**
其它商品与服务	**560**	**642**	**2.3**	**2.5**

4-9 城市住户平均每人每年购买消费品数量

品　　名	2017	2018
粮食(千克)	139.36	122.50
食用植物油(千克)	20.88	16.23
蔬菜及菜制品(千克)	144.23	117.12
猪肉(千克)	27.86	30.16
牛羊肉(千克)	5.31	5.12
家禽(千克)	10.55	11.61
鲜蛋(千克)	10.97	10.34
鱼(不包括虾)(千克)	17.94	15.11
白酒(千克)	1.75	1.46
啤酒(千克)	5.75	4.89
鲜瓜果(千克)	55.05	49.05
糕点(千克)	4.69	3.97
鲜奶(千克)	17.49	16.52
服装(元)	1 466.21	1 212.27
鞋(双)	2.77	2.37
罐装液化石油气(千克)	23.20	17.82
管道天然气(立方米)	40.00	31.52

4－10 城市居民居住情况

单位:户

类　　别	2017	2018
调查户数	**469**	**570**
按住宅建筑式样		
单栋住宅	68	117
四居室	13	11
三居室	104	191
二居室	224	198
一居室	43	34
普通楼房		
平房及其他	3	7
按房屋产权		
租赁公房	4	4
租赁私房	38	8
原有私房		
自建住房	68	113
房改私房	160	83
商品房	127	280
拆迁安置房	46	62
继承或获赠住房	7	3
借用房	4	3
其他	9	7
住户厕所类型		
水冲式卫生厕所	437	537
水冲式非卫生厕所	5	13
卫生旱厕	14	3
普通旱厕	11	12
无厕所	1	5
住户厕所使用情况		
本住户独用	451	555
几户合用	15	7
公用厕所	2	8
住户洗澡设施情况		
统一供热水	8	7
家庭自装热水器	434	553
其他	9	
无洗澡设施	17	10

4－11 1985—2018 年农村居民家庭基本情况

年 份	调查县区（个）	调查数（户）	平均每户家庭人口（人）	平均每户整半劳动力（人）	平均每个劳动力负担人口（人）	平均每人可支配收入（元/人）	平均每人住房面积（平方米/人）
1985	6	380	5.64	3.04	1.85	412	15.98
1986	6	380	5.61	3.02	1.86	452	16.77
1987	6	390	5.41	2.82	1.91	501	18.36
1988	6	410	5.41	2.96	1.83	586	19.52
1989	6	410	5.36	3.52	1.52	660	20.69
1990	6	410	5.25	2.95	1.78	721	19.50
1991	6	410	5.02	2.79	1.80	768	19.78
1992	6	410	4.99	2.81	1.76	855	21.30
1993	6	410	4.91	2.86	1.72	969	19.69
1994	6	410	4.79	2.89	1.66	1 311	22.53
1995	6	410	4.75	2.91	1.63	1 626	23.71
1996	6	410	4.67	2.91	1.61	2 031	23.44
1997	6	410	4.55	2.84	1.60	2 359	25.12
1998	6	400	4.46	2.80	1.59	2 164	26.26
1999	6	400	4.30	2.89	1.49	2 307	26.77
2000	6	400	4.29	2.96	1.45	2 390	26.10
2001	6	400	4.28	2.93	1.46	2 517	27.92
2002	6	400	4.21	2.93	1.44	2 664	28.21
2003	6	400	4.16	2.92	1.42	2 808	29.46
2004	6	400	4.13	2.90	1.42	3 414	35.48
2005	7	400	4.14	2.92	1.42	3 879	38.66
2006	7	400	4.12	2.92	1.41	4 392	41.03
2007	7	400	4.10	2.92	1.40	5 034	42.32
2008	7	400	4.08	2.90	1.40	5 774	44.14
2009	7	400	4.04	2.89	1.40	6 296	45.04
2010	7	400	3.98	2.85	1.40	7 193	46.64
2011	6	400	4.10	2.96	1.39	8 484	49.21
2012	6	400	4.07	2.91	1.40	9 730	48.86
2013	6	330	3.98	2.72	1.46	11 184	52.22
2014	6	277	3.63	2.56	1.42	12 414	54.70
2015	6	297	3.54	2.47	1.43	13 693	58.38
2016	6	297	3.52	2.46	1.43	14 952	57.95
2017	6	298	3.52	2.46	1.43	16 364	58.23
2018	6	310	3.84	2.35	1.64	17 866	68.14

注:2013 年之后平均每户家庭人口为常住人口。

4－12　农村居民家庭基本情况

（分县区，2018 年）

地　　区	调查数（户）	平均每户家庭人口（人）	平均每户整半劳动力（人）	6 周岁及以上在校学生（人）	人均经营耕　地（亩）	平均每人年末住房（平方米）	人均可支配收入（元）
南　昌　市	**250**	**3.84**	**2.35**	**211**	**1.17**	**60.15**	**17 866**
湾　里　区	20	3.95	1.90	56		64.42	13 770
青 山 湖 区	20	3.85	2.90	90		89.15	20 388
新　建　区	50	4.36	2.22	199	1.26	67.20	17 887
南　昌　县	60	4.08	2.40	258	1.31	41.17	19 629
安　义　县	50	3.94	2.32	187	2.85	46.77	15 950
进　贤　县	50	3.56	2.22	160	0.22	59.67	18 352

4－13 农村家庭房屋使用情况

项　　目	2017	2018	2018 年比上年增长%
新建房户数(户)	4	5	25.0
平均每户年内新建房屋面积(平方米)	84.5	91.6	8.4
新建房屋总费用(元)	210 000	186 000	－11.4
平均每户年末使用房屋面积(平方米)	205.5	231.1	12.5
#生活用房面积	204.96	227.75	11.1
#砖木结构(户)	47	29	－38.3
钢筋混凝土结构(户)	99	153.75	55.3
平均每人年末使用房屋面积(平方米)	58.39	60.15	3.0

4－14 农村居民家庭总收入和构成

项　目	平均每人(元)		构　成(%)	
	2017	2018	2017	2018
总　收　入	**22 799**	**21 081**	**100.0**	**100.0**
工资性收入	7 810	10 382	34.3	49.2
工资	7 163	9 838	31.4	46.7
实物福利		13		0.1
其他	647	531	2.8	2.5
家庭经营收入	12 361	7 657	54.2	36.3
农业	3 363	2 544	14.7	12.1
林业	70	76	0.3	0.4
牧业	3 381	321	14.8	1.5
渔业	172	151	0.8	0.7
采矿业				
制造业	437	741	1.9	3.5
电力、热力、燃气及水生产和供应业				
建筑业	487	270	2.1	1.3
交通、运输和邮电业	708	482	3.1	2.3
批发和零售贸易、餐饮业	3 066	1 530	13.4	7.3
住宿和餐饮业	140	957	0.6	4.5
租赁和商务服务业				
居民服务、修理和其他服务业	388	579	1.7	2.7
农林牧渔服务业	138	6	0.6	
其他	10			
财产性收入	117	217	0.5	1.0
转移性收入	2 512	2 824	11.0	13.4
#家庭非常住人口寄回收入	1 332	921	5.8	4.4

4－15　农村居民家庭总支出和构成

项　　目	平均每人(元)		构　　成(%)	
	2017	2018	2017	2018
总　支　出	**18 822**	**16 546**	**100.0**	**100.0**
生产经营费用支出	7 035	2 732	37.4	16.5
农业	1 171	970	6.2	5.9
林业	5	17		0.1
牧业	3 140	179	16.7	1.1
渔业	123	8	0.7	
采矿业				
制造业	175	243	0.9	1.5
电力、热力、燃气及水生产和供应业				
建筑业	98	94	0.5	0.6
交通、运输和邮电业	125	191	0.7	1.2
批发和零售贸易	2 061	668	10.9	4.0
住宿和餐饮业	24	246	0.1	1.5
租赁和商务服务业				
居民服务、修理和其他服务业	87	72	0.5	0.4
其他		1		
农林牧渔服务业	26	43	0.1	0.3
购置资产及非经常性转移支出	839	992	4.5	6.0
#购置生产性固定资产支出	170	14	0.9	0.1
部分商业保险支出		1		
生活消费支出	10 240	11 352	54.4	68.6
#文化娱乐用品及服务	257	242	1.4	1.5
财产性支出	2	55		0.3
转移性支出	299	480	1.6	2.9
借贷性支出	406	932	2.2	5.6

4-16 主要年份农村居民家庭可支配收入

（按人口平均）　　单位:元

项　目	1990	2000	2010	2011	2012	2013	2014	2015	2016	2017	2018
人均可支配收入	**731**	**2 390**	**7 193**	**8 484**	**9 730**	**11 184**	**12 414**	**13 693**	**14 952**	**16 364**	**17 866**
按可支配收入来源分											
工资性收入	50	1 013	2 687	4 056	4 581	4 646	5 229	5 668	6 645	7 810	10 382
家庭经营净收入	632	1 283	3 624	3 975	4 617	4 475	4 935	5 665	5 948	6 183	4 946
第一产业	527	1 077	2 979	3 472	3 930	3 284	3 614	3 736	3 630	3 131	1 964
第二产业	24	96	179	113	84	101	114	323	313	681	682
第三产业	81	110	466	390	604	1 090	1 207	1 606	2 005	2 371	2 299
转移净收入	41	63	489	240	277	1 979	2 143	2 253	2 275	2 256	2 375
财产净收入	8	31	393	212	255	84	107	107	85	114	164
按可支配收入性质分											
生产性净收入	660	2 275	6 257	7 965	9 129	8 031	8 957	9 727	10 588	11 622	13 029
农业生产	527	1 077	2 979	3 472	3 930	3 284	3 614	3 736	3 630	3 131	1 964
非农业生产	133	1 198	3 278	4 493	5 200	4 747	5 343	5 991	6 958	8 491	11 065
非生产性净收入	61	115	936	519	601	3 154	3 457	3 966	4 364	4 742	4 837

4－17 农村住户平均每人可支配收入

（分县区，2018 年）

单位：元

地　区	可支配收入	生产性可支配收入	农业生产	非农业生产	非生产性可支配收入
南昌市	**17 866**	**13 029**	**1 964**	**11 065**	**4 837**
湾里区	13 770	6 800	93	6 706	6 971
青山湖区	20 388	19 886	－7	19 894	502
新建区	17 887	13 798	3 287	10 511	4 089
南昌县	19 629	15 432	1 454	13 978	4 197
安义县	15 950	10 795	794	10 001	5 155
进贤县	18 352	11 596	3 209	8 388	6 789

4-18 农村住户生活消费支出

项　　目	平均每人(元)		构　　成(%)		商品性比重(%)	
	2017	2018	2017	2018	2017	2018
生活消费支出	**10 240**	**11 352**	**100.0**	**100.0**	**62.8**	**62.3**
食品烟酒	3 705	4 011	36.2	35.3	93.8	93.2
#主食	502	390	4.9	3.4	100.0	100.0
副食	3 203	3 621	31.3	31.9	100.0	100.0
衣着	577	565	5.6	5.0	100.0	100.0
居住	2 459	3 336	24.0	29.4	37.8	22.6
生活用品及服务	529	571	5.2	5.0	97.9	96.9
医疗保健	503	738	4.9	6.5	24.1	32.2
交通通信	1 507	1 051	14.7	9.3	65.0	50.7
教育文化娱乐	746	976	7.3	8.6	16.8	12.2
#文化娱乐用品	105	119	1.0	1.0	100.0	100.0
文化娱乐服务	152	123	1.5	1.1		
其他商品和服务	213	104	2.1	0.9	50.6	71.9

注:商品性比重是指生活消费品中商品性支出所占比重,不包括自产自用部分和文化及生活服务支出。

4-19 农村居民家庭现金收入和构成

项　　目	平均每人(元)		构　　成(%)	
	2017	2018	2017	2018
现金收入	**21 785**	**20 168**	**100.0**	**100.0**
工资性收入	7 810	10 370	35.9	51.4
工资	7 163	9 838	32.9	48.8
其他工资性收入	647	531	3.0	2.6
现金经营性收入	11 421	6 830	52.4	33.9
农业	2 511	1 748	11.5	8.7
林业	22	65	0.1	0.3
牧业	3 342	302	15.3	1.5
渔业	171	150	0.8	0.7
采矿业				
制造业	437	741	2.0	3.7
电力、热力、燃气及水生产和供应业				
建筑业	487	270	2.2	1.3
批发和零售业	3 066	1 530	14.1	7.6
交通运输、仓储和邮政业	708	482	3.2	2.4
住宿和餐饮业	140	957	0.6	4.7
房地产业				
租赁和商务服务业				
居民服务、修理和其他服务业	388	579	1.8	2.9
农林牧渔服务业	138	6	0.6	
其他行业	10			
现金转移性收入	2 438	2 752	11.2	13.6
现金财产性收入	117	217	0.5	1.1

4－20 农村居民家庭现金支出和构成

项　　目	平均每人(元)		构　　成(%)	
	2017	2018	2017	2018
现金支出	**16 653**	**13 693**	**100.0**	**100.0**
生产经营现金费用支出	6 979	2 708	41.9	19.8
农业	1 153	969	6.9	7.1
林业	5	17		0.1
牧业	3 101	157	18.6	1.1
渔业	123	8	0.7	0.1
采矿业				
制造业	175	243	1.1	1.8
电力、热力、燃气及水生产和供应业				
建筑业	98	94	0.6	0.7
交通、运输和邮电业	125	191	0.8	1.4
批发和零售贸易	2 061	668	12.4	4.9
住宿和餐饮业	24	246	0.1	1.8
租赁和商务服务业				
居民服务、修理和其他服务业	87	72	0.5	0.5
其他				
农林牧渔服务业	26	43	0.2	0.3
购置资产及非经常性转移支出	839	992	5.0	7.2
#购置生产性固定资产支出		14		0.1
部分商业保险支出		1		
现金财产性支出	2	57		0.4
现金转移性支出	299	480	1.8	3.5
现金生活消费支出	8 127	8 522	48.8	62.2
借贷性支出	406	932	2.4	6.8

4－21 农村住户储蓄借贷

项　　目	平均每人(元)		2018年比上年	
	2017	2018	增减额(元)	增长率(%)
借贷性所得	197.4	236.9	39.50	20.01
#从银行信用社得到的贷款		6.4	6.35	100.00
借入款	69.4	89.8	20.38	29.36
收回借出款				
提取储蓄存款	128.0		－127.99	－100.00
收回储蓄性保险本金				
借贷性支出	406.2	932.2	525.95	129.47
#归还银行信用社贷款	283.5	480.4	196.89	69.44
借出款	3.1	5.3	2.16	68.79
归还借款	41.8	307.7	265.83	
存入储蓄款	77.8	138.8	61.03	78.49
支出投资款				
年末手存现金				
年末存款余款				

4－22 主要年份农村住户按收入水平分组的户数构成

（按收入水平分组）　　单位:户

分　组	1995	2000	2010	2011	2012	2013	2014	2015	2016	2017	2018
调查户数	410	400	400	400	400	330	277	297	297	298	310
200元以下		3	6	3	1						
200－300元											
300－400元		2	1								
400－500元		5									
500－600元		4				1					
600－800元	15	12	2	2							
800－1000元	34	14	2								
1000－1500元	154	70	5								
1500－2000元	100	67	6	2	1	2					
2000元以上	107	223	378	393	398	327	275	295	286	292	310

4－23 主要年份农村住户平均每人每年主要食品消费量

单位:千克

品　名	1990	2000	2010	2011	2012	2013	2014	2015	2016	2017	2018
粮　食	351.35	295.10	215.88	169.4	156.19	191.06	185.16	183.11	165.49	173.4	147.18
蔬　菜	172.72	97.82	86.68	83.69	82.73	97.35	92.54	106.05	103.81	91.15	86.95
植物油	6.66	8.30	9.02	9.55	10.24	12.10	15.58	14.33	12.89	14.58	16.12
动物油	1.64	1.55	0.26	0.49	0.49	0.66	0.11	0.04	0.10	0.06	0.09
猪　肉	10.18	10.76	11.46	11.98	12.02	15.39	14.67	14.26	14.62	14.82	23.89
牛羊肉	0.33	0.35	0.39	1.13	0.93	1.35	1.26	1.45	1.63	2.05	3.55
奶和奶制品	0.21	0.44	4.06	5.71	5.55	5.55	5.70	5.54	6.36	6.63	7.41
家　禽	1.49	2.48	3.70	4.13	4.23	5.60	6.25	4.83	4.72	4.55	6.98
蛋　类	2.96	4.57	6.36	5.82	5.96	6.50	7.29	8.28	5.22	6.18	7.03
水产品	3.07	5.11	7.26	7.35	8.12	9.41	9.14	9.93	9.76	9.82	16.41
食　糖	1.36	1.05	0.40	0.40	0.37	0.41	2.05	0.53	0.42	0.39	0.49
酒	3.52	6.97	13.19	12.52	13.43	17.31	19.71	18.62	18.80	18.92	16.99
茶　叶	0.07		0.07	0.05	0.02	0.02	0.03	0.04	0.03	0.05	0.08
糖果、糕点	1.52	1.87				2.58	2.73	2.83	2.29	2.40	2.53
水　果	3.13	25.56	10.41	10.72	12.53	14.51	16.42	20.09	25.63	26.43	26.51

4－24　主要年份农村住户耐用物品拥有量

（按每百户年末平均拥有量计算）

品　　名	1990	2000	2010	2011	2012	2013	2014	2015	2016	2017	2018
自 行 车(辆)	129.00	146.50	108.00	88.00	92.00	85.45					
电 风 扇(台)	84.00	180.25									
洗 衣 机(台)	1.00	9.25	30.00	42.00	45.00	46.55	43.32	46.13	52.19	57.05	72.98
电 冰 箱(台)	3.00	19.50	67.00	82.00	87.00	79.39	81.95	84.18	86.53	87.92	101.13
摩 托 车(辆)		14.00	48.00	46.00	48.00	56.06	64.98	62.29	63.30	61.74	46.69
黑白电视机(台)	56.00	74.00	8.00	4.00	4.00						
彩色电视机(台)	6.00	48.75	121.00	127.00	130.00	129.09	140.40	140.07	145.12	149.33	139.03
收 录 机(台)	18.00	26.25									
照 相 机(架)	1.00	3.50	7.00	4.00	4.00	4.42	3.25	0.01	0.60	0.67	2.58
空 调 机(台)			36.00	54.00	56.00	60.61	62.09	66.67	74.75	82.89	101.77
电 话 机(部)			58.00	37.00	35.00	37.88	49.10	48.15	42.42	45.64	11.85
移动电话(部)			148.00	187.00	200.00	204.24	222.70	227.27	235.44	244.30	250.40
影碟机(台)			32.00	23.00	24.00						
微波炉(台)			13.00	14.00	20.00	15.15	12.10	15.15	17.17	20.13	35.97
热水器(台)			36.00	49.00	55.00	49.70	56.68	56.23	66.33	70.81	86.29
家用计算机(台)			8.00	12.00	15.00	21.82	16.25	21.89	19.19	20.47	22.26
家用汽车(生活用)(台)			4.00	7.00	7.00	12.42	12.64	15.82	19.53	20.81	27.66

注：自行车、电风扇、黑白电视机、收录机、影碟机已无汇总数据。

4－25 农村住户劳动力文化程度

（2018 年）　　单位：百劳率（%）

地　　区	文盲或半文盲	小学程度	初中程度	高中程度	中专程度	大专以上程度
南　昌　市	**3.20**	**34.81**	**52.91**	**6.79**		**2.26**
湾　里　区	10.13	10.13	74.68			5.06
青 山 湖 区	10.00	55.00	35.00			
南　昌　县	5.00	41.67	43.33	5.00		5.00
新　建　县		32.00	46.00	18.00		4.00
安　义　县	4.02	25.63	62.31	6.03		2.01
进　贤　县		52.00	46.00	2.00		

主要统计指标解释

可支配收入 指调查户在调查期内获得的、可用于最终消费支出和储蓄的总和,即调查户可以用来自由支配的收入。可支配收入既包括现金,也包括实物收入。按照收入的来源,可支配收入包含四项,分别为:工资性收入、经营净收入、财产净收入和转移净收入。计算公式为:

可支配收入 = 工资性收入 + 经营净收入 + 财产净收入 + 转移净收入

其中:经营净收入 = 经营收入 - 经营费用 - 生产性固定资产折旧 - 生产税

财产净收入 = 财产性收入 - 财产性支出

转移净收入 = 转移性收入 - 转移性支出

工资性收入 指就业人员通过各种途径得到的全部劳动报酬和各种福利,包括受雇于单位或个人、从事各种自由职业、兼职和零星劳动得到的全部劳动报酬和福利。

经营净收入 指住户或住户成员从事生产经营活动所获得的净收入,是全部经营收入中扣除经营费用、生产性固定资产折旧和生产税之后得到的净收入。计算公式具体为:

经营净收入 = 经营收入 - 经营费用 - 生产性固定资产折旧 - 生产税

财产净收入 指住户或住户成员将其所拥有的金融资产、住房等非金融资产和自然资源交由其他机构单位、住户或个人支配而获得的回报并扣除相关的费用之后得到的净收入。财产净收入包括利息净收入、红利收入、储蓄性保险净收益、转让承包土地经营权租金净收入、出租房屋净收入、出租其他资产净收入和自有住房折算净租金等。

转移性收入 指国家、单位、社会团体对住户的各种经常性转移支付和住户之间的经常性收入转移。包括养老金或退休金、社会救济和补助、政策性生产补贴、政策性生活补贴、经常性捐赠和赔偿以及报销医疗费等;住户之间的赡养收入以及本住户非常住成员寄回带回的收入等转移性收入不包括住户之间的实物馈赠。

转移净收入计算公式为:转移净收入 = 转移性收入 - 转移性支出

消费支出 指住户用于满足家庭日常生活消费需要的全部支出,包括用于消费品的支出和用于服务性消费的支出。根据用途不同,消费支出可划分为食品烟酒、衣着、居住、生活用品及服务、交通通信、教育文化娱乐、医疗保健、其他用品及服务八大类。根据来源不同,消费支出可划分为现金消费支出、实物消费支出(含自产自用、来自单位、来自政府和其他社会组织)。

五、物　　价

PRICE

本篇内容包括：

1. 居民消费价格指数
2. 商品零售价格指数
3. 工业生产者出厂价格指数
4. 工业生产者购进价格指数

居民消费价格指数

（以上年价格为100）

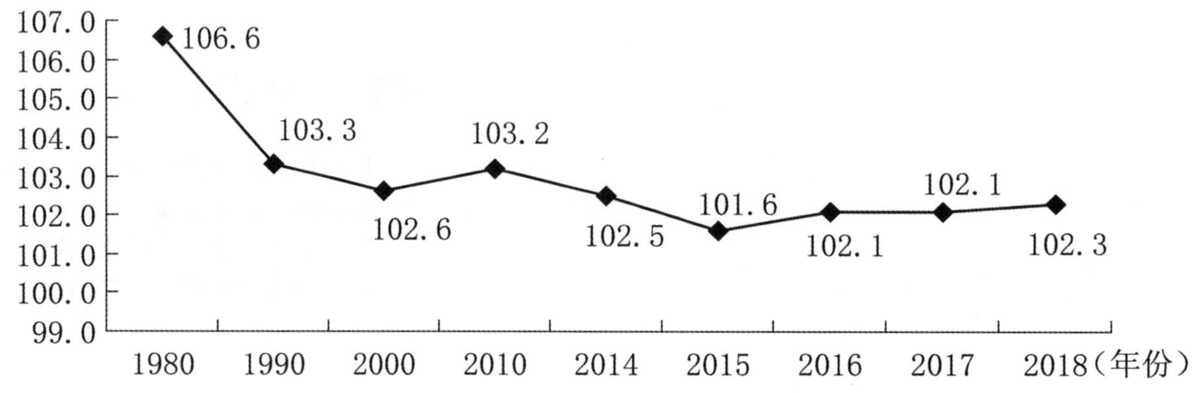

服务项目价格指数

（以上年价格为100）

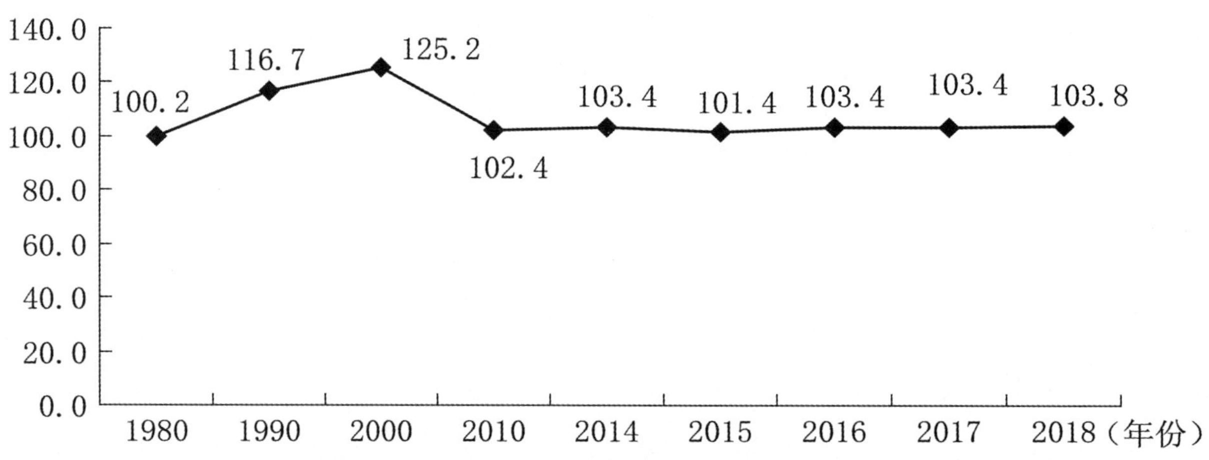

商品零售价格指数

（以上年价格为100）

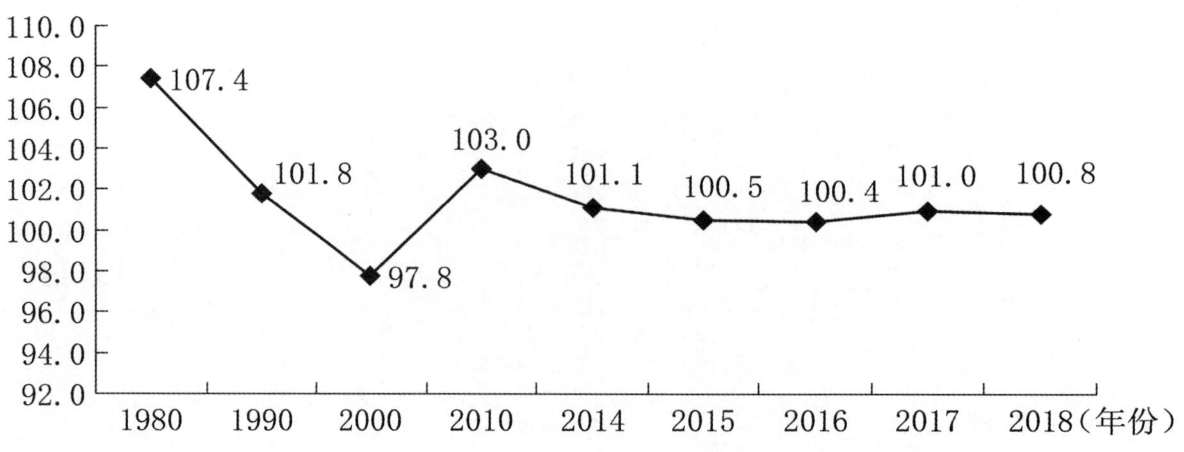

5－1 历年物价总指数

（以上年价格为100）

年份	居民消费价格指数	#服务项目价格指数	商品零售价格指数	工业生产者出厂价格指数	工业生产者购进价格指数
1980	106.57	100.20	107.44		
1990	103.30	116.70	101.80		
2000	102.60	125.20	97.80		
2010	103.20	102.40	103.00	102.88	108.12
2011	105.00	102.80	105.20	104.88	111.02
2012	102.90	101.80	102.40	98.88	97.82
2013	102.30	102.60	101.30	99.46	99.60
2014	102.50	103.40	101.10	99.08	95.90
2015	101.60	101.40	100.50	97.29	94.96
2016	102.10	103.40	100.40	99.07	98.29
2017	102.10	103.40	101.00	104.37	105.73
2018	102.30	103.80	100.80	103.21	102.22

5－2 居民消费价格指数

（2018年，以上年价格为100）

项　目	2018	项　目	2018	项　目	2018
居民消费价格总指数	**102.3**	鞋	100.7	通信工具	89.4
食品烟酒	**102.0**	鞋类加工服务	100.0	通信服务	100.6
食　品	101.7	**居住**	**102.3**	邮递服务	100.0
粮　食	100.9	租赁房房租	102.3	**教育文化和娱乐**	**102.2**
薯　类	102.9	住房装潢材料	101.2	教　育	103.3
豆　类	103.9	物业管理费	100.0	教育用品	101.3
食用油	99.0	住房装潢维修	103.7	教育服务	103.4
菜	103.8	水电燃料	102.3	文娱耐用消费品	96.7
畜肉类	95.3	自有住房	102.2	其他文娱用品	111.7
禽肉类	112.3	**生活用品及服务**	**100.9**	文化娱乐服务	101.0
水产品	96.1	家　具	104.5	旅　游	99.8
蛋	112.4	室内装饰品	100.6	**医疗保健**	**110.9**
奶　类	106.5	大型家用器具	101.5	药品及医疗器具	99.3
干鲜瓜果	104.6	小家电	102.6	中　药	104.6
糖果糕点	102.7	家用纺织品	100.0	西　药	97.3
调味品	101.9	家庭日用杂品	99.3	医疗服务	118.2
其他食品	102.2	个人护理用品	98.9	**其他用品和服务**	**101.1**
茶及饮料	103.4	家庭服务	103.4	首饰手表	98.9
烟　酒	100.5	**交通和通信**	**102.0**	旅馆住宿	103.7
在外餐饮	103.1	交　通	103.9	美容美发洗浴	99.6
衣着	**98.7**	交通工具	100.4	养老服务	102.9
服　装	98.0	交通工具用燃料	112.8	金融保险	106.3
服装材料	101.9	交通工具使用和维修	100.8	其他服务	100.0
其他衣着及配件	100.6	交通费	100.2		
衣着加工服务费	103.0	通信	98.7		

5-3 商品零售价格指数

（2018年，以上年价格为100）

项　　目	2018	项　　目	2018
商品零售价格总指数	**100.8**	床上用品	99.0
食　　品	**101.7**	**家用电器及音像器材**	**98.6**
粮　　食	100.9	家庭设备	101.6
薯　　类	102.9	文娱用耐用消费品	93.3
豆　　类	103.9	专业音像器材	98.8
食用油	99.0	**文化办公用品**	**100.4**
菜	103.8	**日用品**	**99.2**
畜肉类	95.3	日用百货	100.4
禽肉类	113.1	厨具餐具茶具	100.5
水产品	96.1	清洗用品	95.0
蛋	112.4	其他日用品	100.0
奶　　类	106.5	**体育娱乐用品**	**101.6**
干鲜瓜果	104.6	体育户外用品	98.8
糖果糕点	102.7	娱乐用品	103.1
调味品	101.9	**交通、通信用品**	**98.3**
其他食品	102.2	**家　　具**	**104.5**
在外餐饮	103.1	**化妆品**	**99.0**
饮料、烟酒	**101.1**	**金银饰品**	**97.8**
茶及饮料	103.4	**中西药品及医疗保健用品**	**99.2**
烟　　草	100.4	医疗卫生器具	100.4
酒　　类	100.7	中　　药	104.6
服装、鞋帽	**98.3**	西　　药	97.1
服　　装	97.6	保健器具及用品	98.6
鞋帽袜	100.3	**书报杂志及电子出版物**	**113.6**
其他衣着配件	104.1	**燃　　料**	**107.5**
纺织品	**99.6**	**建筑材料及五金电料**	**101.3**
服装材料	101.9		

5-4 居民消费价格分月指数

（2018年，以上年同月价格为100）

类别	1月	2月	3月	一季度平均	4月	5月	6月	二季度平均	上半年平均
居民消费价格总指数	**102.3**	**103.1**	**101.6**	**102.3**	**102.0**	**102.1**	**102.2**	**102.1**	**102.2**
食品烟酒	101.6	104.1	100.7	102.1	101.2	100.6	101.0	100.9	101.5
食品	102.1	105.7	100.2	102.7	100.9	99.5	100.0	100.1	101.4
粮食	100.9	100.7	100.7	100.8	101.0	101.3	100.8	101.0	100.9
薯类	99.8	111.2	111.0	107.3	108.0	107.5	103.7	106.4	106.8
豆类	104.3	102.5	102.4	103.0	102.6	102.8	103.7	103.0	103.0
食用油	102.6	98.8	101.0	100.8	101.3	99.6	99.1	100.0	100.4
菜	110.9	124.0	100.3	111.4	106.1	100.9	101.7	102.9	107.1
畜肉类	94.1	97.5	94.7	95.4	92.3	91.2	92.8	92.1	93.8
禽肉类	102.5	111.1	113.3	108.9	114.8	115.2	117.0	115.7	112.3
水产品	102.6	103.7	97.1	101.1	93.0	89.2	89.5	90.6	95.6
蛋	106.7	110.8	111.4	109.6	109.6	114.2	115.9	113.2	111.3
奶类	100.5	101.4	100.2	100.7	109.2	108.1	109.4	108.9	104.8
干鲜瓜果	106.4	106.3	98.6	103.6	99.0	98.8	98.5	98.8	101.0
糖果糕点	103.2	104.5	103.8	103.8	103.9	102.8	101.9	102.9	103.3
调味品	101.7	102.1	101.2	101.7	101.0	103.2	102.0	102.1	101.9
其他食品	102.7	102.4	103.4	102.8	103.4	105.3	105.3	104.7	103.8
茶及饮料	100.5	100.4	100.6	100.5	102.2	104.1	105.2	103.8	102.1
烟酒	99.5	99.4	100.8	99.9	100.7	100.8	100.6	100.7	100.3
在外餐饮	100.9	101.6	102.0	101.5	102.1	103.2	103.3	102.8	102.2
衣着	98.1	99.1	96.3	97.8	98.1	98.6	97.1	97.9	97.9
服装	98.5	99.0	95.4	97.6	97.4	98.3	97.0	97.5	97.6
服装材料	100.0	100.0	100.0	100.0	100.0	101.6	103.1	101.5	100.8
其他衣着及配件	96.8	93.8	90.3	93.6	95.7	97.4	97.8	97.0	95.3
衣着加工服务费	97.7	100.9	100.9	99.8	100.9	104.0	103.6	102.8	101.3
鞋类	96.9	100.3	99.9	99.0	100.6	99.1	96.1	98.6	98.8
居住	101.8	101.3	101.0	101.3	101.3	101.6	102.1	101.7	101.5
租赁房房租	103.7	103.7	102.0	103.1	102.0	101.8	102.0	101.9	102.5
住房保养维修及管理	102.7	102.6	103.0	102.8	102.1	101.8	101.4	101.8	102.3
水电燃料	101.7	100.1	99.3	100.4	100.8	101.3	101.6	101.3	100.8
自有住房	101.2	101.2	101.2	101.2	101.2	101.7	102.6	101.8	101.5
生活用品及服务	101.1	100.9	101.3	101.1	101.0	101.1	100.5	100.9	101.0
家具及室内装饰品	104.7	105.0	104.8	104.8	104.8	104.7	104.5	104.7	104.8
家用器具	104.5	103.2	103.1	103.6	102.6	103.2	102.6	102.8	103.2
家用纺织品	97.7	99.8	101.7	99.7	101.6	100.7	101.1	101.1	100.4
家庭日用杂品	98.4	98.1	100.1	98.9	98.8	98.5	96.6	98.0	98.4
个人护理用品	97.7	97.3	96.3	97.1	97.5	97.9	98.3	97.9	97.5
家庭服务	104.0	104.0	104.0	104.0	103.2	103.2	103.1	103.1	103.6
交通和通信	100.5	101.0	100.7	100.7	101.5	102.1	102.9	102.2	101.4
交通	101.5	102.3	102.0	102.0	103.2	104.2	105.4	104.2	103.1
通信	98.8	98.8	98.5	98.7	98.7	98.7	99.0	98.8	98.7
教育文化和娱乐	101.8	102.1	100.8	101.6	101.2	101.8	101.6	101.5	101.5
教育	104.2	103.6	103.6	103.8	103.6	103.6	103.6	103.6	103.7
文化娱乐	99.2	100.3	97.5	99.0	98.6	99.7	99.2	99.2	99.1
医疗保健	118.6	118.6	118.5	118.6	117.7	117.6	117.6	117.7	118.1
药品及医疗器具	101.6	101.5	101.5	101.5	99.6	99.6	99.6	99.6	100.5
医疗服务	130.1	130.1	130.1	130.1	130.1	130.1	130.1	130.1	130.1
其他用品和服务	102.5	101.8	101.7	102.0	101.1	101.0	100.5	100.9	101.4

5-4 续表（2018年,以上年同月价格为100）

类　　别	7月	8月	9月	三季度平均	1-9月平均	10月	11月	12月	四季度平均	全年
居民消费价格总指数	**102.6**	**102.8**	**102.2**	**102.5**	**102.3**	**102.6**	**102.2**	**102.0**	**102.2**	**102.3**
食品烟酒	100.7	100.9	103.1	101.6	101.5	103.6	102.9	103.4	103.3	102.0
食品	99.5	99.9	103.1	100.8	101.2	103.8	102.6	103.2	103.2	101.7
粮食	100.6	100.9	100.7	100.7	100.8	101.2	101.3	101.1	101.2	100.9
薯类	110.0	96.6	100.9	102.3	105.3	99.0	91.5	96.7	95.7	102.9
豆类	103.5	103.3	105.3	104.0	103.4	105.1	105.8	105.3	105.4	103.9
食用油	97.9	97.0	97.5	97.5	99.4	97.4	97.8	97.4	97.6	99.0
菜	94.8	93.8	106.9	98.6	104.0	106.5	98.0	104.3	103.1	103.8
畜肉类	94.3	96.8	97.4	96.2	94.6	97.9	97.5	97.5	97.6	95.3
禽肉类	117.5	115.5	113.3	115.4	113.4	109.9	108.5	109.7	109.4	112.3
水产品	93.3	95.0	98.4	95.5	95.6	97.9	97.5	97.7	97.7	96.1
蛋	112.1	112.1	112.1	112.1	111.6	115.8	115.0	113.5	114.8	112.4
奶类	109.0	106.9	107.6	107.8	105.8	108.1	108.3	108.5	108.3	106.5
干鲜瓜果	97.8	101.4	105.5	101.5	101.2	114.5	119.9	113.8	116.0	104.6
糖果糕点	103.9	103.1	101.8	102.9	103.2	101.5	101.5	101.1	101.4	102.7
调味品	102.7	101.5	101.3	101.8	101.9	101.7	102.2	102.3	102.1	101.9
其他食品	102.4	99.8	100.8	101.0	102.8	99.1	101.2	101.0	100.4	102.2
茶及饮料	104.6	104.4	104.6	104.5	102.9	104.6	105.2	104.7	104.8	103.4
烟酒	100.7	100.7	100.8	100.7	100.4	100.6	100.9	101.0	100.8	100.5
在外餐饮	103.4	103.6	103.9	103.6	102.7	104.0	104.1	104.6	104.2	103.1
衣着	99.5	99.5	98.0	99.0	98.2	99.7	100.7	100.2	100.2	98.7
服装	98.9	97.1	95.8	97.2	97.5	99.4	99.8	99.3	99.5	98.0
服装材料	103.1	103.1	103.1	103.1	101.5	103.1	103.1	103.1	103.1	101.9
其他衣着及配件	103.2	108.7	108.7	106.8	98.9	108.1	110.1	99.7	105.7	100.6
衣着加工服务费	104.0	104.8	105.4	104.7	102.4	106.7	104.8	103.1	104.8	103.0
鞋类	100.6	107.3	104.3	104.0	100.5	98.7	102.5	103.3	101.5	100.7
居住	102.6	102.9	103.3	102.9	102.0	102.8	103.2	103.1	103.1	102.3
租赁房房租	102.0	101.2	102.0	101.7	102.3	102.2	102.5	103.0	102.6	102.3
住房保养维修及管理	101.7	102.2	103.2	102.4	102.3	101.9	101.9	101.6	101.8	102.2
水电燃料	104.0	105.1	104.4	104.5	102.0	103.1	103.2	102.9	103.0	102.3
自有住房	102.1	102.2	102.8	102.4	101.8	103.1	103.8	103.8	103.5	102.2
生活用品及服务	100.6	100.8	101.2	100.9	101.0	101.5	100.5	100.5	100.8	100.9
家具及室内装饰品	104.6	104.6	104.8	104.7	104.7	104.9	100.0	100.0	101.6	103.9
家用器具	101.5	99.1	100.0	100.2	102.2	100.9	100.6	99.7	100.4	101.7
家用纺织品	100.7	99.0	99.1	99.6	100.1	99.9	99.6	99.1	99.5	100.0
家庭日用杂品	96.8	100.7	100.6	99.3	98.7	100.2	100.9	101.5	100.9	99.3
个人护理用品	99.8	99.9	100.1	99.9	98.3	102.0	100.4	100.4	100.9	98.9
家庭服务	104.3	104.3	105.3	104.6	103.9	101.8	101.4	102.3	101.8	103.4
交通和通信	104.0	103.2	103.0	103.4	102.1	103.4	101.8	99.5	101.5	102.0
交通	106.5	106.0	106.1	106.2	104.1	106.8	104.0	99.1	103.3	103.9
通信	99.8	98.7	98.0	98.9	98.8	97.9	98.0	100.1	98.7	98.7
教育文化和娱乐	102.2	103.0	102.6	102.6	101.9	103.5	103.1	102.9	103.2	102.2
教育	103.6	104.1	102.6	103.4	103.6	102.5	102.4	102.4	102.5	103.3
文化娱乐	100.6	101.8	102.6	101.7	99.9	104.8	103.9	103.4	104.0	100.9
医疗保健	117.2	117.0	99.1	110.4	115.4	99.2	98.7	100.1	99.3	110.9
药品及医疗器具	98.8	98.5	97.4	98.2	99.8	97.9	96.3	100.3	98.1	99.3
医疗服务	130.1	130.1	100.0	118.2	125.9	100.0	100.0	100.0	100.0	118.2
其他用品和服务	101.2	101.1	100.7	101.0	101.3	101.4	100.9	99.6	100.6	101.1

5－5 居民消费价格分月指数

（2018年，以上月价格为100）

类　别	1月	2月	3月	4月	5月	6月
居民消费价格总指数	**100.3**	**100.7**	**99.0**	**100.5**	**100.5**	**100.1**
食品烟酒	101.5	102.4	97.5	100.8	100.4	100.4
食　　品	102.1	103.4	96.1	101.0	100.1	100.5
粮　　食	100.0	100.0	100.1	100.3	100.3	99.7
薯　　类	103.1	109.7	98.2	97.6	103.7	99.4
豆　　类	100.0	100.7	99.6	99.7	99.6	101.0
食用油	101.3	97.1	102.6	99.5	98.3	100.1
菜	107.9	107.9	86.3	106.2	95.1	100.6
畜肉类	101.0	102.8	95.8	97.0	98.7	100.2
禽肉类	101.8	106.9	100.6	102.3	101.1	101.5
水产品	100.5	104.3	96.2	98.6	98.3	100.0
蛋	101.2	101.5	96.6	97.6	102.0	101.8
奶　　类	99.8	99.6	99.7	109.4	99.1	100.7
干鲜瓜果	104.3	104.4	97.3	100.0	112.1	101.9
糖果糕点	98.6	101.2	100.1	101.2	98.9	99.1
调味品	100.4	100.0	100.0	100.0	100.8	100.1
其他食品	99.4	99.8	100.5	101.7	101.5	99.6
茶及饮料	101.0	99.6	99.6	101.6	101.7	100.8
烟　　酒	100.6	99.8	100.3	100.0	100.1	99.7
在外餐饮	100.3	100.7	100.4	100.6	101.1	100.2
衣　　着	96.6	99.9	100.7	102.0	100.8	98.6
服　　装	95.5	99.7	100.8	101.0	100.9	98.9
服装材料	100.0	100.0	100.0	100.0	101.6	101.5
其他衣着及配件	91.9	100.1	99.7	104.2	100.4	101.0
衣着加工服务费	100.0	100.0	100.0	100.0	103.1	100.0
鞋　　类	101.5	100.8	100.6	105.6	100.3	96.4
居　　住	100.1	99.7	99.7	100.0	100.4	100.2
租赁房房租	100.0	100.0	100.0	100.0	100.0	100.2
住房保养维修及管理	100.3	100.0	100.4	99.2	100.3	100.0
水电燃料	100.3	99.0	98.7	100.5	100.2	99.1
自有住房	100.0	100.0	100.0	100.0	100.7	100.9
生活用品及服务	100.3	100.1	100.2	99.8	99.6	99.9
家具及室内装饰品	99.8	100.0	100.0	100.0	100.0	100.0
家用器具	101.5	100.0	99.8	99.4	99.7	100.2
家用纺织品	98.4	100.5	101.0	99.5	98.8	100.0
家庭日用杂品	100.1	98.9	101.3	99.3	99.4	99.9
个人护理用品	100.3	101.2	98.7	101.4	99.9	99.0
家庭服务	100.0	101.0	100.0	99.3	100.0	101.2
交通和通信	100.4	100.0	99.3	100.5	100.8	100.5
交　　通	100.7	100.1	99.2	100.8	101.2	100.6
通　　信	100.0	100.0	99.5	100.0	100.0	100.3
教育文化和娱乐	100.7	100.7	99.0	100.7	100.8	99.9
教　　育	100.4	100.0	100.0	100.0	100.0	100.0
文化娱乐	101.0	101.5	97.7	101.5	101.7	99.8
医疗保健	100.0	100.0	100.0	100.0	100.0	100.0
药品及医疗器具	99.9	100.0	99.9	100.0	100.0	100.0
医疗服务	100.0	100.0	100.0	100.0	100.0	100.0
其他用品和服务	99.8	99.8	100.0	99.7	100.5	99.8

类　　别	7　月	8　月	9　月	10　月	11　月	12　月
居民消费价格总指数	**100.1**	**100.4**	**100.9**	**100.3**	**99.2**	**99.9**
食品烟酒	99.6	100.6	102.3	99.9	97.6	100.5
食　　品	99.2	100.9	103.4	99.9	96.3	100.5
粮　　食	100.1	100.3	99.9	100.5	100.2	99.8
薯　　类	97.3	94.2	102.8	96.8	92.5	102.6
豆　　类	100.0	101.8	102.3	100.5	100.6	99.5
食 用 油	97.1	99.4	100.1	101.1	100.7	100.2
菜	101.4	103.9	114.3	100.4	80.8	104.7
畜 肉 类	100.4	102.1	101.5	100.4	98.9	98.9
禽 肉 类	99.3	100.1	99.1	97.1	98.4	101.5
水 产 品	101.4	100.1	101.0	99.7	98.2	99.6
蛋	100.6	104.2	105.2	101.6	99.7	101.1
奶　　类	99.9	99.0	100.6	100.6	100.2	100.0
干鲜瓜果	90.7	98.7	103.9	98.8	103.1	99.3
糖果糕点	102.2	100.5	99.6	99.7	99.8	100.2
调 味 品	100.7	99.5	100.3	100.6	99.9	100.0
其他食品	99.9	98.6	101.4	98.8	100.7	99.1
茶及饮料	99.6	99.8	100.3	100.1	100.4	100.1
烟　　酒	100.1	100.0	100.0	99.8	100.3	100.1
在外餐饮	100.2	100.2	100.4	100.1	100.1	100.5
衣　　着	99.8	99.8	99.2	102.3	101.0	99.6
服　　装	99.7	99.6	100.1	102.1	101.2	99.9
服装材料	100.0	100.0	100.0	100.0	100.0	100.0
其他衣着及配件	100.4	100.0	99.9	100.0	102.6	100.0
衣着加工服务费	100.0	100.0	100.0	100.0	100.0	100.0
鞋　　类	100.0	100.6	95.7	103.8	100.1	98.3
居　　住	100.5	100.9	100.8	99.9	100.7	100.0
租赁房房租	100.0	100.9	100.9	100.2	100.3	100.5
住房保养维修及管理	100.1	100.0	101.2	99.6	100.3	100.0
水电燃料	101.8	101.7	101.0	99.6	101.2	99.8
自有住房	100.0	100.8	100.6	100.1	100.6	100.0
生活用品及服务	100.3	99.8	100.1	100.5	99.7	100.2
家具及室内装饰品	100.0	99.9	100.1	100.2	100.0	100.1
家用器具	100.5	98.6	100.4	100.3	99.7	99.5
家用纺织品	100.0	99.9	99.9	101.2	99.7	100.3
家庭日用杂品	100.0	101.0	100.5	100.0	100.0	101.0
个人护理用品	100.8	99.6	99.2	101.8	99.1	99.6
家庭服务	100.0	100.0	100.0	100.0	100.0	100.9
交通和通信	100.4	99.9	99.9	100.7	98.8	98.3
交　　通	100.2	100.0	100.3	101.2	98.3	96.7
通　　信	100.7	99.7	99.3	99.8	99.9	101.0
教育文化和娱乐	100.5	100.1	100.6	100.4	99.6	100.0
教　　育	100.0	100.5	101.5	100.0	99.9	100.1
文化娱乐	101.1	99.7	99.5	100.9	99.2	99.9
医疗保健	100.4	100.0	100.1	100.2	99.6	100.0
药品及医疗器具	101.0	100.1	100.2	100.5	98.8	100.0
医疗服务	100.0	100.0	100.0	100.0	100.0	100.0
其他用品和服务	100.3	100.0	99.9	100.1	99.8	100.0

5-6 商品零售价格分月指数

(2018年,以上年同月价格为100)

类　别	1月	2月	3月	一季度平均	4月	5月	6月	二季度平均	上半年平均
商品零售价格总指数	**100.8**	**101.3**	**99.9**	**100.7**	**100.2**	**100.2**	**100.0**	**100.1**	**100.4**
食　品	101.8	104.7	100.3	102.3	100.8	99.8	100.3	100.3	101.3
粮　食	100.9	100.7	100.7	100.8	101.0	101.3	100.8	101.0	100.9
薯　类	99.8	111.2	111.0	107.3	108.0	107.5	103.7	106.4	106.8
豆　类	104.3	102.5	102.4	103.0	102.6	102.8	103.7	103.0	103.0
食用油	102.6	98.8	101.0	100.8	101.3	99.6	99.1	100.0	100.4
菜	110.9	124.0	100.3	111.4	106.1	100.9	101.7	102.9	107.1
畜肉类	94.1	97.5	94.7	95.4	92.3	91.2	92.8	92.1	93.8
禽肉类	102.5	111.2	113.9	109.1	115.7	116.3	118.1	116.7	112.9
水产品	102.6	103.7	97.1	101.1	93.0	89.2	89.5	90.6	95.6
蛋	106.7	110.8	111.4	109.6	109.6	114.2	115.9	113.2	111.3
奶　类	100.5	101.4	100.2	100.7	109.2	108.1	109.4	108.9	104.8
干鲜瓜果	106.4	106.3	98.6	103.6	99.0	98.8	98.5	98.8	101.0
糖果糕点	103.2	104.5	103.8	103.8	103.9	102.8	101.9	102.9	103.3
调味品	101.7	102.1	101.2	101.7	101.0	103.2	102.0	102.1	101.9
其他食品	102.7	102.4	103.4	102.8	103.4	105.3	105.3	104.7	103.8
在外餐饮	100.9	101.6	102.0	101.5	102.1	103.2	103.3	102.8	102.2
饮料、烟酒	99.7	99.6	100.7	100.0	100.9	101.4	101.4	101.3	100.6
茶及饮料	100.5	100.4	100.6	100.5	102.2	104.1	105.2	103.8	102.1
烟　草	99.3	99.3	101.0	99.9	101.0	101.0	100.5	100.8	100.3
酒　类	99.8	99.7	100.3	99.9	100.2	100.5	100.7	100.5	100.2
服装、鞋帽	97.5	98.2	95.5	97.1	97.6	98.1	96.7	97.4	97.2
纺织品	98.0	100.1	101.6	99.9	100.8	99.9	100.0	100.3	100.1
家用电器及音像器材	101.4	99.8	99.8	100.3	99.4	100.0	99.0	99.5	99.9
文化办公用品	104.0	100.7	100.0	101.5	99.2	99.7	99.5	99.5	100.5
日用品	97.4	97.8	98.8	98.0	98.2	99.1	97.1	98.1	98.0
体育娱乐用品	100.8	101.6	102.5	101.6	102.5	102.2	102.0	102.2	101.9
体育户外用品	99.4	99.9	99.7	99.7	98.7	97.9	97.8	98.1	98.9
娱乐用品	101.6	102.5	104.1	102.7	104.8	104.8	104.5	104.7	103.7
交通、通信用品	97.1	97.6	97.4	97.4	97.3	96.8	96.5	96.8	97.1
家　具	105.5	105.5	105.5	105.5	105.5	105.5	105.5	105.5	105.5
化妆品	98.1	97.3	95.9	97.1	97.2	96.8	98.1	97.4	97.2
金银饰品	101.5	100.1	99.9	100.5	97.7	97.0	96.0	96.9	98.7
中西药品及医疗保健用品	101.8	101.7	101.6	101.7	99.5	99.4	99.4	99.4	100.5
书报杂志及电子出版物	113.1	115.7	116.1	115.0	115.8	114.9	114.0	114.9	114.9
燃　料	105.0	103.1	101.0	103.0	104.9	107.9	110.2	107.6	105.3
建筑材料及五金电料	103.6	103.6	102.9	103.4	101.2	101.1	100.1	100.8	102.1

5－6 续表　　（2018 年，以上年同月价格为 100）

类　　别	7 月	8 月	9 月	三季度平　均	1－9 月平　均	10 月	11 月	12 月	四季度平　均	全 年
商品零售价格总指数	**101.1**	**101.1**	**101.3**	**101.2**	**100.7**	**101.8**	**101.0**	**100.8**	**101.2**	**100.8**
食　　品	100.0	100.4	103.1	101.1	101.2	103.7	102.9	103.3	103.3	101.7
粮　　食	100.6	100.9	100.7	100.7	100.8	101.2	101.3	101.1	101.2	100.9
薯　　类	110.0	96.6	100.9	102.3	105.3	99.0	91.5	96.7	95.7	102.9
豆　　类	103.5	103.3	105.3	104.0	103.4	105.1	105.8	105.3	105.4	103.9
食 用 油	97.9	97.0	97.5	97.5	99.4	97.4	97.8	97.4	97.6	99.0
菜	94.8	93.8	106.9	98.6	104.0	106.5	98.0	104.3	103.1	103.8
畜 肉 类	94.3	96.8	97.4	96.2	94.6	97.9	97.5	97.5	97.6	95.3
禽 肉 类	118.9	116.8	114.4	116.7	114.2	110.7	109.2	110.2	110.1	113.1
水 产 品	93.3	95.0	98.4	95.5	95.6	97.9	97.5	97.7	97.7	96.1
蛋	112.1	112.1	112.1	112.1	111.6	115.8	115.0	113.5	114.8	112.4
奶　　类	109.0	106.9	107.6	107.8	105.8	108.1	108.3	108.5	108.3	106.5
干鲜瓜果	97.8	101.4	105.5	101.5	101.2	114.5	119.9	113.8	116.0	104.6
糖果糕点	103.9	103.1	101.8	102.9	103.2	101.5	101.5	101.1	101.4	102.7
调 味 品	102.7	101.5	101.3	101.8	101.9	101.7	102.2	102.3	102.1	101.9
其他食品	102.4	99.8	100.8	101.0	102.8	99.1	101.2	101.0	100.4	102.2
在外餐饮	103.4	103.6	103.9	103.6	102.7	104.0	104.1	104.6	104.2	103.1
饮料、烟酒	101.4	101.4	101.6	101.5	100.9	101.4	101.7	101.7	101.6	101.1
茶及饮料	104.6	104.4	104.6	104.5	102.9	104.6	105.2	104.7	104.8	103.4
烟　　草	100.5	100.5	100.5	100.5	100.4	100.3	100.7	100.7	100.6	100.4
酒　　类	101.0	101.1	101.3	101.1	100.5	101.1	101.2	101.4	101.3	100.7
服装、鞋帽	99.2	99.0	97.5	98.6	97.7	99.5	100.7	100.2	100.1	98.3
纺 织 品	100.2	98.5	98.6	99.1	99.7	99.5	99.2	98.6	99.1	99.6
家用电器及音像器材	98.3	96.6	97.3	97.4	99.1	98.0	97.4	96.7	97.3	98.6
文化办公用品	100.3	100.1	100.2	100.2	100.4	100.4	100.3	99.9	100.2	100.4
日 用 品	98.0	100.5	100.5	99.6	98.6	101.1	100.9	101.5	101.2	99.2
体育娱乐用品	102.2	101.4	100.6	101.4	101.7	100.6	101.6	101.0	101.1	101.6
体育户外用品	98.2	98.8	97.8	98.3	98.7	98.7	100.4	99.0	99.4	98.8
娱乐用品	104.5	102.8	102.2	103.2	103.5	101.7	102.2	102.1	102.0	103.1
交通、通信用品	99.6	99.4	98.5	99.1	97.8	99.4	99.9	100.0	99.8	98.3
家　　具	105.5	105.5	105.5	105.5	105.5	105.5	99.8	99.8	101.6	104.5
化 妆 品	100.2	100.1	100.4	100.2	98.2	103.2	101.0	100.0	101.4	99.0
金银珠宝	96.8	96.7	96.0	96.5	97.9	97.9	96.5	97.4	97.3	97.8
中西药品及医疗保健用品	98.4	98.1	96.9	97.8	99.6	97.4	96.2	100.8	98.1	99.2
书报杂志及电子出版物	114.9	113.2	113.3	113.8	114.6	111.0	110.9	110.5	110.8	113.6
燃　　料	115.4	114.4	113.8	114.5	108.3	112.6	104.8	98.8	105.3	107.5
建筑材料及五金电料	100.4	101.4	101.0	100.9	101.7	100.1	100.1	99.8	100.0	101.3

5－7 价　格　指　数

（2018 年，以主要年份为基期）

指　标	居民消费价格指数	零售物价指数	服务项目价格指数
以 1980 年价格为 100	750.9	494.4	2281.1
以 1990 年价格为 100	359.1	236.7	1120.7
以 2000 年价格为 100	144.9	124.1	159.4
以 2010 年价格为 100	122.6	113.2	125.0
以 2011 年价格为 100	116.9	107.7	121.4
以 2012 年价格为 100	113.5	105.1	119.5
以 2013 年价格为 100	111.1	103.8	116.3
以 2014 年价格为 100	108.3	102.7	112.5
以 2015 年价格为 100	106.7	102.2	111.0
以 2016 年价格为 100	104.4	101.8	107.3
以 2017 年价格为 100	102.3	100.8	103.8

5-8 工业生产者出厂价格指数

（2018 年，以上年价格为 100）

项　目	2018
工业生产者出厂价格总指数	**103.21**
按轻重工业分	
轻工业	100.94
以农产品为原料	101.24
以非农产品为原料	100.26
重工业	104.41
采　掘	
原材料	102.03
加　工	105.13
按生产生活资料分	
生产资料	104.21
采　掘	
原材料	102.14
加　工	104.72
生活资料	100.77
食　品	101.32
衣　着	100.77
一般日用品	102.49
耐用消费品	97.17
按工业部门分	
冶金工业	111.50
电力工业	99.60
煤炭及炼焦工业	
石油工业	104.65
化学工业	102.42
机械工业	100.32
建筑材料工业	117.76
森林工业	98.35
食品工业	100.74
纺织工业	99.39
缝纫工业	99.59
皮革工业	103.56
造纸工业	110.20
文教艺术用品工业	100.50
其它工业	104.32

项　目	2018
按行业大类分	
农副食品加工业	100.56
食品制造业	100.09
酒、饮料和精制茶制造业	103.15
烟草制品业	100.50
纺织业	99.39
纺织服装、服饰业	99.59
皮革、毛皮、羽毛及其制品和制鞋业	103.01
木材加工和木、竹、藤、棕、草制品业	98.13
家具制造业	100.00
造纸和纸制品业	110.20
印刷和记录媒介复制业	100.04
文教、工美、体育和娱乐用品制造业	101.32
化学原料和化学制品制造业	102.09
医药制造业	102.55
橡胶和塑料制品业	103.07
非金属矿物制品业	116.08
黑色金属冶炼和压延加工业	111.00
有色金属冶炼和压延加工业	103.30
金属制品业	112.46
通用设备制造业	101.87
专用设备制造业	100.86
汽车制造业	100.51
铁路、船舶、航空航天和其他运输设备制造业	95.99
电气机械和器材制造业	101.12
计算机、通信和其他电子设备制造业	97.49
仪器仪表制造业	100.00
废弃资源综合利用业	205.38
电力、热力生产和供应业	99.60
燃气生产和供应业	104.65
水的生产和供应业	102.82

5-9 工业生产者购进价格指数

（2018 年，以上年价格为 100）

项　　目	2018	项　　目	2018
工业生产者购进价格总指数	**102.22**	烟草制品业	108.24
按九大类分		纺织业	101.09
燃料、动力类	101.39	皮革、毛皮、羽毛及其制品和制鞋业	102.21
黑色金属材料类	102.55	木材加工和木、竹、藤、棕、草制品业	100.75
其中:钢材	107.51	造纸和纸制品业	111.10
其它	95.80	印刷和记录媒介复制业	99.44
有色金属材料及电线类	101.74	石油加工、炼焦和核燃料加工业	105.24
化工原料类	103.43	化学原料和化学制品制造业	104.11
木材及纸浆类	110.04	医药制造业	104.55
建筑材料及非金属类	105.94	橡胶和塑料制品业	101.33
其它工业原材料及半成品类	102.38	非金属矿物制品业	109.86
农副产品类	98.32	黑色金属冶炼和压延加工业	107.04
纺织原料类	101.09	有色金属冶炼和压延加工业	100.80
按工业行业分		金属制品业	103.85
农业	101.36	通用设备制造业	100.00
林业	87.89	汽车制造业	101.59
畜牧业	102.41	铁路、船舶、航空航天和其他运输设备制造业	100.00
煤炭开采和洗选业	104.71	电气机械和器材制造业	100.32
黑色金属矿采选业	95.20	计算机、通信和其他电子设备制造业	100.32
有色金属矿采选业	106.05	仪器仪表制造业	102.32
非金属矿采选业	102.09	废弃资源综合利用业	116.88
农副食品加工业	99.96	电力、热力生产和供应业	99.24
食品制造业	101.70	燃气生产和供应业	101.42
酒、饮料和精制茶制造业	102.45	水的生产和供应业	99.94

5-10 工业生产者出厂价格分月指数

（2018年，以上年同期价格为100）

类　　别	1月	2月	3月	4月	5月	6月
工业生产者出厂价格指数	**105.34**	**104.81**	**103.78**	**103.52**	**103.34**	**103.54**
按轻重工业分						
轻工业	101.00	101.51	101.33	101.38	100.78	101.04
以农产品为原料	101.77	101.66	101.50	101.64	101.17	101.26
以非农产品为原料	99.29	101.18	100.93	100.82	99.91	100.53
重工业	107.73	106.59	105.07	104.64	104.70	104.86
采　掘						
原材料	103.72	102.21	101.92	101.31	102.26	102.49
加　工	108.96	107.95	106.03	105.65	105.43	105.57
按生产生活资料分						
生产资料	107.69	106.50	105.04	104.68	104.55	104.56
采　掘						
原材料	104.01	102.39	102.08	101.41	102.43	102.67
加　工	108.63	107.56	105.80	105.52	105.08	105.03
生活资料	99.91	100.81	100.70	100.68	100.42	101.02
食　品	100.81	100.88	100.80	100.90	101.04	101.37
衣　着	100.23	100.61	100.80	101.49	101.23	100.94
一般日用品	99.02	102.62	102.41	102.92	101.88	103.56
耐用消费品	98.64	98.39	98.20	96.87	96.58	96.89
按工业部门分						
冶金工业	122.87	118.40	112.74	113.19	115.21	114.18
电力工业	99.84	99.84	99.84	99.84	99.69	99.69
煤炭及炼焦工业						
石油工业	105.00	105.00	102.90	102.90	105.49	105.49
化学工业	102.49	102.91	102.48	102.53	102.52	103.55
机械工业	101.16	101.09	100.83	100.64	100.45	100.45
建筑材料工业	128.72	124.59	121.19	111.71	107.64	112.18
森林工业	98.65	96.25	96.08	96.14	97.22	98.22
食品工业	100.10	100.29	99.96	100.24	100.45	100.97
纺织工业	99.09	99.06	99.52	99.62	98.74	98.71
缝纫工业	97.68	98.32	98.17	99.73	99.71	100.06
皮革工业	106.56	106.20	107.31	105.68	104.84	103.00
造纸工业	126.88	122.74	121.30	119.18	113.29	110.36
文教艺术用品工业	98.20	101.30	100.80	100.84	100.70	100.84
其它工业	100.20	104.85	105.51	105.94	103.20	103.48

5－10 续表 1　　（2018 年,以上年同期价格为 100）

类　别	7 月	8 月	9 月	10 月	11 月	12 月	累计
工业生产者出厂价格指数	**103.42**	**103.11**	**102.84**	**102.32**	**102.13**	**100.59**	**103.21**
按轻重工业分							
轻工业	100.91	100.57	100.63	100.26	101.12	100.77	100.94
以农产品为原料	101.32	101.09	101.23	100.74	101.07	100.50	101.24
以非农产品为原料	99.99	99.40	99.31	99.19	101.24	101.39	100.26
重工业	104.75	104.47	104.01	103.41	102.66	100.49	104.41
采　掘							
原材料	102.66	102.39	101.85	101.40	101.27	100.96	102.03
加　工	105.37	105.09	104.67	104.02	103.08	100.35	105.13
按生产生活资料分							
生产资料	104.48	104.10	103.74	103.04	102.43	100.14	104.21
采　掘							
原材料	102.86	102.47	101.89	101.45	101.23	100.90	102.14
加　工	104.88	104.50	104.20	103.44	102.73	99.94	104.72
生活资料	100.82	100.71	100.66	100.56	101.36	101.63	100.77
食　品	101.44	101.53	101.40	101.19	102.24	102.19	101.32
衣　着	100.67	100.69	100.57	100.52	100.71	100.78	100.77
一般日用品	103.03	102.52	102.40	102.52	103.36	103.65	102.49
耐用消费品	96.45	96.30	96.52	96.43	96.83	97.95	97.17
按工业部门分							
冶金工业	112.22	109.91	108.69	109.29	107.15	98.77	111.50
电力工业	99.88	99.68	99.22	99.22	99.22	99.22	99.60
煤炭及炼焦工业							
石油工业	105.01	105.01	105.01	106.87	107.42	100.06	104.65
化学工业	103.60	103.03	102.44	100.75	101.09	101.75	102.42
机械工业	100.31	100.08	99.85	99.71	99.62	99.69	100.32
建筑材料工业	116.86	124.66	126.87	119.41	114.67	108.18	117.76
森林工业	98.62	99.09	99.56	99.59	100.51	100.38	98.35
食品工业	101.02	100.87	101.12	101.20	101.42	101.28	100.74
纺织工业	99.08	98.33	98.88	99.60	101.23	100.80	99.39
缝纫工业	100.68	100.22	100.19	100.22	100.15	100.03	99.59
皮革工业	100.63	101.80	101.48	101.27	102.05	102.59	103.56
造纸工业	109.89	109.55	108.10	99.52	97.62	92.67	110.20
文教艺术用品工业	100.79	100.72	100.77	100.79	100.12	100.23	100.50
其它工业	102.25	102.17	101.98	101.72	110.20	110.38	104.32

5－10 续表 2－1　　　　（2018 年，以上年同期价格为 100）

类　　别	1 月	2 月	3 月	4 月	5 月	6 月
按工业行业分						
农副食品加工业	100.03	100.27	99.69	99.88	100.09	100.51
食品制造业	100.07	100.06	99.78	100.10	100.02	100.41
酒、饮料和精制茶制造业	100.75	101.44	101.47	102.94	104.04	104.39
烟草制品业	100.00	100.00	100.00	100.00	100.00	100.86
纺织业	99.09	99.06	99.52	99.62	98.74	98.71
纺织服装、服饰业	97.68	98.32	98.17	99.73	99.71	100.06
皮革、毛皮、羽毛及其制品和制鞋业	106.24	105.89	107.00	105.29	104.29	102.42
木材加工和木、竹、藤、棕、草制品业	98.46	95.76	95.57	95.63	96.85	97.98
家具制造业	100.00	100.00	100.00	100.00	100.00	100.00
造纸和纸制品业	126.88	122.74	121.30	119.18	113.29	110.36
印刷和记录媒介复制业	96.35	99.96	100.34	100.40	100.40	100.42
文教、工美、体育和娱乐用品制造业	103.67	103.41	101.61	101.59	101.27	101.61
化学原料和化学制品制造业	104.25	103.45	103.08	102.97	103.30	103.82
医药制造业	101.40	101.94	101.86	101.68	101.85	102.79
橡胶和塑料制品业	103.03	105.10	103.65	104.49	103.52	105.74
非金属矿物制品业	123.35	122.64	120.14	112.63	107.85	111.75
黑色金属冶炼和压延加工业	124.15	119.75	110.74	111.58	114.89	112.06
有色金属冶炼和压延加工业	112.23	110.46	110.24	111.49	109.11	110.27
金属制品业	115.30	115.89	114.49	114.86	113.70	114.46
通用设备制造业	102.56	101.90	101.65	102.25	102.21	102.12
专用设备制造业	101.07	101.05	100.80	100.69	100.50	100.50
汽车制造业	100.66	100.63	100.53	100.44	100.44	100.47
铁路、船舶、航空航天和其他运输设备制造业	99.99	97.24	95.72	95.44	93.94	95.44
电气机械和器材制造业	103.24	103.62	103.27	102.68	102.30	101.95
计算机、通信和其他电子设备制造业	98.59	98.35	97.85	97.44	97.08	97.37
仪器仪表制造业	100.00	100.00	100.00	100.00	100.00	100.00
废弃资源综合利用业	340.00	188.00	170.00	122.50	195.83	200.00
电力、热力生产和供应业	99.84	99.84	99.84	99.84	99.69	99.69
燃气生产和供应业	105.00	105.00	102.90	102.90	105.49	105.49
水的生产和供应业	100.00	100.00	100.00	100.00	100.00	100.00

（2018年，以上年同期价格为100）

类　别	7月	8月	9月	10月	11月	12月	累计
按工业行业分							
农副食品加工业	100.50	100.40	101.08	101.17	101.64	101.43	100.56
食品制造业	100.59	100.42	99.93	100.01	99.98	99.74	100.09
酒、饮料和精制茶制造业	104.63	103.86	103.48	103.71	103.54	103.53	103.15
烟草制品业	100.86	100.86	100.86	100.86	100.86	100.86	100.50
纺织业	99.08	98.33	98.88	99.60	101.23	100.80	99.39
纺织服装、服饰业	100.68	100.22	100.19	100.22	100.15	100.03	99.59
皮革、毛皮、羽毛及其制品和制鞋业	99.69	101.03	100.56	100.60	101.57	102.25	103.01
木材加工和木、竹、藤、棕、草制品业	98.43	98.97	99.50	99.53	100.58	100.44	98.13
家具制造业	100.00	100.00	100.00	100.00	100.00	100.00	100.00
造纸和纸制品业	109.89	109.55	108.10	99.52	97.62	92.67	110.20
印刷和记录媒介复制业	100.42	100.42	100.68	100.74	100.21	100.30	100.04
文教、工美、体育和娱乐用品制造业	101.42	100.83	100.41	100.33	99.94	99.95	101.32
化学原料和化学制品制造业	104.04	102.46	100.90	97.95	98.71	100.66	102.09
医药制造业	102.81	103.44	103.36	103.06	102.90	103.41	102.55
橡胶和塑料制品业	105.61	103.46	102.95	99.54	100.46	99.65	103.07
非金属矿物制品业	115.06	121.38	123.18	117.01	113.06	107.71	116.08
黑色金属冶炼和压延加工业	110.75	109.45	110.22	111.15	108.39	94.81	111.00
有色金属冶炼和压延加工业	105.73	99.39	94.09	93.48	93.48	94.09	103.30
金属制品业	113.70	112.75	110.52	109.96	108.49	106.52	112.46
通用设备制造业	101.98	102.21	101.69	101.78	100.71	101.38	101.87
专用设备制造业	100.93	101.03	101.04	101.09	100.85	100.78	100.86
汽车制造业	100.81	100.87	100.70	100.37	100.30	99.90	100.51
铁路、船舶、航空航天和其他运输设备制造业	94.43	96.37	95.44	97.58	96.37	94.04	95.99
电气机械和器材制造业	100.98	99.74	99.04	98.95	98.93	99.04	101.12
计算机、通信和其他电子设备制造业	96.75	96.57	96.92	96.73	97.30	98.91	97.49
仪器仪表制造业	100.00	100.00	100.00	100.00	100.00	100.00	100.00
废弃资源综合利用业	204.94	224.07	232.94	253.53	205.22	174.36	205.38
电力、热力生产和供应业	99.88	99.68	99.22	99.22	99.22	99.22	99.60
燃气生产和供应业	105.01	105.01	105.01	106.87	107.42	100.06	104.65
水的生产和供应业	100.00	100.00	100.00	100.00	116.94	116.94	102.82

5-11 工业生产者购进价格分月指数

(2018 年,以上年同期价格为 100)

类别	1月	2月	3月	4月	5月	6月
工业生产者购进价格指数	**102.78**	**102.62**	**101.79**	**101.67**	**102.22**	**103.08**
按九大类分						
燃料、动力类	100.14	100.55	101.50	101.47	101.06	101.55
黑色金属材料类	104.08	103.52	99.60	99.66	103.84	106.96
钢材	111.66	111.10	110.16	110.02	109.22	109.19
其它	95.79	95.23	88.63	87.20	95.63	102.71
有色金属材料及电线类	110.55	107.15	106.50	105.85	105.23	105.42
化工原料类	106.66	106.66	103.98	102.89	102.93	103.00
木材及纸浆类	115.05	113.81	114.84	114.57	115.07	114.85
建筑材料及非金属类	104.64	103.96	103.84	103.02	102.81	103.63
其它工业原材料及半成品类	102.09	102.22	102.22	102.29	102.33	102.61
农副产品类	99.22	98.72	97.48	96.75	95.89	97.51
纺织原料类	101.00	100.92	100.81	101.03	101.14	101.39
按工业行业分						
农业	101.66	102.50	103.20	102.85	102.20	101.21
林业	89.28	85.70	79.53	77.20	75.71	84.49
畜牧业	102.65	102.37	101.22	102.41	102.86	103.89
煤炭开采和洗选业	102.55	103.79	107.01	105.69	104.17	105.38
黑色金属矿采选业	95.33	94.85	87.96	86.33	94.95	102.33
有色金属矿采选业	135.20	127.94	127.73	123.82	117.54	114.40
非金属矿采选业	100.50	100.51	100.59	100.63	100.53	100.53
农副食品加工业	98.38	98.39	98.68	99.53	99.32	100.00
食品制造业	101.88	101.42	100.66	101.59	101.98	102.50
酒、饮料和精制茶制造业	99.76	102.31	103.30	102.41	102.44	102.41
烟草制品业	108.24	108.24	108.24	108.24	108.24	108.24
纺织业	101.00	100.92	100.81	101.03	101.14	101.39
皮革、毛皮、羽毛及其制品和制鞋业	103.55	103.77	104.39	104.70	102.09	102.37
木材加工和木、竹、藤、棕、草制品业	98.64	98.97	99.50	100.22	100.24	100.22
造纸和纸制品业	118.44	116.37	117.86	117.70	117.83	116.95
印刷和记录媒介复制业	104.78	104.78	100.00	100.00	100.74	100.74
石油加工、炼焦和核燃料加工业	100.36	100.91	101.02	103.04	103.72	106.05
化学原料和化学制品制造业	108.11	108.01	104.91	103.51	104.06	104.00
医药制造业	101.97	104.12	104.65	105.23	105.45	106.14
橡胶和塑料制品业	102.19	102.48	101.03	100.94	99.44	99.91
非金属矿物制品业	108.82	107.46	107.17	105.44	105.11	106.77
黑色金属冶炼和压延加工业	110.80	110.22	109.40	109.25	108.57	108.56
有色金属冶炼和压延加工业	106.47	103.61	102.87	102.68	102.92	103.66
金属制品业	111.58	110.01	105.73	104.99	104.45	104.92
通用设备制造业	100.12	100.14	100.14	100.13	100.13	99.92
汽车制造业	102.35	101.90	101.90	101.26	101.50	101.67
铁路、船舶、航空航天和其他运输设备制造业	100.00	100.00	100.00	100.00	100.00	100.00
电气机械和器材制造业	100.20	100.65	100.19	100.09	100.83	100.94
计算机、通信和其他电子设备制造业	101.53	101.25	100.51	100.38	100.25	100.07
仪器仪表制造业	100.26	100.80	100.80	100.17	102.57	102.57
废弃资源综合利用业	110.87	113.12	116.17	117.87	120.61	123.46
电力、热力生产和供应业	98.94	98.96	99.09	99.32	99.04	98.99
燃气生产和供应业	100.41	100.41	100.41	100.41	102.76	102.76
水的生产和供应业	99.76	99.76	99.76	100.00	100.00	100.00

类　别	7月	8月	9月	10月	11月	12月	累计
工业生产者购进价格指数	**102.85**	**102.37**	**101.49**	**102.34**	**102.19**	**101.31**	**102.22**
按九大类分							
燃料、动力类	102.35	102.36	101.73	102.03	101.31	100.69	101.39
黑色金属材料类	104.57	101.58	98.89	103.77	104.40	100.65	102.55
钢材	108.41	107.17	104.93	103.80	103.69	102.20	107.51
其它	98.04	93.64	90.86	103.41	105.13	98.19	95.80
有色金属材料及电线类	103.04	98.69	94.36	94.53	96.06	96.21	101.74
化工原料类	103.29	102.85	102.85	102.29	102.21	101.87	103.43
木材及纸浆类	114.42	112.91	106.74	101.56	100.07	100.52	110.04
建筑材料及非金属类	105.02	106.89	108.52	110.78	110.12	108.02	105.94
其它工业原材料及半成品类	102.52	102.64	102.36	102.48	102.55	102.28	102.38
农副产品类	96.92	98.44	99.11	100.43	99.78	99.79	98.32
纺织原料类	101.37	101.32	101.25	101.04	100.94	100.84	101.09
按工业行业分							
农业	100.10	100.48	100.84	101.08	99.93	100.29	101.36
林业	86.74	91.30	94.05	99.86	100.97	98.62	87.89
畜牧业	101.86	103.50	102.16	102.06	101.23	102.80	102.41
煤炭开采和洗选业	107.41	106.94	104.14	104.34	103.47	101.97	104.71
黑色金属矿采选业	97.39	92.86	90.02	103.10	104.89	97.65	95.20
有色金属矿采选业	111.90	100.17	83.70	83.51	88.60	89.59	106.05
非金属矿采选业	100.61	100.44	102.59	106.10	106.09	105.99	102.09
农副食品加工业	100.89	100.73	100.65	101.17	101.24	100.64	99.96
食品制造业	101.01	102.02	101.67	101.68	101.57	102.37	101.70
酒、饮料和精制茶制造业	102.32	102.83	102.92	102.87	102.89	102.89	102.45
烟草制品业	108.24	108.24	108.24	108.24	108.24	108.24	108.24
纺织业	101.37	101.32	101.25	101.04	100.94	100.84	101.09
皮革、毛皮、羽毛及其制品和制鞋业	101.41	101.30	99.79	100.02	101.26	102.07	102.21
木材加工和木、竹、藤、棕、草制品业	101.12	101.78	101.91	101.95	102.24	102.24	100.75
造纸和纸制品业	116.05	113.93	106.11	100.07	98.61	99.25	111.10
印刷和记录媒介复制业	100.74	100.74	100.74	96.48	92.39	92.39	99.44
石油加工、炼焦和核燃料加工业	107.45	107.28	108.29	110.22	108.92	105.97	105.24
化学原料和化学制品制造业	103.95	103.79	103.14	102.22	102.29	101.72	104.11
医药制造业	105.10	105.42	102.98	105.35	105.86	102.56	104.55
橡胶和塑料制品业	101.25	99.93	101.94	102.51	101.98	102.38	101.33
非金属矿物制品业	109.55	113.70	114.72	115.58	114.18	109.97	109.86
黑色金属冶炼和压延加工业	107.86	106.76	104.71	103.70	103.61	102.22	107.04
有色金属冶炼和压延加工业	101.30	98.28	96.70	96.92	97.52	97.44	100.80
金属制品业	104.50	102.51	101.83	99.42	99.17	98.52	103.85
通用设备制造业	99.92	99.92	99.91	99.91	99.91	99.91	100.00
汽车制造业	101.30	101.84	101.55	101.27	101.27	101.27	101.59
铁路、船舶、航空航天和其他运输设备制造业	100.00	100.00	100.00	100.00	100.00	100.00	100.00
电气机械和器材制造业	100.91	100.35	100.20	100.01	99.79	99.67	100.32
计算机、通信和其他电子设备制造业	99.85	100.00	100.16	99.67	99.99	100.26	100.32
仪器仪表制造业	102.32	102.32	102.32	105.79	105.79	102.32	102.32
废弃资源综合利用业	120.00	116.81	114.93	114.93	116.31	117.23	116.88
电力、热力生产和供应业	99.33	99.59	99.66	99.72	99.12	99.13	99.24
燃气生产和供应业	101.07	100.93	100.93	101.95	101.98	103.03	101.42
水的生产和供应业	100.00	100.00	100.00	100.00	100.00	100.00	99.94

5-12 工业生产者出厂价格分月指数

(2018年,以上月价格为100)

项目	1月	2月	3月	4月	5月	6月
工业生产者出厂价格指数	**99.88**	**99.57**	**99.62**	**99.76**	**100.41**	**100.41**
按轻重工业分						
轻工业	100.02	100.18	100.05	100.14	99.84	100.15
以农产品为原料	100.04	99.98	100.06	100.34	99.97	99.99
以非农产品为原料	99.97	100.63	100.02	99.68	99.54	100.53
重工业	99.81	99.23	99.39	99.55	100.73	100.56
采　掘						
原材料	100.40	98.80	99.91	100.18	100.60	100.36
加　工	99.63	99.37	99.22	99.35	100.77	100.62
按生产生活资料分						
生产资料	99.82	99.28	99.49	99.66	100.61	100.40
采　掘						
原材料	100.45	98.73	99.91	100.18	100.64	100.39
加　工	99.66	99.42	99.38	99.52	100.60	100.40
生活资料	100.03	100.24	99.92	99.99	99.97	100.45
食　品	99.99	100.08	99.95	100.17	100.22	100.32
衣　着	99.94	99.93	100.43	99.81	100.26	99.98
一般日用品	100.05	100.88	100.20	100.20	99.53	101.44
耐用消费品	100.14	99.97	99.21	99.31	99.75	99.68
按工业部门分						
冶金工业	97.18	98.55	99.60	98.77	102.94	100.76
电力工业	100.00	100.00	100.00	100.00	99.85	100.00
煤炭及炼焦工业						
石油工业	100.00	100.00	100.00	100.00	100.00	100.00
化学工业	100.10	100.32	100.05	99.96	99.85	100.83
机械工业	100.18	100.03	99.69	99.85	100.03	100.02
建筑材料工业	104.09	93.37	93.93	96.78	101.99	104.87
森林工业	98.06	99.64	99.81	100.09	100.59	100.43
食品工业	100.08	100.09	99.82	100.49	100.04	100.36
纺织工业	100.08	100.22	100.06	100.18	99.70	99.40
缝纫工业	99.99	99.93	99.94	99.86	100.05	100.12
皮革工业	99.84	99.96	101.64	99.69	100.75	99.66
造纸工业	99.83	98.92	101.26	100.27	99.68	98.57
文教艺术用品工业	100.01	99.91	100.35	100.07	100.00	100.07
其它工业	100.49	101.10	100.32	100.70	99.65	100.50

5－12 续表1　　(2018年,以上月价格为100)

项　目	7月	8月	9月	10月	11月	12月
工业生产者出厂价格指数	**99.97**	**100.46**	**100.46**	**100.17**	**100.29**	**99.59**
按轻重工业分						
轻工业	99.87	99.85	100.16	100.05	100.70	99.77
以农产品为原料	100.00	99.90	100.26	100.07	100.21	99.67
以非农产品为原料	99.57	99.73	99.94	100.00	101.81	99.99
重工业	100.02	100.79	100.62	100.24	100.07	99.50
采　掘						
原材料	99.93	100.26	99.87	100.21	100.46	100.00
加　工	100.05	100.96	100.86	100.24	99.95	99.34
按生产生活资料分						
生产资料	99.96	100.60	100.74	100.17	100.06	99.36
采　掘						
原材料	99.91	100.18	99.86	100.27	100.40	100.00
加　工	99.98	100.72	100.97	100.14	99.98	99.20
生活资料	99.97	100.12	99.82	100.17	100.83	100.12
食　品	100.07	100.25	99.89	99.99	101.29	99.95
衣　着	99.65	100.46	100.05	100.04	100.17	100.04
一般日用品	99.77	99.94	100.02	100.37	100.77	100.43
耐用消费品	100.16	99.85	99.23	100.45	100.04	100.16
按工业部门分						
冶金工业	99.79	102.27	102.09	100.64	99.73	96.66
电力工业	99.83	100.00	99.54	100.00	100.00	100.00
煤炭及炼焦工业						
石油工业	99.54	100.00	100.00	100.00	100.52	100.00
化学工业	100.04	100.21	100.09	99.76	100.29	100.26
机械工业	100.06	99.97	99.90	100.23	99.80	99.94
建筑材料工业	100.48	104.10	104.36	100.60	102.04	102.17
森林工业	100.47	100.17	100.19	100.09	100.92	99.95
食品工业	100.06	99.94	100.14	100.09	100.21	99.97
纺织工业	100.11	99.74	100.90	100.49	100.36	99.56
缝纫工业	100.07	100.15	100.03	100.01	99.99	99.89
皮革工业	98.64	101.21	100.09	100.11	100.59	100.42
造纸工业	99.40	98.89	100.00	98.74	99.88	97.04
文教艺术用品工业	100.07	100.00	99.97	100.08	99.67	100.02
其它工业	98.95	100.02	99.98	100.09	108.45	99.98

5－12 续表 2－1 （2018 年，以上月价格为 100）

项　　目	1 月	2 月	3 月	4 月	5 月	6 月
按工业行业分						
农副食品加工业	100.34	100.07	99.73	100.57	99.82	100.14
食品制造业	99.85	99.95	99.80	100.81	99.99	100.06
酒、饮料和精制茶制造业	99.27	100.56	99.84	100.95	101.30	100.56
烟草制品业	100.00	100.00	100.00	100.00	100.00	100.86
纺织业	100.08	100.22	100.06	100.18	99.70	99.40
纺织服装、服饰业	99.99	99.93	99.94	99.86	100.05	100.12
皮革、毛皮、羽毛及其制品和制鞋业	99.95	99.87	101.58	99.74	100.52	99.69
木材加工和木、竹、藤、棕、草制品业	97.80	99.59	99.78	100.10	100.67	100.49
家具制造业	100.00	100.00	100.00	100.00	100.00	100.00
造纸和纸制品业	99.83	98.92	101.26	100.27	99.68	98.57
印刷和记录媒介复制业	100.01	100.00	100.38	100.06	100.00	100.02
文教、工美、体育和娱乐用品制造业	100.04	99.79	100.04	100.04	100.01	100.13
化学原料和化学制品制造业	100.76	99.91	100.22	99.92	99.84	99.93
医药制造业	100.28	99.99	100.02	99.93	100.25	100.93
橡胶和塑料制品业	98.73	101.82	99.87	100.09	98.86	102.07
非金属矿物制品业	103.65	94.87	95.06	97.68	101.48	104.24
黑色金属冶炼和压延加工业	92.68	98.80	100.16	96.34	105.36	100.28
有色金属冶炼和压延加工业	100.64	100.49	98.86	101.44	97.60	100.81
金属制品业	102.53	102.66	99.89	100.54	99.64	100.04
通用设备制造业	100.12	100.39	99.72	100.51	100.47	99.98
专用设备制造业	100.23	100.08	99.82	99.92	100.05	100.06
汽车制造业	100.13	100.00	99.92	99.85	100.04	100.00
铁路、船舶、航空航天和其他运输设备制造业	98.81	98.19	99.39	98.76	99.37	100.63
电气机械和器材制造业	100.38	100.08	99.70	99.20	100.11	100.36
计算机、通信和其他电子设备制造业	100.25	100.07	98.77	100.58	99.65	99.43
仪器仪表制造业	100.00	100.00	100.00	100.00	100.00	100.00
废弃资源综合利用业	124.54	55.29	90.43	115.29	143.88	114.89
电力、热力生产和供应业	100.00	100.00	100.00	100.00	99.85	100.00
燃气生产和供应业	100.00	100.00	100.00	100.00	100.00	100.00
水的生产和供应业	100.00	100.00	100.00	100.00	100.00	100.00

5－12 续表 2－2　　　　(2018 年,以上月价格为 100)

项　　目	7 月	8 月	9 月	10 月	11 月	12 月
按工业行业分						
农副食品加工业	99.98	99.90	100.40	100.14	100.39	99.96
食品制造业	100.18	99.85	99.32	99.98	100.04	99.90
酒、饮料和精制茶制造业	100.47	100.13	100.16	100.17	100.01	100.05
烟草制品业	100.00	100.00	100.00	100.00	100.00	100.00
纺织业	100.11	99.74	100.90	100.49	100.36	99.56
纺织服装、服饰业	100.07	100.15	100.03	100.01	99.99	99.89
皮革、毛皮、羽毛及其制品和制鞋业	98.45	101.15	100.03	100.33	100.59	100.34
木材加工和木、竹、藤、棕、草制品业	100.53	100.20	100.21	100.11	101.04	99.94
家具制造业	100.00	100.00	100.00	100.00	100.00	100.00
造纸和纸制品业	99.40	98.89	100.00	98.74	99.88	97.04
印刷和记录媒介复制业	100.00	100.00	100.10	100.06	99.59	100.09
文教、工美、体育和娱乐用品制造业	100.17	100.00	99.73	100.08	100.05	99.86
化学原料和化学制品制造业	100.17	99.90	99.88	100.20	99.85	100.08
医药制造业	100.00	100.85	100.00	100.23	100.39	100.50
橡胶和塑料制品业	99.96	99.13	100.63	97.87	100.74	99.95
非金属矿物制品业	99.95	103.40	103.64	100.51	101.72	101.84
黑色金属冶炼和压延加工业	100.68	103.70	104.29	100.44	98.68	94.12
有色金属冶炼和压延加工业	97.25	99.89	97.47	100.12	100.20	99.26
金属制品业	100.14	100.13	100.28	100.28	100.24	100.01
通用设备制造业	100.05	100.16	100.02	100.07	99.13	100.75
专用设备制造业	100.52	100.18	100.07	100.10	99.68	100.05
汽车制造业	100.26	100.00	100.02	100.18	99.89	99.62
铁路、船舶、航空航天和其他运输设备制造业	98.75	101.27	100.00	101.25	98.76	98.75
电气机械和器材制造业	99.41	99.72	100.04	100.13	99.86	100.07
计算机、通信和其他电子设备制造业	100.32	99.81	98.99	100.65	100.04	100.36
仪器仪表制造业	100.00	100.00	100.00	100.00	100.00	100.00
废弃资源综合利用业	102.47	109.34	109.09	108.84	109.51	100.85
电力、热力生产和供应业	99.83	100.00	99.54	100.00	100.00	100.00
燃气生产和供应业	99.54	100.00	100.00	100.00	100.52	100.00
水的生产和供应业	100.00	100.00	100.00	100.00	116.94	100.00

5－13 工业生产者购进价格分月指数

（2018 年，以上月价格为 100）

项目	1 月	2 月	3 月	4 月	5 月	6 月
工业生产者购进价格指数	**101.08**	**99.96**	**100.11**	**99.31**	**99.62**	**100.27**
按九大类分						
燃料、动力类	100.05	99.99	100.13	99.96	99.80	100.29
黑色金属材料类	102.55	100.01	100.46	96.06	97.90	100.34
钢材	100.17	99.98	100.47	100.14	100.24	100.73
其它	106.32	100.04	100.43	89.94	94.00	99.65
有色金属材料及电线类	100.46	98.65	99.71	99.83	100.16	100.37
化工原料类	101.32	100.02	99.71	99.56	100.14	100.29
木材及纸浆类	100.05	101.10	101.10	100.09	100.26	100.58
建筑材料及非金属类	101.39	98.81	99.04	99.63	100.24	100.92
其它工业原材料及半成品类	101.79	100.02	100.10	99.87	100.03	100.16
农副产品类	100.24	99.90	100.43	99.97	99.06	100.11
纺织原料类	100.25	100.07	99.92	100.11	100.12	100.15
按工业行业分						
农业	100.59	99.97	100.77	99.90	99.21	99.55
林业	98.00	100.60	98.97	99.82	98.14	102.04
畜牧业	100.61	99.52	99.98	100.41	100.27	101.96
煤炭开采和洗选业	100.98	99.77	100.61	99.64	99.14	100.90
黑色金属矿采选业	106.66	100.10	100.39	89.33	93.55	99.56
有色金属矿采选业	96.98	97.22	102.57	100.57	99.51	99.19
非金属矿采选业	100.50	100.00	100.09	100.00	99.96	100.00
农副食品加工业	100.06	99.91	100.25	100.02	99.98	99.84
食品制造业	100.43	99.60	100.15	100.52	100.09	101.40
酒、饮料和精制茶制造业	99.91	102.53	101.00	99.13	99.98	99.99
烟草制品业	108.24	100.00	100.00	100.00	100.00	100.00
纺织业	100.25	100.07	99.92	100.11	100.12	100.15
皮革、毛皮、羽毛及其制品和制鞋业	100.20	100.00	100.47	100.71	98.76	100.42
木材加工和木、竹、藤、棕、草制品业	99.01	100.00	100.40	100.73	100.00	100.00
造纸和纸制品业	100.58	100.95	101.38	100.17	100.09	100.38
印刷和记录媒介复制业	95.77	100.00	100.00	100.00	100.74	100.00
石油加工、炼焦和核燃料加工业	99.52	100.71	98.91	99.90	100.28	101.42
化学原料和化学制品制造业	101.89	100.04	99.81	99.18	100.34	99.96
医药制造业	100.19	100.13	100.00	98.96	99.97	100.96
橡胶和塑料制品业	99.49	99.96	99.35	100.80	99.48	101.36
非金属矿物制品业	102.24	97.68	98.02	99.27	100.51	101.84
黑色金属冶炼和压延加工业	100.19	99.95	100.47	100.13	100.24	100.69
有色金属冶炼和压延加工业	101.10	98.91	99.20	99.70	100.28	100.59
金属制品业	100.20	99.14	99.76	100.43	99.33	99.79
通用设备制造业	99.90	100.02	100.00	99.99	100.00	100.00
汽车制造业	101.74	99.56	100.00	99.66	100.23	100.16
铁路、船舶、航空航天和其他运输设备制造业	100.00	100.00	100.00	100.00	100.00	100.00
电气机械和器材制造业	99.88	100.38	99.79	99.99	99.93	100.00
计算机、通信和其他电子设备制造业	100.45	99.82	99.75	99.88	99.84	99.96
仪器仪表制造业	100.26	102.31	100.00	99.37	100.63	100.00
废弃资源综合利用业	101.05	102.42	102.70	102.63	103.68	102.94
电力、热力生产和供应业	99.71	99.98	100.10	100.11	99.91	99.86
燃气生产和供应业	100.00	100.00	100.00	100.00	101.39	100.00
水的生产和供应业	100.00	100.00	100.00	100.00	100.00	100.00

（2018年，以上月价格为100）

项　　目	7月	8月	9月	10月	11月	12月
工业生产者购进价格指数	**99.99**	**100.44**	**100.28**	**100.34**	**100.06**	**99.85**
按九大类分						
燃料、动力类	100.20	99.94	99.91	100.53	99.97	99.93
黑色金属材料类	99.76	102.65	101.36	100.09	100.10	99.56
1.钢材	100.05	100.57	100.31	100.10	100.13	99.29
2.其它	99.24	106.42	103.17	100.05	100.04	100.03
有色金属材料及电线类	98.41	99.16	99.49	100.78	100.03	99.12
化工原料类	100.04	100.16	100.29	100.27	100.14	99.94
木材及纸浆类	99.98	100.74	99.78	98.79	99.06	99.04
建筑材料及非金属类	100.89	100.43	101.88	103.01	100.61	100.97
其它工业原材料及半成品类	99.99	100.11	100.01	100.21	100.16	99.84
农副产品类	99.70	100.03	100.05	100.39	99.96	99.96
纺织原料类	100.09	100.06	100.14	99.95	100.11	99.86
按工业行业分						
农业	99.59	100.08	100.38	100.20	100.05	100.01
林业	101.66	98.70	99.38	101.39	99.74	100.24
畜牧业	98.39	102.76	100.00	100.00	99.71	99.22
煤炭开采和洗选业	101.05	99.54	99.44	100.70	100.77	99.43
黑色金属矿采选业	99.16	106.84	103.37	100.00	100.00	100.00
有色金属矿采选业	98.94	97.61	98.46	99.99	99.73	98.42
非金属矿采选业	100.05	99.96	102.10	103.42	99.98	99.83
农副食品加工业	100.39	99.83	99.92	100.55	100.27	99.63
食品制造业	99.08	101.88	100.15	100.06	99.75	99.27
酒、饮料和精制茶制造业	99.91	100.44	100.00	99.97	100.02	100.01
烟草制品业	100.00	100.00	100.00	100.00	100.00	100.00
纺织业	100.09	100.06	100.14	99.95	100.11	99.86
皮革、毛皮、羽毛及其制品和制鞋业	100.56	99.63	98.96	100.30	101.88	100.19
木材加工和木、竹、藤、棕、草制品业	100.90	100.65	100.21	100.00	100.32	100.00
造纸和纸制品业	99.66	100.49	99.30	98.49	99.00	98.81
印刷和记录媒介复制业	100.00	100.00	100.00	100.00	95.77	100.00
石油加工、炼焦和核燃料加工业	101.02	100.45	100.94	103.49	100.25	99.00
化学原料和化学制品制造业	99.95	100.54	100.16	99.99	99.78	100.09
医药制造业	100.12	100.13	100.50	101.50	101.15	98.96
橡胶和塑料制品业	100.32	98.96	100.72	101.20	101.31	99.45
非金属矿物制品业	101.71	100.87	101.67	102.61	101.21	102.05
黑色金属冶炼和压延加工业	100.06	100.55	100.29	100.12	100.14	99.37
有色金属冶炼和压延加工业	98.31	99.44	99.67	100.92	100.08	99.24
金属制品业	100.48	99.59	99.64	99.70	100.19	100.28
通用设备制造业	100.00	100.00	100.00	100.00	100.00	100.00
汽车制造业	99.70	100.22	100.00	100.00	100.00	100.00
铁路、船舶、航空航天和其他运输设备制造业	100.00	100.00	100.00	100.00	100.00	100.00
电气机械和器材制造业	100.27	99.38	100.03	100.09	100.04	99.89
计算机、通信和其他电子设备制造业	100.06	100.21	100.20	99.75	100.09	100.26
仪器仪表制造业	100.00	99.75	100.00	102.74	100.00	97.33
废弃资源综合利用业	98.11	98.68	99.47	100.00	101.20	103.33
电力、热力生产和供应业	99.82	100.05	99.96	100.00	99.55	100.09
燃气生产和供应业	98.36	99.86	100.00	100.34	100.03	103.09
水的生产和供应业	100.00	100.00	100.00	100.00	100.00	100.00

主要统计指标解释

居民消费价格指数(Consumer Price Index,简称 CPI)是反映居民购买并用于消费的一组代表性商品和服务项目价格水平的变化趋势和变动幅度的统计指标。调查内容既有城乡居民日常生活需要的各类消费品,也包括多种与人民生活密切相关的服务项目,如水、电、交通、教育、医疗等费用。该价格指数为分析和制定货币政策、价格政策、居民消费政策、工资政策以及进行国民经济核算提供科学依据。国际上通常将居民消费价格指数作为反映通货膨胀(或通货紧缩)程度的重要指标。

商品零售价格指数　是反映城市商品零售价格变动趋势的一种经济指数。零售物价的调整变动直接影响到城市居民的生活支出和国家的财政收入,影响居民购买力和市场供需平衡,影响消费与积累的比例。因此,计算零售价格指数,可以从一个侧面对上述经营活动进行观察和分析。

工业生产者出厂价格指数　是反映全部工业产品出厂价格总水平的变化趋势和变动幅度的统计指标。其中包括工业企业销给商业、外贸、物资部门的产品,还包括销给工业和其他部门的生产资料,以及直接销给居民的生活消费品。其目的在于准确地反映工业产品价格的变动趋势及程度,为国民经济核算、计算工业发展速度、宏观经济分析和调控、理顺价格体系等提供科学、准确的依据。

工业生产者购进价格指数　是反映全部原材料、燃料、动力价格变动趋势和变动幅度的统计指标。其调查内容包括:燃料动力类、黑色金属材料类、有色金属材料及电线类、化工原料类、木材及纸浆类、建筑材料及非金属类、其它工业原材料及半成品类、农副产品类、纺织原料类。其目的在于准确反映中间投入的原材料、燃料、动力价格的变动趋势及程度,为国民经济核算、分析等提供科学、准确的依据。

六、固定资产投资

INVESTMENT IN FIXED ASSETS

本篇内容包括：

1. 全社会固定资产投资构成及增速
2. 各行业固定资产投资构成及增速
3. 固定资产投资资金来源增速
4. 各县区固定资产投资增速

全社会固定资产投资增速

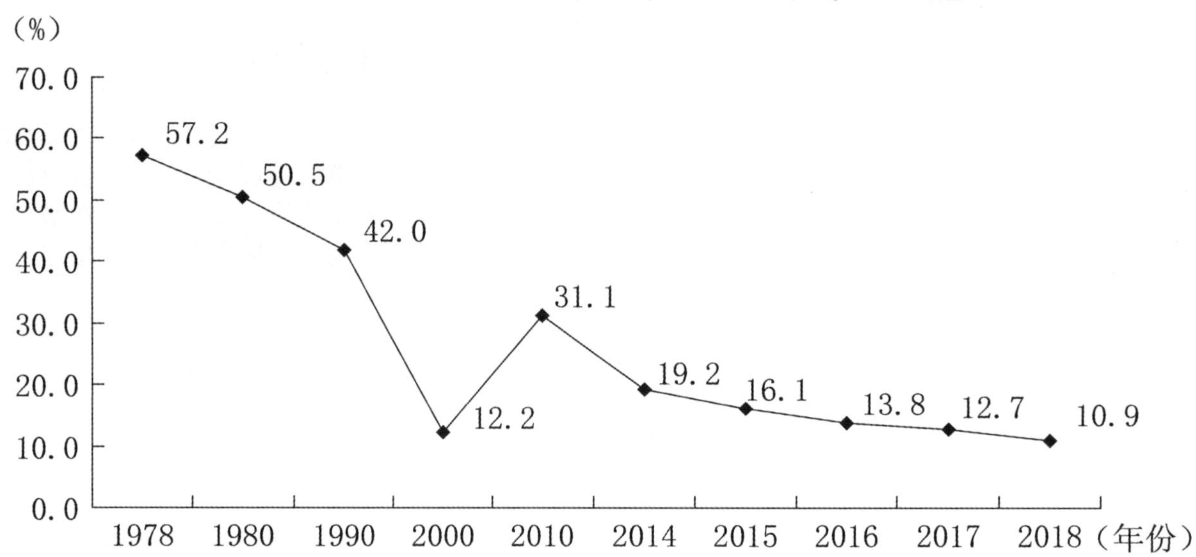

2018年三次产业投资比重

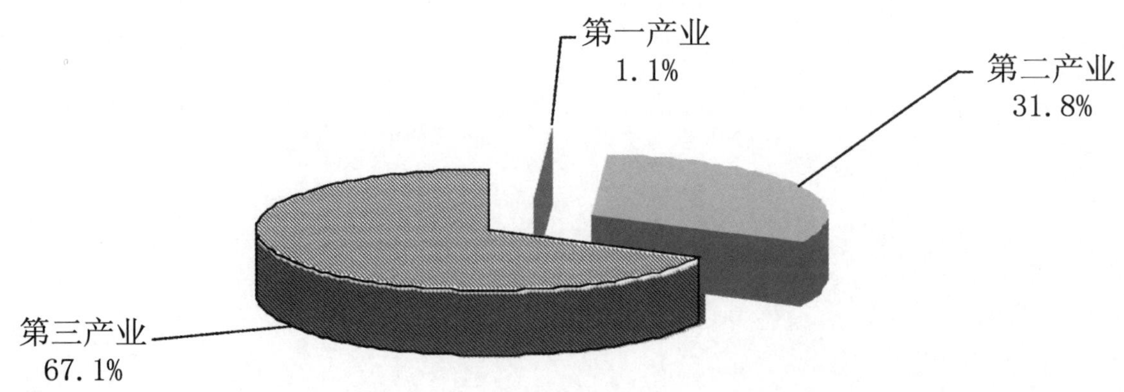

6－1 全社会固定资产投资构成及增速

（2018 年）

项　　目	构成（%） （以投资总量为 100）	比上年增长%
总　　计	**100.0**	**10.9**
500 万元以上	98.6	10.9
国　　有	36.5	10.2
非公有制	74.3	15.8
房地产开发投资	27.2	12.6
农村农户投资	1.4	6.7

注：根据国家统计局投资统计方法制度改革要求，2018 年投资总量暂不公布，下同。

6－2 各行业固定资产投资构成及增速

（2018 年）

行　业	构成(%)（以投资总量为100）	比上年增长%
总　计	**100.0**	**10.9**
农、林、牧、渔业	1.1	99.5
工　业	31.1	15.2
采 矿 业	0.0	1.1
制 造 业	30.1	17.2
#农副食品加工业	1.5	48.4
食品制造业	0.7	5.0
酒、饮料和精制茶制造业	0.2	17.9
烟草制品业		
纺织业	0.5	-16.7
纺织服装和服饰业	2.3	37.8
皮革、毛皮、羽毛及其制品业	0.2	-3.5
木材加工及木、竹、藤、棕、草制	0.2	-40.9
家具制造业	0.4	-20.3
造纸及纸制品业	0.3	-39.0
印刷业和记录媒介的复制	0.3	-20.2
文教、美工、体育和娱乐用品制造业	0.3	-27.6
石油加工、炼焦加工业	0.0	-88.1
化学原料及化学制品制造业	0.6	-29.2
医药制造业	1.3	16.9
化学纤维制造业	0.1	0.8
橡胶和塑料制品业	0.4	3.8
非金属矿制品业	1.1	-15.1
黑色金属冶炼和压延加工业	0.1	-38.9
有色金属冶炼和压延加工业	0.3	-34.3
金属制品业	1.5	-4.8
通用设备制造业	1.1	3.9
专用设备制造业	2.1	26.2
汽车制造业	3.1	38.3
铁路、船舶、航空航天和其他运输设备制造业	0.3	-52.3
电气机械及器材制造业	3.2	14.6
计算机、通信和其他电子设备制造业	7.6	82.4

6－2 续表

行　　业	构成(%) (以投资总量为100)	比上年增长%
仪器仪表制造业	0.4	17.3
其他制造业	0.1	－59.8
废弃资源综合利用业	0.0	－74.1
金属制品、机械和设备修理业	0.0	－35.9
电力、燃气及水的生产和供应业	1.0	－25.4
电力、热力的生产和供应业	0.6	－2.0
燃气生产和供应业	0.2	－13.2
水的生产和供应业	0.3	－65.9
建　筑　业	0.6	283.2
批发和零售业	3.7	－15.1
交通运输、仓储和邮政业	3.2	10.3
铁路运输业	0.1	－55.7
道路运输业	2.4	4.1
仓储业	0.6	195.6
邮政业	0.1	72.1
住宿和餐饮业	0.9	20.3
信息传输、软件和信息技术服务业	1.2	－18.2
电信、广播电视和卫星传输服务业	0.1	115.3
金融业	0.5	－57.2
房地产业	31.2	4.8
租赁和商务服务业	4.8	33
科学研究和技术服务业	1.2	94.4
水利、环境和公共设施管理业	15.8	16.3
水利管理业	0.2	455.8
生态保护和环境治理业	0.4	51.2
公共设施管理业	15.0	14.4
居民服务和其他服务业	0.4	－22.4
教育	1.2	115.7
卫生和社会工作	0.9	－29.7
#卫生	0.8	－31.9
文化、体育和娱乐业	1.4	152.5
公共管理和社会组织	1.0	－32.4

6-3 按行业和登记注册类型分固定资产投资增速

（2018年）

单位:%

行　业	合　计	内　资					
			国　有	集　体	股份合作	联　营	有　限 责任公司
总　　计	**10.9**	**11.2**	**-21.4**	**-29.3**	**-44.9**	**-88.6**	**21.0**
农、林、牧、渔业	**99.5**	**78.5**	**-25.5**	**-100.0**			**356.2**
农业	140.4	140.4	35.4	-100.0			590.1
林业	44.1	44.1					-100.0
畜牧业	-44.8	-44.8					-93.0
渔业	118.7	118.7	-100.0				-100.0
农、林、牧、渔服务业	110.7	7.8	-62.1				
采矿业							
煤炭开采和洗选业							
黑色金属矿采选业							
有色金属矿采选业							
非金属矿采选业							
开采辅助活动							
制造业	**17.2**	**19.6**	**-59.4**		**-100.0**		**69.7**
农副食品加工业	48.4	40.8	7.1				5.8
食品制造业	5.0	5.0	-91.3				37.4
酒、饮料和精制茶制造业	17.9	140.2					1087.0
烟草制品业							
纺织业	-16.7	-16.7					90.6
纺织服装、服饰业	37.8	40.1					68.9
皮革、毛皮、羽毛及其制品和制鞋业	-3.5	19.5					184.3
木材加工及木、竹、藤、棕、草制品业	-40.9	-40.9	227.3				-13.6
家具制造业	-20.3	-20.3					18.1
造纸及纸制品业	-39.0	-42.4					13.6
印刷和记录媒介复制业	-20.2	-20.2	-100.0				43.0
文教、美工、体育和娱乐用品制	-27.6	-27.6					44.6
石油加工、炼焦加工业	-88.1	-43.5					-37.0
化学原料及化学制品制造业	-29.2	-29.2					51.2
医药制造业	16.9	18.2	-89.8		-100.0		65.9
化学纤维制造业	0.8	35.9					35.9
橡胶和塑料制品业	3.8	3.8					705.6
非金属矿物制品业	-15.1	-20.1					21.4
黑色金属冶炼及压延加工业	-38.9	-38.9					-40.5
有色金属冶炼及压延加工业	-34.3	-33.9	-47.2				-77.9
金属制品业	-4.8	-8.8	-100.0				14.2
通用设备制造业	3.9	-0.6					13.2
专用设备制造业	26.2	20.0					163.2
汽车制造业	38.3	65.9	12.2				201.5
铁路、船舶、航空航天和其他运	-52.3	-52.3	-97.2				16.8
电气机械和器材制造业	14.6	14.8	-84.0				40.4
计算机、通信和其他电子设备制	82.4	94.7	-35.1				95.9
仪器仪表及制造业	17.3	17.3					-42.5
其他制造业	-59.8	-59.8					-39.0
废弃资源综合利用业	-74.1	-74.1					-100.0
金属制品、机械和设备修理业	-35.9	-35.9					39.4
电力、热力、燃气及水生产和供应业	**-25.4**	**-36.4**	**52.9**				**-69.9**
电力、热力的生产和供应业	-2.0	-2.0	129.5				-35.9
燃气生产和供应业							
水的生产和供应业	-65.9	-66.0	-11.5				-81.2
建筑业	**283.2**	**283.2**	**89.4**				**353.0**
房屋建筑业	850.9	850.9					507.8
土木工程建筑业	241.7	241.7	89.4				
建筑安装业	13.5	13.5					-43.4
建筑装饰业和其他建筑业	364.3	364.3					124.8
批发和零售业	**-15.1**	**-14.0**	**-86.2**			**-100.0**	**-33.1**

6－3 续表1　　　　（2018 年）　　　　单位:%

行　　业						
	股　份 有限公司	私　营	其　他	港澳台商 投　　资	外商投资	个体经营
总　　计	**33.2**	**－2.9**	**141.3**	**5.7**	**12.2**	**－100.0**
农、林、牧、渔业		**21.9**	**102.6**			
农业		－14.8	1522.0			
林业		86.9				
畜牧业		－36.4				
渔业		199.9				
农、林、牧、渔服务业		622.4	－100.0			
采矿业						
煤炭开采和洗选业						
黑色金属矿采选业						
有色金属矿采选业						
非金属矿采选业						
开采辅助活动						
制造业	125.6	－41.5	128.2	0.4	－42.6	
农副食品加工业	129.9	60.8			191.1	
食品制造业		－57.6	2463.9			
酒、饮料和精制茶制造业		－65.7		－65.9	－78.1	
烟草制品业						
纺织业		－72.3				
纺织服装、服饰业		－18.4	－12.9	－100.0	－100.0	
皮革、毛皮、羽毛及其制品和制鞋业		－54.9		－80.4		
木材加工及木、竹、藤、棕、草制品业		－69.7				
家具制造业		－59.2				
造纸及纸制品业		－86.3	－100.0			
印刷和记录媒介复制业		－94.8	42.0			
文教、美工、体育和娱乐用品制		－52.6				
石油加工、炼焦加工业		－48.1		－100.0		
化学原料及化学制品制造业	－89.3	－59.6				
医药制造业	744.3	－66.9		－100.0		
化学纤维制造业				－38.3		
橡胶和塑料制品业		－54.7				
非金属矿物制品业	92.0	－51.8	－79.7			
黑色金属冶炼及压延加工业	29.4	－100.0	－100.0			
有色金属冶炼及压延加工业		－32.6			－100.0	
金属制品业		－15.8	－28.5	440.4	18.0	
通用设备制造业	78.0	－36.2	7.2	114.2		
专用设备制造业	43.0	－52.2	－92.4	19861.0	9961.1	
汽车制造业	446.2	－71.8	－93.3		－86.3	
铁路、船舶、航空航天和其他运		－45.3				
电气机械和器材制造业	2301.0	－53.9			－62.1	
计算机、通信和其他电子设备制	－27.3	51.1	199.3	－28.3	－20.2	
仪器仪表及制造业		429.4	－60.1			
其他制造业		－65.0	－84.7			
废弃资源综合利用业		－61.6				
金属制品、机械和设备修理业		－100.0				
电力、热力、燃气及水生产和供应业	**－100.0**	**－25.7**	**4443.3**	**755.7**		
电力、热力的生产和供应业	－100.0	－10.6				
燃气生产和供应业						
水的生产和供应业		－64.2	－100.0	－59.7		
建筑业		**930.6**				
房屋建筑业						
土木工程建筑业						
建筑安装业						
建筑装饰业和其他建筑业		616.1				
批发和零售业	**44.8**	**－11.8**	**1 118.2**			**－100.0**

行　业	合　计	内　资					
			国　有	集　体	股份合作	联　营	有　限 责任公司
批发业	17.3	17.3	-86.2			-100.0	-34.8
零售业	-45.0	-43.6					-29.5
交通运输、仓储和邮政业	**10.3**	**14.0**	**35.7**	**-100.0**		**-100.0**	**-26.7**
铁路运输业	-55.7	-55.7					-55.7
道路运输业	4.1	3.4	35.7	-100.0			-34.2
水上运输业							
航空运输业							
管道运输业							
装卸搬运和其他运输服务业	-100.0	-100.0					-100.0
仓储业	195.6	213.8				-100.0	97.0
邮政业	72.1	72.1					98.4
住宿和餐饮业	**20.3**	**22.0**					**20.1**
住宿业	132.6	127.3					95.5
餐饮业	-35.7	-32.9					10.7
信息传输、软件和信息技术服务业	**-18.2**	**-18.2**	**-90.3**				**-27.0**
电信、广播电视和卫星传输服务	115.3	115.3	48.6				-72.8
互联网和相关服务	-6.9	-6.9	221.2				-39.3
软件和信息技术服务业	-28.8	-28.8	-100.0				15.4
金融业	**-57.2**	**-57.2**	**-73.0**		**-84.8**		**-74.1**
货币金融服务	-72.1	-72.1	-66.3		-84.8		-100.0
资本市场服务	575.6	575.6					170.9
保险业	-87.8	-87.8					-94.3
其他金融活动	-80.4	-80.4	-100.0				
房地产业	**4.8**	**3.6**	**-75.4**	**-73.7**	**0.0**		**-3.9**
租赁和商务服务业	**33.0**	**37.2**	**7.6**	**-57.1**			**38.4**
租赁业	83.8	83.8					144.7
商务服务业	30.4	34.7	7.6	-57.1			34.1
科学研究和技术服务业	**94.4**	**94.4**	**10.3**		**-100.0**		**116.0**
研究与试验发展	442.2	442.2	-91.0				
专业技术服务业	44.3	44.3	305.1		-100.0		72.0
科技推广和应用服务业	94.2	94.2	1044.2				67.0
水利、环境和公共设施管理业	**16.3**	**15.5**	**-10.2**	**22.6**			**25.3**
水利管理业	455.8	455.8	40.5				
生态保护和环境治理业	51.2	51.2	-100.0				67.8
公共设施管理业	14.4	13.6	-8.4	-30.1			21.5
居民服务、修理和其他服务业	**-22.4**	**-22.4**	**-63.3**				**-47.7**
居民服务业	-20.9	-20.9	-67.6				-55.2
机动车、电子产品和日用产品修理业	68.4	68.4	-100.0				47.1
其他服务业	-55.2	-55.2	-57.3				-74.9
教育	**115.7**	**115.7**	**53.5**		**500.0**		**153.7**
卫生和社会工作	**-29.7**	**-29.7**	**-32.9**	**-72.8**			**-20.1**
卫生	-31.9	-31.9	-34.4	-72.8			-26.1
社会工作	33.8	33.8	229.5				176.8
文化、体育和娱乐业	**152.5**	**153.8**	**-10.4**				**3129.2**
新闻和出版业	915.3	915.3					390.1
广播、电视、电影和影视录音制作业	-73.8	-73.7	-91.3				
文化艺术业	233.9	239.6	175.9				1345.7
体育	739.3	739.3	-100.0				
娱乐业	819.1	819.1					
公共管理、社会保障和社会组织	**-32.4**	**-32.4**	**-32.6**	**-69.8**			**-85.4**
中国共产党机关							
国家机构	-29.9	-29.9	-31.5	-100.0			-85.4
人民政协民主党派							
社会保障	-100.0	-100.0	-100.0				
群众团体社会团体和其它成员组织	318.7	318.7					
基层群众自治组织及其它组织	-78.4	-78.4		-58.4			

6－3 续表2－1 （2018 年） 单位:%

行　　业	股　份 有限公司	私　营	其　他	港澳台商 投　　资	外商投资	个体经营
批发业	37.6	148.6	636.3			
零售业		－58.3				－100.0
交通运输、仓储和邮政业	**－100.0**	**27.6**	**593.6**	**－84.5**		
铁路运输业						
道路运输业		52.4	－14.8	3188.3		
水上运输业						
航空运输业						
管道运输业						
装卸搬运和其他运输服务业				－100.0		
仓储业	－100.0	－41.0	1045.0	－100.0		
邮政业		56.0				
住宿和餐饮业	**395.1**	**16.4**	**－8.5**			**－100.0**
住宿业	395.1	289.8	－63.5			
餐饮业		－70.5				－100.0
信息传输、软件和信息技术服务业	**9.1**	**－3.9**	**150.1**			
电信、广播电视和卫星传输服务						
互联网和相关服务						
软件和信息技术服务业	－13.1	－35.2	－100.0			
金融业	**－63.5**	**1499.2**				
货币金融服务	－69.6					
资本市场服务		1258.0				
保险业						
其他金融活动						
房地产业	**76.4**	**37.9**	**－29.3**	**－1.7**	**235.9**	
租赁和商务服务业	**－25.6**	**105.8**	**61.4**	**－97.5**	**－81.6**	
租赁业		16.6				
商务服务业	－25.6	122.5	－3.9	－97.5	－81.6	
科学研究和技术服务业		**81.8**	**54.6**			
研究与试验发展			5848.4			
专业技术服务业		－17.9	－100.0			
科技推广和应用服务业		112.4				
水利、环境和公共设施管理业	**278.6**	**85.3**	**17.1**	**－9.7**		
水利管理业						
生态保护和环境治理业		－65.6				
公共设施管理业	278.6	109.6	17.1	－9.7		
居民服务、修理和其他服务业	**40.2**	**－0.4**				
居民服务业	40.2	－26.4				
机动车、电子产品和日用产品修理业		93.8				
其他服务业		－53.8				
教育		**192.3**	**763.2**			
卫生和社会工作		**44.7**	**－59.0**			
卫生		189.0	－59.0			
社会工作		－27.1				
文化、体育和娱乐业		**185.8**	**101.1**	**－100.0**	**－81.4**	
新闻和出版业						
广播、电视、电影和影视录音制作业		144.3		－100.0		
文化艺术业		－9.7			－81.4	
体育		606.8				
娱乐业		107.5	101.1			
公共管理、社会保障和社会组织	**－50.0**	**－100.0**	**26.1**			
中国共产党机关						
国家机构						
人民政协民主党派						
社会保障	－50.0					
群众团体社会团体和其它成员组织			89.1			
基层群众自治组织及其它组织		－100.0	－94.8			

6－4 固定资产投资资金来源增速

（2018 年）

单位：%

行 业	资金来源合计	上年末结余资金	本年资金来源小计	国家预算内资金	国内贷款
总 计	**－14.8**	**－0.6**	**－17.2**	**－39.1**	**－15.2**
按行业分					
农、林、牧、渔业	29.6	81.6	29.1	－95.0	
采矿业					
制造业	－30.1	－0.6	－30.8	－79.3	117.3
电力、热力、燃气及水生产和供应业					
建筑业	107.7		42.2	－100.0	
批发和零售业	－78.6	59.2	－80.8		241.0
交通运输、仓储和邮政业	－2.4	－39.5	5.4	－56.6	153.9
住宿和餐饮业	－43.6	－81.8	－43.4		
信息传输、软件和信息技术服务业	－61.2	－75.1	－58.8	100.0	－100.0
金融业	－84.5	－85.2	－83.4		
房地产业	－2.3	6.4	－4.8	63.3	－38.6
租赁和商务服务业	－19.0	－80.8	－13.7	－16.0	94.6
科学研究和技术服务业	－1.9	－8.8	－1.9	－100.0	
水利、环境和公共设施管理业	－8.8	12.5	－9.9	－18.5	－33.6
居民服务、修理和其他服务业	－86.5	－94.9	－86.1		
教 育	－96.3	－100.0	－96.0	－100.0	
卫生和社会工作	－1.4	－13.1	0.3	269.9	24.9
文化、体育和娱乐业	50.6	42 429.4	16.5	－21.8	
公共管理、社会保障和社会组织	－17.5	－22.0	－17.1	－73.2	162.5
按地区分					
东 湖 区	－1.3	－23.2	2.6	－44.6	－66.9
西 湖 区	－34.1	24.4	－43.0	－19.9	－86.4
青 云 谱 区	23.3	－13.3	31.7	－100.0	－14.4
湾 里 区	－3.9	－53.0	5.1	14.2	437.9
青 山 湖 区	－47.3	－37.4	－48.0	57.5	16.6
新 建 区	51.8	1 409.7	42.1	－2.5	－78.2
南 昌 县	－27.5	63.3	－37.9	50.6	－66.9
安 义 县	12.1	－1.7	13.2	1 680.2	1 620.0
进 贤 县	－12.2	3.3	－13.7	－14.9	19.0
经济开发区	－50.2	－72.5	－47.7	－94.1	－83.6
高新开发区	－34.6	－87.8	－28.7	－95.2	－1.3
红谷滩新区	－87.4	－90.1	－86.3	－100.0	－100.0

行　　业	债　券	利用外资	自筹资金	其他资金
总　　计	**79.6**	**144.2**	**－28.6**	**8.4**
按行业分				
农、林、牧、渔业			34.8	217.4
采矿业				
制造业		581.2	－47.0	404.2
电力、热力、燃气及水生产和供应业				
建筑业			131.7	
批发和零售业			－83.7	－72.4
交通运输、仓储和邮政业	－100.0	－84.9	－25.9	559.2
住宿和餐饮业			－43.4	
信息传输、软件和信息技术服务业			－66.4	99.8
金融业			－81.8	－100.0
房地产业	－100.0	11.3	13.4	2.7
租赁和商务服务业	6 620.7	45.9	－30.1	107.7
科学研究和技术服务业		670.3	－39.8	388.9
水利、环境和公共设施管理业	－100.0	－57.8	－7.5	50.3
居民服务、修理和其他服务业			－87.0	－35.1
教　育			－95.9	
卫生和社会工作			－25.6	23.3
文化、体育和娱乐业			1.7	3202.3
公共管理、社会保障和社会组织			－0.8	46.9
按地区分				
东 湖 区			－44.5	433.0
西 湖 区			－32.7	－48.8
青云谱区			55.2	－11.4
湾 里 区			－10.2	0.8
青山湖区	－100.0		－58.2	－10.7
新 建 区		－91.5	30.0	595.3
南 昌 县		－72.9	－52.6	5.1
安 义 县		－60.8	－22.0	479.8
进 贤 县			－19.5	34.9
经济开发区	13 285.8	287.5	－62.5	－28.5
高新开发区		130.5	－48.0	－70.4
红谷滩新区			－45.6	－99.3

6－5　分县区固定资产投资增速

单位：%

指　　标	全　市	东湖区	西湖区	青云谱区	湾里区	青山湖区	新建区
固定资产投资	**10.9**	**13.0**	**12.0**	**10.5**	**12.3**	**10.7**	**11.4**
#工业投资	15.2	－100.0	58.3	64.4	45.7	27.5	18.5
采矿业							
制造业	17.2	－100.0		64.4	28.0	26.5	37.1
电力、燃气及水的生产和供应业	－25.4	－100.0	－10.5		74.6		－36.3
按构成分							
建筑安装工程	8.7	520.9	153.9	112.4	117.0	961.7	487.5
设备工器具购置	－12.2	69.2	16 353.7	493	6 992.5	268 300.9	4 236.6
其他费用	65.2	526.1	42.6	330.4	135.6	5 301.2	－28
按登记注册类型							
#内 资	11.1	1 006.7	116.2	246.3	135.9	4 759.1	620.6
国 有	－21.4	26 480.5					
集 体	－29.3						
股份合作	－44.9						
联 营	－88.6						
有限责任公司	21.0	779.2	65.0	672.5	113.1	3 962.6	623.7
股份有限	33.2	235.3	81.4	44 284.6	13.4	596.8	3 183.9
私 营	－3.1	495.8	704.7	0.2	123.4	27 742.7	102.1
其 他	141.3			－87.8			
港澳台投资	5.7		206.3	58.4	－75.7	485.1	－35.5
外商投资	6.1			－79.1			
个体经营	－100.0						

6－5 续表 单位:%

指 标	南昌县	安义县	进贤县	经济开发区	高新开发区	红谷滩新区
固定资产投资	**10.7**	**10.9**	**11.6**	**10.9**	**12.5**	**11.2**
#工业投资	15.6	－39.8	15.8	12.2	30.5	
采矿业						
制造业	19.7	－42.3	13.3	12.7	28.1	
电力、燃气及水的生产和供应业	－87.1	－14.3	88.5	－100	133.8	
按构成分						
建筑安装工程	484.0	2 244.0	727.8	592.9	359.6	75.2
设备工器具购置	1 911.6	5 136.4	10 123.7	1 186.8	5 118.7	26.2
其他费用	171.4	8 757.9	2 684.5	74.3	700.6	－9
按登记注册类型						
#内 资	553.5	2 662.7	930.8	187.9	73.4	27.3
国 有	6 418.9					－80.1
集 体	－45.0					
股份合作						
联 营						
有限责任公司	474.7	2 763.8	833.2	188.7	－3.3	－0.7
股份有限	3 379.0		231 132.6	－96.1		44.3
私 营	468.8	1 700.5	709.4	304.5	627.7	107.4
其 他						
港澳台投资	275.3		102.3	－96.7	－90.4	0.1
外商投资	201.0					－99.2
个体经营						

主要统计指标解释

全社会固定资产投资 固定资产投资额(又称固定资产投资完成额),是以货币形式表现的在一定时期内建造和购置固定资产的工作量以及与此有关的费用的总称。它是反映固定资产投资规模、结构和发展速度的综合性指标,又是观察工程进度和考核投资效果的重要依据。

全社会固定资产投资包括城镇500万元投资、房地产开发投资、农村非农户投资和农村农户投资。

固定资产按国民经济行业分 国民经济行业类别是按企业、事业、行政单位所从事的生产或其他社会经济活动性质的同一性进行的分类。固定资产投资统计中的国民经济行业分类,基本建设项目只能属于一种国民经济行业;更新改造、其他固定资产投资根据整个企、事业单位所属的行业来划分,一般情况下,一个企、事业单位只能属于一种国民经济行业。为了更准确地反映国民经济和行业之间的比例关系,联合企业(总厂)所属分厂属于不同行业的,原则上按分厂划分行业。

固定资产投资按建设性质分 建设项目的性质是指固定资产再生产的性质,一般分为新建、扩建、改建、单纯建造生活设施、迁建、恢复、单位购置。基本建设根据整个建设项目的情况确定;更新改造和其他固定资产投资按整个企业、事业、行政单位的情况确定。一般情况下,一个基本建设项目或企业、事业、行政单位只能有一种建设性质。目前基本建设和更新改造是根据我国现行的计划管理体制区分的,所以基本建设和更新改造都可以分别按新建、扩建和改建等划分。

1. 新建一般是指从无到有,"平地起家"开始建设的企业、事业和行政单位或独立的工程。现有企业、事业、行政单位一般不属于新建。但如有的单位原有基础很小,经过建设后新增的固定资产价值超过该企业、事业、行政单位原有固定资产价值(原值)三倍以上的也应作为新建。

2. 扩建是指在厂内或其他地点,为扩大原有产品的生产能力(或效益)或增加新的产品生产能力,而增建主要的生产车间(或主要工程)、分厂、独立的生产线的企业、事业单位。行政、事业单位在原单位增建业务用房(如学校增建建学用房、医院增建门诊部、病房等)也作为扩建。

3. 改建是指原有设施进行技术改造或更新(包括相应配套的辅助性生产、生活福利设施),没有增建主要生产车间、分厂等的企业、事业单位。现有企业、事业单位为适应市场变化的需要,而改变企业的主要产品种类,或原有产品生产作业线由于各工序(车间)之间能力不平衡,为填平补充充分发挥原有生产能力而增建不增加本企业主要产品设计能力的车间. 也应用为改建。

4. 单纯建造生活设施是指在不扩建、改建生产性工程和业务用房的情况下,单纯建造职工住宅、托儿所、子弟学校、医务室、浴室、食堂等生活福利设施的企业、事业及行政单位。

5. 迁建是指为改变生产力布局或由于城市环境保护和安全生产的需要等原因而搬迁另地建设的企业、事业单位。在搬迁另地建设过程中,不论是维持原来规模还是扩大规模都按迁建统计。

6. 恢复是指因自然灾害、战争等原因,使原有的固定资产全部或部分报废,以后又投资恢复建设的单位。不论是按原规模恢复还是在恢复的同时进行扩建的都按恢复统计。尚未建成投产的基本建设项目或企业、事业单位,因自然灾害而损坏的,不作为恢复项目,仍按原有建设性质划分。

7. 单纯购置是指现有企业、事业、行政单位单纯购置不需要安装的设备、工具、器具、而不进行工程建设的单位。有些单位当年虽然只从事一些购置活动,但其设计中规定有建筑安装活动,应根据文件的内容来确定建设性质,不得作为单纯购置统计。

固定资产投资按构成分 固定资产投资活动按其工作内容和实现方式分为建筑工程,安装工程,设备、工具、器具购置,其他费用。

1. 建筑工程是指各种房屋、建筑物的建造工程,又称建筑工作量。这部分投资额必须兴工动料,通过施工活动才能实现,是固定资产投资额的重要组成部分。

2. 安装工程是指各种设备、装置的安装工程,又称安装工作量。安装工程包括:①生产、动力、起重、运输、传动和医疗、实验等各种需要安装设备的装配和安装,与设备相连的工作台、梯子、栏杆等装设工程,附属于被安装设备的管线敷设工程,被安装设备的绝缘、附腐、保温、油漆等工作;②为测定安装工程质量,对单个设备、系统设备进行单机试运、系统联动无负荷试运工作(投料试运工作台不包括在内)。在安装工程中,不包括被安装设备本身价值。

3. 设备、工具、器具购置是指建设单位或企、事业单位购置或自制的,达到固定资产标准的设备、工具、器具的价值。①设备是指各种生产设备、传导设备、动力设备、运输设备等,分为需要安装的设备和不需要安装的设备两种;②工具、器具是指具有独立用途的各种生产用具、工作工具的仪器。

4. 用于更新的设备是指为更新陈旧设备而购置的设备。用于更新的设备与原有设备在台数和价值上不一定相等。

5. 购置旧设备是指从外单位购入的,已经使用过的各种设备,不包括从国外购进的旧设备。

6. 其他费用是指在固定资产建造和购置过程中发生的。其中:①土地购置费是指建设项目通过划拨方式或出让方式取得土地使用权而支付的各项费用;②旧建筑物购置费是指购置已使用过的各种旧房屋及其他建筑物的费用。

施工项目 指报告期内进行过建筑或安装施工活动的项目。凡是报告期内施过工的建设项目,不论施工时间长短,均作为施工项目统计。施工项目个数可以反映一定时期固定资产投资的实际规模,与同期建成投产的建设项目个数相比,可以从建设速度的角度反映固定资产投资的效果。根据建设项目施工活动的不同性质,施工项目又分为:本年正式施工项目、本年收尾项目和以前年度全部停缓建项目。

全部建成投产项目 工业项目是指设计文件规定形式能力的主体工程及其相应配套的辅助设施全部建成,经负荷试运转,证明具备生产设计规定合格产品的条件,并经过验收鉴定合格或达到竣工验收标准,与生产性工程配套的生产福利设施可满足近期正常生产的需要,正式移交生产的建设项目;非工业项目是指设计文件规定的主体工程和相应配套工程全部建成,能够发挥设计规定的工程效益,经验收鉴定合格或达到竣工标准,正式移交使用的建设项目。

新增生产能力 指通过固定资产投资活动而增加的设计能力(或工程效益),是以实物形态表现的固定资产投资成果的指标,也是考核投资经济效果的重要依据之一。新增生产能力的计算,是以能独立发挥生产能力或效益的单项工程(或项目)为对象。当单项工程(或项目)建成,经有关部门鉴定合格,正式移交投入生产,即可计算新增生产能力。新增生产能力的数量一般按设计能力计算。设计文件中规定的在正常情况下能够达到的生产能力,而不论投产后的实际产量如何。以设备数量、建筑物容积、面积、长度等表示为新增生产能力(或效益),则按建成的实际数量计算。

新增固定资产 新增固定资产(又称交付使用的固定资产),是指已经完成建造和购置过程,并已交付生产或使用单位的固定资产的价值。新增固定资产是表示固定资产投资成果的价值指标,也是反映建设进度,计算固定资产投资效果的重要数据。

七、城市公用事业

URBAN PUBLIC UTILITY

本篇内容包括：

1. 城市自来水供应
2. 市政公用设施
3. 城市公共交通
4. 园林绿化
5. 环境保护、环境卫生

市政道路总长度

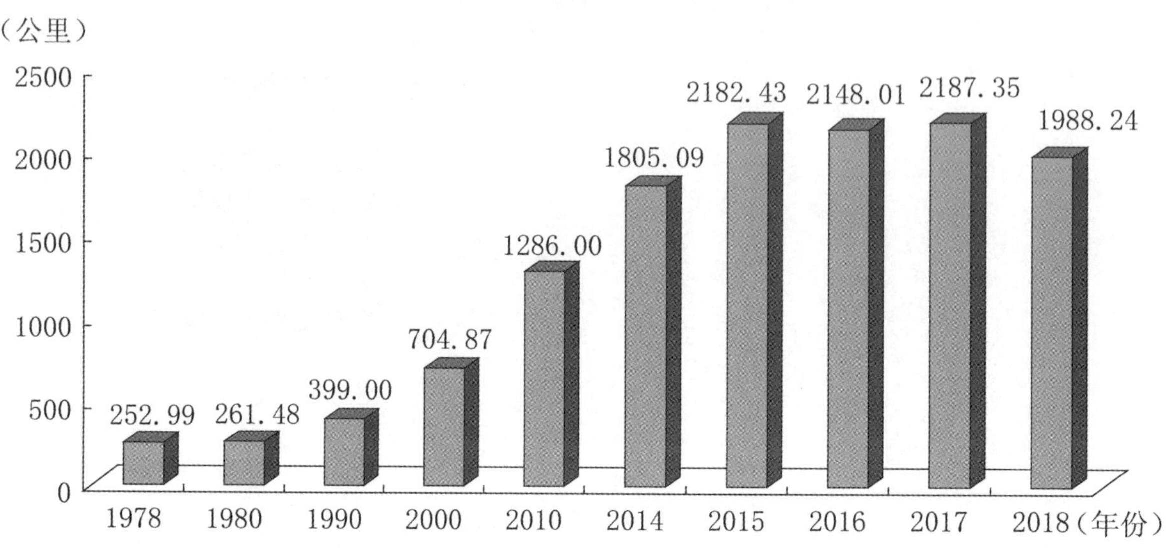

城 市 供 水

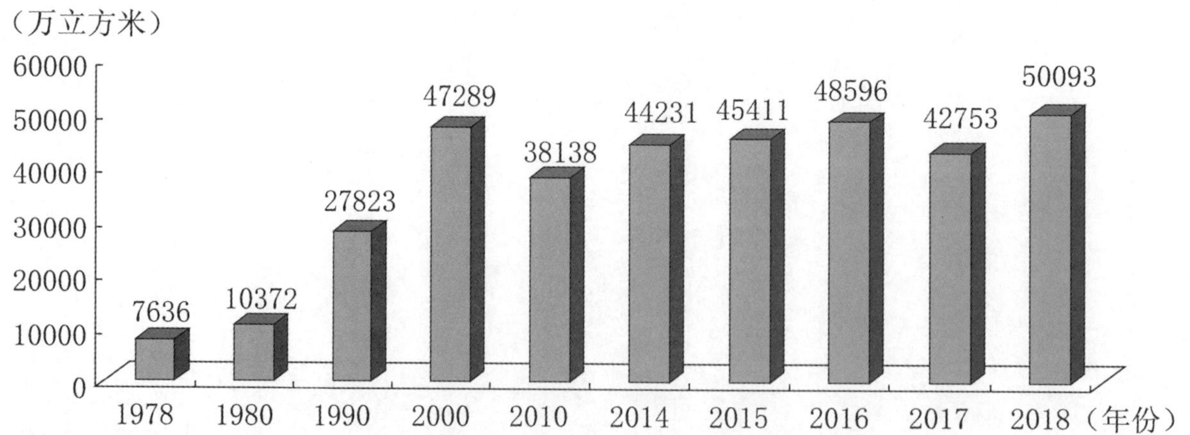

7－1 市政公用设施

项 目	2018
道路总长度(公里)	1 988.24
道路总面积(万平方米)	4 388.41
人行道总面积(万平方米)	881.17
桥梁(座)	308
#立交桥	38
排水管长度(公里)	4 034.41
城镇路灯盏数(盏)	240 109
液化气储气能力(吨)	3 024
液化气供应总量(吨)	34 810
#家庭用量	30 468
液化气用气数(万户)	22.01
#家庭用气数(万户)	22.00
用气人口(万人)	43.42
天然气供应总量(万立方米)	48 052.05
#家庭用量	17 333.77
天然气用气户数(万户)	113.57
#家庭用气数(万户)	112.74
用气人口(万人)	288.22
气化率(%)	98.88

7－2 城市自来水供应

项 目	2018
水厂个数(个)	16
综合生产能力(万立方米/日)	204.50
年末供水管长度(公里)	5 559.99
全年供水总量(万立方米)	50 092.95
#生产用水(万立方米)	8 655.40
生活用水(万立方米)	17 524.78
用水人口(万人)	342.80
平均每人每天生活用水(升)	237.22
自来水普及率(%)	99.15

7－3　城市公共交通

项　　目	2018
年末实有运营车辆(辆)	
公共汽车	4 112
运营线路条数(条)	
公共汽车	271
轨道交通	2
运营线路长度(公里)	
公共汽车	5 757.20
轨道交通	48.47
全年客运量(万人次)	
公共汽车	37 811.40
轨道交通	14 175.80
出租汽车	
年末营运车辆(辆)	5 453

7－4　城市园林绿化

项　　目	2018
城市园林绿地面积(公顷)	17 705.46
公园绿地面积(公顷)	4 337.66
人均公园绿地面积(平方米)	11.8
城市绿化覆盖面积(公顷)	18 895.24
建成区绿化覆盖率(%)	43.25
建成区绿地率(%)	40.62
苗圃面积(公顷)	513.08
公园(含动物园,个)	106
公园面积(公顷)	1 163.71

注:本表数据来源于市城乡建设局。

7－5 城市环境卫生

项　目	2018
全年清扫面积(万平方米)	6 306
全年清运生活垃圾(万吨)	153.35
生活垃圾无害化处理(万吨)	153.35
公共厕所数(座)	467
环卫机械数量(辆)	1 176
清洁卫生工作人员(人)	14 434
垃圾中转站(座)	185
果壳箱(个)	22 000

7－6　环境保护

项　目	2017	2018
一、"三废"排放、处理及综合利用情况		
污水集中处理率(%)	99.8	71.6
废水排放总量(万吨)	31 794	31 140
#工业废水(万吨)	3 861	3 740
工业废气排放总量(亿标立方米)	1 876	1 750
工业二氧化硫排放量(吨)	12 377	6 540
工业烟尘排放量(吨)	23 416	19 229
工业固废产生量(万吨)	170	247
工业固废综合利用量(万吨)	156	237
工业固废综合利用率(%)	91.5	95.9
工业危险废弃物处置利用率(%)	98.5	100.0
医疗废物处置率(%)	100.0	100.0
二、污染治理情况		
工业企业用于污染治理资金(万元)	25 331	60 886
#治理废水(万元)	6 341	7 935
治理固体废弃物(万元)	702	537

主要统计指标解释

年末自来水生产能力 指年末城建部门管理的自来水厂和社会单位自备水源的取水、净化、送水出厂输水干管等环节的实际生产能力。

年末供水管道长度 指从送水泵至用户水表之间所有管道的长度。

全年供水总量 指公用自来水厂和社会单位自备水源全年的供水总量,包括有效供水量及损失水量。

生活用水量 指居民日常生活与公共福利设施的用水量。包括饮食店、旅馆、医院、理发店、浴池、洗衣店、游泳池、商店、学校、机关、部队等单位的用水量。

年末实有铺装道路长度 指除土路外,路面经过铺装宽度在3.5米以上的道路,包括高级、次高级道路和普通道路。

城市下水道总长度 指所有排水总管、干管、支管及暗渠、检查井、连接井进出水口等长度之和。

年末实有公共汽(电)车辆 指年底可参加营运的全部车辆数。包括年底营运车辆数和库存查封未参加营运的车辆,不包括非营运车辆,如架线车、油罐车、工程车、货车及其他专用车辆和借人的客运车辆。

营运线路长度 指设置的固定营运线路长度,包括郊区营运线路长度。不包括临时行驶的线路长度。

燃气普及率 指报告期末城区内使用燃气的人口与总人口的比率。计算公式为:

$$燃气普及率=\frac{城区用气人口(含暂住人口)}{城区人口+城区暂住人口}\times 100\%$$

供水综合生产能力 指按供水设施取水、净化、送水、出厂输水干管等环节设计能力计算的综合生产能力。包括在原设计能力的基础上,经挖、革、改增加的生产能力。

供水管道长度 指从送水泵至用户水表之间所有管道的长度。

供水总量 指供水企业(单位)供出的全部水量,包括有效供水量和漏损水量。有效供水量指水厂将水供出厂外后,各类用户实际使用到的水量,包括售水量和免费供水量。

用水人口 指由城市供水设施供给居民家庭用水的人口,包括农业用水人口、非农业用水人口等。

人均日生活用水量 指每一用水人口平均每天的生活用水量。计算公式:

$$人均日生活用水量=\frac{居民家庭用水量+公共服务用水量+免费供水量中的生活用水量}{用水人口}\div 报告期日历日数\times 1000升$$

用水普及率 指报告期末城市用水人口数与城区人口总数的比率。计算公式:

$$用水普及率=\frac{城区用水人口(含暂住人口)}{城区人口+城区暂住人口}\times 100\%$$

绿化覆盖面积 指城市中的乔木、灌木、草坪等所有植被的垂直投影面积。包括公园绿地、防护绿地、生产绿地、附属绿地、其他绿地的绿化种植覆盖面积、屋顶绿化覆盖面积以及零散树木的覆盖面积,不含各类绿地中的水域面积以及没有被植被覆盖的面积(硬化道路、无屋顶绿化的建筑物等)。

绿地面积 指报告期末用作园林和绿化的各种绿地面积。包括公园绿地、生产绿地、防护绿地、附属绿地和其他绿地的面积。

公园绿地 城市中向公众开放的、以游憩为主要功能,有一定的游憩设施和服务设施,同时兼有健全生态、美化景观、防灾减灾等综合作用的绿化用地。

人均公园绿地面积 指报告期末区域内城区人口平均每人拥有的公园绿地面积。人口数采用年底人口数。计算公式为:

$$人均公园绿地面积=\frac{公园绿地面积}{城区人口+城区暂住人口}\times 100\%$$

建成区绿地率 指报告期末建成区内绿地面积与建成区面积的比率。计算公式:

$$建成区绿地率=\frac{建成区绿地面积}{建成区面积}\times 100\%$$

建成区绿化覆盖率 指报告期末建成区内绿化覆盖面积与建成区面积的比率。计算公式为：

$$建成区绿化覆盖率=\frac{建成区绿化覆盖面积}{建成区面积}\times 100\%$$

生活垃圾清运量 指收集和运送到各生活垃圾处理场（厂）和生活垃圾最终消纳点的生活垃圾数量。生活垃圾指城市日常生活或为城市日常生活提供服务的活动中产生的固体废物以及法律行政规定的视为城市生活垃圾的固体废物。包括：居民生活垃圾、商业垃圾、集市贸易市场垃圾、街道清扫垃圾、公共场所垃圾和机关、学校、厂矿等单位的生活垃圾。

生活垃圾无害化处理量 指用卫生填埋、堆肥、焚烧等工艺方法处理生活垃圾的总量。即生活垃圾在无害化处理厂（场）处理的垃圾总量。

污水处理厂集中处理率 指报告期内通过污水处理厂处理的污水量与污水排放总量的比率。计算公式：

$$污水处理厂集中处理率=\frac{污水处理厂处理的污水量}{污水排放总量}\times 100\%$$

工业废水处理量 指经各种水治理设施（含城镇污水处理厂、工业废水处理厂）实际处理的工业废水量，包括处理后外排的和处理后回用的工业废水量。虽经处理但未达到国家或地方排放标准的废水量也应计算在内。计算时，如遇有车间和厂排放口均有治理设施，并对同一废水分级处理时，不应重复计算工业废水处理量。

工业废水排放量 指经过企业厂区所有排放口排到企业外部的工业废水量。包括生产废水、外排的直接冷却水、废气治理设施废水、超标排放的矿井地下水和与工业废水混排的厂区生活污水，不包括独立外排的间接冷却水（清浊不分流的间接冷却水应计算在内）。

工业废气排放量 指企业厂区内燃料燃烧和生产工艺过程中产生的各种排入空气中含有污染物的气体的总量，以标准状态（273K，101325Pa）计算。

二氧化硫排放量 指企业在燃料燃烧和生产工艺过程中排入大气的二氧化硫总质量。工业中二氧化硫主要来源于化石燃料（煤、石油等）的燃烧，还包括含硫矿石的冶炼或含硫酸、磷肥等生产的工业废气排放。

烟（粉）尘排放量 指企业在燃料燃烧和生产工艺过程中排入大气的烟尘及工业粉尘的总质量之和。烟尘或工业粉尘排放量可以通过除尘系统的排风量和除尘设备出口烟尘浓度相乘求得。

一般工业固体废物产生量 指未被列入《国家危险废物名录》或者根据国家规定的危险废物鉴别标准（GB5085）、固体废物浸出毒性浸出方法（GB5086）及固体废物浸出毒性测定方法（GB/T 15555）鉴别方法判定不具有危险特性的工业固体废物。计算公式是：

一般工业固体废物产生量=（一般工业固体废物综合利用量-其中：综合利用往年贮存量）+一般工业固体废物贮存量+（一般工业固体废物处置量-其中：处置往年贮存量）+一般工业固体废物倾倒丢弃量

一般工业固体废物综合利用量 指通过回收、加工、循环、交换等方式，从固体废物中提取或者使其转化为可以利用的资源、能源和其他原材料的固体废物量（包括当年利用的往年工业固体废物累计贮存量）。如用作农业肥料、生产建筑材料、筑路等。综合利用量由原产生固体废物的单位统计。

一般工业固体废物综合利用率 指一般工业固体废物综合利用量占一般固体废物产生量与综合利用往年贮存量之和的百分率。计算公式为：

$$一般工业固体废物利用率=\frac{一般工业固体废物综合利用量}{一般工业固体废物生产量+综合利用往年贮存量}\times 100\%$$

危险废弃物处置利用率 指危险废弃物处置量占危险废弃物产生量与处置往年贮存量之和的百分率。计算公式为：

$$危险废弃物处置利用率=\frac{危险废弃物处置量}{危险废弃物生产量+综合利用往年贮存量}\times 100\%$$

环境保护投资指数 指一个地区用于环境保护的投资额占地区生产总值（按当年价格计算）的比重。计算公式为：

$$环境保护投资指数=\frac{用于环境保护的投资额}{地区生产总值（当年价格）}\times 100\%$$

八、财政·金融

PUBLIC FINANCE, BANKING AND INSURANCE

本篇内容包括：

1. 财政收支
2. 金融机构存贷款
3. 商业保险概况

财政总收入

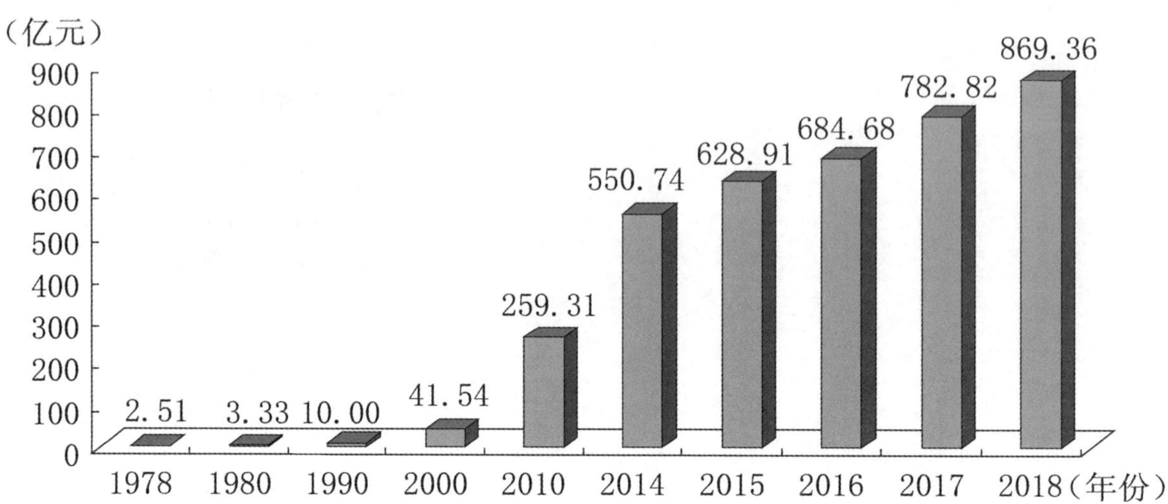

金融机构人民币存贷款余额

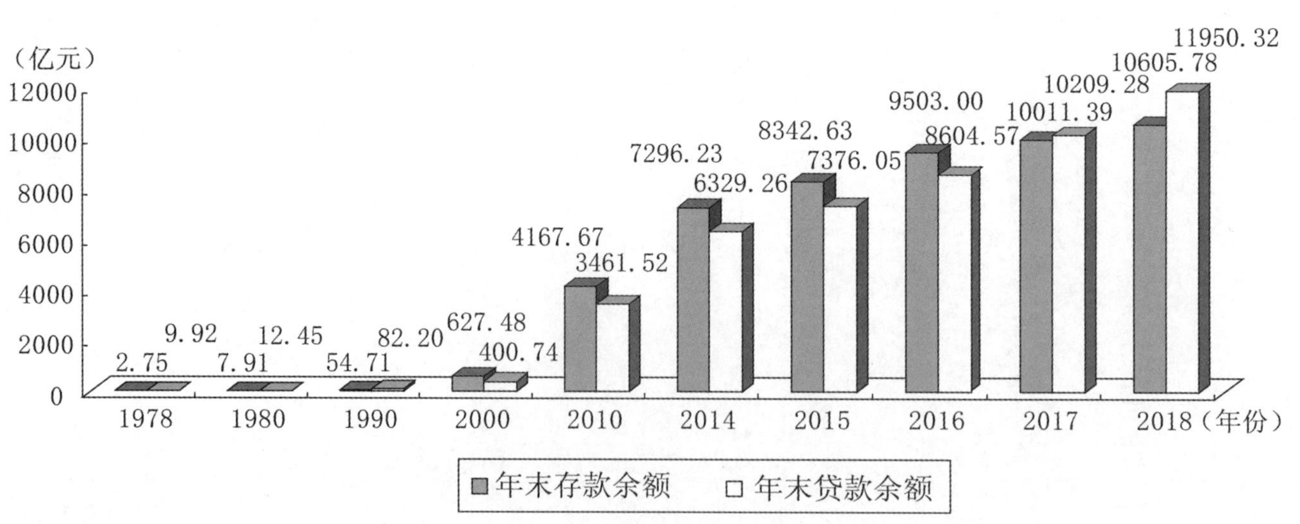

8-1 财 政 收 入

单位:万元

年 份	财政总收入	一般公共预算收入	税收收入	#增值税	营业税	企业所得税	非税收入	上交中央收入	财政总收入占GDP比重(%)
1994	182 958	81 683	69 291				12 392		10.1
1995	204 548	100 551	83 486				17 065		8.3
1996	253 226	119 393	93 362				26 031		8.2
1997	264 936	135 653	106 697				28 956		7.1
1998	301 878	156 418	120 876	25 111	55 967	7 550	35 542		7.6
1999	327 446	167 714	131 975	25 347	58 635	13 563	35 739		7.7
2000	415 414	183 011	149 313	36 044	65 950	11 451	33 698		8.9
2001	486 936	214 131	178 099	39 061	70 841	27 289	36 032		9.3
2002	590 771	257 466	204 032	39 087	89 231	29 487	53 434		9.8
2003	764 711	314 094	240 631	46 315	118 917	22 525	73 463		10.8
2004	901 988	421 911	323 321	47 873	172 200	33 100	98 590		10.6
2005	1 138 723	582 783	390 510	60 258	201 404	48 429	141 565	517 936	11.3
2006	1 341 955	681 075	541 782	72 722	245 728	65 589	139 351	617 396	11.3
2007	1 660 063	872 199	714 032	88 111	331 300	90 568	158 167	732 421	11.9
2008	1 898 665	1 021 477	810 109	88 224	358 746	100 815	211 364	802 342	11.4
2009	2 117 141	1 158 800	955 725	90 963	449 573	108 902	203 064	871 822	11.5
2010	2 593 063	1 464 650	1 241 615	109 989	542 595	125 197	223 035	1 066 737	11.6
2011	3 254 979	1 870 273	1 584 510	140 346	673 643	174 503	285 763	1 316 082	12.0
2012	4 089 000	2 401 427	2 001 690	151 891	871 127	257 675	399 737	1 603 833	13.5
2013	4 775 662	2 919 097	2 453 517	211 938	1 020 353	301 333	465 580	1 776 288	14.1
2014	5 507 386	3 422 065	2 875 277	305 189	1 122 252	351 446	546 788	2 011 577	14.9
2015	6 289 109	3 893 412	3 157 905	350 598	1 207 890	399 635	735 507	2 248 355	15.7
2016	6 846 784	4 021 831	3 186 658	766 736	736 004	422 673	835 173	2 551 515	15.6
2017	7 828 457	4 170 774	3 261 844	1 261 765	7 165	534 844	908 930	3 337 607	16.2
2018	8 693 566	4 617 462	3 715 175	1 385 102	3 300	602 741	902 287	3 716 956	16.5

注:1. 1994-2009 年企业所得税含退税;

2. 1994-1997 年国有资产经营收益体现为国有企业上缴利润;

3. 1997 年地方财政收入和非税收入包含当年纳入基金预算收入的城市教育附加费、矿产资源补偿费、排污费和城市水资源费收入;

4. 从 2002 年开始,上交中央收入包含上划所得税;

5. 农业税收包含农业税、农业特产税(2006 年含烟叶税部分)、耕地占用税、契税;

6. 以上数据根据南昌市历年财政总决算整理得出;

7. 8-1 至 8-6 表数据由市财政局提供。

8－2　一般公共预算收入

单位:万元

项　　目	2013	2014	2015	2016	2017	2018
总　　计	**2 919 097**	**3 422 065**	**3 893 412**	**4 021 831**	**4 170 774**	**4 617 462**
税收收入	**2 453 517**	**2 875 277**	**3 157 905**	**3 186 658**	**3 261 844**	**3 715 175**
#增值税	211 938	305 189	350 598	766 736	1 261 765	1 385 102
营业税	1 020 353	1 122 252	1 207 890	736 004	7 165	3 300
企业所得税	301 333	351 446	399 635	422 673	534 844	602 741
个人所得税	103 234	129 136	163 161	186 852	178 859	213 340
资源税	1 956	3 176	3 279	4 783	9 778	5 206
城市维护建设税	157 885	173 129	180 940	213 775	226 182	242 047
房产税	59 451	69 764	84 832	85 708	115 045	136 085
印花税	36 559	37 972	40 412	49 837	61 099	64 286
城镇土地使用税	49 682	69 794	74 480	80 366	79 533	85 721
土地增值税	190 184	261 096	283 525	251 209	301 962	43 5517
车船税	16 776	18 041	22 101	23 795	32 181	32 294
耕地占用税	25 120	18 889	62 196	34 184	62 028	13 302
契　税	279 046	315 393	284 856	330 728	391 403	494 869
非税收入	**465 580**	**546 788**	**735 507**	**835 173**	**908 930**	**902 287**
#国有资本经营收入		1 060	6 488			
行政性收费收入	271 028	293 600	298 023	403 233	298 792	336 636
罚没收入	51 241	56 546	46 513	69 928	176 342	129 553
专项收入	77 866	87 444	227 504	208 935	227 352	207 706
国有资源(资产)有偿使用收入	49 628	81 391	129 570	127 263	159 263	202 326
其他收入	15 817	26 747	27 409	22 254	54	

8－3　一般公共预算支出

单位:万元

项　　目	2013	2014	2015	2016	2017	2018
总　　计	**4 193 652**	**4 731 561**	**5 431 789**	**5 832 565**	**6 531 223**	**7 524 137**
一般公共服务	372 832	422 895	444 772	538 799	683 904	759 225
国防	6 167	5 828	4 480	4 915	3 175	3 286
公共安全	229 668	245 040	280 627	339 858	413 586	496 863
教育	734 317	814 016	854 606	900 287	998 001	1 110 034
科学技术	54 172	79 045	82 004	101 403	217 331	273 821
文化体育与传媒	41 322	46 846	54 496	67 295	78 855	79 356
社会保障和就业	446 254	463 715	617 643	670 641	759 333	897 947
医疗卫生与计划生育	374 524	460 359	564 207	587 977	688 874	789 690
节能环保	44 613	39 817	77 535	44 717	120 843	138 498
城乡社区事务	686 669	672 851	893 236	1 054 280	1 146 753	1 395 936
农林水事务	309 934	354 848	379 786	347 070	403 273	429 807
交通运输	363 644	412 005	408 265	360 906	342 113	364 247
资源勘探电力信息等	289 033	311 153	368 801	486 049	251 866	403 096
商业服务业等	40 823	39 807	60 784	48 426	44 015	45 124
金融	1 037	663	1 448	1 861	703	15 243
援助其他地区						
国土海洋气象等	14 838	15 707	17 382	20 914	30 505	34 267
住房保障支出	118 769	169 327	256 655	161 160	195 093	149 738
粮油物资储备	6 065	11 702	12 532	9 172	7 121	8 812
国债还本付息支出	5 845	114 189	4 447	49 353	85 240	93 815
债务发行费用			761	2 236	283	444
其他支出	53 126	51 748	47 322	35 246	60 356	34 888

8－4 财政收支总额及增长速度

（1978—2018）

年份	财政总收入（万元）	一般公共预算支出（万元）	收支差额（万元）	比上年增长（%）	
				财政总收入	一般公共预算支出
1978	25 144	9 046	16 098	36.5	33.8
1979	29 827	12 452	17 375	18.6	37.7
1980	33 283	11 411	21 872	11.6	-8.4
1981	36 294	12 589	23 705	9.0	10.3
1982	36 418	12 449	23 969	0.3	-1.1
1983	37 761	13 456	24 305	3.7	8.1
1984	42 362	17 687	24 675	12.2	31.4
1985	55 665	24 455	31 210	31.4	38.3
1986	62 808	33 970	28 838	12.8	38.9
1987	66 114	34 442	31 672	5.3	1.4
1988	77 381	42 103	35 278	17.0	22.2
1989	87 833	49 048	38 785	13.5	16.5
1990	99 960	55 090	44 870	13.8	12.3
1991	106 250	62 186	44 064	6.3	12.9
1992	123 700	69 867	53 833	16.4	12.4
1993	163 492	71 828	91 664	32.2	2.8
1994	182 958	81 546	101 412	11.9	13.5
1995	204 548	102 101	102 447	11.8	25.2
1996	253 226	119 608	133 618	23.8	17.1
1997	264 936	145 353	119 583	4.6	21.5
1998	301 878	160 750	141 128	13.9	10.6
1999	327 446	218 552	108 894	8.5	36.0
2000	415 414	237 688	177 726	26.9	8.8
2001	486 936	281 618	205 318	17.2	18.5
2002	590 771	342 542	248 229	21.3	21.6
2003	764 711	395 944	368 767	29.4	15.6
2004	901 988	521 873	380 115	18.0	31.8
2005	1 138 723	757 947	380 776	26.2	45.2
2006	1 341 955	933 749	408 206	17.8	23.2
2007	1 660 063	1 168 596	491 467	23.7	25.2
2008	1 898 665	1 476 667	421 998	14.4	26.4
2009	2 117 141	1 817 014	300 127	11.5	23.0
2010	2 593 063	2 320 305	272 758	22.5	27.7
2011	3 254 979	2 988 005	266 974	25.5	28.8
2012	4 089 000	3 459 909	629 091	25.6	15.8
2013	4 775 662	4 193 652	582 010	16.8	21.2
2014	5 507 386	4 731 561	775 825	15.3	12.8
2015	6 289 109	5 431 789	857 320	14.2	14.8
2016	6 846 784	5 832 565	1 014 219	8.9	7.4
2017	7 828 457	6 531 223	1 297 234	14.3	12.0
2018	8 693 566	7 524 137	1 169 429	11.1	15.2

8－5　各县区一般公共预算收入

(2018 年)　　　　单位:万元

地　区	一般公共预算收入	增值税	营业税	企业所得税	个人所得税	其他收入
全　市	**4 617 462**	**1 385 102**	**3 300**	**602 741**	**213 340**	**2 412 979**
东湖区	132 175	33 311	182	36 111	21 984	40 587
西湖区	185 679	42 787	－10	67 684	16 769	58 449
青云谱区	100 704	35 197	122	21 175	7 317	36 893
湾里区	80 538	25 537		5 966	4 034	45 001
青山湖区	163 495	56 447	－3	28 416	10 236	68 399
新建区	333 197	104 797	56	21 776	7 340	199 228
南昌县	700 423	193 873	58	54 863	16 670	434 959
安义县	104 009	28 945	260	3 508	1 721	69 575
进贤县	174 969	77 048	6	5 776	2 941	89 198
经济开发区	173 945	52 964	－1	27 853	7 225	85 904
高新开发区	270 840	88 708	198	58 823	13 442	109 669
红谷滩新区	362 188	53 146	76	71 378	13 400	224 188

注:本表财政收入不含中央两税收入。

8－6　各县区一般公共预算支出

(2018 年)　　　　单位:万元

地　区	一般公共预算支出	一般公共服务	教　育	社会保障和就业	医疗卫生	农林水事务	其他支出
全　市	**7 524 137**	**759 225**	**1 110 034**	**897 947**	**789 690**	**429 807**	**3 537 434**
东湖区	254 779	36 164	41 200	71 006	27 669	1 994	76 746
西湖区	330 330	39 830	61 225	77 114	31 892	1 671	118 598
青云谱区	159 068	29 318	40 536	20 359	15 368	699	52 788
湾里区	172 194	29 009	22 635	34 443	13 447	13 764	58 896
青山湖区	272 418	50 888	57 277	26 170	31 528	7 089	99 466
新建区	769 021	91 063	161 870	81 069	89 734	69 379	275 906
南昌县	1 324 558	130 209	234 112	138 547	185 720	158 569	477 401
安义县	284 366	25 229	49 531	43 888	32 050	36 434	97 234
进贤县	503 200	48 635	91 244	85 397	92 698	55 754	129 472
经济开发区	395 431	42 583	37 829	8 202	12 813	6 091	287 913
高新开发区	361 119	41 423	46 581	5 080	9 920	3 396	254 719
红谷滩新区	425 559	72 779	50 462	11 167	11 001	1 631	278 519

8－7 金融机构本外币信贷资金平衡表年末余额

（2018 年）

单位：万元

指　　标	年末余额	比年初增减	比年初增长（%）
各项存款	**107 330 784**	**5 957 420**	**5.9**
境内存款	107 265 370	5 973 491	5.9
住户存款	31 754 501	2 615 932	9.0
活期存款	13 066 088	17 975	0.2
定期及其他存款	18 688 414	2 597 957	16.1
非金融企业存款	45 047 470	2 416 617	5.7
活期存款	20 644 500	365 884	1.8
定期及其他存款	24 402 970	2 050 733	9.2
广义政府存款	24 713 708	2 107 846	9.3
财政性存款	7 508 655	446 162	6.3
机关团体存款	17 205 052	1 661 684	10.7
非银行业金融机构存款	5 749 692	－1 166 904	－16.9
境外存款	65 413	－16 071	－19.7
各项贷款	**121 246 421**	**17 591 234**	**17.0**
境内贷款	120 663 820	17 544 318	17.0
住户贷款	34 213 763	4 928 411	16.8
短期贷款	7 597 309	156 486	2.1
中长期贷款	26 616 454	4 771 925	21.8
非金融机构及机关团体贷款	86 069 875	12 285 907	16.7
短期贷款	23 632 985	1 885 375	8.7
中长期贷款	56 932 911	7 858 342	16.0
票据融资	3 984 157	2 127 058	114.5
融资租赁	1 413 486	430 469	43.8
各项垫款	106 337	－15 337	－12.6
非银行业金融机构贷款	380 182	330 000	657.6
境外贷款	582 601	46 916	8.8

注：1. 本表统计口径包括中国人民银行、政策性银行、国有独资商业银行、邮政信汇局、其他商业银行、农村合作银行、城市信用社、农村信用社、信托投资公司、财务公司等金融机构，后同；

2. 本表数据由中国人民银行南昌中心支行提供。

8－8 金融机构人民币信贷资金平衡表年末余额

（2018 年）　　　　单位：万元

指　　标	年末余额	比年初增减	比年初增长(%)
各项存款	**106 057 802**	**5 943 899**	**5.9**
境内存款	106 001 835	5 958 572	6.0
住户存款	31 320 450	2 615 860	9.1
活期存款	12 888 780	23 198	0.2
定期及其他存款	18 431 670	2 592 662	16.4
非金融企业存款	44 257 648	2 421 189	5.8
活期存款	20 327 932	472 729	2.3
定期及其他存款	23 929 716	1 948 459	8.9
广义政府存款	24 678 569	2 088 803	9.2
财政性存款	7 508 655	446 162	6.3
机关团体存款	17 169 914	1 642 641	10.6
非银行业金融机构存款	5 745 168	－1 167 279	－16.9
境外存款	55 967	－14 673	－20.8
各项贷款	**119 503 221**	**17 401 033**	**17.1**
境内贷款	119 472 252	17 456 893	17.1
住户贷款	34 212 979	4 928 382	16.8
短期贷款	7 596 530	156 434	2.1
中长期贷款	26 616 449	4 771 948	21.8
非金融机构及机关团体贷款	84 879 091	12 198 511	16.8
短期贷款	22 961 562	2 001 047	9.6
中长期贷款	56 414 952	7 655 341	15.7
票据融资	3 984 157	2 127 058	114.5
融资租赁	1 413 486	430 469	43.8
各项垫款	104 935	－15 404	－12.8
非银行业金融机构贷款	380 182	330 000	657.6
境外贷款	30 969	－55 861	－64.3

注：本表数据由中国人民银行南昌中心支行提供。

8－9　财产保险公司主要指标

单位:万元

指　　标	保费收入		赔款支出	
	2017	2018	2017	2018
合　　计	**569 567**	**658 806**	**287 863**	**346 042**
企业财产保险	19 387	20 066	12 535	12 975
机动车辆保险	417 856	427 431	225 538	252 224
货物运输保险	2 571	3 201	883	1 621
责任保险	18 235	32 245	9 801	14 536
信用保证保险	50 623	96 539	10 273	27 209
农业保险	8 440	11 844	4 432	5 631
其它财产保险	52 455	67 480	24 401	31 845

注:本表数据由中国银行保险监督管理委员会江西监管局提供。

8－10　人寿保险公司主要指标

单位:万元

指　　标	2011	2012	2013	2014	2015	2016	2017	2018
原保险保费收入	**407 271**	**422 173**	**500 789**	**690 719**	**807 866**	**1 041 162**	**1 343 134**	**1 355 991**
寿险小计	320 685	324 612	370 190	508 021	547 215	638 189	719 564	1 108 080
普通寿险	20 726	22 601	26 086	291 456	342 243	406 948	487 197	425 850
#年金保险	49 373	53 465	75 865	101 929	168 015	267 798	458 079	301 433
分红寿险	297 220	299 357	340 992	213 063	201 186	227 219	228 030	677 593
投资连结保险	171	143	139	137	136	97	94	94
万能寿险	2 568	2 511	2 973	3 365	3 651	3 926	4 243	4 543
意外伤害险	13 509	13 915	18 496	22 229	18 204	20 149	23 702	32 828
健康险	23 704	30 182	36 239	58 540	74 432	115 026	141 789	215 083
赔付支出	**60 253**	**65 418**	**129 102**	**149 552**	**234 067**	**244 750**	**215 926**	**269 182**
赔款支出	8 077	10 004	13 892	15 819	28 281	42 970	47 363	58 116
死伤医疗给付	4 889	6 380	7 493	8 828	11 728	14 182	18 555	24 759
满期给付	35 328	30 260	92 094	105 868	164 089	159 211	116 309	132 560
年金给付	11 959	18 774	15 622	19 037	29 970	28 387	33 699	53 747

注:本表数据由中国银行保险监督管理委员会江西监管局提供。

8-11 上市公司数量和股票发行量

年 份	上市公司数量（个）	股票发行量（亿股）	A股	H股	B股	股票筹资额（亿元）	A股	配股	B股
2012	17								
2013	16	0.55	0.55			4.80	4.80		
2014	16	2.56	2.56			16.19	16.19		
2015	17	1.99	1.99			22.44	22.44		
2016	18	14.06	14.06			166.47	166.47		
2017	19	3.08	3.08			22.39	22.39		
2018	20	0.82	0.82			8.54	8.54		

注:本表数据由中国证券监督管理委员会江西监管局提供。

主要统计指标解释

财政收入 国家财政参与社会产品分配所得的收入，是实现国家职能的财力保证。内容几经变化，目前主要包括：

(1)各项税收包括增值税、营业税、消费税、土地增值税、城市维护建设税、资源税、城镇土地使用税、印花税、固定资产投资方向调节税、个人所得税、企业所得税、关税、农牧业税和耕地占用税等。

(2)专项收入包括征收排污费、征收城市水资源收入、教育费附加收入等。

(3)其他收入包括基本建设贷款归还收入、国家能源交通重点建设基金收入、国家预算调节基金收入等。

财政支出 国家财政将筹集起来的资金进行分配使用，以满足经济建设和各项事业的需要，主要包括：一般公共服务、外交、国防、公共安全、教育、科学技术、文化体育与传媒、社会保障和就业、医疗卫生、环境保护、城乡社区事务、农林水事务、交通运输、工业商业金融等事务和其他支出等科目。

中央财政收入和地方财政收入 按财政体制划分的中央本级收入和地方本级收入。1994 年分税制财政体制以后，属于中央财政的收入包括关税、海关代征消费税和增值税，消费税，中央企业所得税，地方银行和外资银行及非银行金融企业所得税，铁道、银行总行、保险总公司等集中缴纳的营业税、所得税和城市维护建设税，增值税的 75% 部分，海洋石油资源税和证券(印花)税的 75% 部分。属于地方财政的收入包括营业税，地方企业所得税，个人所得税，城镇土地使用税，固定资产投资方向调节税，土地增值税，城镇维护建设税，房产税，车船使用税，印花税，农牧业税，农业特产税，耕地占用税，契税，增值税，证券交易税(印花税)的 25% 部分和除海洋石油资源税以外的其他资源税。

中央财政支出和地方财政支出 根据政府在经济和社会活动中的不同职责，划分中央和地方政府的事权，按照政府的事权划分确定的支出。中央财政支出包括国防支出，武装警察部队支出，中央级行政管理费和各项事业费，重点建设支出以及中央政府调整国民经济结构、协调地区发展，实施宏观调控的支出。地方财政支出主要包括地方行政管理和各项事业费，地方统筹的基本建设、技术改造支出，支援农村生产支出，城市维护，建设经费和价格补贴支出等。

信贷资金 国家银行用于发放贷款的资金叫信贷资金。中国人民银行信贷资金的来源有各项存款、对国际金融机构负债、流通中货币、银行自有资金及当年结益等。信贷资金的运用有各项贷款、黄金占款、外汇占款、财政借款及在国际金融机构中的资产等。

存款 企业、机关、团体或居民根据可以收回的原则，把货币资金存入银行或其他信用机构保管并取得一定利息的一种信用活动形式。根据存款对象的不同可划分：企业存款、财政存款、机关团体存款、对外贸易存款、城乡居民储蓄存款、农村存款等科目，它是银行信贷资金的主要来源。

贷款 银行或其他信用机构根据必须归还的原则，按一定利率，为企业、个人等提供资金的一种信用活动形式。我国银行贷款，分流动资金贷款、固定资产贷款、城乡个体工商户贷款以及农业贷款等科目。

保险金额 指保险人承担赔偿或者给付保险金责任的最高限额。

保费 指投保人为取得保险人在约定范围内所承担赔偿责任而支付给保险人的费用。

赔偿 指保险人根据保险合同的规定，向被保险人支付的赔偿保险责任损失的金额。

九、农　　业

AGRICULTURE

本篇内容包括：

1. 乡镇组织
2. 农村劳动力分布
3. 耕地面积变化
4. 农林牧渔业生产
5. 主要农产品产量
6. 农业机械化、电气化
   水利化、化学化水平
7. 农作物受灾情况
8. 农村扶贫情况

农林牧渔业总产值

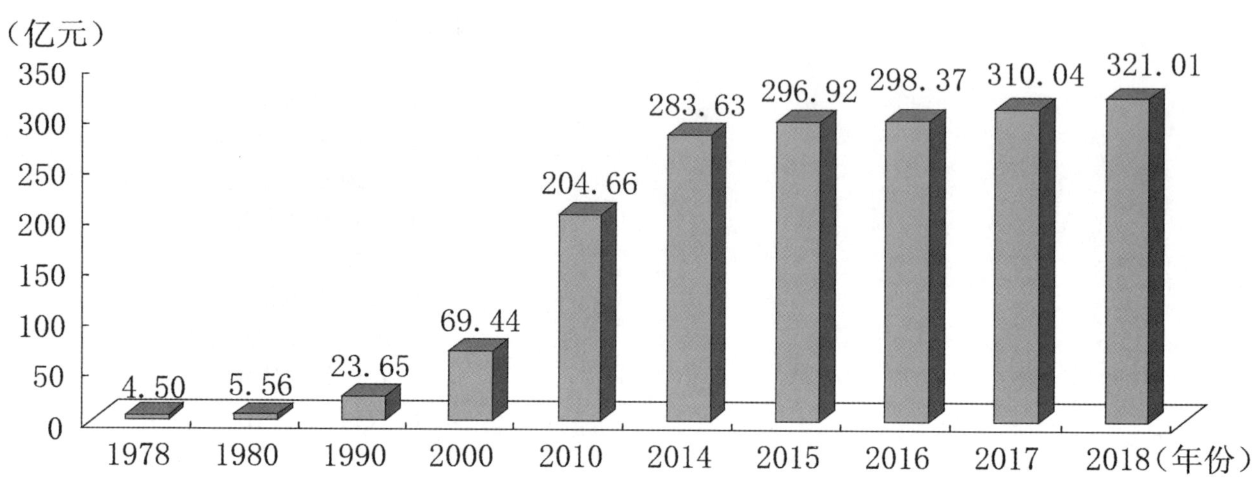

2018年农林牧渔业占总产值比重

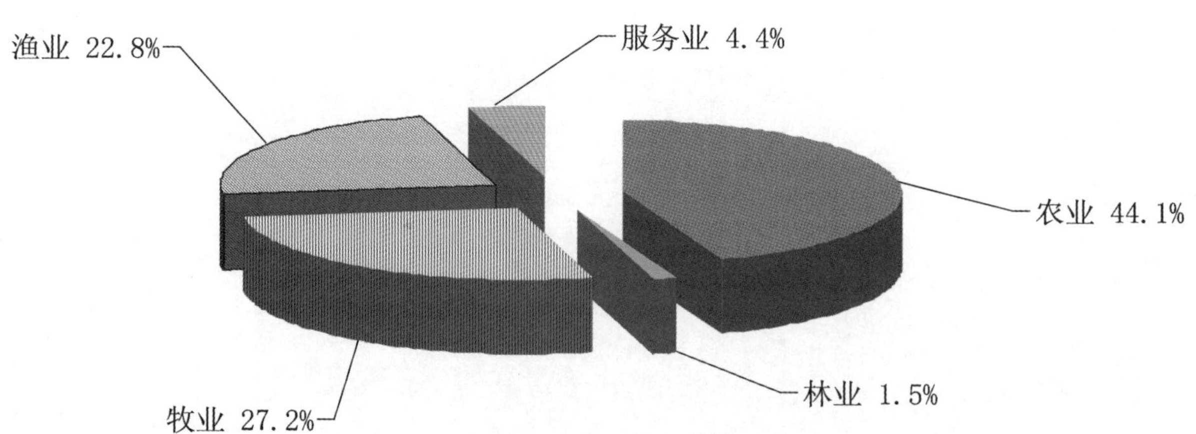

9－1 农村乡镇基本情况

项目	2017	2018	项目	2017	2018
一、乡镇政府(个)	80	80	**五、自来水受益村委会个数(个)**	611	640
#镇政府	52	52	占村委会总个数比重(%)	51.8	54.3
二、村民委员会(个)	1 179	1 178			
三、村民小组(个)	9 555	9 508	**六、通宽带的村委会个数(个)**	1136	1174
四、通有线电视的村委会个数(个)	1 155	1 165			
占村委会总个数比重(%)	98.0	98.9	占村委会总个数比重(%)	96.4	99.7

9－2 县区乡镇组织

(2018年)

地区	乡镇政府(个)	#镇政府	村民委员会(个)	村民小组(个)
合计	80	52	1 178	9 508
东湖区	1	1	21	91
西湖区	1	1	13	13
青云谱区	1	1	12	69
湾里区	4	4	39	239
青山湖区	4	4	60	287
新建区	18	12	287	1 890
南昌县	16	9	263	2 316
安义县	10	7	104	1 141
进贤县	21	9	264	2 831
经济开发区	1	1	29	202
高新开发区	2	2	50	308
红谷滩新区	1	1	36	121

注:村民委员会含具有村一级行政管理职能的农、林、牧、渔场。

9－3 耕地面积变化情况

单位:公顷

项　　目	2017	2018
年末面积	**275 619**	**274 434**
按类型分		
水田	209 612	209 098
水浇地	5 865	5 800
旱地	60 143	59 536
按县区分		
东　湖　区	992	992
西　湖　区	20	15
青 云 谱 区	11	8
湾　里　区	3 110	3 060
青 山 湖 区	2 115	2 067
新　建　区	83 475	82 605
南　昌　县	84 584	84 337
安　义　县	25 192	25 170
进　贤　县	76 121	76 180

注:本表数据由市自然资源局提供,依据自然资源部下发的南昌市 2017 及 2018 年度变更调查数据,按照三县六区的区划填写。

9－4 县区农村劳动力资源及乡村从业人员

（2018 年） 单位：人

项目	全市	东湖区	西湖区	青云谱区	湾里区	青山湖区	新建区
一、乡村劳动力资源总数	**1 711 221**	**21 188**	**15 326**	**26 680**	**26 440**	**89 049**	**315 228**
男性	921 023	11 155	8 378	14 330	14 119	49 987	169 849
女性	790 198	10 033	6 948	12 350	12 321	39 062	145 379
二、乡村从业人员合计	**1 416 923**	**15 918**	**15 289**	**22 341**	**22 510**	**73 780**	**255 516**
男性	762 006	8 552	7 965	12 405	12 180	40 293	137 703
女性	654 917	7 366	7 324	9 936	10 330	33 487	117 813

9－4 续表 （2018 年） 单位：人

项目	南昌县	安义县	进贤县	经济开发区	高新开发区	红谷滩新区
一、乡村劳动力资源总数	**458 027**	**127 918**	**470 962**	**44 705**	**86 333**	**29 365**
男性	245 726	67 391	252 038	25 088	45 063	17 899
女性	212 301	60 527	218 924	19 617	41 270	11 466
二、乡村从业人员合计	**371 188**	**110 351**	**393 054**	**36 489**	**74 765**	**25 722**
男性	201 364	57 318	209 730	21 686	38 987	13 823
女性	169 824	53 033	183 324	14 803	35 778	11 899

9-5 县区农林牧渔业总产值

（2018年，按当年价格计算）　　单位：万元

地　区	农林牧渔业总产值	农业产值	林业产值	牧业产值	渔业产值	农林牧渔服务业产值
合　计	**3 210 112**	**1 417 402**	**49 648**	**872 244**	**730 770**	**140 048**
东湖区	11 647	9 266	208	438	1 705	30
西湖区						
青云谱区						
湾里区	43 169	19 157	6 291	6 999	784	9 938
青山湖区	7 851	2 668		3 125	1 947	111
新建区	935 608	387 237	20 125	268 940	217 186	42 120
南昌县	959 073	489 936	4 465	260 720	168 753	35 199
安义县	211 741	105 064	7 049	46 114	37 986	15 528
进贤县	930 919	351 999	10 766	257 106	280 214	30 834
经济开发区	22 042	6 059	575	9 978	4 381	1 049
高新开发区	62 847	34 365	169	10 735	13 550	4 028
红谷滩新区	25 215	11 651		8 089	4 264	1 211

9－6　农、林、牧、渔业总产值

单位：万元

项　目	2017 年	2018 年	2018 年比上年增长 %
农林牧渔业总产值	**3 100 446**	**3 210 112**	**3.4**
一、农业产值	**1 353 821**	**1 417 402**	**4.5**
粮食作物	548 675	565 654	2.6
经济作物	106 053	102 965	3.3
蔬菜、食用菌及花卉盆景园艺	532 458	566 554	4.8
水果、坚果、茶、饮料和香料	53 495	62 149	8.5
中草药材	5 456	6 023	6.5
其他农作物	107 684	114 057	11.5
# 饲料作物	1 597	871	－46.2
二、林业产值	**45 965**	**49 648**	**5.1**
林木的培育和种植	25 137	28 526	10.3
林产品	12 414	12 716	1.6
竹木采运	8 414	8 406	－5.4
三、牧业产值	**881 885**	**872 244**	**0.7**
牲畜饲养	47 948	48 945	2.1
# 牛	36 496	38 198	3.9
羊	1 262	908	－29.2
猪的饲养	601 849	556 243	－4.7
家禽的饲养	229 894	265 840	14.9
狩猎和捕捉动物	21	24	14.3
其他动物饲养	2 173	1 192	－45.5
四、渔业产值	**691 522**	**730 770**	**3.2**
五、农林牧渔服务业产值	**127 253**	**140 048**	**10.6**

注：增长速度系按可比价格（即上年价格）计算。

9－7 主要年份农林牧渔业商品产值和商品率

年 份	农林牧渔业商品产值（万元）	农 业	林 业	牧 业	渔 业	农林牧渔服务业	农林牧渔业商品率（%）
1990	142 005	75 753	595	52 649	13 008		59.8
2000	472 610	151 913	3 397	190 211	127 089		68.1
2010	1 580 847	487 820	7 512	679 069	389 627	16 819	77.2
2011	1 780 058	553 606	8 146	773 292	429 117	15 897	77.5
2012	1 942 797	605 566	9 264	802 242	508 696	17 029	77.9
2013	2 072 139	639 598	9 914	841 428	562 953	18 246	77.9
2014	2 206 524	678 114	11 593	893 998	602 783	20 036	77.8
2015	2 305 370	766 448	12 226	871 941	636 700	18 055	77.6
2016	2 291 122	849 750	24 838	707 597	698 671	10 266	75.3
2017	2 360 449	932 086	21 434	772 821	622 756	11 352	76.1
2018	2 477 235	982 742	20 527	774 809	688 167	10 990	77.2

9－8 各县区农林牧渔业商品产值和商品率

（2018 年）

地 区	农林牧渔业商品产值（万元）	农 业	林 业	牧 业	渔 业	农林牧渔服务业	农林牧渔业商品率（%）
合 计	**2 477 235**	**982 742**	**20 527**	**774 809**	**688 167**	**10 990**	**77.2**
东湖区	8 839	7 027	157	339	1 293	23	75.9
湾里区	25 909	11 386	1 263	6 221	610	6 429	60.0
青山湖区	6 713	2 134		2 826	1 753		85.5
新建区	712 446	245 711	5 086	259 729	201 920		76.1
南昌县	770 391	384 307	3 126	220 985	161 973		80.3
安义县	161 135	87 792	3 306	41 130	28 907		76.1
进贤县	708 723	205 779	7 117	220 691	275 136		76.1
经济开发区	16 773	4 676	472	7 899	2 876	850	76.1
高新开发区	47 835	24 878		8 764	10 505	3 688	76.1
红谷滩新区	18 471	9 052		6 225	3 194		73.3

9－9 农林牧渔业总产出、中间消耗和增加值

项　目	绝对数(万元)		构　成(%)	
	2017	2018	2017	2018
一、农林牧渔业总产出	**3 100 446**	**3 210 112**	**100.0**	**100.0**
农　　业	1 353 821	1 417 402	43.7	44.1
林　　业	45 965	49 648	1.5	1.5
牧　　业	881 885	872 244	28.4	27.2
渔　　业	691 522	730 770	22.3	22.8
农林牧渔服务业	127 253	140 048	4.1	4.4
二、农林牧渔业中间消耗	**1 228 911**	**1 232 345**	**100.0**	**100.0**
农　　业	488 244	511 441	39.7	41.5
林　　业	17 075	19 063	1.4	1.5
牧　　业	402 861	398 593	32.8	32.3
渔　　业	257 138	234 148	20.9	19.0
农林牧渔服务业	63 593	69 100	5.2	5.6
三、农林牧渔业增加值	**1 871 535**	**1 977 767**	**100.0**	**100.0**
农　　业	865 577	905 961	46.2	45.8
林　　业	28 890	30 585	1.5	1.5
牧　　业	479 024	473 651	25.6	23.9
渔　　业	434 384	496 622	23.2	25.2
农林牧渔服务业	63 660	70 948	3.0	3.6

9－10 各县区农林牧渔业总产出、中间消耗和增加值

(2018年)

地　区	农林牧渔业总产出(万元)	农林牧渔业中间消耗(万元)	农林牧渔业增加值(万元)	占总产出比重(%)	
				中间消耗	增加值
合　计	**3 210 112**	**1 232 345**	**1 977 767**	**38.4**	**61.6**
东湖区	11 647	5 009	6 638	43.0	57.0
西湖区					
青云谱区					
湾里区	43 169	17 763	25 406	41.1	58.9
青山湖区	7 851	3 283	4 568	41.8	58.2
新建区	935 608	361 572	574 036	38.6	61.4
南昌县	959 073	371 102	58 7971	38.7	61.3
安义县	211 741	82 354	129 387	38.9	61.1
进贤县	930 919	346 945	583 974	37.3	62.7
经济开发区	22 042	9 612	12 430	43.6	56.4
高新开发区	62 847	24 126	38 721	38.4	61.6
红谷滩新区	25 215	10 579	14 636	42.0	58.0

9－11　农林牧渔业中间消耗

项　　目	绝对数(万元)		构　　成(%)	
	2017	2018	2017	2018
总　　额	**1 228 911**	**1 232 345**	**100.0**	**100.0**
(一)物质消耗	1 058 517	1 061 051	86.1	86.1
#用种量	173 861	188 006	14.1	15.3
饲料、饲草	446 144	435 980	36.3	35.4
肥料	124 016	129 281	10.1	10.5
燃料	57 358	59 075	4.7	4.8
农药	16 813	16 868	1.4	1.4
用电量	97 464	970 00	7.9	7.9
小农具购置	4 228	4 406	0.3	0.4
办公用品购置	1 267	1 296	0.1	0.1
其他物质消耗	137 366	129 139	11.2	10.5
(二)生产服务支出	170 394	171 294	13.9	13.9

9－12　各县区农林牧渔业中间消耗率

(2018 年)

单位:%

地　　区	农　业	林　业	牧　业	渔　业	农林牧渔服务业
合　　计	**36.1**	**38.4**	**45.7**	**32.0**	**49.3**
东湖区	43.2	44.2	55.5	38.5	46.7
西湖区					
青云谱区					
湾里区	41.0	44.0	37.7	31.8	42.7
青山湖区	35.9		49.2	37.5	52.3
新建区	36.1	35.5	46.4	31.7	50.1
南昌县	36.1	42.4	46.5	32.1	48.6
安义县	36.6	40.9	45.3	31.9	51.5
进贤县	35.1	37.2	44.5	32.1	49.6
经济开发区	39.0	36.5	51.4	31.7	50.1
高新开发区	38.6	40.2	39.2	33.0	52.7
红谷滩新区	41.2		44.0	37.4	51.9

9－13　农作物播种面积和产量

（2018 年）

项　　目	播种面积(万公顷)	单产(千克/公顷)	总　产　量(万 吨)
合　　计	**48.67**		
一、粮食作物	**34.84**	**6 979**	**243.16**
1.谷　物	33.44	7 134	238.57
稻　谷	33.08	7 145	236.39
早　稻	14.32	6 461	92.54
晚　稻	18.76	7 668	143.85
一　晚	3.60	8 588	30.94
二　晚	15.16	7 449	112.91
小　　麦	0.01	1 797	0.02
杂　　谷	0.34	6 273	2.16
2.豆　类	0.89	1 877	1.66
#大　豆	0.78	1 890	1.47
3.薯　　类	0.51	5 691	2.92
二、经济作物	**13.83**		
#棉　　花	0.12	1 340	0.16
油　料	6.99	1 650	11.54
花　生	1.63	3 439	5.61
油菜籽	4.73	1 140	5.39
芝　麻	0.63	852	0.54
甘　蔗	0.13	43 947	5.91
蔬　菜	4.09	31 771	129.89
瓜果类	0.41	25 277	10.30
其他类	2.05		

9－14　各县区农作物播种面积

（2018 年）　　　　单位：公顷

项　　目	全市	东湖区	西湖区	青云谱区	湾里区	青山湖区	新建区
合　　计	**486 707**	**1 988**			**2 853**	**1 407**	**119 871**
一、粮食作物	348 393	285			2 033	1 250	90 409
1. 谷　物	334 400	285			1 931	1 250	86 503
稻　谷	330 824	285			1 931	1 250	86 315
早　稻	143 216	65			290	244	36 434
晚　稻	187 608	220			1 641	1 006	49 881
一　晚	36 025	155			1 331	764	10 486
二　晚	151 583	65			310	242	39 395
小　麦	128						128
杂　谷	3 448						60
2. 豆　类	8 857				58		1 853
＃大　豆	7 788				11		1552
3. 薯　类	5 136				44		2 053
二、经济作物	138 314	1 703			820	157	29 462
＃棉　花	1 206						160
油　料	69 915				140		17 238
花　生	16 308				22		4 638
油菜籽	47 309				108		12 166
芝　麻	6 298				10		434
药　材	433				11		
甘　蔗	1 344						74
蔬　菜	40 883	1 703			234	157	6 065
瓜果类	4 076				12		653
其他类	20 457				423		5 272

9－14 续表　　(2018 年)　　单位:公顷

项　　目	南昌县	安义县	进贤县	经　济 开发区	高　新 开发区	红谷滩 新　区
合　　计	**156 455**	**49 942**	**131 241**	**2 139**	**17 648**	**3 163**
一、粮食作物	122 154	26 687	86 187	1 550	15 979	1 859
1. 谷　物	120 465	25 085	79 771	1 526	15 895	1 689
稻　谷	120 340	24 536	77 074	1 526	15 878	1 689
早　稻	54 791	7 611	36 409	456	6 690	226
晚　稻	65 549	16 925	40 665	1 070	9 188	1 463
一　晚	8 431	8 709	3 192	603	1 633	721
二　晚	57 118	8 216	37 473	467	7 555	742
小　麦						
杂　谷	125	549	2 697		17	
2. 豆　类	871	475	5 426	10	28	136
#大　豆	505	273	5 308	3	10	126
3. 薯　类	818	1 127	990	14	56	34
二、经济作物	34 301	23 255	45 054	589	1 669	1 304
#棉　花		895	136	15		
油　料	8 253	11 250	31 631	306	353	744
花　生	1 049	1 277	8 823	48	41	410
油菜籽	7 167	9 749	17 281	258	299	281
芝　麻	37	224	5 527		13	53
药　材			377	45		
甘　蔗	631	74	537		28	
蔬　菜	15 202	8 549	7 129	191	1 093	560
瓜果类	912	683	1 695	20	101	
其他类	9 303	1 804	3 549	12	94	413

9－15　各县区主要农作物总产量

（2018 年）

单位:吨

项　　目	全市	东湖区	西湖区	青云谱区	湾里区	青山湖区	新建区
一、粮食作物	2 431 597	1 698			11 732	7 536	639 420
1.谷　物	2 385 738	1 698			11 583	7536	624 242
稻　谷	2 363 878	1 698			11 583	7 536	623 709
早　稻	925 387	380			1 540	1 464	229 331
晚　稻	1 438 491	1 318			10 043	6 072	394 378
一　晚	309 400	928			8 179	4 584	9 8081
二　晚	1 129 091	390			1 864	1 488	296 297
小　麦	230						230
杂　谷	21 630						303
2.豆　类	16 629				64		3 394
#大　豆	14 716				13		2 991
3.薯　类	29 230				85		11 784
二、经济作物							
#棉　花	1 616						175
油料合计	115 374				165		28 376
花　生	56 078				23		18 931
油菜籽	53 928				127		9 138
芝　麻	5 368				15		307
药　材							
甘　蔗	59 065						2 478
蔬　菜	1 298 881	54 649			2 957	4 025	131 573
瓜果类	103 030				192		18 549
其他类							

9－15 续表　　(2018 年)　　单位:吨

项　目	南昌县	安义县	进贤县	经　济 开发区	高　新 开发区	红谷滩 新　区
一、粮食作物	909 537	176 066	552 667	10 225	111 685	11 031
1. 谷　物	901 620	167 693	538 787	10 173	111 542	10 864
稻　谷	900 862	164 159	521 856	10 173	111 438	10 864
早　稻	359 979	45 209	239 307	2 830	43 997	1 350
晚　稻	540 883	118 950	282 549	7 343	67 441	9 514
一　晚	82 385	67 246	25 795	4 244	13 355	4 603
二　晚	458 498	51 704	256 754	3 099	54 086	4 911
小　麦						
杂　谷	758	3 534	16 931		104	
2. 豆　类	2 598	1 211	9 154	16	50	142
#大　豆	1 695	856	9 001	9	20	131
3. 薯　类	5 319	7 162	4 726	36	93	25
二、经济作物						
#棉　花		1 329	95	17		
油料合计	12 910	21 507	49 593	373	529	1 921
花　生	4 371	3 092	28 094	109	92	1 366
油菜籽	8 442	18 197	16 785	264	428	547
芝　麻	97	218	4 714		9	8
药　材						
甘　蔗	30 912	5 601	19 118		956	
蔬　菜	662 765	199 487	190 831	3 735	33 900	14 959
瓜果类	29 366	20 246	31 532	725	2 420	
其他类						

9-16 茶叶、水果生产情况

项　目	2017	2018	2018年 比上年增长%
一、产　　量(吨)			
茶　　叶	1 917	1 868	-2.6
#红　茶	13	31	138.5
绿　茶	1 892	1 825	-3.5
园林水果	40 336	41 668	3.3
#柑　　桔	24 901	24 312	-2.4
梨　　子	2 699	2 608	-3.4
桃　　子	2 067	1 963	-5.0
二、年末茶园面积(公顷)	**1 381**	**1 366**	**-1.1**
#当年采摘	1 346	1 311	-2.6
当年新增	1	75	7 400.0
三、年末果园面积(公顷)	**7 189**	**6 721**	**-6.5**
#当年新增	536	1 485	177.1

9－17　各县区茶叶、水果产量

（2018 年）　　单位：吨

地　区	茶叶	#红茶	#绿茶	园林水果	#柑桔	#梨
合　　计	1 868	31	1 825	41 668	24 312	2 608
湾 里 区	45		44	1 951	4	10
新 建 区	11		1	3 780	1 701	207
南 昌 县	824	18	806	5 704	4 974	492
安 义 县	1			12 462	3 602	1 257
进 贤 县	843	13	830	15 355	12 014	642
经济开发区	133		133	382	132	
高新开发区				1 774	1 625	
红谷滩新区	11		11	260	260	

9－18　各县区茶园、果园面积

（2018 年）　　单位：公顷

地　区	茶　园	果　园	#柑桔	#梨
合　　计	**1 366**	**6 721**	**3 872**	**735**
湾 里 区	448	204	2	2
新 建 区	33	480	266	32
南 昌 县	168	368	292	46
安 义 县	1	1 844	444	411
进 贤 县	609	3 621	2 722	244
经济开发区	61	18	7	
高新开发区		179	132	
红谷滩新区	46	7	7	

9－19　林业生产情况

项　　目	2017	2018	2018年 比上年增长%
一、当年荒山荒(沙)地造林面积(公顷)	**1 814**	**1 374**	**－24.3**
#用　材　林	224	147	－34.4
经　济　林	867	546	－37.0
防　护　林	723	681	－5.8
二、飞播造林面积(公顷)			
三、当年新封山(沙)育林面积(公顷)	**1 060**	**1 000**	**－5.7**
四、森林改培面积(公顷)			
五、森林抚育面积(公顷)	**3 500**	**3 500**	
六、人工更新面积(公顷)		**40**	
七、封山育林面积(公顷)	**25 115**	**10 969**	**－56.3**
八、零星(四旁)植树(万株)	**271**	**121**	**－55.3**
九、育苗面积(公顷)	**4 602**	**2 507**	**－45.5**
十、主要产品产量			
油　桐　籽(吨)			
油　茶　籽(吨)	31 576	27 918	－11.6
板　　　栗(吨)	12	15	25.0
棕　　　片(吨)			
松　　　脂(吨)		185	
木材采伐(万立方米)	0.92	1.60	73.9
竹材采伐(万根)	7.30	6.77	－7.3

9－20　牧业生产情况

项　　目	2017	2018	2018年比上年增长%
一、肉猪出栏数(万头)	**284.11**	**290.02**	**2.1**
出售和自宰肉用牛(万头)	3.78	3.88	2.7
出售和自宰肉用羊(只)	29 623	30 767	3.9
出售和自宰肉用兔(只)	7 313	12 138	66.0
出售和自宰肉用禽(万只)	4 331.32	4 634.75	7.0
二、肉类总量(万吨)	**29.70**	**31.43**	**5.8**
猪　肉(万吨)	22.96	24.32	5.9
牛　肉(吨)	3 820	3 947	3.3
羊　肉(吨)	473	483	2.1
兔　肉(吨)	22	22	
禽　肉(万吨)	6.10	6.57	7.7
三、牛奶产量(万吨)	**2.58**	**3.96**	**53.8**
四、年底养蜂数(箱)	**4 632**	**4 138**	**－10.7**
蜂蜜产量(吨)	328	171	－47.9
五、禽蛋产量(万吨)	**11.50**	**11.88**	**3.3**
六、牛年底数(万头)	**10.85**	**11.03**	**1.7**
#能繁殖母牛	7.76	7.32	－5.7
#肉　牛	4.16	9.05	117.7
奶　牛	0.47	1.32	182.5
七、猪年底数(万头)	**144.43**	**145.46**	**0.7**
#能繁殖母猪	14.83	14.17	－4.5
八、羊年底数(只)	**22 861**	**24 325**	**6.4**
九、兔年底数(只)	**6 606**	**6 680**	**1.1**
十、家禽年底数(万只)	**2 506.06**	**2 631.50**	**5.0**
十一、蚕茧产量(吨)			

注:2017年数据为三农普后修正数据。

9－21　各县区牧业生产情况

（2018 年）

项　　目	全市	东湖区	西湖区	青云谱区	湾里区	青山湖区	新建区
一、出栏肉猪头数（万头）	**290.02**					**1.50**	**78.18**
出售和自宰肉用牛（头）	38 783	548			518	385	6 033
出售和自宰肉用羊（只）	30 767	125			1 276		6 512
出售和自宰肉用兔（只）	12 138						
出售和自宰肉用禽（万只）	4 634.75	2.89			10.76	1.20	578.05
二、肉类总产量（吨）	**314 272**	**97**			**242**	**1 261**	**73 123**
猪　　肉	243 173					1 200	63 214
牛　　肉	3 947	56			56	46	631
羊　　肉	483	2			25		110
兔　　肉	22						
禽　　肉	65 702	39			161	15	8 266
三、牛奶产量（吨）	**39 627**						**9 837**
四、年底养蜂数（箱）	**4 138**						**113**
蜂蜜产量（吨）	171						1
五、禽蛋产量（吨）	**118 786**	**47**			**442**	**20**	**10 200**
六、牛年底数（头）	**110 273**	**542**			**172**		**17 661**
#能繁殖母牛	73 172				30		17 256
#肉　牛	90 524	542			60		13 926
奶　牛	13 151						3 291
七、生猪年底数（万头）	**145.46**						**40.71**
#能繁殖母猪（头）	141 650						42 185
八、羊年底数（只）	**24 325**	**103**			**500**		**6 347**
九、兔年底数（只）	**6 680**						
十、家禽年底数（万只）	**2 631.50**	**1.83**			**8.57**		**358.19**
十一、蚕茧产量（吨）							

9－21 续表 (2018 年)

项　　目	南昌县	安义县	进贤县	经　济 开发区	高　新 开发区	红谷滩 新　区
一、出栏肉猪头数(万头)	**88.70**	**20.68**	**97.28**		**0.57**	**3.10**
出售和自宰肉用牛(头)	9 486	3 813	15 306	1 556	685	453
出售和自宰肉用羊(只)	5 263	12 490	4 422	649	30	
出售和自宰肉用兔(只)		12 138				
出售和自宰肉用禽(万只)	2 030.80	223.45	1 757.24	4.62	12.53	13.21
二、肉类总产量(吨)	**100 253**	**20 734**	**115 590**	**216**	**712**	**2 044**
猪　　肉	73 618	16 856	86 006		417	1 862
牛　　肉	952	385	1 545	157	73	46
羊　　肉	95	188	50	12	1	
兔　　肉		22				
禽　　肉	25 588	3 240	27 989	47	221	136
三、牛奶产量(吨)	**10 045**		**15 385**	**4 360**		
四、年底养蜂数(箱)	**130**	**868**	**3 027**			
蜂蜜产量(吨)	6	61	103			
五、禽蛋产量(吨)	**74 784**	**6 229**	**26 239**	**35**	**657**	**133**
六、牛年底数(头)	**20 064**	**12 871**	**52 200**	**3 885**	**602**	**2 276**
#能繁殖母牛	10 824	10 306	32 521	921	512	802
#肉　牛	17 064	8 677	47 937	531		1 787
奶　牛	2 870		3 636	3 354		
七、生猪年底数(万头)	**37.95**	**12.87**	**50.11**		**1.56**	**2.25**
#能繁殖母猪(头)	36 063	7 601	50 241		1 971	3 589
八、羊年底数(只)	**2 590**	**10 800**	**3 689**	**236**	**60**	
九、兔年底数(只)		**6 680**				
十、家禽年底数(万只)	**978.77**	**143.39**	**1 109.96**	**4.31**	**16.40**	**10.08**
十一、蚕茧产量(吨)						

9－22 渔业生产情况

项　　目	2017	2018	2018年比上年增长%
一、渔业乡(个)	**3**	**3**	
二、渔业村(个)	**30**	**25**	**－16.7**
三、渔业户(万户)	**2.83**	**2.75**	**－2.8**
四、渔业人口(万人)	**12.32**	**12.05**	**－2.2**
五、渔业从业人员(万人)	**7.78**	**7.61**	**－2.2**
专业从业人员(万人)	4.19	4.01	－4.3
#捕　　捞	0.75	0.72	－4.0
养　　殖	2.95	2.78	－5.8
兼业从业人员(万人)	2.42	2.44	0.8
六、已养殖面积(万公顷)	**5.36**	**5.36**	
#池　　塘	1.64	1.65	0.6
水　　库	0.47	0.46	－2.1
湖　　泊	2.90	2.90	
七、养殖单产(千克/公顷)	**6 328**	**6 551**	**3.5**
#池　　塘	12 870	13 327	3.6
水　　库	5 631	5 610	－0.4
湖　　泊	2 465	2 534	2.8
八、水产品总产量(万吨)	**39.19**	**40.44**	**3.2**
#养　　殖	33.92	35.09	3.4
#池　　塘	21.11	22.01	4.3
水　　库	2.67	2.58	－3.4
湖　　泊	7.15	7.35	2.8
#鱼　　类	33.20	34.41	3.6
甲 壳 类	3.28	3.36	2.4
贝　　类	2.15	2.20	2.3
九、珍珠产量(吨)	**15**	**6**	**－60.0**
十、鱼苗产量(亿尾)	**31.56**	**37.77**	**19.7**
十一、鱼种产量(吨)	**37 179**	**41 090**	**10.5**

注:本表数据来源于市农业农村局。

9－23　各县区渔业生产情况

(2018 年)

项　　目	全市	东湖区	青云谱区	湾里区	青山湖区	新建区
一、渔业乡(个)	**3**					**1**
二、渔业村(个)	**25**	**1**				**7**
三、渔业户(户)	**27 472**	**157**		**45**	**143**	**3 996**
四、渔业人口(人)	**120 480**	**644**		**180**	**574**	**13 957**
五、渔业从业人员(人)	**76 131**	**566**		**150**	**496**	**8 597**
专业从业人员(人)	40 053	266		60	289	5 006
#捕　　捞	7 187	166				1 482
养　　殖	27 761	100		40	289	2 355
兼业从业人员(人)	24 415	300		80	207	3 044
六、已养殖面积(公顷)	**53 568**	**102**		**116**	**118**	**7 554**
#池　　塘	16 513	102		19	118	2 559
水　　库	4 596			97		1 950
湖　　泊	28 999					1 945
七、养殖单产(千克/公顷)	**6 551**	**11 230**		**3 028**	**10 478**	**10 245**
#池　　塘	13 327	11 230		7 554	10 478	15 137
水　　库	5 610			2 159		7 301
湖　　泊	2 534					5 845
八、水产品总产量(吨)	**404 361**	**1 163**		**354**	**1 235**	**90 150**
#养　　殖	350 914	1 147		351	1 235	77 394
#池　　塘	220 071	1 147		141	1 235	38 731
水　　库	25 784			210		14 234
湖　　泊	73 494					11 367
#鱼　　类	344 119	1 159		347	1 235	74 988
甲 壳 类	33 634	4				11 900
贝　　类	21 955					3 101
九、珍珠产量(吨)	**6**					
十、鱼苗产量(亿尾)	**37.77**					**8.16**
十一、鱼种产量(吨)	**41 090**			**23**		**5 786**

注:本表数据来源于市农业农村局。

9-23 续表 (2018年)

项　　目	南昌县	安义县	进贤县	经　济 开发区	高　新 开发区	红谷滩 新　区
一、渔业乡(个)			**2**			
二、渔业村(个)	**1**		**13**			
三、渔业户(户)	**11 241**	**1 273**	**8 834**	**176**	**1 600**	**7**
四、渔业人口(人)	**40 467**	**5 916**	**54 138**	**722**	**3 852**	**30**
五、渔业从业人员(人)	**31 870**	**4 147**	**27 638**	**353**	**2 282**	**32**
专业从业人员(人)	21 219	2 077	9 531	313	1 280	12
#捕　　捞	1 808	188	3 208	15	320	
养　　殖	16 797	1 562	5 749	153	710	6
兼业从业人员(人)	8 075	1 847	10 139	30	682	11
六、已养殖面积(公顷)	**11 437**	**3 060**	**28 479**	**394**	**2 278**	**30**
#池　　塘	8 270	2 193	2 219	260	743	30
水　　库	95	833	1 568	54		
湖　　泊	1 148		24 371		1 534	
七、养殖单产(千克/公顷)	**10 893**	**10 133**	**3 662**	**6 967**	**3 447**	**10 633**
#池　　塘	13 042	13 190	15 303	9 127	7 244	10 633
水　　库	4 545	2 299	5 637	2 896		
湖　　泊	1 392		2 382			
八、水产品总产量(吨)	**140 696**	**33 147**	**125 684**	**2 825**	**8 788**	**319**
#养　　殖	124 582	31 007	104 283	2 744	7 852	319
#池　　塘	107 850	28 927	33 963	2 373	5 385	319
水　　库	430	1 914	8 840	156		
湖　　泊	1 598		58 062		2 467	
#鱼　　类	119 801	29 745	104 948	2 824	8 753	319
甲 壳 类	11 917	523	9 259	1	30	
贝　　类	7 576	2 064	9 214			
九、珍珠产量(吨)		**6**				
十、鱼苗产量(亿尾)	**15.40**	**2.33**	**11.88**			
十一、鱼种产量(吨)	**21 757**	**3 546**	**9 078**		**860**	**40**

9－24 各县区农业经济效益

（2018 年）

项目	全市	东湖区	西湖区	青云谱区	湾里区	青山湖区	新建区
农业劳动力创造农林牧渔业总产值（元/人）	50 757	10 023			38 149	97 407	58 943
农业劳动力创造农林牧渔业增加值（元/人）	31 272	5 713			22 451	56 675	36 164
农业劳动力创造农林牧渔业商品产值（元/人）	39 169	7 607			22 896	83 288	44 884
农业劳动力生产农产品（千克/人）							
粮　　食	3 845	146			1 037	9 350	4 028
棉　　花	3						1
油　　料	182				15		179
肉　　类	497	8			21	1 565	461
水 产 品	639	100			31	1 532	568

9－24 续表

（2018 年）

项目	南昌县	安义县	进贤县	经济开发区	高新开发区	红谷滩新区
农业劳动力创造农林牧渔业总产值（元/人）	46 773	51 726	56 605	21 400	31 648	26 890
农业劳动力创造农林牧渔业增加值（元/人）	28 675	31 608	35 509	12 068	19 499	15 608
农业劳动力创造农林牧渔业商品产值（元/人）	37 571	39 364	43 094	16 284	24 089	1 970
农业劳动力生产农产品（千克/人）						
粮　　食	4 436	4 301	3 361	993	5 624	1 176
棉　　花		32	1	2		
油　　料	63	525	302	36	27	205
肉　　类	489	507	703	21	36	218
水 产 品	686	810	764	274	443	34

9－25　主要农业机械年末拥有量

项　　目	2017	2018	2018年 比上年增长%
一、农业机械总动力（万千瓦）	**245.11**	**256.46**	**4.6**
＃柴油发动机动力	189.52	198.40	4.7
汽油发动机动力	14.87	15.29	2.8
电动机动力	40.70	42.74	5.0
二、主要农业机械与设备			
大中型拖拉机(混合台)	8 133	8 999	10.6
大中型拖拉机(万千瓦)	40.85	45.69	11.8
小型拖拉机(混合台)	63 816	64 117	0.5
小型拖拉机(万千瓦)	70.17	70.58	0.6
大中型拖拉机配套农具(部)	9 174	7 966	－13.2
小型拖拉机配套农具(部)	53 806	56 249	4.5
农用排灌动力机械(台)	70 382		
农用排灌动力机械(万千瓦)	50.60		
＃柴油机(台)	47 999		
柴油机(万千瓦)	21.35		
电动机(台)	21 815		
电动机(万千瓦)	28.84		
农用水泵(台)	36 483	36 763	0.8
节水灌溉类机械(套)	230	237	3.0
联合收获机(台)	5 987	6 266	4.7
机动割晒机(台)	2		
机动脱粒机(台)	4 721	4 745	0.5

9－26　农业机耕、水电、化肥、水利情况

项　　目	2017	2018	2018年比上年增长%
一、农业机械化情况			
当年实际机耕面积（千公顷）	381.07	380.71	－0.1
当年实际机播面积（千公顷）	145.12	146.69	1.1
当年实际机收面积（千公顷）	349.38	342.63	－1.9
当年实际机电灌溉面积（千公顷）	148.52	147.81	－0.5
二、农业电气化情况			
农村用电量（万千瓦小时）	136 642	137 426	0.6
乡镇村办水电站个数（个）	11		
发电能力（千瓦）			
三、农业化学化情况			
化肥施用量（实物量）（万吨）	37.01	35.40	－4.3
氮　　肥	10.26	9.77	－4.7
磷　　肥	7.73	7.04	－8.9
钾　　肥	5.36	5.11	－4.6
复 合 肥	13.67	13.49	－1.3
化肥施用量（折纯量）（万吨）	14.14	13.49	－4.6
氮　　肥	3.33	3.20	－4.1
磷　　肥	2.28	2.12	－7.1
钾　　肥	2.37	2.25	－5.1
复 合 肥	6.15	5.92	－3.7
农用塑料薄膜使用量（吨）	2 216	1 926	－13.1
# 地膜使用量（吨）	1 196	1 002	－16.2
地膜覆盖面积（公顷）	8 414	7 717	－8.3
农药使用量（吨）	4 899	3 314	－32.4
农用柴油使用量（吨）	33 961	33 588	－1.1
四、农业水利化情况			
总灌溉面积（千公顷）	196.45	196.48	

9－27　各县区农业电气化情况

（2018年）

地　　区	农村用电量（万千瓦时）	乡镇村办水电站个数（个）	水电站发电能力（千瓦）
合　　计	**137 426**		
东湖区	1 819		
西湖区			
青云谱区	1 883		
湾里区	1 921		
青山湖区	21 163		
新建区	18 640		
南昌县	41 171		
安义县	5 349		
进贤县	29 429		
经济开发区	3 361		
高新开发区	11 224		
红谷滩新区	1 466		

9－28　各县区农业水利化情况

（2018年）

地　　区	总灌溉面积（千公顷）	耕地灌溉面积（有效灌溉面积）（千公顷）	林地灌溉面积（千公顷）	园地灌溉面积（千公顷）
合　　计	**196.48**	**189.80**	**4.52**	**2.16**
东湖区	0.01	0.01		
湾里区	2.58	2.58		
青山湖区	10.50	8.99		1.51
新建县	38.34	37.04	0.65	0.65
南昌县	73.64	69.77	3.87	
安义县	18.82	18.82		
进贤县	52.59	52.59		

注:本表数据来源于市水利局。

9－29　各县区农业化学化情况

（2018 年）　　单位：吨

地　　区	化肥施用量（实物量）	氮　肥	磷　肥	钾　肥	复合肥
合　　计	**354 041**	**97 695**	**70 401**	**51 092**	**134 854**
东湖区	685	146	153	191	195
西湖区					
青云谱区					
湾里区	1 679	337	311	245	786
青山湖区	452	210	55	62	125
新建区	92 345	29 605	23 219	13 757	25 764
南昌县	119 018	22 891	14 552	17 231	64 344
安义县	32 858	9 487	9 101	6 768	7 502
进贤县	87 411	28 988	17 890	10 700	29 834
经济开发区	5 848	1 610	2 395	579	1 264
高新开发区	9 471	2 895	1 260	858	4 458
红谷滩新区	4 274	1 526	1 465	701	582

9－29 续表　　（2018 年）　　单位：吨

地　　区	化肥施用量（折纯量）	氮　肥	磷　肥	钾　肥	复合肥
合　　计	**134 902**	**31 952**	**21 205**	**22 506**	**59 239**
东湖区	288	62	66	86	74
西湖区					
青云谱区					
湾里区	633	107	70	96	360
青山湖区	168	64	12	30	62
新建区	30 174	8 170	4 946	5 902	11 156
南昌县	54 569	7 219	6 971	8 529	31 850
安义县	15 699	4 465	4 121	3 363	3 750
进贤县	28 361	10 322	3 830	3 765	10 444
经济开发区	1 372	375	496	188	313
高新开发区	2 182	687	270	205	1 020
红谷滩新区	1 456	481	423	342	210

9－30　水利灌溉设施

（年末数）

项　　目	2017	2018
一、水利工程数量		
水库数量(座)	493	493
其中:大(1)型		
大(2)型		
中　型	8	8
小(1)型	68	68
小(2)型	417	417
塘坝数量(座)	11 148	3 616
窖池数量(座)	282	282
水电站数量(座)	11	7
泵站数量(处)	3 176	3 176
水闸数量(座)	2 661	2 661
农村集中式供水工程数量(处)	369	769
机电井数量(眼)	173 964	173 964
二、灌溉面积(千公顷)		
总灌溉面积	196.45	196.48
其中:耕地灌溉面积(有效灌溉面积)	189.77	189.8
新增耕地灌溉面积		0.03
减少耕地灌溉面积		
实际耕地灌溉面积	181.65	181.68

注:本表数据来源于市水利局。

9－31　主要年份农作物受灾情况

单位:公顷

年　份	受灾面积	旱　灾	水　灾	病虫灾	其　他
1990	212 673	115 160	70 073	4 767	22 673
2000	36 968	13 403	4 917		18 648
2010	189 127		127 492		61 635
2011	91 065	33 590	53 163		4 312
2012	23 356		22 460		896
2013	35 048	21 295	13 506		269
2014	22 028		18 934		3 094
2015	24 524		23 684		840
2016	24 474		24 061		413
2017	21 613		19 641		1 972
2018	12 398	7 115	2 428		2 855

9－31 续表

单位:公顷

年　份	成灾面积	旱　灾	水　灾	病虫灾	其　他
1990	105 327	62 280	33 860	2 287	6 900
2000	30 974	11 402	3 044		16 528
2010	100 526		72 549		27 977
2011	37 456	13 200	21 816		2 440
2012	11 657		10 861		791
2013	9 906	7 134	2 794		
2014	8 003		6 826		1 177
2015	14 667		14 667		
2016	9 796		9 783		13
2017	11 503		9 536		1 967
2018	8 258	4 885	1 597		1 776

注:本表数据来源于市应急管理局。

9-32 农村扶贫对象分布情况(未脱贫)

单位:人

	2017	2018
南昌市	17 377	10 218
湾里区	671	452
南昌县	3 808	983
新建区	3 943	2 733
安义县	3 301	2 168
进贤县	5 654	3 882

注:本表数据来源于市扶贫办。

主要统计指标解释

农林牧渔业总产值 指以货币表现的农、林、牧、渔业全部产品和对农林牧渔业生产活动进行的各种支持性服务活动的价值总量,它反映一定时期内农林牧渔业生产总规模和总成果。1957 年以前的农林牧渔业总产值中包括了厩肥和农民自给性手工业(如农民自制衣服、鞋、袜,自己从事粮食初步加工等)。1958 年及以后,林业中增加了村及村以下竹木采伐产值;牧业中取消了厩肥产值;副业中取消了农民自给性手工业产值,增加了村及村以下办的工业产值;渔业中增加了海洋捕捞水产品产值。1980 年及以后,在副业中增加了农民家庭兼营工业商品部分的产值。从 1984 年起村及村以下工业产值划归工业。从 1993 年起取消副业,将野生动物的捕猎划入牧业、野生植物采集和农民家庭兼营商品性工业划归农业。从 2003 年起,执行新的国民经济行业分类标准,农林牧渔业总产值中包括了农林牧渔服务业产值。林业中增加了森林采运业产值。农业中取消了家庭兼营商品性工业产值,将野生林产品的采集划归林业。

农林牧渔业总产值的计算方法通常是按农、林、牧、渔业产品及其副产品的产量分别乘以各自单位产品价格求得;少数生产周期较长,当年没有产品或产品产量不易统计的,则采用间接方法框算其产值。

农林牧渔业中间消耗 指各种经济类型的农业生产单位和农户,在农业生产经营过程中消耗的各种物质产品和劳务价值的总和。包括物质消耗和生产服务支出两个部分。计入中间消耗必须具备以下两个条件:一是与总产值相对应的生产过程中所消耗的物质产品和劳务;二是本期消耗的不属于固定资产的低值易耗品。

农林牧渔业增加值 指各种经济类型的农业生产单位和农户从事农业生产经营活动所提供的社会最终产品的货币表现。增加值的计算方法有两种,一是生产法:农林牧渔业增加值 = 农林牧渔业总产值一农林牧渔业中间消耗;二是分配法:农林牧渔业增加值 = 固定资产折旧 + 劳动者报酬 + 生产税净额 + 营业盈余。

粮食产量 指全社会的产量。包括国有经济经营的、集体统一经营的和农民家庭经营的粮食产量,还包括工矿企业办的农场和其他生产单位的产量。粮食除包括稻谷、小麦、玉米、高粱、谷子及其他杂粮外,还包括薯类和豆类。其产量计算方法,豆类按占豆荚后的干豆计算;薯类(包括甘薯和马铃薯,不包括芋头和木薯)1963 年以前按每 4 公斤鲜薯折 1 公斤粮食计算,从 1964 年开始改为按 5 公斤鲜薯折 1 公斤粮食计算。城市郊区作为蔬菜的薯类(如马铃薯等)按鲜品计算,并且不作粮食统计。其他粮食一律按脱粒后的原粮计算。

油料产量 指全部油料作物的生产量。包括花生、油菜籽、芝麻、向日葵籽、胡麻籽(亚麻籽)和其他油料。不包括大豆、木本油料和野生油料。花生以带壳干花生计算。

水产品产量 指人工养殖的水产品和天然生长的水产品的捕捞量。包括海水的鱼类、虾蟹类、贝类和藻类以及内陆水域的鱼类、虾蟹类和贝类,不包括淡水生植物。水产品产量是通过各级水产和统计部门逐级上报取得数据。1995 年及以前,贝类中牡蛎按鲜肉计算;蚶、蛤、蛏 5 公斤鲜品折 1 斤计算。1996 年以后则统一按鲜品计算。

猪、牛、羊肉产量 指当年出栏并已屠宰、除去头蹄下水后带骨肉(即胴体重)的重量。包括全社会范围内的产量。

期初(末)畜禽存栏头(只)数 指报告期初(末)农村各种合作经济组织和国营农场、农民个人、机关、团体、学校、工矿企业、部队等单位以及城镇居民饲养的大牲畜、猪、羊、家禽等畜禽的存栏数。

耕地面积 指可以用来种植农作物、经常进行耕锄的田地,包括熟地、当年新开荒地、连续撂荒未满三年的耕地和当年的休闲地(轮歇地),还包括以种植农作物为主并附带种植桑树、茶树、果树和其他林木的土地，以及沿海、沿湖地区已围垦利用的“海涂”“湖田”等面积。但不包括属于专业性的桑园、茶园、果园、果木苗圃、林地、芦苇地、天然或人工草地面积。

农作物播种面积 指实际播种或移植有农作物的面积。凡是实际种植有农作物的面积，不论种植在耕地上还是种植在非耕地上，均包括在农作物播种面积中。在播种季节基本结束后，因遭灾而重新改种和补种的农作物面积，也包括在内。它是反映耕地面积利用情况的一个重要指标。

有效灌溉面积 指具有一定的水源，地块比较平整，灌溉工程或设备已经配套，在一般年景下当年能够进行正常灌溉的耕地面积。在一般情况下，有效灌溉面积应等于灌溉工程或设备已经配套，能够进行正常灌溉的水田和水浇地面积之和。它是反映耕地抗旱能力的一个重要指标。

农用化肥施用量 指本年内实际用于农业生产的化肥数量，包括氮肥、磷肥、钾肥和复合肥。化肥施用量要求按折纯量计算数量。折纯量是指把氮肥、磷肥、钾肥分别按含氮、含五氧化二磷、含氧化钾的100%成分进行折算后的数量。复合肥按其所含主要成分折算。公式为：

折纯量＝实物量×某种化肥有效成分含量的百分比

农业机械总动力 指主要用于农、林、牧、渔业的各种动力机械的动力总和。包括耕作机械、排灌机械、收获机械、农用运输机械、植物保护机械、牧业机械、林业机械、渔业机械和其他农业机械[内燃机按引擎马力折成瓦(特)计算、电动机按功率折成瓦(特)计算]。不包括专门用于乡、镇、村、组办工业、基本建设、非农业运输、科学试验和教掌等非农业生产方面用的动力机械与作业机械。这个指标的统计数据主要来源于农机部门。

乡村从业人员 指乡村人口中劳动年龄(16周岁)以上实际参加生产经营活动并取得实物或货币收入的人员，包括劳动年龄内经常参加劳动的人员，也包括超过劳动年龄但经常参加劳动的人员。但不包括户口在家的在外学生、现役军人和丧失劳动能力的人，也不包括待业人员和家务劳动者。从业人员按从事主业时间最长(时间相同按收入)分为农业从业人员、工业从业人员、建筑业从业人员、交运仓储及邮政业从业人员、批零贸易和餐饮业从业人员、其他从业人员。

十、工　　业

INDUSTRY

本篇内容包括：

1. 规模以上工业企业单位数
2. 工业增加值、总产值
3. 主要工业产品产量
4. 规模以上工业企业经济指标
5. 工业园区主要指标

规模以上工业主营业务收入

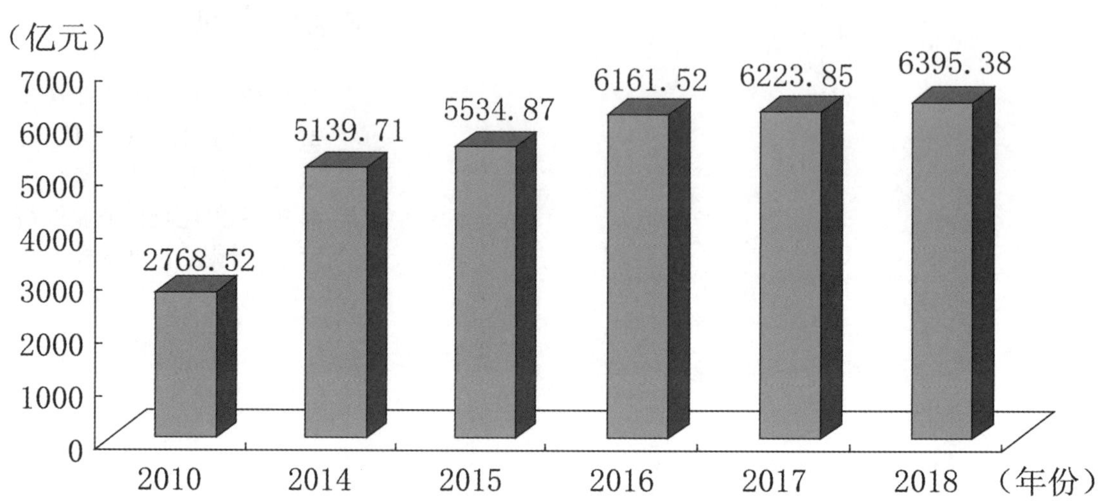

2018 年规模以上工业增加值构成

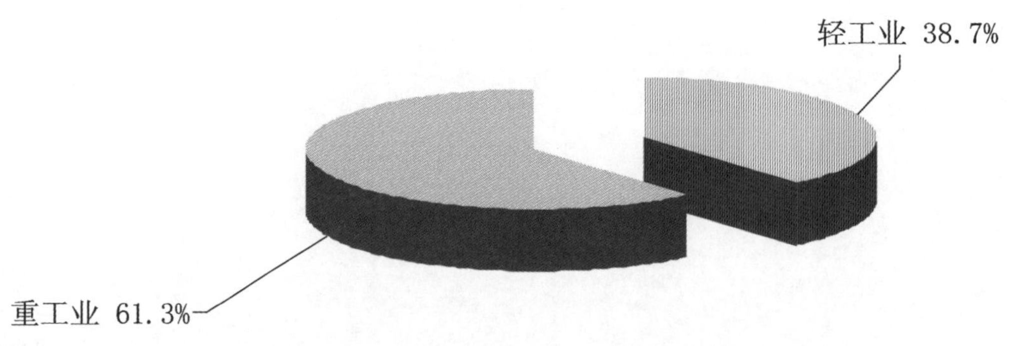

10－1　规模以上工业企业单位数

（2018年）

类　　别	企业单位数（户）	#亏损企业
总　　计	**1 196**	**217**
按登记注册类型分		
国有企业	10	4
集体企业	3	1
股份合作企业	6	2
股份制企业	1 049	187
外商及港澳台商投资企业	122	20
其他经济类型企业	6	3
#国有控股企业	95	22
按隶属关系分		
中央企业	16	2
地方企业	1 180	215
按轻、重工业分		
轻工业	559	79
重工业	637	138
按企业规模分		
大型企业	42	4
中型企业	172	21
小型企业	982	192
按工业行业分		
非金属矿采选业	1	

10－1 续表 1

（2018 年）

类　　别	企业单位数（户）	#亏损企业
农副食品加工业	81	8
食品制造业	23	5
酒、饮料和精制茶制造业	15	2
烟草制品业	1	
纺织业	65	19
纺织服装、服饰业	162	10
皮革、毛皮、羽毛及其制品和制鞋业	13	1
木材加工和木、竹、藤、棕、草制品业	13	
家具制造业	5	
造纸和纸制品业	15	3
印刷和记录媒介复制业	21	6
文教、工美、体育和娱乐用品制造业	10	1
石油、煤炭及其他燃料加工业	4	1
化学原料和化学制品制造业	49	15
医药制造业	51	8
化学纤维制造业	1	1
橡胶和塑料制品业	38	6
非金属矿物制品业	106	22
黑色金属冶炼和压延加工业	11	4
有色金属冶炼和压延加工业	64	12
金属制品业	57	9
通用设备制造业	44	11

10－1 续表2 （2018 年）

类　　别	企业单位数（户）	#亏损企业
专用设备制造业	56	8
汽车制造业	80	15
铁路、船舶、航空航天和其他运输设备制造业	8	2
电气机械和器材制造业	64	12
计算机、通信和其他电子设备制造业	89	28
仪器仪表制造业	9	3
其他制造业	2	
废弃资源综合利用业	8	1
电力、热力生产和供应业	9	1
燃气生产和供应业	10	1
水的生产和供应业	11	2
按地区分		
西　湖　区	2	
青 云 谱 区	28	2
湾　里　区	26	6
青 山 湖 区	176	14
新　建　区	109	16
南　昌　县	265	41
安　义　县	142	31
进　贤　县	105	8
经济开发区	221	64
高新开发区	150	40

注：本表总计数为集团公司按总部所在地统计，县区数据为集团公司按子公司所在地统计。

10－2　规模以上工业企业增加值增速

类　　别	2017年比2016年增长（%）	2018年比2017年增长（%）
总　　计	**9.5**	**9.5**
按登记注册类型分		
国有企业	15.1	-3.8
集体企业	4.4	-11.9
股份合作企业	-44.7	-55.7
股份制企业	9.6	12.3
外商及港澳台商投资企业	13.5	4.0
其他经济类型企业	-1.0	88.5
#国有控股企业	14.2	5.0
按隶属关系分		
中央企业	11.3	8.0
地方企业	9.2	9.9
按轻、重工业分		
轻工业	3.8	4.1
重工业	14.2	13.2
按企业规模分		
大型企业	12.8	9.1
中型企业	5.2	4.3
小型企业	7.3	16.0
按工业行业分		
非金属矿采选业	-44.9	4.1
农副食品加工业	4.4	1.7
食品制造业	-15.4	-9.5
酒、饮料和精制茶制造业	-7.3	5.1
烟草制品业	13.6	7.0
纺织业	16.0	-4.0
纺织服装、服饰业	-12.0	14.3
皮革、毛皮、羽毛及其制品和制鞋业	20.6	20.6
木材加工和木、竹、藤、棕、草制品业	3.0	-50.3
家具制造业	10.1	-29.0
造纸和纸制品业	3.1	-8.6
印刷和记录媒介复制业	-12.4	10.9

10－2 续表

类　　别	2017年比2016年增长（%）	2018年比2017年增长（%）
文教、工美、体育和娱乐用品制造业	－26.4	230.9
石油、煤炭及其他燃料加工业	－4.9	141.8
化学原料和化学制品制造业	16.0	11.4
医药制造业	2.9	－13.7
化学纤维制造业		
橡胶和塑料制品业	35.3	－6.2
非金属矿物制品业	－5.1	15.0
黑色金属冶炼和压延加工业	13.0	14.2
有色金属冶炼和压延加工业	7.1	1.7
金属制品业	－4.4	1.8
通用设备制造业	2.6	12.2
专用设备制造业	2.2	7.1
汽车制造业	19.9	－1.3
铁路、船舶、航空航天和其他运输设备制造业	15.0	－21.8
电气机械和器材制造业	12.5	18.9
计算机、通信和其他电子设备制造业	24.6	29.1
仪器仪表制造业	21.4	2.1
其他制造业		－1.7
废弃资源综合利用业	－4.0	24.5
电力、热力生产和供应业	9.1	11.5
燃气生产和供应业	13.5	21.5
水的生产和供应业	6.3	6.8
按地区分		
西　湖　区	8.5	8.2
青 云 谱 区	9.1	7.4
湾　里　区	10.0	9.1
青 山 湖 区	9.2	9.3
新　建　区	9.4	9.5
南　昌　县	9.5	9.6
安　义　县	9.4	9.0
进　贤　县	9.1	9.9
经济开发区	9.6	9.4
高新开发区	10.2	10.1

10－3 各县区规模以上工业企业单位数

（2018 年）

单位：户

分类	全市	西湖区	青云谱区	湾里区	青山湖区	新建区
总计	**1 196**	**2**	**28**	**26**	**176**	**109**
按登记注册类型分						
国有企业	10		1			7
集体企业	3			1	1	
股份合作企业	6		1	2	1	1
股份制企业	1 049	2	24	21	160	96
外商及港澳台商投资企业	122		2	2	13	5
其他经济类型企业	6				1	
# 国有控股企业	95	1	10		6	23
按隶属关系分						
中央企业	16		1		2	5
地方企业	1 180	2	27	26	174	104
按轻、重工业分						
轻工业	559		11	14	146	51
重工业	637	2	17	12	30	54
按企业规模分						
大型企业	42	1	2		1	
中型企业	172		4	1	34	30
小型企业	982	1	22	25	141	79

10－3 续表 (2018 年) 单位:户

分类	南昌县	安义县	进贤县	经济开发区	高新开发区
总　计	**265**	**142**	**105**	**221**	**150**
按登记注册类型分					
国有企业	3			4	1
集体企业				1	
股份合作企业					1
股份制企业	231	140	102	190	100
外商及港澳台商投资企业	28	2	3	24	48
其他经济类型企业	3			2	
#国有控股企业	27	3	2	24	21
按隶属关系分					
中央企业				3	4
地方企业	265	142	105	218	146
按轻、重工业分					
轻工业	116	39	66	79	37
重工业	149	103	39	140	113
按企业规模分					
大型企业	6		3	14	15
中型企业	44	10	11	34	20
小型企业	215	132	91	173	115

10－4　各县区规模以上工业企业总产值增速

（2018 年）　　单位:%

分　类	全　市	西湖区	青云谱区	湾里区	青山湖区	新建区
总　计	**12.7**	**24.6**	**3.4**	**12.5**	**14.7**	**15.5**
按登记注册类型分						
国有企业	-1.9		-5.8			21.5
集体企业	-5.2			-25.5	-0.1	
股份合作企业	-54.2		-35.5	-29.0	-93.8	6.1
股份制企业	16.2	24.6	3.3	32.2	17.7	14.9
外商及港澳台商投资企业	6.9		19.6	-8.1	-2.8	14.7
其他经济类型企业	80.1				3.4	
#国有控股企业	6.7	25.0	2.6		-11.1	20.4
按隶属关系分						
中央企业	9.5		41.6		-43.2	7.4
地方企业	13.4	24.6	1.6	12.5	15.0	16.4
按轻、重工业分						
轻工业	7.8		30.4	52.6	-4.7	11.6
重工业	15.3	24.6	1.3	-3.5	25.3	16.7
按企业规模分						
大型企业	10.8	25.0	2.8		26.3	
中型企业	8.6		-2.1	16.1	2.3	13.0
小型企业	21.9	2.8	22.2	11.8	4.7	26.8

10－4 续表　　　　　　（2018 年）　　　　　　单位:%

分　　类	南 昌 县	安 义 县	进 贤 县	经济开发区	高新开发区
总　　计	**14.5**	**18.8**	**16.9**	**12.5**	**17.0**
按登记注册类型分					
国有企业	13.3			0.1	－11.9
集体企业				5.9	
股份合作企业					－25.3
股份制企业	14.5	18.8	16.8	17.1	19.4
外商及港澳台商投资企业	14.0	3.7	17.5	－0.4	8.3
其他经济类型企业				32.8	
#国有控股企业	3.8	17.2	33.9	9.4	4.8
按隶属关系分					
中央企业				－1.6	4.4
地方企业	14.5	18.8	16.9	13.4	19.7
按轻、重工业分					
轻工业	14.3	－8.9	15.4	－0.3	7.7
重工业	14.7	24.7	18.9	15.7	27.3
按企业规模分					
大型企业	3.1		8.3	18.1	10.9
中型企业	11.5	8.7	10.9	－3.9	11.1
小型企业	24.8	22.1	23.4	11.5	46.8

10－5 工 业 产 品 产 量

（2018 年）

类　　别	2018 年	2018 年比 2017 年增长（%）
配混合饲料（万吨）	1 288.47	1.9
乳 制 品（万吨）	5.79	－5.3
罐　　头（吨）	10 088.00	20.1
饮　　料（万吨）	228.12	16.1
白　　酒（万千升）	6.35	18.0
啤　　酒（万千升）	26.46	－3.6
精 制 茶（吨）	1 892.90	19.6
卷　　烟（亿支）	638.01	－3.1
纱（万吨）	6.64	43.5
布（万米）	2 553.10	－12.7
纯棉布	2 273.20	－7.4
棉混纺交织布	276.10	－35.9
纯化纤布	3.90	－89.8
印 染 布（万米）	6 772.10	37.8
服　　装（万件）	9 738.40	8.5
机制纸及纸板（万吨）	64.41	
化学药品原药（吨）	867.70	－51.1
中 成 药（吨）	16 617.60	－0.8
轮胎外胎（万条）	48.89	－64.0
塑料制品（吨）	6 040.20	－65.5
水　　泥（万吨）	693.06	9.8
玻璃保温容器（万个）	276.00	－77.4
耐火材料制品（吨）	10 296.00	45.3
生　　铁（万吨）	346.04	12.8
粗钢（万吨）	420.31	15.3
钢材（万吨）	464.29	21.6
棒　　材	66.08	－14.1
钢　　筋	272.98	20.1
线　　材	86.07	33.2
工业锅炉（蒸发量吨）	1 082.00	－27.2
金属切削机床（台）	218.00	－15.2
#数控机床	56.00	－6.7
气体压缩机（台）	9 258 196.00	11.0
矿山设备（吨）	17 912.00	28.8
小型拖拉机（台）	7 867.00	27.6
汽　车（万辆）	41.29	－6.2
#载货汽车	23.37	4.7
交流电动机（万千瓦）	81.47	69.1
变压器（万千伏安）	748.89	－66.7
通信及电子网络用电缆（对千米）	671 652.00	144.0
房间空气调节调器（万台）	488.76	8.0
智能手机(万部)	4 035.88	10.0
彩色电视机（万台）	21.81	－7.5

10－6 主要工业产品产量

年份 地区	纱 （吨）	布 （万米）	机制纸及纸板 （吨）	卷烟 （箱）	水泥 （吨）	生铁 （吨）	粗钢 （吨）
1978		7 976	32 582	131 434	66 459	43 435	
1980		12 294	43 471	156 104	86 365		
1985	21 806	9 176	59 000	235 075	137 700	29 115	
1990	23 287	9 923	61 641	284 900	208 500	99 584	
1991	22 437	8 391	53 944	275 100	256 400	79 000	
1992	20 483	8 571	54 561	277 000	286 800	141 100	
1993	19 647	8 612	58 800	265 500	299 500	214 900	
1994	22 917	11 304	68 715	246 262	363 500	260 322	
1995	24 185	13 565	83 030	231 606	353 071	269 571	
1996	21 312	12 918	94 573	232 647	404 700	318 974	
1997	23 997	14 624	97 196	232 849	367 300	315 978	
1998	22 025	8 845	73 765	253 475	280 000	418 343	
1999	25 071	11 739	97 340	256 953	360 000	512 521	
2000	26 108	13 285	81 584	331 999	330 000	668 086	
2001	25 734	13 734	94 159	347 773	380 000	787 965	
2002	19 571	11 512	71 507	357 519	300 000	1 156 589	
2003	21 478	7 879	38 704	373 359	830 000	1 247 582	
2004	34 470	9 689	24 433	382 420	2 487 034	1 376 691	1 439 918
2005	29 829	10 920	200 811	417 131	2 883 350	1 599 938	2 138 261
2006	32 667	9 353	350 336	549 201	3 009 909	1 800 093	2 625 213
2007	33 174	9 645	343 122	540 388	3 437 337	2 301 400	3 000 419
2008	23 934	8 692	345 595	593 699	3 762 884	2 067 330	2 416 311
2009	24 454	10 468	347 579	617 200	3 453 229	2 290 209	2 522 525
2010	30 019	12 691	370 923	662 000	3 191 663	2 349 595	2 569 247
2011	33 401	6 838	350 932	703 000	3 124 336	2 367 653	2 618 644
2012	34 323	7 061	344 177	1 198 000	4 049 977	2 954 403	3 283 067
2013	40 845	8 808	388 474	1 278 000	5 148 459	3 030 734	3 475 441
2014	43 994	8 713	354 369	1 353 000	6 844 905	3 054 852	3 526 646
2015	47 534	7 384	380 774	1 356 000	7 661 475	3 130 198	3 542 624
2016	36 667	6 033	659 212	1 292 200	7 475 158	3 149 144	3 595 701
2017	43 351	4 923	643 931	1 316 534	7 620 327	3 069 052	3 645 581
2018	66 364	2 553	644 087	1 276 030	6 930 600	3 460 443	4 203 051
西湖区							
青云谱区	3 053						
湾里区	9 467						
青山湖区	790	298				3 460 443	4 203 051
新建区	7 299				3 474 871		
南昌县	585	1 934			1 999 615		
安义县	37 186						
进贤县	7 985	321	1 807		1 456 114		
经济开发区			642 280				
高新开发区				1 276 030			

10－6 续表

年份 地区	钢材 （吨）	交流电动机 （千瓦）	金属切削机床 （台）	汽车 （辆）	彩色电视机 （台）	智能手机 （台）	房间空气调节器 （台）
1978	77 481	233 511		1 523			
1980	206 674			1 868	4 572		
1985	253 800	354 900	1 124	4 923	178 269		
1990	223 270	341 840	676	6 604	125 138		
1991	262 600	401 800	921	8 836	114 700		
1992	292 000	473 800	1 479	14 687	162 740		
1993	342 200	567 800	1 534	21 705	163 500		
1994	347 444	557 514	1 328	21 407	123 200		
1995	418 881	455 331	1 313	23 668	112 947		289
1996	448 688	296 140	1 410	16 855	61 345		1 136
1997	483 591	227 566	1 404	17 340	63 115		1 820
1998	565 325	168 864	998	19 258	22 675		
1999	640 230	196 200	1 045	26 330	280 500		
2000	808 495	205 700	1 254	27 500	182 600		
2001	1 012 324	245 900	1 393	37 188	299 884		
2002	1 411 050	369 400	1 972	51 685	414 937		
2003	1 568 126	496 900	2 453	64 042	635 774		
2004	1 908 032	772 755	2 863	73 722	704 717		436 907
2005	2 630 435	513 237	2 186	89 294	891 068		1 666 717
2006	2 884 050	717 515	2 087	96 666	642 238		812 041
2007	3 193 036	1 013 175	1 781	108 743	390 635		1 362 679
2008	2 720 937	847 055	753	103 433	446 184		1 306 308
2009	3 080 403	1 589 641	324	124 623	357 681		1 327 249
2010	3 071 304	1 060 721	527	199 687	306 217		1 712 105
2011	3 127 036	1 134 751	983	203 745	45 754		1 904 143
2012	3 639 342	790 239	1 304	217 715	152 740	19 126 453	2 803 064
2013	3 852 158	968 606	1 279	262 220	180 607	20 450 673	3 198 693
2014	3 736 732	535 822	1 533	316 564	195 745	14 099 533	3 284 302
2015	3 757 631	590 057	1 658	324 712	235 615	5 846 321	3 728 673
2016	3 712 859	468 322	1 512	411 025	200 543	41 554 141	3 495 157
2017	3 819 282	481 710	1 469	440 072	235 822	33 636 729	4 524 762
2018	4 642 938	814 714	218	412 871	218 149	40 358 794	4 887 605
西湖区							
青云谱区				284 844			
湾里区							
青山湖区	4 251 289						
新建区							
南昌县			162	65 338			
安义县							
进贤县							
经济开发区	391 649			47 505		27 662 031	4 887 605
高新开发区		814 714	56		218 149	12 696 763	

注：本表总计数为集团公司按总部所在地统计，县区数据为集团公司按子公司所在地统计。

10－7　规模以上工业企业经济指标

（2006—2018）

指　　标	2006	2007	2008	2009	2010	2011	2012
企业单位数(户)	902	939	940	1 116	1 154	968	1 015
#亏损企业	121	89	109	90	84	58	89
资产总计(万元)	8 681 856	10 985 418	14 067 603	16 915 391	19 615 369	22 846 285	26 023 037
流动资产合计(万元)	4 175 216	5 012 135		7 025 769	9 064 364	10 339 923	12 112 575
负债总计(万元)	4 980 976	6 151 429	8 458 812	9 738 016	11 389 304	13 001 559	14 358 282
所有者权益(万元)	3 411 435	4 832 832	5 608 791	6 728 155	7 988 382	9 784 213	11 583 912
主营业务收入(万元)	9 594 223	12 691 776	18 147 581	21 198 359	27 685 238	33 436 557	38 646 913
#主营业务税金及附加	272 317	380 174	437 821	487 916	578 202	725 979	830 114
营业费用	394 664	408 043	461 493	649 688	717 262	785 625	945 327
利润总额(万元)	383 342	532 297	539 416	967 280	1 387 275	1 683 301	2 113 992
全部从业人员年平均人数(人)	218 724	227 621	246 243	285 943	301 514	374 042	405 540
总资产贡献率(%)	12.81	13.96	13.82	13.79	15.30	15.81	16.67
资本保值增值率(%)	119.53	141.67	114.40	127.97	118.73	122.48	118.39
资产负债率(%)	57.37	56.00	60.13	57.57	58.06	56.91	55.18
流动资产周转率(次)	2.42	2.84	2.99	3.02	3.05	3.28	3.21
成本费用利润率(%)	4.38	4.68	3.26	4.90	5.45	5.40	5.93
全员劳动生产率(元/人)	140 434	177 133	204 673	215 114	215 884	203 516	258 597
产品销售率(%)	99.12	98.17	98.47	98.13	98.04	97.90	98.64

10－7 续表

指　　标	2013	2014	2015	2016	2017	2018
企业单位数(户)	1 078	1 211	1 300	1 385	1 473	1 196
#亏损企业	82	120	170	172	204	217
资产总计(万元)	28 594 476	36 277 945	41 704 834	50 818 607	57 852 476	61 069 861
流动资产合计(万元)	13 162 371	17 202 585	20 028 478	23 353 950	30 406 520	33 530 461
负债总计(万元)	15 663 786	19 206 522	21 923 813	26 151 945	31 449 097	35 195 896
所有者权益(万元)	12 791 768	16 877 068	19 443 521	24 416 682	26 403 379	25 873 965
主营业务收入(万元)	44 950 898	51 397 103	55 348 665	61 615 233	62 238 498	63 953 801
#主营业务税金及附加	965 669	1 159 140	1 274 256	1 104 974	1 386 463	1 481 221
营业费用	1 138 548	1 423 181	1 573 545	1 738 980	1 735 970	1 423 010
利润总额(万元)	2 507 625	3 167 045	3 097 572	3 610 540	3 758 497	3 633 715
全部从业人员年平均人数(人)	418 944	446 633	444 758	494 316	458 430	411 541
总资产贡献率(%)	17.64	16.94	14.72	13.30	13.19	11.69
资本保值增值率(%)	110.43	131.94	115.21	125.58	110.51	109.30
资产负债率(%)	54.78	52.94	52.57	51.46	54.40	57.60
流动资产周转率(次)	3.44	3.00	2.78	2.66	2.38	2.06
成本费用利润率(%)	6.06	6.66	6.01	6.26	6.50	6.10
全员劳动生产率(元/人)	276 762	309 121	326 435	326 007	369 105	415 312
产品销售率(%)	98.35	98.21	98.75	99.10	99.00	99.40

10－8　规模以上工业企业主要经济指标

（2018 年）　　单位：万元

项　　目	主营业务收　　入	主营业务税金及附加	主营业务成　　本	营业费用
总　　计	**63 953 801**	**1 481 221**	**54 913 289**	**1 423 010**
按登记注册类型分				
国有企业	9 526 283	109 049	8 384 760	325 179
集体企业	8 879	32	8 579	31
股份合作企业	41 433	82	38 751	273
股份制企业	46 279 621	1 326 302	39 668 562	878 612
外商及港澳台商投资企业	8 053 262	45 599	6 770 705	218 392
其他经济类型企业	44 324	157	41 933	523
#国有控股企业	24 545 017	1 303 161	20 641 087	557 701
按隶属关系分				
中央企业	10 433 963	1 171 741	8 562 480	50 753
地方企业	53 519 838	309 481	46 350 809	1 372 257
按轻、重工业分				
轻工业	20 109 855	1 226 713	15 882 861	751 329
重工业	43 843 946	254 508	39 030 428	671 681
按企业规模分				
大型企业	37 562 927	1 345 891	31 694 773	754 911
中型企业	12 650 529	68 868	10 943 327	322 508
小型企业	13 740 345	66 463	12 275 189	345 591
按工业行业分				
非金属矿采选业	3 812	14	3 620	32
农副食品加工业	7 926 375	20 328	7 070 574	174 748
食品制造业	366 123	2 538	278 437	32 602
酒、饮料和精制茶制造业	531 112	11 066	391 399	69 840
烟草制品业	2 035 590	1 127 099	667 424	34 118
纺织业	431 153	794	405 379	12 312
纺织服装、服饰业	1 360 927	12 169	1 172 093	22 567
皮革、毛皮、羽毛及其制品和制鞋业	756 068	2 339	650 442	16 326
木材加工和木、竹、藤、棕、草制品业	45 231	272	40 783	969
家具制造业	59 748	354	43 741	634
造纸和纸制品业	809 565	4 313	640 372	13 650
印刷和记录媒介复制业	448 681	4 153	345 522	5 274

项　　目	资产合计	流动资产	#产成品	负　债 合　计	所有者权益 合　计
总　　计	**61 069 861**	**33 530 461**	**2 155 835**	**35 195 896**	**25 873 965**
按登记注册类型分					
国有企业	9 656 865	6 789 625	370 973	6 856 188	2 800 677
集体企业	5 774	4 535	358	6 593	－819
股份合作企业	16 301	9 747	1 514	8 176	8 125
股份制企业	43 560 600	21 847 111	1 476 599	24 255 759	19 304 841
外商及港澳台商投资企业	7 820 205	4 871 167	305 951	4 062 508	3 757 697
其他经济类型企业	10 116	8 276	441	6 673	3 443
#国有控股企业	27 884 189	12 412 533	662 611	16 865 267	11 018 922
按隶属关系分					
中央企业	12 476 330	2 667 465	122 557	6 802 830	5 673 500
地方企业	48 593 532	30 862 997	2 033 278	28 393 065	20 200 467
按轻、重工业分					
轻工业	17 092 354	8 848 791	528 089	7 553 900	9 538 454
重工业	43 977 507	24 681 670	1 627 746	27 641 995	16 335 512
按企业规模分					
大型企业	39 386 611	20 361 007	1 335 271	23 708 181	15 678 430
中型企业	8 952 358	4 950 159	311 106	4 464 693	4 487 665
小型企业	12 730 893	8 219 296	509 459	7 023 021	5 707 872
按工业行业分					
非金属矿采选业	3 501	3 143		3 372	129
农副食品加工业	4 957 960	2 588 894	158 225	2 828 999	2 128 961
食品制造业	316 173	198 421	15 445	144 565	171 608
酒、饮料和精制茶制造业	475 330	168 898	17 506	319 210	156 120
烟草制品业	1 649 552	1 247 723	41 897	421 884	1 227 668
纺织业	677 696	159 454	20 905	398 321	279 375
纺织服装、服饰业	644 706	344 494	19 821	287 353	357 353
皮革、毛皮、羽毛及其制品和制鞋业	772 736	564 020	3 072	142 188	630 548
木材加工和木、竹、藤、棕、草制品业	31 553	14 292	1 370	12 138	19 415
家具制造业	16 364	11 391	847	7 241	9 123
造纸和纸制品业	979 506	458 933	28 443	591 238	388 268
印刷和记录媒介复制业	502 325	306 753	16 626	146 566	355 759

10－8续表1 (2018年) 单位:万元

项　　目	主营业务收　　入	主营业务税金及附加	主营业务成　　本	营业费用
文教、工美、体育和娱乐用品制造业	301 911	813	271 767	5 658
石油、煤炭及其他燃料加工业	16 365	36	14 605	1 713
化学原料和化学制品制造业	907 037	7 630	687 131	32 110
医药制造业	1 899 942	21 251	1 156 842	292 761
化学纤维制造业	2 647	3	2 322	52
橡胶和塑料制品业	950 573	4 007	793 141	18 973
非金属矿物制品业	1 601 771	7 996	1 332 107	57 817
黑色金属冶炼和压延加工业	1 969 116	18 380	1 408 716	13 018
有色金属冶炼和压延加工业	1 684 010	5 124	1 589 078	15 477
金属制品业	1 761 386	10 409	1 579 451	27 709
通用设备制造业	974 235	4 788	762 039	15 936
专用设备制造业	1 464 923	9 958	1 216 139	49 327
汽车制造业	11 759 201	121 286	10 292 403	342 703
铁路、船舶、航空航天和其他运输设备制造业	57 251	476	50 941	659
电气机械和器材制造业	4 241 276	21 925	3 831 909	76 018
计算机、通信和其他电子设备制造业	10 774 923	15 871	9 844 333	57 351
仪器仪表制造业	150 996	851	124 177	7 063
其他制造业	4 533	33	3 947	252
废弃资源综合利用业	342 017	4 119	335 826	2 042
电力、热力生产和供应业	7 314 609	34 935	7 085 345	1 084
燃气生产和供应业	490 104	623	442 091	7 261
水的生产和供应业	510 595	5 271	379 196	14 956
按地区分				
西　湖　区	341 367	2 914	275 564	12 051
青 云 谱 区	3 390 678	72 783	2 876 683	132 457
湾　里　区	192 659	634	169 932	6 686
青 山 湖 区	3 240 247	25 957	2 461 998	66 294
新　建　区	4 924 052	34 247	4 419 521	81 430
南　昌　县	9 382 768	60 694	7 596 046	353 588
安　义　县	1 679 930	5 691	1 536 733	21 868
进　贤　县	3 231 247	13 185	2 939 618	55 680
经济开发区	13 000 941	58 993	10 736 018	306 580
高新开发区	14 194 762	1 154 893	11 508 919	336 948

项　　目	资产合计	流动资产	#产成品	负　债 合　计	所有者权益 合　计
文教、工美、体育和娱乐用品制造业	130 515	61 351	8 657	33 652	96 863
石油、煤炭及其他燃料加工业	4 859	4 199	472	3 616	1 243
化学原料和化学制品制造业	986 675	443 930	49 018	362 154	624 521
医药制造业	3 782 374	1 422 623	112 946	1 207 786	2 574 588
化学纤维制造业	4 318	745	182	3 529	789
橡胶和塑料制品业	525 022	356 302	21 166	144 120	380 902
非金属矿物制品业	1 613 751	850 346	43 069	820 758	792 993
黑色金属冶炼和压延加工业	1 045 354	566 940	37 128	332 980	712 374
有色金属冶炼和压延加工业	866 211	554 560	80 553	471 959	394 252
金属制品业	754 282	460 951	42 626	318 267	436 015
通用设备制造业	925 367	601 537	109 889	616 929	308 438
专用设备制造业	1 431 578	850 482	70 769	698 691	732 887
汽车制造业	11 189 491	7 641 192	422 621	7 615 051	3 574 440
铁路、船舶、航空航天和其他运输设备制造业	162 964	76 295	3 191	84 280	78 684
电气机械和器材制造业	4 237 777	2 688 774	154 311	2 556 083	1 681 694
计算机、通信和其他电子设备制造业	11 948 417	9 402 104	649 283	7 718 318	4 230 099
仪器仪表制造业	392 875	304 372	5 312	164 203	228 672
其他制造业	1 567	1 117	107	770	797
废弃资源综合利用业	96 854	76 034	4 163	63 499	33 355
电力、热力生产和供应业	7 952 636	402 369	762	5 486 382	2 466 254
燃气生产和供应业	534 679	186 314	6 214	380 456	154 223
水的生产和供应业	1 454 895	511 508	9 242	809 339	645 556
按地区分					
西　湖　区	1 265 480	450 027	8 492	728 676	536 804
青 云 谱 区	2 960 207	1 915 808	113 467	1 482 455	1 477 752
湾　里　区	154 452	111 179	3 477	104 762	49 690
青 山 湖 区	2 721 073	1 277 004	79 203	1 189 999	1 531 074
新　建　区	2 951 866	1 728 155	100 462	1 694 052	1 257 814
南　昌　县	8 227 800	4 469 401	238 295	3 626 600	4 601 200
安　义　县	1 057 049	637 432	92 796	598 238	458 811
进　贤　县	1 845 238	1 182 031	106 661	1 010 457	834 781
经济开发区	12 710 198	7 205 796	551 482	7 349 937	5 360 261
高新开发区	16 089 104	11 042 190	712 744	9 073 141	7 015 963

10－8 续表2

单位:万元

项　　目	利润总额	#盈利企业的利润额	亏损企业的亏损额	企　业亏损面（%）	资　产负债率（%）	产　品销售率（%）	全部从业人员年平均人数（人）	人均实现利　润（元）
总　计	**3 633 715**	**3 769 263**	**135 548**	**18.1**	**57.6**	**99.4**	**411 541**	**88 295**
按登记注册类型分								
国有企业	359 576	360 787	1 211	40.0	71.0	99.8	47 155	76 254
集体企业	－463	19	482	33.3	114.2	100.0	227	－20 396
股份合作企业	1 063	1 080	17	33.3	50.2	99.2	197	53 959
股份制企业	2 527 621	2 629 684	102 063	17.8	55.7	99.4	305 542	82 726
外商及港澳台商投资企业	744 849	776 522	31 673	16.4	51.9	99.1	57 675	129 146
其他经济类型企业	1 069	1 171	102	50.0	66.0	100.0	745	14 349
#国有控股企业	942 591	957 047	14 456	23.2	60.5	99.9	138 936	67 844
按隶属关系分								
中央企业	258 279	258 935	656	12.5	54.5	100.6	54 146	47 700
地方企业	3 375 436	3 510 327	134 891	18.2	58.4	99.2	357 395	94 446
按轻、重工业分								
轻工业	1 385 092	1 424 026	38 934	14.1	44.2	100.1	154 050	89 912
重工业	2 248 622	2 345 236	96 614	21.7	62.9	99.1	257 491	87 328
按企业规模分								
大型企业	2 033 705	2 040 740	7 035	9.5	60.2	100.0	213 163	95 406
中型企业	991 528	1 037 238	45 710	12.2	49.9	98.0	94 791	104 601
小型企业	608 482	691 284	82 802	19.6	55.2	99.2	103 587	58 741
按工业行业分								
非金属矿采选业	51	51			96.3	100.0	8	63 750
农副食品加工业	439 590	440 968	1 378	9.9	57.1	99.1	24 102	182 387
食品制造业	23 777	27 414	3 637	21.7	45.7	95.5	4 328	54 938
酒、饮料和精制茶制造业	41 677	47 894	6 217	13.3	67.2	95.4	5 968	69 834
烟草制品业	31 021	31 021			25.6	125.1	5 277	58 785
纺织业	2 794	6 335	3 541	29.2	58.8	99.4	7 033	3 973
纺织服装、服饰业	66 807	67 657	850	6.2	44.6	99.6	37 375	17 875
皮革、毛皮、羽毛及其制品和制鞋业	66 784	66 983	199	7.7	18.4	98.2	5 840	114 356
木材加工和木、竹、藤、棕、草制品业	1 987	1 987			38.5	100.7	996	19 950
家具制造业	12 721	12 721			44.2	99.6	506	251 403
造纸和纸制品业	103 637	104 183	546	20.0	60.4	99.5	3 582	289 327
印刷和记录媒介复制业	65 934	68 518	2 584	28.6	29.2	89.7	4 429	148 869

项　　目	利润总额	#盈利企业的利润额	#亏损企业的亏损额	企　业亏损面(%)	资　产负债率(%)	产　品销售率(%)	全部从业人员年平均人数(人)	人均实现利　润(元)
文教、工美、体育和娱乐用品制造业	7 744	8 178	434	10.0	25.8	100.3	2 964	26 127
石油、煤炭及其他燃料加工业	－61	28	89	25.0	74.4	95.1	130	－4 692
化学原料和化学制品制造业	128 033	132 837	4 804	30.6	36.7	92.4	8 843	144 785
医药制造业	305 507	307 900	2 393	15.7	31.9	99.3	21 948	139 196
化学纤维制造业	－206		206	100.0	81.7	100.0	42	－49 048
橡胶和塑料制品业	109 167	115 619	6 452	15.8	27.5	104.9	5 133	212 677
非金属矿物制品业	153 385	157 986	4 601	20.8	50.9	102.9	9 936	154 373
黑色金属冶炼和压延加工业	395 813	397 945	2 132	36.4	31.9	98.5	6 673	593 156
有色金属冶炼和压延加工业	35 209	40 304	5 095	18.8	54.5	99.1	11 279	31 216
金属制品业	95 625	97 029	1 404	15.8	42.2	97.7	10 350	92 391
通用设备制造业	56 508	63 941	7 433	25.0	66.7	97.5	8 302	68 066
专用设备制造业	124 388	127 333	2 945	14.3	48.8	93.8	17 284	71 967
汽车制造业	555 193	558 984	3 791	18.8	68.1	99.6	62 138	89 348
铁路、船舶、航空航天和其他运输设备制造业	705	1 345	640	25.0	51.7	104.4	820	8 598
电气机械和器材制造业	162 621	207 879	45 258	18.8	60.3	98.1	21 825	74 511
计算机、通信和其他电子设备制造业	416 488	439 975	23 487	31.5	64.6	99.3	73 701	56 510
仪器仪表制造业	6 524	10 639	4 115	33.3	41.8	98.8	1 139	57 278
其他制造业	71	71			49.1	97.7	81	8 765
废弃资源综合利用业	11 792	12 012	220	12.5	65.6	99.9	907	130 011
电力、热力生产和供应业	88 595	88 994	399	11.1	69.0	100.0	41 030	21 593
燃气生产和供应业	27 240	27 769	529	10.0	71.2	98.1	2 392	113 880
水的生产和供应业	96 597	96 769	172	18.2	55.6	99.9	5 180	186 481
按地区分								
西　湖　区	39 140	39 140			57.6	100.0	4 035	97 001
青 云 谱 区	81 409	81 493	84	7.1	50.1	85.5	22 117	36 808
湾　里　区	4 839	5 206	367	23.1	67.8	98.8	1 972	24 539
青 山 湖 区	485 592	504 685	19 093	8.0	43.7	98.0	41 051	118 290
新　建　区	236 878	248 009	11 131	14.7	57.4	100.3	28 270	83 791
南　昌　县	514 879	587 523	72 644	15.5	44.1	99.8	61 649	83 518
安　义　县	59 345	65 128	5 783	21.8	56.6	96.1	15 514	38 253
进　贤　县	135 431	135 813	382	7.6	54.8	96.5	22 987	58 916
经济开发区	1 137 485	1 195 866	58 381	29.0	57.8	99.5	84 899	133 981
高新开发区	610 732	640 563	29 831	26.7	56.4	99.7	78 178	78 121

注:本表总计数为集团公司按总部所在地统计,县区数据为集团公司按子公司所在地统计。

10－9　规模以上国有控股工业企业经济指标

指　　标	2006	2007	2008	2009	2010	2011	2012
企业单位数(户)	133	115	113	103	104	87	92
#亏损企业	40	36	39	24	21	8	15
资产总计(万元)	5 771 591	6 404 587	9 909 633	10 413 857	12 219 294	12 672 054	13 448 747
流动资产合计(万元)	2 890 060	3 260 298		4 567 928	5 980 741	5 765 530	6 177 867
负债总计(万元)	3 532 261	3 929 888	6 497 418	6 774 871	7 983 472	7 886 287	8 175 400
所有者权益(万元)	1 953 806	2 474 699	3 412 215	3 189 970	4 044 067	4 780 344	5 255 273
主营业务收入(万元)	5 133 265	6 237 079	8 507 005	8 789 991	11 390 307	12 127 610	12 511 044
#主营业务税金及附加	225 836	329 058	368 877	427 615	508 752	611 883	701 158
营业费用	192 157	211 579	238 594	291 895	312 125	314 905	352 501
利润总额(万元)	222 865	280 694	193 958	322 655	495 441	575 176	645 482
全部从业人员年平均人数(人)	111 928	111 706	120 866	118 685	114 622	153 285	150 576
总资产贡献率(%)	13.68	14.97	13.65	11.98	13.17	14.39	15.52
资本保值增值率(%)	130.24	126.38	165.43	106.65	126.77	118.21	109.94
资产负债率(%)	61.20	61.36	65.57	65.06	65.33	62.23	60.79
流动资产周转率(次)	1.87	2.09	1.98	1.92	1.90	2.15	2.06
成本费用利润率(%)	4.77	4.99	2.43	3.87	4.75	5.11	5.61
全员劳动生产率(元/人)	134 546	164 367	191 495	200 887	216 172	169 742	76 402
产品销售率(%)	100.17	98.46	99.26	98.88	98.39	99.07	98.73

10－9 续表

指　　标	2013	2014	2015	2016	2017	2018
企业单位数(户)	91	97	100	92	96	95
#亏损企业	17	18	24	20	17	22
资产总计(万元)	13 943 680	16 131 686	18 198 107	22 049 071	26 434 754	27 884 189
流动资产合计(万元)	6 412 129	7 644 733	8 783 497	8 809 382	11 570 321	12 412 533
负债总计(万元)	8 560 502	9 733 271	10 875 987	12 685 301	15 490 266	16 865 267
所有者权益(万元)	5 380 594	6 528 958	7 119 408	9 363 769	10 944 488	11 018 922
主营业务收入(万元)	13 936 445	15 669 462	16 290 765	18 174 053	20 896 835	24 545 017
#主营业务税金及附加	804 799	969 779	1 072 994	883 215	1 153 382	1 303 161
营业费用	387 579	483 797	476 243	592 538	711 760	557 701
利润总额(万元)	692 290	967 315	932 311	972 886	970 153	942 591
全部从业人员年平均人数(人)	146 129	149 920	112 216	139 539	128 723	136 821
总资产贡献率(%)	16.11	17.26	15.63	13.54	12.91	23.31
资本保值增值率(%)	102.38	121.34	109.04	131.52	112.89	103.49
资产负债率(%)	61.39	60.34	59.76	57.53	58.60	60.50
流动资产周转率(次)	2.20	2.07	1.88	2.09	1.99	3.95
成本费用利润率(%)	5.56	6.88	6.38	5.84	5.10	4.20
全员劳动生产率(元/人)	274 910	234 908	386 395	333 976	396 426	429 826
产品销售率(%)	98.52	98.29	100.23	100.28	99.00	99.90

10－10　国有控股工业企业主要经济指标

（2018年）

单位：万元

项　　目	企　业单位数（户）	#亏损企业	主营业务收入	主营业务税金及附加	主营业务成本	营业费用	资产合计	流动资产	#产成品
总　　计	**95**	**22**	**24 545 017**	**1 303 161**	**20 641 087**	**557 701**	**27 884 189**	**12 412 533**	**662 611**
按登记注册类型分									
国有企业	10	4	9 526 283	109 049	8 384 760	325 179	9 656 865	6 789 625	370 973
集体企业									
股份合作企业									
股份制企业	76	17	14 244 829	1 191 685	11 558 955	221 536	17 659 781	5 267 309	272 241
外商及港澳台商投资企业	9	1	773 905	2 427	697 373	10 985	567 543	355 599	19 398
其他经济类型企业									
按隶属关系分									
中央企业	15	2	10 403 178	1 171 726	8 535 757	50 542	12 474 562	2 665 849	121 997
地方企业	80	20	14 141 840	131 435	12 105 330	507 159	15 409 627	9 746 683	540 615
按轻、重工业分									
轻工业	32	8	3 547 397	1 146 635	1 584 278	180 506	5 606 950	2 555 017	127 163
重工业	63	14	20 997 620	156 526	19 056 810	377 195	22 277 239	9 857 516	535 448
按企业规模分									
大型企业	12		21 097 521	1 287 794	17 713 690	482 036	24 027 630	10 558 160	531 916
中型企业	26	5	2 390 323	10 400	2 033 060	55 278	2 537 982	1 168 237	62 393
小型企业	57	17	1 057 173	4 967	894 338	20 387	1 318 578	686 135	68 302
按工业行业分									
农副食品加工业	3		11 766	8	11 523	209	25 086	14 998	210
食品制造业	1	1	3 758	63	3 182	126	7 769	3 711	259
酒、饮料和精制茶制造业	1		91 132	1 290	56 066	18 489	99 464	30 464	1 794
烟草制品业	1		2 035 590	1 127 099	667 424	34 118	1 649 552	1 247 723	41 897
纺织业	2	1	3 091	33	4 314	339	440 494	8 571	3 815
纺织服装、服饰业	6	1	81 059	1 136	28 633	243	103 159	94 500	978
造纸和纸制品业	1		5 974	5	5 946	3	10 323	3 207	344
印刷和记录媒介复制业	7	3	333 002	3 484	246 664	3 656	417 257	253 622	12 090
化学原料和化学制品制造业	3	1	173 175	1 316	110 164	10 653	360 011	131 371	2 670
医药制造业	7	1	945 553	13 315	530 105	122 567	2 829 007	885 567	64 408

10－10 续表1 （2018年） 单位:万元

项　　目	企业单位数（户）	#亏损企业	主营业务收入	主营业务税金及附加	主营业务成本	营业费用	资产合计	流动资产	#产成品
橡胶和塑料制品业	1		4 404	72	3 707	41	4 393	2 048	288
非金属矿物制品业	16	4	545 919	2 581	432 618	19 882	410 562	195 673	19 408
有色金属冶炼和压延加工业	5	3	527 621	1 161	512 014	4 731	332 544	232 420	26 383
金属制品业	1		2 005	45	1 676	26	14 960	1 964	
通用设备制造业	3	1	609 336	2 252	454 304	5 288	572 724	369 697	88 490
专用设备制造业	3	2	29 339	322	20 664	1 017	36 009	19 084	3 004
汽车制造业	7	2	9 561 073	106 751	8 469 889	304 548	9 695 374	6 830 103	360 091
铁路、船舶、航空航天和其他运输设备制造业	4		50 461	247	45 375	621	139 014	64 699	2 199
电气机械和器材制造业	3		140 752	343	124 940	1 720	99 385	81 386	10 792
计算机、通信和其他电子设备制造业	7	1	1 376 718	3 533	1 192 881	8 534	1 150 314	1 009 005	11 143
废弃资源综合利用业	2		78 159	981	67 161	762	67 090	49 927	1 048
电力、热力生产和供应业	3		7 145 029	33 769	6 971 068	548	7 653 679	271 102	
燃气生产和供应业	5	1	447 985	544	403 832	7 072	499 476	162 829	2 198
水的生产和供应业	3		342 119	2 814	276 938	12 508	1 266 543	448 864	9 100
按地区分									
西　湖　区	1		337 174	2 774	273 989	12 051	1 248 109	439 221	8 492
青 云 谱 区	10	1	3 204 401	71 749	2 727 482	125 087	2 754 237	1 755 555	108 563
湾　里　区									
青 山 湖 区	6	2	32 983	488	26 989	832	540 825	76 869	5 398
新　建　区	23	5	1 244 033	12 371	1 029 382	42 033	1 337 704	709 530	43 265
南　昌　县	27	4	1 897 792	10 506	1 196 840	64 435	2 206 638	943 340	78 960
安　义　县	3		90 821	612	59 250	2 882	77 979	46 480	1 443
进　贤　县	2		44 349	81	38 519	1 584	28 923	6 580	2 066
经济开发区	24	6	3 058 783	18 022	2 333 484	117 806	4 301 091	1 976 986	165 865
高新开发区	21	7	3 371 846	1 133 873	1 755 525	105 568	3 382 317	2 200 536	85 973

10－10 续表2

项　　目	负债合计（万元）	所有者权益合　　计（万元）	利润总额（万元）	#盈利企业的利润额	#亏损企业的亏损额
总　　计	**16 865 267**	**11 018 922**	**942 591**	**957 047**	**14 456**
按登记注册类型分					
国有企业	6 856 188	2 800 677	359 576	360 787	1 211
集体企业					
股份合作企业					
股份制企业	9 674 901	7 984 880	548 033	560 289	12 256
外商及港澳台商投资企业	334 178	233 365	34 983	35 972	989
其他经济类型企业					
按隶属关系分					
中央企业	6 802 579	5 671 983	255 997	256 653	656
地方企业	10 062 688	5 346 939	686 594	700 393	13 799
按轻、重工业分					
轻工业	1 694 446	3 912 504	277 963	282 443	4 480
重工业	15 170 821	7 106 418	664 628	674 603	9 975
按企业规模分					
大型企业	14 627 897	9 399 733	694 907	694 907	
中型企业	1 385 107	1 152 875	187 629	193 348	5 719
小型企业	852 263	466 315	60 054	68 791	8 737
按工业行业分					
农副食品加工业	22 250	2 836	298	298	
食品制造业	2 397	5 372	－19		19
酒、饮料和精制茶制造业	53 166	46 298	12 804	12 804	
烟草制品业	421 884	1 227 668	31 021	31 021	
纺织业	238 691	201 803	－2 299	12	2 311
纺织服装、服饰业	55 409	47 750	1 489	1 560	71
造纸和纸制品业	5 636	4 687	9	9	
印刷和记录媒介复制业	96 578	320 679	56 142	57 693	1 551
化学原料和化学制品制造业	95 907	264 104	25 629	25 766	137
医药制造业	791 885	2 037 122	175 613	176 004	391

10－10 续表2－1

项　　目	企业亏损面（%）	资产负债率（%）	产品销售率（%）	全部从业人员年平均人数（人）	人均实现利润（元）
总　　计	**23.2**	**60.5**	**99.9**	**138 936**	**67 844**
按登记注册类型分					
国有企业	40.0	71.0	99.8	47 155	76 254
集体企业					
股份合作企业					
股份制企业	22.4	54.8	99.8	88 596	61 858
外商及港澳台商投资企业	11.1	58.9	101.0	3 185	109 837
其他经济类型企业					
按隶属关系分					
中央企业	13.3	54.5	100.6	53 647	47 719
地方企业	25.0	65.3	99.1	85 289	80 502
按轻、重工业分					
轻工业	25.0	30.2	101.7	30 897	89 964
重工业	22.2	68.1	99.5	108 039	61 517
按企业规模分					
大型企业		60.9	100.1	112 716	61 651
中型企业	19.2	54.6	98.5	20 212	92 830
小型企业	29.8	64.6	99.3	6 008	99 957
按工业行业分					
农副食品加工业		88.7	102.6	76	39 211
食品制造业	100.0	30.9	100.8	12	－15 833
酒、饮料和精制茶制造业		53.5	98.8	2 019	63 418
烟草制品业		25.6	103.1	5 277	58 785
纺织业	50.0	54.2	127.1	573	－40 122
纺织服装、服饰业	16.7	53.7	98.8	7 339	2 029
造纸和纸制品业		54.6	75.0	124	726
印刷和记录媒介复制业	42.9	23.1	98.2	2 985	188 080
化学原料和化学制品制造业	33.3	26.6	81.3	2 442	104 951
医药制造业	14.3	28.0	100.5	12 094	145 207

10－10 续表 3

项　　目	负债合计（万元）	所有者权益合　　计（万元）	利润总额（万元）	#盈利企业的利润额	#亏损企业的亏损额
橡胶和塑料制品业	857	3 536	9	9	
非金属矿物制品业	184 074	226 488	78 365	80 108	1 743
有色金属冶炼和压延加工业	222 744	109 800	－2 558	1 167	3 725
金属制品业	13 996	964	115	115	
通用设备制造业	445 451	127 273	44 662	45 299	637
专用设备制造业	15 877	20 132	－1 654	309	1 963
汽车制造业	6 829 717	2 865 657	346 342	347 361	1 019
铁路、船舶、航空航天和其他运输设备制造业	67 351	71 663	1 247	1 247	
电气机械和器材制造业	79 531	19 854	4 070	4 070	
计算机、通信和其他电子设备制造业	818 021	332 293	61 147	61 506	359
废弃资源综合利用业	38 124	28 966	7 593	7 593	
电力、热力生产和供应业	5 269 831	2 383 848	41 292	41 292	
燃气生产和供应业	356 375	143 101	23 267	23 796	529
水的生产和供应业	739 518	527 025	38 010	38 010	
按地区分					
西　湖　区	728 324	519 785	36 467	36 467	
青 云 谱 区	1 430 335	1 323 902	63 890	63 936	46
湾　里　区					
青 山 湖 区	286 547	254 278	454	3 754	3 300
新　建　区	811 773	525 931	65 430	66 740	1 310
南　昌　县	1 200 425	1 006 213	8 858	70 748	61 890
安　义　县	34 516	43 463	17 549	17 549	
进　贤　县	16 378	12 545	2 669	2 669	
经济开发区	2 020 660	2 280 431	264 226	269 113	4 887
高新开发区	1 259 110	2 123 207	133 235	137 329	4 094

10－10 续表 3－1

项　　目	企业亏损面（%）	资产负债率（%）	产品销售率（%）	全部从业人员年平均人数（人）	人均实现利润（元）
橡胶和塑料制品业		19.5	106.8	90	1 000
非金属矿物制品业	25.0	44.8	99.3	1 834	427 290
有色金属冶炼和压延加工业	60.0	67.0	101.1	1 469	－17 413
金属制品业		93.6	100.0	93	12 366
通用设备制造业	33.3	77.8	96.5	3 575	124 929
专用设备制造业	66.7	44.1	99.1	660	－25 061
汽车制造业	28.6	70.4	99.6	46 417	74615
铁路、船舶、航空航天和其他运输设备制造业		48.4	105.9	667	18 696
电气机械和器材制造业		80.0	102.5	425	95 765
计算机、通信和其他电子设备制造业	14.3	71.1	100.1	3 588	170 421
废弃资源综合利用业		56.8	99.3	407	186 560
电力、热力生产和供应业		68.9	100	40 510	10 193
燃气生产和供应业	20.0	71.3	97.9	2 125	109 492
水的生产和供应业		58.4	100.0	4 135	91 923
按地区分					
西　湖　区		58.4	100.0	4 000	91 167
青 云 谱 区	10.0	51.9	99.7	19 412	32 913
湾　里　区					
青 山 湖 区	33.3	53.0	105.4	1 352	3 358
新　建　区	21.7	60.7	99.9	12 431	52 635
南　昌　县	14.8	54.4	99.4	12 236	7 239
安　义　县		44.3	73.0	648	270 818
进　贤　县		56.6	91.5	230	116 043
经济开发区	25.0	47.0	98.7	20 891	126 478
高新开发区	33.3	37.2	101.9	14 117	94 379

注：本表总计数为集团公司按总部所在地统计，县区数据为集团公司按子公司所在地统计。

10-11 主要年份规模以上集体企业经济指标

指　　标	2000	2005	2010	2015	2018
企业单位数(户)	154	31	17	5	3
#亏损企业	17	8	2	1	1
资产总计(万元)	187 149	41 857	28 795	10 992	5 774
流动资产合计(万元)	83 807	20 674	13 953	7 945	4 535
负债总计(万元)	115 384	42 862	19 244	9 437	6 593
所有者权益(万元)	71 765	-1 004	9 551	1 555	-819
主营业务收入(万元)	221 337	90 257	148 247	16 627	8 879
#主营业务税金及附加	2 773	174	1 106	76	32
营业费用	7 010	1 658	1 866	440	31
利润总额(万元)	8 891	1 722	7 588	141	-463
全部从业人员年平均人数(人)	20 598	4 173	2 792	400	227
总资产贡献率(%)	10.65	7.20	39.01	6.31	3.37
资本保值增值率(%)	106.44	-52.84	111.12	4.70	-
资产负债率(%)	61.65	102.40	66.83	85.85	114.20
流动资产周转率(次)	3.01	4.37	10.63	2.10	3.92
成本费用利润率(%)	4.21	1.96	5.56	0.86	-5.00
全员劳动生产率(元/人)	33 769	75 785	127 672	170 308	111 529
产品销售率(%)	94.82	97.02	98.14	87.53	100.00

10－12　规模以上外商及港、澳、台投资工业企业经济指标

指　　标	2000	2005	2010	2015	2018
企业单位数(户)	43	108	154	143	122
#亏损企业	12	15	25	29	20
资产总计(万元)	959 262	2 336 495	5 943 078	6 959 227	7 820 205
流动资产合计(万元)	467 449	1 169 323	3 232 430	3 104 716	4 871 167
负债总计(万元)	634 918	1 292 154	3 565 779	3 653 424	4 062 508
所有者权益(万元)	317 943	786 531	2 179 736	3 292 700	3 757 697
主营业务收入(万元)	575 563	2 106 119	7 367 487	10 558 720	8 053 262
#主营业务税金及附加	9 545	28 573	64 630	42 613	45 599
营业费用	31 737	123 244	287 063	393 178	218 392
利润总额(万元)	25 215	137 675	517 089	579 081	744 849
全部从业人员年平均人数(人)	23 389	42 481	79 440	74 913	57 675
总资产贡献率(%)	8.62	14.86	13.85	12.38	24.68
资本保值增值率(%)	103.22	152.17	123.13	113.96	117.64
资产负债率(%)	66.19	55.30	60.00	52.50	51.90
流动资产周转率(次)	1.30	1.89	2.28	3.42	3.31
成本费用利润率(%)	4.62	7.13	7.43	5.77	10.10
全员劳动生产率(元/人)	54 297	140 159	218 997	380 689	385 467
产品销售率(%)	97.06	95.95	96.66	99.30	99.10

10－13　规模以上股份制工业企业经济指标

指　　标	2000	2005	2010	2015	2018
企业单位数(户)	43	264	446	722	1 049
#亏损企业	6	36	36	91	187
资产总计(万元)	1 530 821	3 458 108	9 992 914	24 865 525	43 560 600
流动资产合计(万元)	779 257	1 621 165	4 300 320	11 511 999	21 847 111
负债总计(万元)	903 324	2 026 371	6 087 918	13 217 694	24 255 759
所有者权益(万元)	569 156	1 390 789	3 884 695	11 386 725	19 304 841
主营业务收入(万元)	778 318	2 774 547	12 188 753	28 174 212	46 279 621
#主营业务税金及附加	3 677	15 403	45 838	1 042 248	1 326 302
营业费用	59 849	148 683	256 801	671 066	878 612
利润总额(万元)	32 335	110 326	422 877	1 549 412	2 527 621
全部从业人员年平均人数(人)	72 586	97 307	129 171	240 028	305 542
总资产贡献率(%)	7.97	7.32	9.42	14.98	23.24
资本保值增值率(%)	142.05	97.81	118.90	120.62	110.28
资产负债率(%)	59.01	58.60	60.92	53.16	55.70
流动资产周转率(次)	1.12	1.79	2.83	2.46	4.24
成本费用利润率(%)	4.30	4.20	3.64	5.99	5.90
全员劳动生产率(元/人)	39 417	84 614	189 063	294 757	426 866
产品销售率(%)	96.13	99.24	98.80	98.39	99.40

10－14　规模以上私营工业企业经济指标

指　　标	2000	2005	2010	2015	2018
企业单位数(户)	31	225	455	402	398
#亏损企业	4	15	10	39	69
资产总计(万元)	31 595	382 492	1 621 181	4 636 780	5 678 031
流动资产合计(万元)	14 534	183 498	564 687	1 786 357	3 413 064
负债总计(万元)	12 764	158 144	536 099	1 742 775	2 715 391
所有者权益(万元)	18 832	224 347	1 067 477	2 848 875	2 962 640
主营业务收入(万元)	56 665	788 364	5 604 136	10 863 288	8 870 990
#主营业务税金及附加	471	23 130	27 073	58 841	37 427
营业费用	1 491	58 790	121 993	228 284	145 868
利润总额(万元)	377	51 492	304 061	573 649	370 116
全部从业人员年平均人数(人)	2 564	27 469	61 807	85 084	61 701
总资产贡献率(%)	7.57	29.13	29.40	18.06	17.12
资本保值增值率(%)	122.64	122.93	109.42	101.14	106.70
资产负债率(%)	40.40	41.35	33.07	37.59	47.80
流动资产周转率(次)	2.28	4.47	9.92	6.09	5.20
成本费用利润率(%)	0.70	7.66	6.04	5.61	4.40
全员劳动生产率(元/人)	63 473	110 321	225 028	331 914	410 630
产品销售率(%)	98.02	97.62	97.61	99.05	98.80

10－15 工业园区主要经济指标

（2018 年）

项目	本年实际累计开发面积（平方公里）	投产工业企业数（户）	招商实际到位资金		工业增加值比上年增长（%）	出口交货值	
			绝对数（亿元）	比上年增长（%）		绝对数（亿元）	比上年增长（%）
南昌市	64.68	1 738	848.72	10.1	9.0	363.54	18.7
国家级园区							
南昌小蓝经济技术开发区	6.60	311	122.91	16.6	11.0	77.17	－14.2
南昌经济技术开发区	22.80	410	330.05	19.9	9.4	145.51	77.0
南昌高新技术产业开发区	11.70	329	174.91	－16.6	8.9	106.44	3.4
省级园区							
南昌青山湖高新技术产业园区	9.58	305	58.61	6.5	0.8	17.53	－6.8
新建长埈经济开发区	3.50	102	72.65	76.3	8.4	6.46	－43.8
南昌昌南工业园区	2.00	20	2.90	－79.6	14.7	0.36	32.5
安义工业园区	4.00	126	26.21	1.6	8.0	1.67	155.5
进贤产业园	4.5	135	60.47	37.1	7.4	8.41	15.3

10－15 续表

项目	主营业务收入		利润总额		从事工业生产活动的从业人员平均人数(人)	
	绝对数（亿元）	比上年增长（%）	绝对数（亿元）	比上年增长（%）	绝对数（人）	比上年增长（%）
南昌市	5 790.48	12.6	367.09	9.4	372 802	0.5
国家级园区						
南昌小蓝经济技术开发区	1 062.58	15.9	68.78	12.7	64 502	1.6
南昌经济技术开发区	1 329.88	11.7	115.32	29.6	94 221	－5.5
南昌高新技术产业开发区	2 381.71	11.0	136.87	－4.7	120 575	4.8
省级园区						
南昌青山湖高新技术产业园区	162.44	3.0	9.50	6.0	37 338	5.6
新建长埈经济开发区	478.97	17.3	23.15	24.6	22 559	－2.8
南昌昌南工业园区	17.83	15.3	0.76	14.7	2 075	7.0
安义工业园区	145.98	15.6	3.75	－35.3	13 943	－10.4
进贤产业园	211.10	15.5	8.96	15.3	17 589	5.3

主要统计指标解释

工业　指从事自然资源的开采，对采掘品和农产品进行加工再加工的物质生产部门，具体包括：(1)对自然资源的开采，如采矿、晒盐、森林采伐等(但不包括禽兽捕猎和水产捕捞)；(2)对农副产品的加工、再加工，如粮油加工、食品加工、轧花、缫丝、纺织、制革等；(3)对采掘品的加工、再加工，如炼铁、炼钢、炼焦、化工生产、机器制造、木材加工以及自来水、煤气的生产和电力的生产及供应；(4)对工业品的修理、翻新，如修理机械设备、交通运输工具等。

1984 年以前农村的村及村以下办工业归属农业，1984 年及以后划归工业。

工业统计调查单位　工业统计调查单位分为两类：独立核算法人工业企业和工业活动单位。

(1)独立核算法人工业企业是指从事工业生产经营活动的单位。独立核算法人工业应同时具备以下条件：①依法成立，有自己的名称、组织机构和场所，能够承担民事责任；②独立拥有和使用资产，承担负债，有权与其他单位签订合同；③独立核算盈亏，并能够编制资产负债表。

(2)工业活动单位是指在一个场所从事一种或主要从事一种工业生产活动的经济单位。它包括独立核算工业企业按主营业务活动(即工业生产活动)划分的主营业务活动单位和非工业企业所属的工业生产活动单位(即原非独立核算工业生产单位)。工业活动单位，一般应同时具备以下三个条件：①具有一个场所，从事一种或主要从事一种工业活动；②单独组织工业生产、经营或业务活动；③单独核算收入和支出。

工业企业经济类型　是按企业生产资料和产品归属对象划分企业类型。1992 年以前，执行的是由国家统计局和国家工商行政管理局于 1980 年联合颁发的《关于统计上划分经济类型的暂行规定》及近几年来的补充规定，将我国经济类型划分为：全民所有制、集体所有制、全民与集体合营、全民与大陆私人合营、全民与华侨或港澳台工商业者合营、集体与大陆私人合营、集体与华侨或港澳台工商业者合营、中外合营、华侨或港澳台工商业者经营、外资经营、个体经营、其他等十二种。随着经济体制改革的不断深化和社会经济的发展，我国国民经济结构发生了新的变化，出现了一些新的经济成份，原有的分类已不能反映我国体制格局发展变化的新情况。为此，国家统计局和国家工商行政管理局在调查研究的基础上，联合颁发了修订后的《关于经济类型划分暂行规定》，将我国经济成份划分为九种类型：

(1)国有经济工业是指生产资料归国家所有的一种经济类型，是社会主义公有制经济的重要组成部分。包括中央和地方各级国家机关、事业单位和社会团体使用国有资产投资举办的企业，也包括实行企业化经营，国家不再核拨经费或核拨部分经费的事业单位和从事经营性活动的社会团体，以及上述企业、事业单位和社会团体使用自有资金投资举办的企业。

(2)集体经济工业是指生产资料归公民集体所有的一种经济类型，是社会主义公有制经济的组成部分。包括城乡所有用集体投资举办的企业，以及部分个人通过集资自愿放弃所有权并依法经工商行政管理机关认定为集体所有制的企业。

(3)私营经济工业是生产资料归公民私人所有，以雇佣劳动力为基础的一种经济类型。包括所有按国家法律、规定登记注册的私营独资企业、私营合伙企业和私营有限责任公司。

(4)个体经济工业是指生产资料归劳动者个人所有，以个体劳动为基础，劳动成果归劳动者个人占有和支配的一种经济类型。包括所有按国家有关规定登记注册的个体工商户和个人合伙经营者。

(5)联营经济工业是指不同所有制性质的企业之间或者企业、事业单位之间共同投资组成新的经济实体的一种经济类型。联营经济只包括具备法人条件的紧密型联营企业。

(6)股份制经济工业是指全部注册资本由全体股东共同出资，并以股份形式投资举办企业而形成的一种经济类型。股份制经济主要有股份有限公司和有限责任公司两种组织形式。国有、集体、联营、私营企业等经济组织虽然以股份制形式经营,但不以股份有限公司或有限责任公司登记注册的,仍按原有所有制性质划归经济类型。

(7)外商投资经济工业是指国外投资者根据我国有关涉外经济的法律、法规,以合资、合作或独资的形式在大陆境内开办企业而形成的一种经济类型。外商投资经济包括中外合资经营企业、中外合作经营企业和外资企业的三种形式。

(8)港、澳、台投资经济工业是指港、澳、台地区投资者依照中华人民共和国有关涉外经济的法律、法规,以合资、合作或独资的形式在大陆举办企业而形成的一种经济类型。港、澳、台投资经济参照外商投资经济,可分为合资经营企业、合作经营企业和独资企业三种形式。

(9)其他经济工业是指以上八种类型之外的其他经济类型。随着经济体制改革的深化,可能会出现新的经济形式,或遇到不易划清的,可列入其他经济类型。

轻工业 指主要提供生活消费品和制作手工工具的工业。按其所使用的原料不同,可分为两大类:(1)以农产品为原料的轻工业,是指直接或间接以农产品为基本原料的轻工业。主要包括食品制造、饮料制造、烟草加工、纺织、缝纫、皮革和毛皮制作、造纸以及印刷等工业;(2)以非农产品为原料的轻工业,是指以工业品为原料的轻工业。主要包括文教体育用品、化学药品制造、合成纤维制造、日用化学制品、日用玻璃制品、日用金属制品、手工工具制造、医疗器械制造、文化和办公用机械制造等工业。

重工业 是指为国民经济各部门提供物质技术基础的主要生产资料的工业。按其生产性质和产品用途,可以分为下列三类:(1)采掘(伐)工业,是指对自然资源的开采,包括石油开采、煤炭开采、金属矿开采、非金属矿开采和木材采伐等工业;(2)原材料工业,指向国民经济各部门提供基本材料、动力和燃料的工业。包括金属冶炼及加工、炼焦及焦炭化学、化工原料、水泥、人造板以及电力、石油和煤炭加工等工业;(3)加工工业,是指对工业原材料进行再加工制造的工业。包括装备国民经济各部门的机械设备制造工业、金属结构、水泥制品等工业,以及为农业提供的生产资料如化肥、农药等工业。

根据上述划分原则,修理业中以重工业产品为修理作业对象的划为重工业,反之划为轻工业。

大、中、小、微型企业划分 根据工业信息化部、国家统计局、国家发展改革委、财政部《关于印发中小企业划型标准规定的通知》(工信部联企业〔2011〕300 号),结合统计工作的实际情况,2011 年制定了统计上大中小微型企业划分办法。它以法人企业或单位作为对企业规模的划分对象,以从业人员数、营业收入两项指标为划分标准。企业规模的具体划分标准见下表。

指标名称	计算单位	大型	中型	小型	微型
从业人员数(X) 营业收入(Y)	人 万元	X≥1000 Y≥40000	300≤X<1000 2000≤Y<40000	20≤X<300 300≤Y<2000	X<20 Y<300

(1)表中的“工业企业”包括采矿业,制造业,电力、热力、燃气及水的生产和供应业三个行业的企业。

(2)企业划分指标以现行统计制度为准。①从业人员,是指期末从业人员,没有期末从业人员数的,采用全年平均人员数代替。②营业收入,工业采用主营业务收入。

(3)大型、中型和小型企业须同时满足所列指标的下限,否则下划一档;微型企业只须满足所列指标中的一项即可。

(4)企业划分由政府综合统计部门根据统计年报每年确定一次。定报统计原则上不进行调整。

工业总产值 是指以货币表现的工业企业在一定时期内生产的已出售或可供出售工业产品总量,它反映一定时间内工业生产的总规模和总水平。它包括:在本企业内不再进行加工,经检验、包装入库(规定不需包装的产品除外）的成品价值，工业性作业价值，自制半成品、在产品期末初差额价值。工业总产值采用“工厂法”计算，即以工业企业作为一个整体，按企业工业生产活动的最终成果来计算，企业内部不允许重复计算，不能把企业内部各个车间（分厂）生产的成果相加。但在企业之间、行业之间、地区之间存在着重复计算。

轻重工业总产值的划分也是按“工厂法”计算的，即一个工业企业在正常情况下生产的主要产品的性质属于轻工业，则该企业的全部总产值作为轻工业总产值；一个工业企业生产的主要产品的性质属于重工业，则该企业的全部总产值作为重工业总产值。

工业销售产值 是指以货币表现的工业企业是一定时期内销售的本企业生产的工业产品总量。包括已销售的成品、半成品价值，对外提供的工业性作业价值和对本企业基本建设部门、生活福利部门等提供的产品和工业性作业及自制设备的价值。

工业增加值 是指工业企业在报告期内以货币形式表现的工业生产活动的最终成果，是企业全部生产活动的总成果扣除了在生产过程中消耗或转换的物质产品和劳务价值后的余额，即企业生产过程中新增加的价值。

所有者权益 是指企业投资人对企业净资产的所有权，包括企业投资者对企业的投入资本以及形成的资本公积金、盈余公积金和未分配利润等的所有权。

固定资产原值 指企业在建造、购置、安装、改建、扩建、技术改造某项固定资产时所支出的全部货币总额。它一般包括买价、包装费、运杂费和安装费等。

固定资产净值 是指固定资产原价减去历年已提折旧额后的净额。

流动资产 是指可以在一年或者超过一年的一个营业周期内变现或者耗用的资产，包括现金及各种存款、短期投资、应收及预付货款、存货等。

流动负债 是指将在一年或者超过一年的一个营业周期内偿还的债务。包括短期借款、应付票据、应付帐款、预收货款、应付工资、应交税金、应付利润、其他应付款、预提费用等。

主营业务收入 指企业销售产品的销售收入和提供劳务等主要经营业务取得的业务总额。1994 年实施新的税制后，取消了产品税，开征消费税，增值税由价内税改为价外税，因此，主营业务收入中不再含增值税。

利润总额 是指企业实现的利润总额，等于盈利企业的利润额减亏损企业的亏损额。

利税总额 指企业利润总额、产品销售税金及附加和应交增值税之和。

工业经济效益综合指数 是综合衡量工业经济效益各方面在数量上总体水平的一种特殊相对数，是反映工业经济运行质量的总量指标。它是以各项工业经济效益指标实际数值分别除以该项指标的全国标准值并乘以各自权数，加总后除以总权数求得。

工业经济效益综合指数的计算方法：

$$\text{工业经济效益综合指数} = \sum\left(\frac{\text{某项经济效益指标报告期数值}}{\text{该项指标全国标准值}} \times \text{权数}\right) \div \text{总权数}$$

权数是根据上述各项工业经济效益指标在综合经济效益中的重要程度，由专家调查确定的，各项权数之和即是总权数。

工业产品销售率 指报告期销售产值与同期全部工业总产值之比，反映工业产品生产已实现销售的程度。计算公式为：

$$\text{工业产品销售率}(\%) = \frac{\text{报告期现价工业销售产值}}{\text{报告期现价工业总产值}} \times 100\%$$

工业资金利税率 指报告期已实现的利润、税金总额与同期的资产（流动资产和固定资产净值）之比，反映企业资金运用的经济效益指标。

计算公式为：

$$工业资金利税率(\%)=\frac{报告期累计实现利税总额}{报告期平均流动资产+固定资产净值平均余额}\times\frac{12}{累计数}\times100\%$$

工业增加值率 指报告期工业增加值与同期工业总产值之比，反映降低中间消耗的经济效益指标。

计算公式为：

$$工业增加值率(\%)=\frac{报告期工业增加值}{报告期现价工业总产值(新规定)+报告期销项税额}\times100\%$$

工业成本费用利润率 指报告期实现利润与成本费用之比，反映降低成本的经济效益的指标。

计算公式为

$$工业成本费用利润率(\%)=\frac{利润总额}{成本费用总额}\times100\%$$

成本费用总额 指企业的产品销售成本、产品销售费用、管理费用和财务费用之和。由于1994年工业财务统计年报中没有财务费用指标，故用利息支出代替（1993年全省利息支出占财务费用的91.7%）。

工业全员劳动生产率 指根据产品的价值量指标计算的平均每一个职工在单位时间内的产品生产量。是考核企业经济活动的重要指标，是企业生产技术水平、经营管理水平、职工技术熟练程度和劳动积极性的综合表现。目前我国的全员劳动生产率是将工业企业的工业增加值除以同一时期全部职工的平均人数来计算的。

计算公式：

$$全员劳动生产率(元/人)=\frac{工业增加值}{全部职工平均人数}\times\frac{12}{累计月数}$$

流动资产周转次数 指一定时期内流动资产完成的周转次数，是反映工业企业投入流动资产的周转速度的指标。计算公式为：

$$流动资产周转次数(次)=\frac{报告期累计产品销售收入}{报告期流动资产平均余额}\times\frac{12}{累计月数}$$

资本金 指企业在工商行政管理部门登记的注册资金合计。企业资本金按投资主体可分为国家资本金、法人资本金、个人资本金和外商资本金等。资本金会计包括企业各种投资主体注册的全部资本金。

总资产 指企业拥有或控制的全部资产。包括流动资产、长期投资、固定资产、无形及递延资产、其他长期资产、递延税项等，即为企业资产负债表的资产总计项。

（1）流动资产指企业可以在一年内或者超过一年的一个生产周期内变现或耗用的资产合计。包括现金及各种存款、短期投资、应收及预付款项、存货等。

（2）固定资产指企业固定资产净值、固定资产清理、在建工程、待处理固定资产损失所占用的资金合计。

（3）无形资产指企业长期使用而没有实物形态的资产。包括专利权、非专利技术、商标权、著作权、土地使用权、商誉等。

总负债 指企业承担并需要偿还的全部债务。包括流动负债和长期负债、递延税项等，即为企业资产负债表的负债合计项。

（1）流动负债指企业在一年内或者超过一年的一个营业周期内需要偿还的债务合计，其中包括短期借款、应付及预收款项、应付工资、应交税金和应交利润等。

（2）长期负债指企业在一年以上或者超过一年的一个生产周期以上需要偿还的债务合计，其中包括长期借款、应付债务、长期应付款项等。

所有者权益 指企业投资人对企业净资产的所有权。企业净资产等于企业全部资产减去全部负债后的余额，其中包括投资者对企业的最初投人，以及资本公积金、盈余公积金和未分配利润。对股份制企业即为股东权益。

十一、能　　源

ENERGY

本篇内容包括:

1. 规模以上工业企业主要能源指标
2. 电力消费量
3. 全社会用电量
4. 能源生产、消费弹性系数

全社会用电量

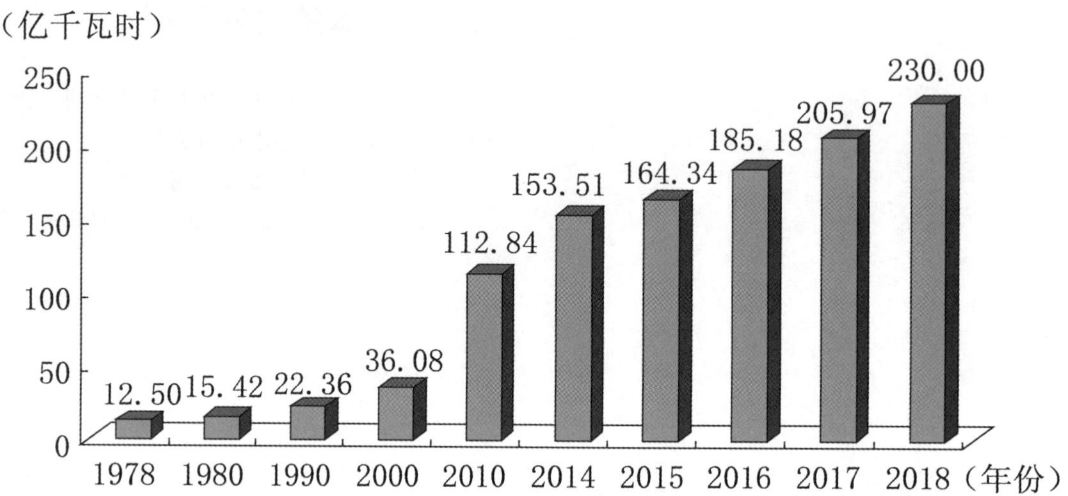

工业用电量

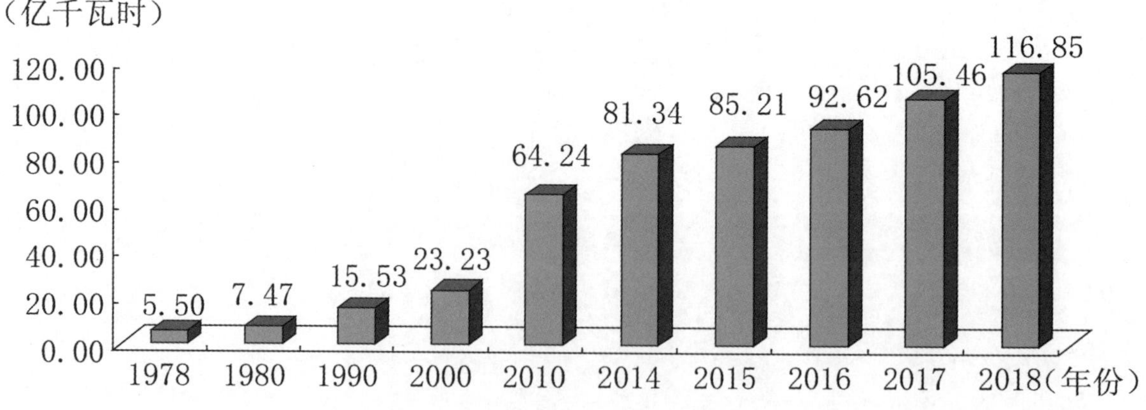

11－1 规模以上工业企业能源购进、消费与库存

（2018 年）

单位：吨

项目	年初库存	购进量	其中：购自省外	消费合计	工业生产消费	非工业生产消费	运输工具消费	年末库存
原煤	197 373	3 722 198	3 127 299	3 760 950	3 752 520	8 430		158 176
洗精煤（用于炼焦）	31 578	1 228 071	1 228 071	1 226 109	1 226 109			33 515
其他洗煤	18 932	486 847	485 860	483 661	483 661			22 117
焦炭	29 122	694 534	692 734	1 544 235	1 544 235			32 357
焦炉煤气（万立方米）		7 348		36 884	36 884			
高炉煤气（万立方米）		229 948		579 323	579 323			
转炉煤气（万立方米）		19 020		50 575	50 575			
天然气（气态）（万立方米）	201	18 707		18 726	18 691	35		144
液化天然气（液态）		4 569	397	4 569	4 562	7		
汽油	36	11 770	165	11 682	10 551	1 131	9 449	30
煤油		5		5	5			
柴油	714	28 241	244	28 232	24 827	3 405	13 858	573
燃料油	59	199	91	199	199			59
液化石油气	21	1 192		1 204	1 204			8
石油焦								
热力（百万千焦）		544 519		544 519	544 519			
电力（万千瓦小时）		13 320 616		1 822 382	1 814 276	8 106	227	
生物燃料（吨标准煤）		77 494		77 432	77 432			63
余热余压（百万千焦）				2 014 189	2 014 189			
其他燃料（吨标准煤）				19 699	19 699			

11－2 规模以上工业企业水消费量

单位:万立方米

项　　目	取水量	外供水量
合　　计	**67 643**	**54 391**
地表淡水	61 260	1 963
地下淡水	412	
自来水	5 947	52 259
雨水	18	
其他水	5	169
补充资料:		
外排水量	92 294	
重复用水量	141 668	
直流冷却水量(河湖水)	8 250	
污水处理企业污水处理量	85 135	

11－3　规模以上工业企业主要能源库存量

（按行业分，2018年末）　　单位:吨

项　　目	原煤	洗精煤	其他洗煤	焦炭	汽油	柴油	燃料油	液化石油气
总　　计	**158 176**	**33 515**	**22 117**	**32 357**	**30**	**573**	**59**	**8**
农副食品加工业	75					5		
食品制造业						2		
酒、饮料和精制茶制造业								
烟草制品业								
纺织业					5	80		
纺织服装、服饰业								
皮革、毛皮、羽毛及其制品和制鞋业								
木材加工和木、竹、藤、棕、草制品业								
家具制造业								
造纸和纸制品业	7 660					97		2
印刷和记录媒介复制业								
文教、工美、体育和娱乐用品制造业								
石油加工、炼焦和核燃料加工业								
化学原料和化学制品制造业				129		15		
医药制造业	9					4		
化学纤维制造业								
橡胶和塑料制品业					1		59	
非金属矿物制品业	3 497					41		
黑色金属冶炼和压延加工业		33 515	22 117	32 167	20	296		
有色金属冶炼和压延加工业				1		7		
金属制品业				60				6
通用设备制造业								
专用设备制造业								
汽车制造业					4	9		
铁路、船舶、航空航天和其他运输设备制造业								
电气机械和器材制造业						1		
计算机、通信和其他电子设备制造业						16		
仪器仪表制造业								
其他制造业								
废弃资源综合利用业								
金属制品、机械和设备修理业								
电力、热力生产和供应业	146 935							
燃气生产和供应业								
水的生产和供应业								

11－4 规模以上工业企业主要能源消费量

（按行业分，2018 年）

单位：吨

项　　目	原煤	洗精煤	其他洗煤	焦炭	天然气（气态）（万立方米）	液　化天然气	汽油
总　　计	**3 760 950**	**1 226 109**	**483 661**	**1 544 235**	**18 726**	**4 569**	**11 682**
农副食品加工业	71 685				2 253		462
食品制造业	1 101				255		240
酒、饮料和精制茶制造业	5 474				1 438		35
烟草制品业			987		488		67
纺织业					97		263
纺织服装、服饰业	1 725						297
皮革、毛皮、羽毛及其制品和制鞋业	998						80
木材加工和木、竹、藤、棕、草制品业							2
家具制造业							1
造纸和纸制品业	534 874				1 011		8
印刷和记录媒介复制业					89		74
文教、工美、体育和娱乐用品制造业					26		176
石油加工、炼焦和核燃料加工业							
化学原料和化学制品制造业	17 589			342	909		41
医药制造业	22 156				876		193
化学纤维制造业							
橡胶和塑料制品业					445		160
非金属矿物制品业	31 352				327	2 199	177
黑色金属冶炼和压延加工业		1 226 109	482 675	1 542 484			28
有色金属冶炼和压延加工业	170			11	5 666	432	105
金属制品业	1 424			805	165	515	592
通用设备制造业				594	460	27	168
专用设备制造业	2 113						120
汽车制造业	1 189				3 916	1 389	1 311
铁路、船舶、航空航天和其他运输设备制造业	756						62
电气机械和器材制造业	1 109				290		366
计算机、通信和其他电子设备制造业					18	7	188
仪器仪表制造业							7
其他制造业							
废弃资源综合利用业							578
金属制品、机械和设备修理业							
电力、热力生产和供应业	3 067 237						5 700
燃气生产和供应业							42
水的生产和供应业							141

项目	煤油	柴油	燃料油	液化石油气	石油焦	热力（百万千焦）	电力（万千瓦时）	生物燃料（吨标准煤）
总　计	**5**	**28 232**	**199**	**1 204**		**544 519**	**1 822 382**	**77 432**
农副食品加工业		590				5 428	59 352	1 035
食品制造业		587					5 302	
酒、饮料和精制茶制造业						97 626	16 174	
烟草制品业		1 201					6 962	
纺织业		420	13				20 072	12 481
纺织服装、服饰业		27					14 843	
皮革、毛皮、羽毛及其制品和制鞋业		9					11 695	
木材加工和木、竹、藤、棕、草制品业							1 142	
家具制造业							863	
造纸和纸制品业		209					91 901	962
印刷和记录媒介复制业		34					5 660	1 153
文教、工美、体育和娱乐用品制造业							2 571	
石油加工、炼焦和核燃料加工业							146	
化学原料和化学制品制造业		77				441 464	15 521	
医药制造业		550					19 609	6 683
化学纤维制造业							373	
橡胶和塑料制品业		15					13 867	
非金属矿物制品业		10 506	91				54 066	
黑色金属冶炼和压延加工业		1 864					144 859	
有色金属冶炼和压延加工业		176	95	21			61 524	
金属制品业		311		1 115		1	19 919	
通用设备制造业		70					17 811	
专用设备制造业		85					19 950	
汽车制造业	5	6 006		68			98 106	
铁路、船舶、航空航天和其他运输设备制造业		10					586	
电气机械和器材制造业		234					39 638	
计算机、通信和其他电子设备制造业		194					130 509	
仪器仪表制造业							2 278	
其他制造业							314	
废弃资源综合利用业		66					1 429	
金属制品、机械和设备修理业								
电力、热力生产和供应业		4 550					912 500	55 119
燃气生产和供应业		56					411	
水的生产和供应业		385					32 376	

11－5　各县区规模以上工业主要能源消费量

（2018 年）　　　　单位：吨

县　区	原　煤	洗精煤	其他洗煤	焦　炭	原　油
合　计	3 760 950	1 226 109	483 661	1 544 235	
东湖区					
西湖区					
青云谱区					
湾里区	937			816	
青山湖区	15 345	1 226 109	482 675	1 542 484	
新建区	3 064 855				
南昌县	34 112				
安义县	8 126				
进贤县	33 341			594	
经济开发区	545 969			342	
高新开发区	58 265		987		
红谷滩新区					

11－5 续表　　　　（2018 年）　　　　单位：吨

县　区	汽　油	煤　油	柴　油	燃料油
合　计	**11 682**	**5**	**28 232**	**199**
东湖区				
西湖区	139		380	
青云谱区	1 217	5	6 099	
湾里区	494		1 258	
青山湖区	271		2 222	
新建区	737		813	
南昌县	1 696		3 017	
安义县	21		152	108
进贤县	578		1 187	91
经济开发区	250		4 684	
高新开发区	528		3 369	
红谷滩新区				

11－6　全社会用电量

单位:万千瓦小时

行　　业	2017	2018
全社会用电	2 059 733	2 300 011
全行业用电	1 659 430	1 836 066
第一产业	20 639	9 911
第二产业	1 096 480	1 217 421
工业	1 054 552	1 168 520
建筑业	41 929	51 012
第三产业	542 311	608 734
居民生活用电	400 307	463 945
城镇	299 763	347 674
乡村	100 544	116 271

11－7 工业电力消费量

单位:万千瓦时

项　　目	2018 年
工　业	**1 168 520**
农副食品加工业	36 742
食品制造业	14 861
酒、饮料及精制茶制造业	9 562
烟草制品业	4 010
纺织业	25 595
纺织服装、服饰业	13 197
造纸和纸制品业	48 866
印刷和记录媒介复制业	6 906
文教、工美、体育和娱乐用品制造业	5 425
化学原料及化学制品制造业	19 391
医药制造业	21 894
橡胶和塑料制品业	27 458
非金属矿物制品业	52 480
黑色金属冶炼及压延加工业	71 786
有色金属冶炼及压延加工业	81 463
金属制品业	25 907
通用设备制造业	15 362
专用设备制造业	12 044
汽车制造业	45 346
铁路.船舶.航空航天和其他运输设备制造业	38 256
电气机械和器材制造业	22 237
计算机、通信和其他电子设备制造业	118 145
电力、热力的生产和供应业	380 031
燃气生产和供应业	635
水的生产和供应业	14 249

11－8　能源生产弹性系数

年　　份	能源生产比上年增长(%)	电力生产比上年增长(%)	地区生产总值比上年增长(%)	能源生产弹性系数	电力生产弹性系数
2010	40.69	1037.08	14.0	2.91	74.08
2011	1.46	20.39	13.0	0.11	1.57
2012	-0.57	-8.03	12.5	-0.05	-0.64
2013	4.70	5.47	10.7	0.44	0.51
2014	-0.91	-2.01	9.8	-0.09	-0.21
2015	0.98	1.68	9.6	0.10	0.18
2016	0.36	-3.00	9.0	0.04	-0.33
2017	5.24	11.88	9.00	0.58	1.32
2018	3.92	7.69	8.90	0.44	0.86

11－9　能源消费弹性系数

年　　份	能源消费比上年增长(%)	电力消费比上年增长(%)	地区生产总值比上年增长(%)	能源消费弹性系数	电力消费弹性系数
2010	12.00	11.19	14.0	0.86	0.80
2011	9.34	14.12	13.0	0.72	1.09
2012	6.00	5.89	12.5	0.48	0.47
2013	6.28	9.58	10.7	0.59	0.90
2014	5.35	2.74	9.8	0.55	0.28
2015	5.89	7.06	9.6	0.61	0.74
2016	5.52	12.68	9.0	0.61	1.41
2017	4.22	11.23	9.0	0.47	1.25
2018	4.36	11.67	8.9	0.49	1.31

主要统计指标解释

工业企业能源消费 工业企业能源消费指独立核算的法人工业企业在报告期内实际使用的能源数量。能源消费数量分别用价值量和实物量表示。

能源消费 能源消费指独立核算的法人企业在报告期内实际使用的能源的数量,包括主营活动和附营活动实际使用能源数量;并包括由本企业(作为投资单位)代填的乡镇建筑企业为完成本企业建筑项口而实际使用的能源数量。能源消费数量用价值量和实物量表示。

消费的核算原则:“谁消费谁统计”,即能源在哪个企业使用,就由哪个企业统计消费。

消费的核算方法:能源进入第一道生产工序,改变了原来的形态或性能,或者已经实际投入使用,即作消费统计。

能源库存 能源库存是指独立核算法人企业在报告期初、期末实际结存的能源的数量和价值。

库存的核算原则:“谁支配谁统计”,即凡是本企业有权支配动用的能源,不论存放何处,都应作本企业库存统计;反之,本企业无权支配动用的能源,即使存在本企业仓库,也不能作为本企业库存统计。

库存的核算方法:凡属本企业有权支配动用的某一时点实际结存的能源,都应作本企业库存统计。

能源弹性系数 即一个指标的变化速率对另一相关指标的变化速率之比,用以反映两个相关指标之间变化速率的敏感性。通常表示:在某一指标增长1%时,另一指标相应增长的速率。

能源弹性系数=能源量年增长速度/GDP年增长速度

能源生产弹性系数 该指标是研究能源生产增长速度与GDP增长速度之间关系的指标。计算公式为:

能源生产弹性系数=能源生产增长速度/GDP增长速度

能源消费弹性系数 该指标是反映能源消费增长速度与GDP增长速度之间关系的指标。计算公式为:

能源消费弹性系数=能源消费增长速度/GDP增长速度

电力生产弹性系数 该指标是研究电力生产增长速度与GDP增长速度之间关系的指标。计算公式为:

电力生产弹性系数=电力生产增长速度/GDP增长速度

电力消费弹性系数 该指标是反映电力消费增长速度与GDP增长速度之间关系的指标。计算公式为:

电力消费弹性系数=电力消费增长速度/GDP增长速度

十二、建　筑　业

GENERAL SURVEY

本篇内容包括：

1. 建筑业主要经济指标
2. 建筑业企业生产情况
3. 建筑业企业财务情况
4. 各县区建筑业主要经济指标

建筑业总产值

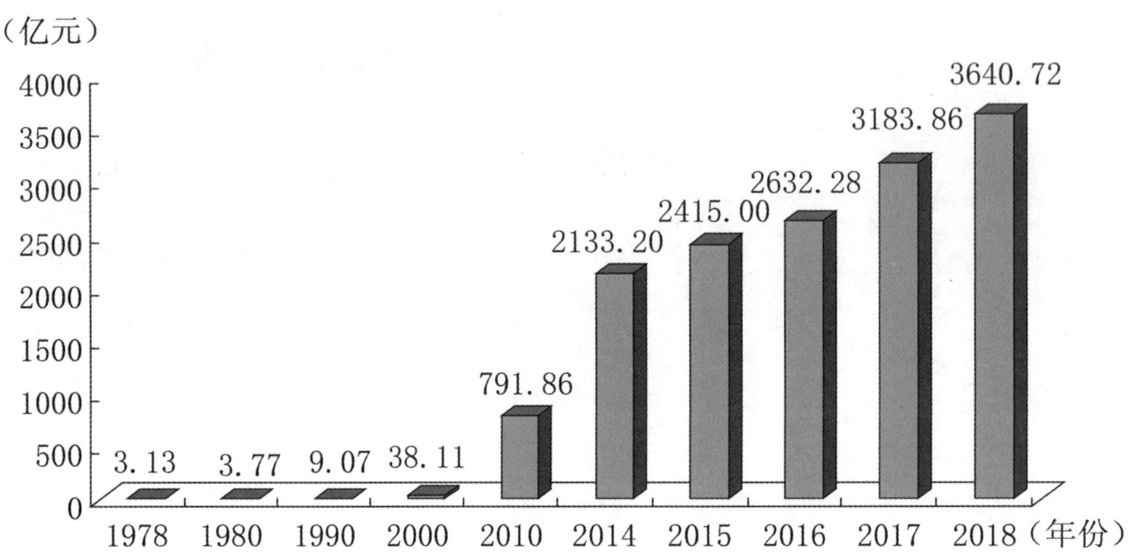

施工房屋面积及竣工房屋面积

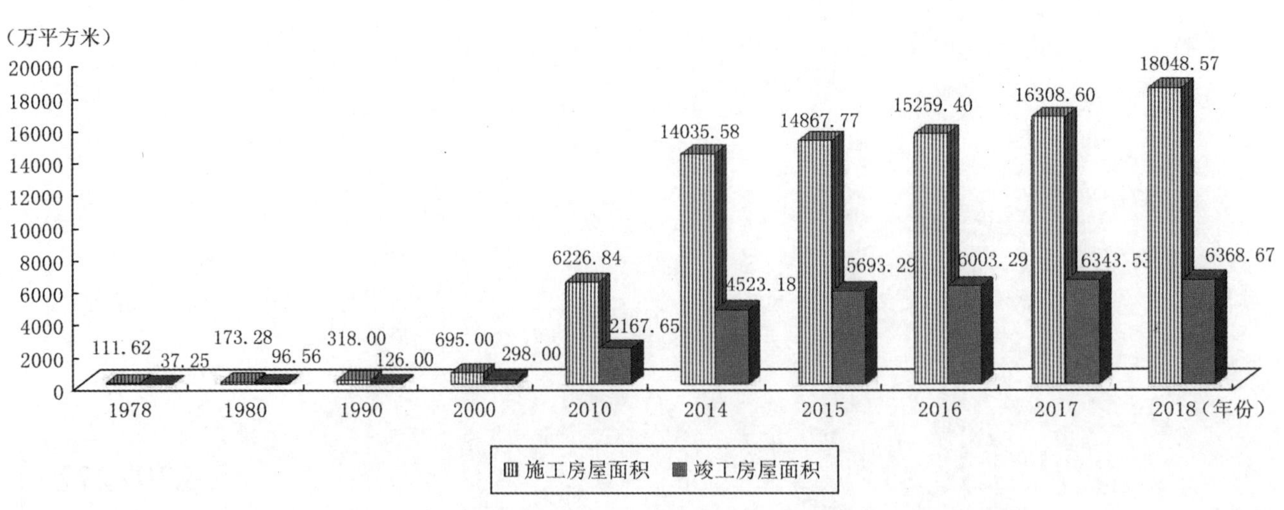

12－1　建筑业主要经济指标

指　　标	2017	2018	2018 年比 2017 年增长%
企业个数(个)	**731**	**743**	**1.6**
#有工作量的企业个数	711	723	1.7
建筑业合同情况(万元)			
签订的合同额	69 895 600	77 119 572	10.3
上年结转合同额	31 816 937	36 666 129	15.2
本年新签合同额	38 078 662	40 453 443	6.2
承包工程完成情况(万元)			
直接从建设单位承揽工程完成的产值	31 279 442	35 683 438	14.1
自行完成施工产值	31 067 117	35 156 502	13.2
分包出去工程的产值	212 324	526 935	148.2
从建设单位以外承揽工程完成的产值	771 150	1 250 706	62.2
建筑业总产值(万元)	**31 838 268**	**36 407 208**	**14.4**
#装饰装修产值	1 701 344	1 985 521	16.7
在外省完成的产值	11 912 672	13 782 119	15.7
建筑工程产值	27 224 281	30 781 540	13.1
安装工程产值	2 647 005	3 170 449	19.8
其他产值	1 966 981	2 455 220	24.8
竣工产值(万元)	**15 269 023**	**16 822 434**	**10.2**
房屋建筑施工及竣工面积(万平方米)			
房屋建筑施工面积	16 308.00	18 048.56	10.7
#本年新开工面积	6 069.00	8 097.10	33.4
实行投标承包面积			
房屋建筑竣工面积	**6 343.44**	**6 368.67**	**0.4**
住宅房屋	4 226.57	4 213.62	-0.3
商业及服务用房屋	411.06	483.87	17.7
商厦房屋(批发和零售用房)	162.53	183.53	12.9
宾馆用房屋(住宿用房)	32.25	24.79	-23.1
餐饮用房屋(餐饮用房)	8.07	11.33	40.4
商务会展用房屋	33.66	51.39	52.7
其他商业及服务用房屋(居民服务业用房)	174.54	212.81	21.9
办公用房屋	385.02	409.39	6.3
科研、教育、医疗用房屋	473.37	408.07	-13.8
科学研究用房屋	50.40	29.24	-42.0
教育用房屋	339.45	250.77	-26.1

注：建筑业统计范围为具有建筑业资质等级的独立核算建筑业企业。

12－1 续表 2

指　　标	2017	2018	2018 年比 2017 年增长%
医疗用房屋（卫生医疗用房）	83.52	128.05	53.3
文化、体育、娱乐用房屋	77.39	91.55	18.3
厂房及建筑物	608.86	610.86	0.3
厂房	463.07	318.53	-31.2
仓库	33.02	39.43	19.4
其他未列明的房屋建筑物	128.10	111.84	-12.7
竣工房屋价值（万元）	**9 491 187**	**9 734 624**	**2.6**
住宅房屋	6 460 518	6 108 961	-5.4
商业及服务用房屋	631 532	722 183	14.4
商厦房屋（批发和零售用房）	238 822	259 548	8.7
宾馆用房屋（住宿用房）	48 393	50 294	3.9
餐饮用房屋（餐饮用房）	11 264	22 847	102.8
商务会展用房屋	48 274	67 891	40.6
其他商业及服务用房屋（居民服务业用房）	284 778	321 602	12.9
办公用房屋	555 696	713 301	28.4
科研、教育、医疗用房屋	632 725	828 864	31.0
科学研究用房屋	104 299	49 621	-52.4
教育用房屋	397 705	519 278	30.6
医疗用房屋（卫生医疗用房）	130 720	259 964	98.9
文化、体育、娱乐用房屋	141 016	176 852	25.4
厂房及建筑物	860 736	878 196	2.0
厂房	678 511	508 737	-25.0
仓库	53 867	94 515	75.5
其他未列明的房屋建筑物	155 095	211 747	36.5
年末资产负债（万元）			
流动资产合计	18 673 060	20 655 169	10.6
# 存　货	4 514 703	4 505 898	-0.2
固定资产合计	1 259 886		
固定资产原值	1 602 136	1 652 136	3.1
累计折旧	656 302	676 247	3.0
# 本年折旧	106 891	119 276	11.6
在建工程	209 539	251 138	19.9
资产合计	23 162 958	25 071 589	8.2
流动负债合计	13 419 436	15 340 866	14.3
# 应付账款	5 107 341		

12－1 续表 3

指　　标	2017	2018	2018 年比 2017 年增长%
非流动负债合计	1 089 720		
负债合计	15 147 358	17 078 006	12.7
所有者权益合计	8 015 599	7 993 583	-0.3
#实收资本	3 872 894	4 446 327	14.8
国家资本	529 735	760 452	43.6
集体资本	153 957	186 436	21.1
法人资本	1 037 538	1 212 791	16.9
个人资本	2 105 715	2 253 986	7.0
港澳台资本	25 288	12 000	-52.5
外商资本	20 660	20 660	持平
损益及分配(万元)			
营业收入	27 945 125	30 493 519	9.1
工程结算收入	27 144 766	30 025 908	10.6
营业成本	25 711 254	28 164 747	9.5
工程结算成本	24 892 439	27 727 483	11.4
营业税金及附加	402 673	359 686	-10.7
工程结算税金及附加	369 630	344 237	-6.9
其他业务利润	15 213	10 578	-30.5
销售费用	74 222	86 479	16.5
管理费用	699 940	679 001	-3.0
#税金			
财务费用	169 887	162 695	-4.2
#利息收入	15 677	14 700	-6.2
#利息支出	114 452	129 493	13.1
营业利润	917 993	998 821	8.8
营业外收入	18 230	19 265	5.7
#补贴收入			
营业外支出	8 305	21 997	164.9
利润总额	913 088	980 484	7.4
#应交所得税	223 076	231 775	3.9
工资、福利费(万元)			
应付职工薪酬	2 518 975	3 412 531	35.5

12－2 建筑业企业生产情况

（总承包和专业承包资质企业，2018 年）

项目	企业个数（个）	#有工作量的企业	建筑业合同情况		
			签订的合同额（万元）	上年结转	本年新签
总　　计	**751**	**723**	**77 137 288**	**36 683 846**	**40 453 443**
一、按登记注册类型分组					
内资企业	747	719	76 989 436	36 674 430	40 315 006
国有企业	22	21	1 414 969	505 683	909 286
集体企业	24	22	1 609 348	689 814	919 534
股份合作企业	3	2	41 667	9 847	31 820
有限责任公司	162	161	41 149 838	22 327 158	18 822 680
国有独资公司	11	11	3 361 897	2 301 643	1 060 254
其他有限责任公司	151	150	37 787 941	20 025 516	17 762 425
股份有限公司	21	21	1 634 494	644 380	990 114
私营企业	515	492	31 139 120	12 497 547	18 641 572
其他企业					
港、澳、台商投资企业	3	3	36 625	8 265	28 360
与港澳台商合资经营	3	3	36 625	8 265	28 360
港、澳、台商投资股份有限公司					
外商投资企业	1	1	111 227	1 151	110 077
中外合资经营企业	1	1	111 227	1 151	110 077
二、按控股情况分					
国有控股	87	86	39 547 678	21 798 384	17 749 294
集体控股	50	47	2 734 574	946 452	1 788 122
私人控股	564	542	31 814 377	12 413 443	19 400 934
港澳台商控股	5	5	273 416	38 578	234 838
外商控股	1	1	400	400	
其他	44	42	2 766 844	1 486 589	1 280 255
三、按营业状态分					
营业	746	720	77 091 003	36 681 029	40 409 974
停业（歇业）					
当年关闭	3	1	991		991
其他	2	2	45 294	2 817	42 477

项目	企业个数（个）	#有工作量的企业	建筑业合同情况 签订的合同额（万元）	上年结转	本年新签
四、按企业资质等级分组	**548**	**540**	**73 425 851**	**35 637 393**	**37 788 458**
施工总承包	7	7	11 911 756	6 278 919	5 632 837
特级	144	144	52 430 785	26 204 969	26 225 816
一级	196	195	6 740 522	2 522 167	4 218 355
二级	201	194	2 342 788	631 339	1 711 449
三级及以下					
专业承包	184	172	3 668 376	1 038 151	2 630 225
一级	39	39	2 073 470	180 889	1 892 581
二级	74	70	1 327 023	791 563	535 460
三级及以下	71	63	267 883	65 699	202 184
五、按国民经济行业分组					
房屋建筑业	367	354	52 012 516	25 540 965	26 471 551
土木工程建筑业	206	201	18 787 989	8 742 889	10 045 099
铁路、道路、隧道和桥梁工程建筑	129	128	13 875 788	6 675 372	7 200 417
水利和内河港口工程建筑	27	27	2 812 292	1 411 166	1 401 126
工矿工程建筑	3	3	46 656	36 531	10 125
架线和管道工程建筑	11	9	277 475	110 425	167 050
电力工程施工	8	8	1 242 169	384 916	857 253
其他土木工程建筑	28	26	533 609	124 479	409 129
建筑安装业	64	60	3 343 928	1 509 524	1 834 405
电气安装	23	22	429 971	82 256	347 715
管道和设备安装	10	9	414 012	37 591	376 421
其他建筑安装业	31	29	2 499 945	1 389 676	1 110 268
建筑装饰和其他建筑业	114	108	2 992 855	890 468	2 102 387
建筑装饰业	84	79	2 709 902	822 192	1 887 710
工程准备活动	1	1	30 070	2 470	27 600
提供施工设备服务	1	1	624		624
其他未列明建筑业	28	27	252 260	65 806	186 454

项　　目	承包工程完成情况			
	直接从建设单位承揽工程产值			从建设单位以外承揽工程完成的产值
		自行完成施工产值	分包出去工程产值	
总　计	**35 683 438**	**35 156 502**	**526 935**	**1 250 706**
一、按登记注册类型分组				
内资企业	35 506 170	34 979 235	526 935	1 250 706
国有企业	1 094 798	1 094 577	221	1 951
集体企业	1 062 516	1 062 516		
股份合作企业	12 739	12 739		
有限责任公司	14 271 305	14 171 340	99 965	272 216
国有独资公司	1 106 600	1 106 522	78	30 777
其他有限责任公司	13 164 705	13 064 818	99 887	241 439
股份有限公司	1 455 180	1 455 100	80	100
私营企业	17 609 633	17 182 963	426 669	976 439
其他企业				
港、澳、台商投资企业	36 396	36 396		
与港澳台商合资经营	36 396	36 396		
港、澳、台商投资股份有限公司				
外商投资企业	140 871	140 871		
中外合资经营企业	140 871	140 871		
二、按控股情况分				
国有控股	12 583 149	12 551 136	32 012	123 421
集体控股	1 848 083	1 830 220	17 863	5 473
私人控股	19 588 724	19 112 369	476 355	1 121 477
港澳台商控股	236 711	236 711		
外商控股	170	170		
其他	1 426 600	1 425 895	705	335
三、按营业状态分				
营业	35 650 428	35 123 921	526 507	1 249 916
停业（歇业）				
当年关闭	905	905		209
其他	32 105	31 677	428	581

项　目	承包工程完成情况			
	直接从建设单位承揽工程产值	自行完成施工产值	分包出去工程产值	从建设单位以外承揽工程完成的产值
四、按企业资质等级分组				
施工总承包	33 725 290	33 246 783	478 507	889 341
特级	5 761 523	5 761 523		
一级	22 779 793	22 413 080	366 713	625 756
二级	3 543 154	3 492 025	51 129	168 692
三级及以下	1 640 820	1 580 154	60 665	94 893
专业承包	1 896 846	1 852 163	44 683	357 484
一级	1 316 259	1 273 425	42 834	315 729
二级	423 669	422 269	1 400	32 386
三级及以下	156 917	156 469	448	9 368
五、按国民经济行业分组				
房屋建筑业	23 554 770	23 409 068	145 703	480 118
土木工程建筑业	8 439 997	8 108 291	331 705	370 389
铁路、道路、隧道和桥梁工程建筑	6 560 708	6 249 081	311 627	351 688
水利和内河港口工程建筑	764 433	763 771	662	9 747
工矿工程建筑	21 379	21 379		
架线和管道工程建筑	149 183	147 630	1 553	
电力工程施工	535 256	535 256		2 257
其他土木工程建筑	409 037	391 175	17 863	6 697
建筑安装业	2 030 410	2 024 601	5 809	50 254
电气安装	285 282	285 282		
管道和设备安装	246 000	240 391	5 609	50 054
其他建筑安装业	1 499 128	1 498 928	200	200
建筑装饰和其他建筑业	1 658 260	1 614 542	43 718	349 945
建筑装饰业	1 494 340	1 450 838	43 501	346 811
工程准备活动	27 817	27 817		
提供施工设备服务				367
其他未列明建筑业	136 104	135 887	217	2 767

（总承包和专业承包资质企业，2018 年）

单位：万元

项目	建筑业总产值	#装饰装修产值	#在外省完成产值	按构成分			竣工产值
				建筑工程	安装工程	其他产值	
总　　计	**36 407 208**	**1 985 521**	**13 782 119**	**30 781 540**	**3 170 449**	**2 455 220**	**16 822 434**
一、按登记注册类型分组							
内资企业	36 229 941	1 984 957	13 641 157	30 745 878	3 029 047	2 455 016	16 779 810
国有企业	1 096 528	87 952	382 808	1 092 135	1 912	2 481	572 877
集体企业	1 062 516	18 477	210 018	1 018 919	13 823	29 774	368 000
股份合作企业	12 739	584	90	12 154	584		35 161
有限责任公司	14 443 556	340 206	5 038 054	12 824 845	1 089 240	529 472	5 881 814
国有独资公司	1 137 300	2 389	743 210	1 040 320	23 003	73 977	695 163
其他有限责任公司	13 306 257	337 817	4 294 843	11 784 526	1 066 237	455 495	5 186 651
股份有限公司	1 455 200	129 791	492 290	1 362 413	92 078	709	351 123
私营企业	18 159 402	1 407 947	7 517 898	14 435 411	1 831 410	1 892 581	9 570 834
其他企业							
港、澳、台商投资企业	36 396	563	90	35 662	530	203	563
与港澳台商合资经营	36 396	563	90	35 662	530	203	563
港、澳、台商投资股份有限公司							
外商投资企业	140 871		140 871		140 871		42 061
中外合资经营企业	140 871		140 871		140 871		42 061
二、按控股情况分							
国有控股	12 674 557	238 353	4 595 987	11 520 492	906 173	247 892	5 596 850
集体控股	1 835 694	61 599	545 553	1 510 628	168 256	156 810	1 320 505
私人控股	20 233 846	1 572 333	8 068 811	16 537 188	1 862 573	1 834 085	9 090 537
港澳台商控股	236 711	4 805	171 930	82 930	153 579	203	78 674
外商控股	170				170		
其他	1 426 230	108 431	399 839	1 130 302	79 698	216 229	735 868
三、按营业状态分							
营业	36 373 837	1 981 328	13 764 472	30 756 114	3 164 800	2 452 923	16 805 563
停业（歇业）							
当年关闭	1 113	255		893	143	78	735
其他	32 258	3 938	17 647	24 533	5 506	2 219	16 136

项　　目	建筑业总产值	#装　饰装修产值	#在外省完成产值	按　构　成　分			竣工产值
				建筑工程	安装工程	其他产值	
四、按企业资质等级分组							
施工总承包	34 136 124	1 359 411	12 587 745	29 065 456	2 750 113	2 320 555	15 390 120
特级	5 761 523	247 367	3 081 548	4 693 510	422 807	645 206	2 735 477
一级	23 038 836	592 002	8 268 596	20 078 281	1 762 434	1 198 122	10 311 798
二级	3 660 717	229 401	798 984	3 072 799	263 648	324 271	1 614 406
三级及以下	1 675 048	290 641	438 617	1 220 866	301 224	152 957	728 439
专业承包	2 209 647	624 140	1 194 355	1 678 589	400 309	130 749	1 408 502
一级	1 589 154	538 392	1 080 645	1 236 757	256 035	96 362	747 459
二级	454 655	80 175	103 955	354 175	67 357	33 124	607 271
三级及以下	165 838	5 573	9 755	87 657	76 918	1 264	53 771
五、按国民经济行业分组							
房屋建筑业	23 889 186	1 137 130	8 109 034	20 806 981	1 429 217	1 652 988	12 059 959
土木工程建筑业	8 478 680	67 722	3 996 531	7 274 211	699 710	504 759	3 204 288
铁路、道路、隧道和桥梁工程建筑	6 600 769	37 774	3 126 735	6 064 162	130 763	405 844	2 562 595
水利和内河港口工程建筑	773 519	1 919	213 381	738 945	32 212	2 362	266 239
工矿工程建筑	21 379		7 846	11 944	6 446	2 989	2 170
架线和管道工程建筑	147 630	7 903	23 155	101 063	46 567		44 687
电力工程施工	537 512		429 509	67 066	470 447		177 362
其他土木工程建筑	397 872	20 126	195 905	291 031	13 276	93 565	151 235
建筑安装业	2 074 855	37 702	579 714	1 293 739	712 696	68 420	707 722
电气安装	285 282	1 867	8 151	28 387	256 549	346	22 949
管道和设备安装	290 445		140 871	88 534	201 423	489	48 451
其他建筑安装业	1 499 128	35 835	430 691	1 176 818	254 725	67 585	636 323
建筑装饰和其他建筑业	1 964 487	742 967	1 096 840	1 406 608	328 826	229 053	850 465
建筑装饰业	1 797 649	742 787	1 045 863	1 264 494	318 984	214 172	747 208
工程准备活动	27 817			27 817			1 500
提供施工设备服务	367				367		
其他未列明建筑业	138 654	180	50 977	114 298	9 475	14 881	101 757

项　目	房屋建筑施工面积（万平方米）	#本年新开工面积	房屋竣工面积（万平方米）	房屋竣工价值（万元）
总　计	**18 049**	**8 097**	**6 369**	**9 734 624**
一、按登记注册类型分组				
内资企业	18 049	8 097	6 369	9 734 624
国有企业	565	61	119	235 069
集体企业	667	425	143	276 632
股份合作企业	23	21	14	34 577
有限责任公司	7 218	2 876	1 925	3 208 969
国有独资公司	97	31	26	68 040
其他有限责任公司	7 121	2 845	1 899	3 140 929
股份有限公司	654	287	488	323 420
私营企业	8 922	4 427	3 680	5 655 957
其他企业				
港、澳、台商投资企业				
与港澳台商合资经营				
港、澳、台商投资股份有限公司				
外商投资企业				
中外合资经营企业				
二、按控股情况分				
国有控股	7 561	2 745	1 808	2 924 884
集体控股	1 036	575	398	740 855
私人控股	8 968	4 532	3 736	5 422 404
港澳台商控股	25	19	13	33 224
外商控股				
其他	458	226	414	613 258
三、按营业状态分				
营业	18 038	8 089	6 359	9 719 979
停业（歇业）				
当年关闭	1	1	1	735
其他	10	7	9	13 911

项　　目	房屋建筑施工面积（万平方米）	#本年新开工面积	房屋竣工面　　积（万平方米）	房屋竣工价　　值（万元）
四、按企业资质等级分组				
施工总承包	17 797	7 913	6 317	9 673 026
特级	4 605	2 118	1 520	2 117 487
一级	11 134	4 864	3 696	5 905 099
二级	1 520	664	822	1 284 868
三级及以下	539	267	279	365 573
专业承包	228	173	52	61 598
一级	37	35	3	3 979
二级	179	127	42	49 918
三级及以下	12	11	7	7 702
五、按国民经济行业分组				
房屋建筑业	16 697	7 533	5 695	8 647 351
土木工程建筑业	1 000	400	539	879 436
铁路、道路、隧道和桥梁工程建筑	764	320	479	765 513
水利和内河港口工程建筑	166	55	54	100 735
工矿工程建筑	12		1	2 170
架线和管道工程建筑				
电力工程施工				
其他土木工程建筑	58	25	5	11 019
建筑安装业	234	103	112	181 288
电气安装				
管道和设备安装				
其他建筑安装业	234	103	112	181 288
建筑装饰和其他建筑业	118	60	22	26 549
建筑装饰业	55		7	9 076
工程准备活动				
提供施工设备服务				
其他未列明建筑业	63	60	15	17 473

12－3 建筑业企业财务状况

（总承包和专业承包资质企业，2018 年）

单位：万元

项目	流动资产合计	#应收工程款	#存货	固定资产原价	累计折旧	#本年折旧
总计	**20 655 170**	**6 249 160**	**4 505 899**	**1 652 137**	**676 248**	**119 277**
一、按登记注册类型分组						
内资企业	19 020 985	5 811 403	4 449 145	1 637 564	670 975	118 663
国有企业	725 144	88 632	209 600	108 543	30 260	7 338
集体企业	518 036	110 415	127 502	68 812	18 374	2 281
股份合作企业	54 583	7 304	32 861	8 129	2 235	396
有限责任公司	12 286 258	3 720 415	2 855 625	892 546	422 273	66 961
国有独资公司	845 968	248 758	138 311	73 477	38 315	6 709
其他有限责任公司	11 440 290	3 471 658	2 717 314	819 069	383 958	60 252
股份有限公司	1 149 691	744 943	123 960	40 661	22 221	4 041
私营企业	4 287 274	1 139 694	1 099 597	518 874	175 613	37 646
港、澳、台商投资企业	1 629 305	437 669	56 579	14 227	5 090	567
与港澳台商合资经营	1 608 686	437 611	49 041	10 637	4 607	363
港、澳、台商投资股份有限公司	20 619	58	7 539	3 590	483	204
外商投资企业						
中外合资经营企业						
二、按控股情况分						
国有控股	10 638 043	3 299 076	2 056 829	491 222	231 878	39 787
集体控股	751 385	176 087	186 333	104 551	33 271	3 716
私人控股	8 317 199	2 584 065	2 024 996	975 595	372 982	71 418
港澳台商控股	88 111	21 682	13 479	4 690	1 247	211
外商控股						
其他	860 431	168 251	224 263	76 079	36 870	4 144
三、按营业状态分						
营业	20 626 747	6 238 734	4 494 712	1 645 983	673 691	118 577
停业（歇业）						
当年关闭	9 845	219	8 938	615	519	46
其他	18 578	10 208	2 249	5 539	2 037	654

12－3 续表1　（总承包和专业承包资质企业，2018年）　单位：万元

项　　目	流动资产合　　计	#应收工程款	#存货	固定资产原　　价	累计折旧	#本年折旧
四、按企业资质等级分组						
施工总承包	19 461 979	5 850 548	4 273 292	1 448 740	616 053	109 788
特级	3 377 049	712 186	766 420	309 150	162 742	25 146
一级	12 274 282	4 063 078	2 831 480	786 296	334 748	62 557
二级	2 594 641	800 866	471 341	222 702	81 036	13 579
三级及以下	1 216 006	274 419	204 051	130 593	37 528	8 507
专业承包	1 193 191	398 612	232 607	203 396	60 194	9 489
一级	568 768	209 934	78 364	61 316	33 482	4 196
二级	476 053	141 149	128 524	27 564	14 349	2 788
三级及以下	148 370	47 529	25 719	114 516	12 364	2 506
五、按国民经济行业分组						
房屋建筑业	12 097 362	3 231 938	3 131 025	931 796	342 336	56 217
土木工程建筑业	6 620 810	2 240 029	1 078 072	545 003	253 532	50 745
铁路、道路、隧道和桥梁工程建筑	4 480 135	1 487 793	854 190	410 753	190 060	43 311
水利和内河港口工程建筑	782 205	344 270	63 456	61 822	28 377	2 987
工矿工程建筑	37 381	7 190		4 277	2 523	32
架线和管道工程建筑	132 921	49 479	52 652	30 325	16 177	2 032
电力工程施工	881 950	249 786	60 363	20 413	10 635	1 088
其他土木工程建筑	306 218	101 511	47 412	17 413	5 760	1 296
建筑安装业	924 068	452 402	66 804	81 707	39 666	4 519
电气安装	256 187	93 906	15 623	39 529	21 827	2 524
管道和设备安装	248 101	151 717	18 755	2 858	1 671	68
其他建筑安装业	419 780	206 779	32 426	39 320	16 168	1 927
建筑装饰和其他建筑业	1 012 930	324 792	229 998	93 631	40 714	7 795
建筑装饰业	864 991	275 596	183 116	71 868	31 924	5 729
工程准备活动	21 681	12 669		649	380	33
提供施工设备服务	7 709	3 128	322	5 958	4 016	506
其他未列明建筑业	118 549	33 399	46 560	15 155	4 394	1 527

项　　目	在建工程	资产总计	流动负债合计	#应付账款	非流动负债合计	负债合计
总　　计	**251 139**	**25 071 590**	**15 340 866**	**5 857 356**	**1 737 140**	**17 078 006**
一、按登记注册类型分组						
内资企业	251 139	22 855 896	13 611 635	4 967 117	1 630 306	15 241 941
国有企业	8 364	910 252	583 634	59 382	160 079	743 714
集体企业	10 958	617 923	330 391	92 069	7 491	337 882
股份合作企业		64 088	50 686	2 900		50 686
有限责任公司	154 367	14 741 080	9 931 259	3 944 895	959 403	10 890 662
国有独资公司	42 039	1 013 665	834 911	466 886	87 570	922 481
其他有限责任公司	112 328	13 727 415	9 096 348	3 478 009	871 833	9 968 181
股份有限公司	5 848	1 237 374	898 144	294 131	39 318	937 462
私营企业	71 601	5 285 179	1 817 522	573 741	464 014	2 281 537
港、澳、台商投资企业		2 208 660	1 729 208	890 229	106 819	1 836 027
与港澳台商合资经营		2 172 851	1 725 488	889 354	93 031	1 818 519
港、澳、台商投资股份有限公司		35 809	3 720	875	13 788	17 508
外商投资企业		518	13			13
中外合资经营企业		518	13			13
二、按控股情况分						
国有控股	115 118	12 624 286	10 106 396	4 237 764	838 951	10 945 347
集体控股	20 823	949 244	500 340	144 739	12 563	512 903
私人控股	108 761	10 339 305	4 061 328	1 250 155	734 738	4 796 066
港澳台商控股		103 648	45 417	20 687	13 788	59 205
外商控股						
其他	6 438	1 055 107	627 386	204 012	137 100	764 485
三、按营业状态分						
营业	251 139	25 034 813	15 335 561	5 852 991	1 735 161	17 070 722
停业（歇业）						
当年关闭		12 196	393	63	1 925	2 317
其他		24 580	4 912	4 302	54	4 967

项　目	在建工程	资产总计	流动负债合计	#应付账款	非流动负债合计	负债合计
四、按企业资质等级分组						
施工总承包	245 137	23 610 169	14 637 684	5 617 538	1 537 108	16 174 792
特级	43 409	4 391 353	2 688 941	977 828	282 610	2 971 552
一级	130 567	14 538 279	9 730 212	3 874 455	1 006 947	10 737 160
二级	45 611	3 118 013	1 605 821	546 854	122 519	1 728 340
三级及以下	25 550	1 562 525	612 710	218 402	125 031	737 741
专业承包	6 002	1 461 421	703 182	239 818	200 032	903 214
一级	2 658	650 254	366 090	125 882	22 258	388 348
二级	1 517	528 090	241 658	88 506	78 381	320 039
三级及以下	1 827	283 076	95 435	25 430	99 393	194 827
五、按国民经济行业分组						
房屋建筑业	114 850	14 639 646	8 455 295	3 301 179	953 634	9 408 928
土木工程建筑业	125 348	8 224 330	5 687 520	1 890 310	691 134	6 378 654
铁路、道路、隧道和桥梁工程建筑	108 128	5 815 514	3 847 877	1 265 288	548 531	4 396 408
水利和内河港口工程建筑	3 172	880 777	649 735	272 894	64 069	713 804
工矿工程建筑		40 721	16 918	11 131	282	17 200
架线和管道工程建筑	2 817	165 250	107 172	61 841	21 885	129 057
电力工程施工	1 262	921 622	868 524	188 976	9 181	877 705
其他土木工程建筑	9 968	400 447	197 294	90 181	47 188	244 482
建筑安装业	8 538	1 046 990	666 446	405 404	5 497	671 943
电气安装	873	326 054	165 637	89 974	1 581	167 218
管道和设备安装		250 237	184 696	120 904	1 013	185 709
其他建筑安装业	7 666	470 699	316 114	194 527	2 902	319 016
建筑装饰和其他建筑业	2 403	1 160 623	531 606	260 463	86 875	618 481
建筑装饰业	1 655	971 219	441 059	227 230	78 546	519 605
工程准备活动		22 490	18 522	6 939	61	18 583
提供施工设备服务	192	13 090	5 127	76	5 446	10 572
其他未列明建筑业	557	153 826	66 899	26 218	2 822	69 721

项　目	所有者权益合计	#实收资本	国家资本	集体资本	法人资本	个人资本	港澳台资本	外商资本
总　计	**7 993 583**	**4 446 328**	**760 453**	**186 437**	**1 212 792**	**2 253 987**	**12 000**	**20 660**
一、按登记注册类型分组								
内资企业	7 613 955	4 315 425	697 633	186 377	1 198 319	2 233 097		
国有企业	166 538	129 005	118 915		10 090			
集体企业	280 042	129 711		122 862	6 849			
股份合作企业	13 403	12 036		3 673	5 540	2 824		
有限责任公司	3 850 418	2 178 093	524 361	50 414	682 008	921 310		
国有独资公司	91 184	100 683	69 719		30 964			
其他有限责任公司	3 759 234	2 077 410	454 642	50 414	651 044	921 310		
股份有限公司	299 912	175 335	53 027	8 228	34 601	79 480		
私营企业	3 003 642	1 691 245	1 330	1 200	459 231	1 229 484		
港、澳、台商投资企业	372 633	129 598	62 820	60	13 168	20 890	12 000	20 660
与港澳台商合资经营	354 332	114 510	62 820	60	10 080	20 890		20 660
港、澳、台商投资股份有限公司	18 301	15 088			3 088		12 000	
外商投资企业	505	505			505			
中外合资经营企业	505	505			505			
二、按控股情况分								
国有控股	1 678 939	1 009 849	734 917	3 243	190 427	60 602		20 660
集体控股	436 341	241 997		154 372	72 908	14 717		
私人控股	5 543 238	2 998 227	1 472	1 265	894 524	2 100 966		
港澳台商控股	44 443	25 248		60	13 168	20	12 000	
外商控股								
其他	290 622	171 007	24 063	27 496	41 765	77 682		
三、按营业状态分								
营业	7 964 091	4 430 256	760 453	184 431	1 212 192	2 240 521	12 000	20 660
停业（歇业）								
当年关闭	9 879	3 006		2 006		1 000		
其他	19 613	13 066			600	12 466		

项　　目	所有者权益合计	#实　收资　本	国家资本	集体资本	法人资本	个人资本	港澳台资　本	外商资本
四、按企业资质等级分组								
施工总承包	7 435 377	4 151 603	731 568	175 461	1 106 339	2 117 575		20 660
特级	1 419 801	543 039	166 455		1 038	354 886		20 660
一级	3 801 119	2 090 077	442 359	125 582	659 363	862 774		
二级	1 389 673	959 862	47 729	33 646	295 457	583 030		
三级及以下	824 784	558 626	75 025	16 233	150 482	316 886		
专业承包	558 207	294 725	28 885	10 976	106 452	136 412	12 000	
一级	261 906	127 993	16 746	5	46 751	64 491		
二级	208 052	92 744	659	3 286	40 162	48 638		
三级及以下	88 249	73 987	11 480	7 685	19 539	23 283	12 000	
五、按国民经济行业分组								
房屋建筑业	5 230 718	2 679 607	343 852	138 919	690 393	1 485 783		20 660
土木工程建筑业	1 845 676	1 320 959	368 899	32 500	373 427	534 132	12 000	
铁路、道路、隧道和桥梁工程建筑	1 419 106	1 020 003	285 317	10 223	289 558	434 906		
水利和内河港口工程建筑	166 973	121 385	50 509	15 190	24 509	31 177		
工矿工程建筑	23 521	11 490	5 290		6 200			
架线和管道工程建筑	36 194	27 580	8 450		2 330	4 800	12 000	
电力工程施工	43 917	18 542	11 000	1 588	585	5 370		
其他土木工程建筑	155 965	121 960	8 333	5 500	50 247	57 880		
建筑安装业	375 048	202 845	41 555	14 921	55 053	91 315		
电气安装	158 836	93 843	23 200	12 800	8 856	48 987		
管道和设备安装	64 528	26 738			19 100	7 638		
其他建筑安装业	151 684	82 263	18 355	2 121	27 097	34 690		
建筑装饰和其他建筑业	542 143	242 917	6 147	96	93 919	142 756		
建筑装饰业	451 614	176 337	2 483	96	70 073	103 685		
工程准备活动	3 907	3 064	3 064					
提供施工设备服务	2 518	2 320			2 320			
其他未列明建筑业	84 105	61 196	600		21 526	39 070		

项　目	营业收入	主营业务收　入	营业成本	主营业务成　本	营业税金及附加	主营业务税金及附加	其他业务利　润
总　计	**30 493 520**	**30 025 909**	**28 164 747**	**27 727 483**	**359 687**	**344 237**	**10 578**
一、按登记注册类型分组							
内资企业	29 193 128	28 726 593	26 989 557	26 553 055	356 262	340 870	10 405
国有企业	1 058 420	1 039 668	973 455	945 439	19 459	18 182	611
集体企业	1 000 693	996 172	928 928	925 560	16 967	16 784	599
股份合作企业	35 842	35 831	33 039	33 039	443	443	11
有限责任公司	16 199 967	15 903 497	14 995 692	14 739 269	155 720	144 698	8 877
国有独资公司	1 034 423	981 237	965 448	913 971	3 694	3 631	1 774
其他有限责任公司	15 165 544	14 922 260	14 030 244	13 825 298	152 026	141 067	7 103
股份有限公司	1 009 906	1 007 994	948 325	946 781	8 925	8 863	25
私营企业	9 888 300	9 743 430	9 110 118	8 962 966	154 748	151 900	281
港、澳、台商投资企业	1 299 137	1 298 061	1 174 211	1 173 449	3 370	3 312	174
与港澳台商合资经营	1 277 793	1 276 718	1 155 361	1 154 599	3 275	3 218	174
港、澳、台商投资股份有限公司	21 343	21 343	18 850	18 850	95	95	
外商投资企业	165	165	129	129	1	1	
中外合资经营企业	165	165	129	129	1	1	
二、按控股情况分							
国有控股	10 751 176	10 572 709	10 071 530	9 887 978	53 022	50 449	8 569
集体控股	1 314 307	1 308 412	1 205 654	1 201 496	24 889	24 668	852
私人控股	16 956 136	16 720 679	15 533 714	15 330 782	255 473	242 928	892
港澳台商控股	166 814	166 814	144 063	144 063	428	426	
外商控股							
其他	1 305 087	1 257 295	1 209 786	1 163 163	25 875	25 767	265
三、按营业状态分							
营业	30 434 809	29 967 198	28 112 203	27 674 939	357 230	341 780	10 578
停业（歇业）							
当年关闭	22 788	22 788	19 007	19 007	1 871	1 871	
其他	35 923	35 923	33 538	33 538	587	587	

项目	营业收入	主营业务收入	营业成本	主营业务成本	营业税金及附加	主营业务税金及附加	其他业务利润
四、按企业资质等级分组							
施工总承包	28 298 356	27 871 506	26 209 073	25 809 017	289 713	283 817	9 898
特级	5 988 932	5 954 598	5 569 609	5 567 755	46 380	46 313	1 865
一级	17 829 170	17 637 740	16 588 766	16 400 361	178 652	175 582	6 426
二级	2 874 861	2 715 386	2 595 178	2 427 541	46 205	44 104	545
三级及以下	1 605 393	1 563 782	1 455 520	1 413 362	18 476	17 818	1 061
专业承包	2 195 164	2 154 403	1 955 674	1 918 466	69 974	60 420	680
一级	1 646 945	1 627 433	1 474 503	1 456 917	63 788	55 025	513
二级	375 146	355 805	334 583	316 544	4 735	3 977	3
三级及以下	173 073	171 165	146 588	145 005	1 450	1 418	165
五、按国民经济行业分组							
房屋建筑业	19 670 779	19 567 158	18 251 415	18 180 822	234 282	232 514	1 676
土木工程建筑业	7 083 699	6 838 218	6 524 461	6 258 710	55 280	51 652	7 869
铁路、道路、隧道和桥梁工程建筑	5 303 774	5 127 507	4 893 448	4 731 455	44 882	43 053	5 235
水利和内河港口工程建筑	764 026	761 022	698 160	687 131	5 345	4 609	1 796
工矿工程建筑	38 556	38 117	35 793	35 406	473	468	8
架线和管道工程建筑	148 126	147 046	126 729	126 267	635	630	619
电力工程施工	494 882	494 378	462 329	447 704	759	746	204
其他土木工程建筑	334 335	270 148	308 003	230 748	3 186	2 146	7
建筑安装业	1 653 808	1 553 863	1 511 888	1 425 813	6 257	4 647	388
电气安装	303 827	262 384	257 057	220 550	1 432	1 047	322
管道和设备安装	300 482	247 690	257 659	214 765	690	502	24
其他建筑安装业	1 049 499	1 043 789	997 172	990 498	4 136	3 098	43
建筑装饰和其他建筑业	2 085 235	2 066 670	1 876 983	1 862 139	63 869	55 424	646
建筑装饰业	1 869 084	1 861 259	1 680 772	1 675 384	62 248	54 152	646
工程准备活动	33 810	33 810	31 661	31 661	185	185	
提供施工设备服务	7 313		6 739				
其他未列明建筑业	175 028	171 601	157 811	155 094	1 436	1 087	

项　　目	销售费用	管理费用	财务费用	利息收入	利息支出
总　　计	**86 479**	**679 002**	**162 696**	**14 700**	**129 494**
一、按登记注册类型分组					
内资企业	86 427	667 383	142 496	7 094	102 914
国有企业	202	37 190	5 063	－171	3 298
集体企业	721	19 580	4 595	67	4 462
股份合作企业	87	2 005	125	－1	41
有限责任公司	40 664	387 177	95 897	6 014	70 661
国有独资公司	1 865	46 384	4 648	3	4 860
其他有限责任公司	38 799	340 793	91 249	6 011	65 801
股份有限公司	371	26 892	2 930	499	3 445
私营企业	44 383	194 539	33 886	686	21 008
港、澳、台商投资企业	52	11 484	20 198	7 606	26 579
与港澳台商合资经营	1	10 039	19 581	7 605	26 242
港、澳、台商投资股份有限公司	51	1 444	618	1	337
外商投资企业		38			
中外合资经营企业		38			
二、按控股情况分					
国有控股	5 759	226 279	83 604	11 979	81 874
集体控股	901	30 610	4 324	982	4 898
私人控股	79 239	387 940	67 326	1 382	36 248
港澳台商控股	52	2 866	567	1	337
外商控股					
其他	529	31 308	6 875	357	6 136
三、按营业状态分					
营业	86 255	678 189	162 564	14 699	129 406
停业（歇业）					
当年关闭	93	326	114		71
其他	131	487	18	2	17

项　　目	销售费用	管理费用	财务费用	利息收入	利息支出
四、按企业资质等级分组					
施工总承包	78 969	586 329	155 218	14 450	124 679
特级	3 062	95 908	48 073	7 871	51 854
一级	54 489	351 145	90 305	5 677	62 703
二级	14 739	87 262	13 695	－275	8 516
三级及以下	6 680	52 015	3 144	1 176	1 606
专业承包	7 510	92 673	7 478	251	4 815
一级	1 278	62 000	3 668	93	1 705
二级	5 058	16 745	2 692	20	2 332
三级及以下	1 174	13 928	1 117	138	778
五、按国民经济行业分组					
房屋建筑业	51 692	311 369	112 959	11 246	91 780
土木工程建筑业	24 944	245 156	42 478	1 265	33 620
铁路、道路、隧道和桥梁工程建筑	21 589	182 913	30 787	706	24 195
水利和内河港口工程建筑	9	22 848	2 808	220	3 849
工矿工程建筑		1 928	－131		
架线和管道工程建筑	1 052	16 939	1 203	35	921
电力工程施工	1 449	9 776	6 299	277	4 084
其他土木工程建筑	845	10 752	1 512	27	571
建筑安装业	4 857	46 490	2 291	1 988	1 374
电气安装	1 459	20 734	－760	961	53
管道和设备安装	2 609	3 247	800	915	64
其他建筑安装业	788	22 509	2 252	113	1 258
建筑装饰和其他建筑业	4 986	75 986	4 968	201	2 719
建筑装饰业	3 567	67 612	3 698	159	2 439
工程准备活动		1 353	225	－3	
提供施工设备服务		343	161		
其他未列明建筑业	1 420	6 678	883	45	280

（总承包和专业承包资质企业，2018年）

单位：万元

项　　目	营业利润	营业外收　入	营业外支　出	利润总额	应　交所得税	应付职工薪酬（本年贷方累计发生额）	应交增值　税
总　　计	**998 821**	**19 266**	**21 997**	**980 485**	**231 775**	**3 412 532**	**628 292**
一、按登记注册类型分组							
内资企业	911 820	19 108	21 069	894 253	210 312	3 018 334	617 531
国有企业	22 310	323	207	22 425	9 123	113 161	35 023
集体企业	30 367	339	204	30 502	8 229	98 653	30 480
股份合作企业	143	184		326	145	4 416	457
有限责任公司	471 491	16 489	17 269	470 739	101 651	1 762 882	282 776
国有独资公司	12 247	859	2 687	10 062	2 543	92 387	12 399
其他有限责任公司	459 244	15 631	14 582	460 677	99 108	1 670 494	270 377
股份有限公司	23 538	75	125	23 487	6 340	92 788	40 626
私营企业	363 972	1 699	3 264	346 773	84 824	946 435	228 168
港、澳、台商投资企业	86 917	158	928	86 148	21 440	393 942	10 677
与港澳台商合资经营	86 631	87	922	85 796	21 352	393 753	10 542
港、澳、台商投资股份有限公司	287	71	6	352	88	189	135
外商投资企业	－2			－2	1	33	5
中外合资经营企业	－2			－2	1	33	5
二、按控股情况分							
国有控股	253 798	12 273	13 400	252 740	71 777	1 883 705	175 244
集体控股	48 848	776	278	49 345	13 102	133 796	36 977
私人控股	648 559	5 491	7 431	630 944	134 672	1 331 569	379 271
港澳台商控股	18 840	122	651	18 311	4 765	3 431	2 047
外商控股							
其他	28 777	605	237	29 145	7 459	60 032	34 753
三、按营业状态分							
营业	996 281	19 179	21 997	977 858	230 803	3 407 716	625 691
停业（歇业）							
当年关闭	1 377			1 377	563	2 067	2 140
其他	1 163	87		1 250	410	2 749	462

项　　目	营业利润	营业外收　入	营业外支　出	利润总额	应　交所得税	应付职工薪酬（本年贷方累计发生额）	应交增值　税
四、按企业资质等级分组							
施工总承包	920 819	17 066	19 654	917 721	217 627	3 284 284	579 605
特级	221 746	2 993	2 116	222 623	55 443	784 495	131 530
一级	513 769	11 053	13 993	510 473	118 916	2 098 790	347 682
二级	114 485	2 506	3 042	113 793	28 407	268 024	63 171
三级及以下	70 818	515	503	70 832	14 861	132 975	37 222
专业承包	78 002	2 200	2 343	62 764	14 148	128 247	48 687
一级	41 769	1 893	1 912	41 750	8 761	73 978	37 961
二级	27 221	72	186	12 015	3 327	35 382	7 044
三级及以下	9 012	235	245	8 999	2 060	18 887	3 683
五、按国民经济行业分组							
房屋建筑业	698 705	5 685	6 136	698 256	160 805	2 701 278	395 930
土木工程建筑业	146 028	11 065	12 284	144 297	40 450	477 554	143 461
铁路、道路、隧道和桥梁工程建筑	105 939	8 393	11 057	103 344	30 557	331 955	113 753
水利和内河港口工程建筑	20 593	1 573	357	21 810	6 106	50 743	15 878
工矿工程建筑	372	251	55	568	166	20 208	876
架线和管道工程建筑	1 602	192	85	1 709	594	26 424	2 613
电力工程施工	7 474	569	458	7 584	1 386	28 097	924
其他土木工程建筑	10 049	87	272	9 283	1 640	20 127	9 417
建筑安装业	78 293	366	868	77 792	19 163	144 480	40 688
电气安装	22 917	252	170	22 999	4 901	26 542	8 760
管道和设备安装	33 047	51	647	32 451	8 299	7 128	8 254
其他建筑安装业	22 329	63	51	22 343	5 964	110 810	23 673
建筑装饰和其他建筑业	75 795	2 151	2 709	60 140	11 357	89 219	48 214
建筑装饰业	67 888	2 078	1 957	52 914	10 239	70 680	39 038
工程准备活动	386	5	19	372	93	1 236	1 028
提供施工设备服务	69		21	48	14	652	186
其他未列明建筑业	7 452	68	711	6 806	1 011	16 652	7 963

12－4　各县区建筑业企业主要经济指标

（总承包和专业承包资质企业，2018 年）

指　　标	全　市	东湖区	西湖区	青云谱区	湾里区	青山湖区
企业个数（个）	**743**	**71**	**95**	**58**	**18**	**73**
建筑业合同情况（万元）						
签订的合同额	77 137 288	3 744 752	14 522 839	16 885 964	387 944	1 917 853
上年结转合同额	36 683 845	2 413 945	7 653 248	9 135 611	153 556	740 181
本年新签合同额	40 453 442	1 330 807	6 869 590	7 750 353	234 387	1 177 672
承包工程完成情况（万元）						
直接从建设单位承揽工程完成的产值	35 683 437	1 138 590	4 740 629	5 665 852	611 418	1 063 440
自行完成施工产值	35 156 502	1 130 522	4 735 951	5 618 454	611 418	1 051 125
分包出去工程的产值	526 935	8 067	4 678	47 398		12 315
从建设单位以外承揽工程完成的产值	1 250 706	8 542	21 662	134 602	3 732	12 902
建筑业总产值（万元）	36 407 208	1 139 065	4 757 614	5 753 056	615 151	1 064 027
#装饰装修产值	1 985 520	498 445	94 522	127 457	10 240	48 963
在外省完成的产值	13 782 118	414 629	1 715 159	2 266 922	55 219	409 927
建筑工程产值	30 781 539	888 593	4 294 783	5 057 290	468 265	890 643
安装工程产值	3 170 449	164 687	314 262	527 821	143 046	115 246
其他产值	2 455 219	85 784	148 568	167 945	3 839	58 138
竣工产值（万元）	16 822 434	742 994	2 459 248	2 205 592	220 229	298 504
房屋建筑施工及竣工面积（万平方米）						
房屋建筑施工面积	18 048	148	3 128	2 934	317	397
#本年新开工面积	8 097	30	1 141	1 331	102	79
房屋建筑竣工面积	6 369	52	604	822	85	119
住宅房屋	4 214	33	370	526	74	46
商业及服务用房屋	484		71	47	2	13
商厦房屋（批发和零售用房）	184		41	6	2	2
宾馆用房屋（住宿用房）	25		10			
餐饮用房屋（餐饮用房）	11					
商务会展用房屋	51			27		
其他商业及服务用房屋	213		20	13		11
办公用房屋	409	2	26	36	2	18
科研、教育、医疗用房屋	408	11	78	24		13
科学研究用房屋	29			3		
教育用房屋	251	2	38	18		13
医疗用房屋（卫生医疗用房）	128	9	39	3		
文化、体育、娱乐用房屋	92		16	4		1
厂房及建筑物	611	6	25	169	6	29
厂房	319		19	19	4	25
仓库	39			1		
其他未列明的房屋建筑物	112		18	15	1	

12－4 续表 （2018 年）

新建区	南昌县	安义县	进贤县	经济开发区	高新开发区	红谷滩新区
45	**163**	**10**	**36**	**45**	**55**	**74**
1 962 890	20 824 323	150 262	1 281 562	3 623 118	5 038 529	6 797 246
521 725	8 584 006	38 716	541 406	1 628 547	2 412 467	2 860 432
1 441 165	12 240 317	111 545	740 156	1 994 571	2 626 062	3 936 814
1 462 864	12 666 804	151 225	735 116	1 894 085	1 914 457	3 638 951
1 459 404	12 342 220	149 693	735 116	1 862 281	1 912 687	3 547 625
3 460	324 583	1 531		31 804	1 770	91 326
585	537 291	7 115	33 352	76 357	3 186	411 374
1 459 989	12 879 512	156 809	768 469	1 938 639	1 915 873	3 959 000
43 908	856 291	4 925	25 627	75 246	117 897	81 994
382 662	5 271 254		222 017	750 500	706 314	1 587 510
1 152 039	10 814 057	147 204	689 312	1 442 609	1 680 950	3 255 790
130 526	1 159 590	8 024	36 091	222 974	121 936	226 241
177 423	905 864	1 580	43 065	273 055	112 986	476 968
787 725	6 068 457	115 130	996 823	805 310	1 149 805	972 611
389	7 341	123	477	637	1 198	954
199	3 867	52	229	312	373	376
173	3113	95	298	147	433	427
113	2101	76	151	113	293	316
13	247	6	12	1	37	35
1	90	6	11	1	13	10
1	13					
	11					
	12				11	2
11	121		1		13	23
8	279	1	20		1	17
9	188	1	4	19	42	20
1	21		1		1	2
6	129		2		30	12
1	38		1	19	11	6
6	53	1	9		1	1
21	163	6	78	12	58	37
3	133	1	20	12	57	24
1	31	1	4	2		
1	52	4	19			1

指　　标	全　市	东湖区	西湖区	青云谱区	湾里区	青山湖区
竣工房屋价值(万元)	**9 734 624**	**99 542**	**1 172 537**	**1 347 170**	**137 125**	**209 733**
住宅房屋	6 108 962	79 757	687 282	831 467	114 558	78 789
商业及服务用房屋	722 184	665	107 791	70 694	3 615	14 677
商厦房屋(批发和零售用房)	259 549	492	53 026	14 068	3 615	4 028
宾馆用房屋(住宿用房)	50 294		16 366	658		
餐饮用房屋(餐饮用房)	22 847	16	367			
商务会展用房屋	67 891	46		24 960		25
其他商业及服务用房屋	321 603	111	38 032	31 009		10 623
办公用房屋	713 302	2 039	60 451	123 617	3 083	34 985
科研、教育、医疗用房屋	828 865	10 524	188 563	82 057		25 725
科学研究用房屋	49 621			11 899		
教育用房屋	519 278	1 492	105 621	62 263		25 435
医疗用房屋(卫生医疗用房)	259 965	9 032	82 942	7 896		290
文化、体育、娱乐用房屋	176 853	195	37 439	7 225		1 620
厂房及建筑物	878 197	5 800	48 819	198 348	12 570	53 903
厂房	508 738		27 156	33 821	8 832	51 005
仓库	94 516			1 164		35
其他未列明的房屋建筑物	211 748	562	42 193	32 598	3 300	
年末资产负债(万元)						
流动资产合计	20 655 169	1 188 957	4 248 439	4 086 982	212 248	781 612
#存　货	4 505 898	213 569	652 590	863 751	50 349	111 915
固定资产原价	1 652 136	113 122	174 388	197 589	10 208	74 164
累计折旧	676 247	43 584	65 319	99 535	6 622	26 557
#本年折旧	119 276	6 401	17 106	21 201	1 508	4 864
固定资产净值	9 750 944	694 579	1 088 837	980 543	35 861	471 973
在建工程	251 138	51 709	4 428	39 163	6 662	27 715
资产合计	25 071 589	1 654 056	5 456 442	4 474 550	278 683	928 085
流动负债合计	15 340 866	830 457	4 141 996	3 469 052	104 647	469 230
#应付账款	5 857 356	300 696	1 940 553	1 532 712	19 168	220 363
非流动负债合计	1 737 140	234 845	227 391	210 261	12 064	81 631
负债合计	17 078 006	1 065 302	4 369 387	3 679 313	116 711	550 861

12－4 续表 1－2　　　　（2018 年）

新建区	南昌县	安义县	进贤县	经济开发区	高新开发区	红谷滩新区
220 578	**4 481 375**	**102 943**	**372 163**	**330 080**	**785 110**	**476 269**
141 524	2 735 702	83 353	190 105	266 554	532 964	366 908
15 986	379 715	4 969	17 736	2 736	73 280	30 322
1 241	123 588	4 969	15 466	2 719	24 977	11 360
1 248	31 759					264
	22 313			17		135
	21 155				21 361	345
13 497	180 901		2 270		26 942	18 218
11 228	423 586	735	32 001		1 467	20 111
11 726	344 866	428	6 695	42 306	82 137	33 836
2 098	33 072	64	800		996	693
8 202	235 164	364	4 773		57 523	18 440
1 427	76 630		1 122	42 306	23 618	14 703
11 085	99 821	768	13 069		5 001	630
27 191	310 147	5 659	88 632	15 391	89 707	22 032
3 271	253 887	694	23 404	15 391	88 158	3 119
1 545	83 812	608	3 842	2 839	365	305
293	103 727	6 423	20 084	255	189	2 125
570 697	4 924 962	58 807	189 898	1 124 125	1 400 046	1 868 390
136 198	1 240 243	19 809	59 920	246 178	372 538	538 833
29 245	562 797	4 696	145 296	65 725	116 230	158 670
12 569	235 723	1 188	21 798	25 324	67 446	70 579
3 256	44 691	113	2 963	5 925	3 321	7 922
166 766	3 270 748	35 081	1 234 985	404 011	487 846	879 714
440	64 669		2 578	402	446	52 923
798 229	5 819 907	80 301	352 487	1 438 850	1 537 835	2 252 159
234 786	2 556 519	6 273	59 531	835 212	1 081 854	1 551 303
84 636	626 092	1 406	16 891	284 696	309 556	520 582
150 462	340 479	39 920	90 017	167 868	76 735	105 466
385 248	2 896 998	46 193	149 548	1 003 080	1 158 589	1 656 769

指　　标	全　市	东湖区	西湖区	青云谱区	湾里区	青山湖区
所有者权益合计(万元)	**7 993 583**	**588 754**	**1 087 054**	**795 237**	**161 972**	**377 223**
#实收资本	4 446 327	289 710	678 889	501 162	121 394	259 803
国家资本	760 452	74 417	142 929	180 005	1 600	16 672
集体资本	186 436	908	27 954	2 441		20 999
法人资本	1 212 791	92 730	282 790	116 933	30 710	63 722
个人资本	2 253 986	121 653	204 555	201 781	89 083	158 408
港澳台资本	12 000					
外商资本	20 660		20 660			
损益及分配(万元)						
营业收入	30 493 519	1 380 991	4 655 508	4 689 399	436 270	1 058 318
工程结算收入	30 025 908	1 274 967	4 583 544	4 674 823	421 891	994 761
营业成本	28 164 747	1 198 149	4 299 363	4 411 809	402 478	977 085
工程结算成本	27 727 483	1 085 775	4 229 293	4 387 511	388 865	917 016
营业税金及附加	359 686	32 893	39 030	26 212	1 790	9 015
工程结算税金及附加	344 237	24 311	36 866	26 152	1 731	7 692
其他业务利润	10 578	511	2 915	982	31	160
销售费用	86 479	14 352	7 260	2 588	41	1 827
管理费用	679 001	78 117	82 148	101 398	11 420	38 145
#税金						
财务费用	162 695	14 640	45 826	14 759	2 483	3 364
#利息收入	14 700	－637	10 359	1 372	－6	127
#利息支出	129 493	12 446	42 726	14 322	316	2 593
营业利润	998 821	42 013	179 038	120 297	18 045	43 426
营业外收入	19 265	2 458	1 563	2 859	28	397
#补贴收入						
营业外支出	21 997	2 580	5 337	1 430	964	170
利润总额	980 484	41 736	175 221	121 725	17 109	28 601
#应交所得税	231 775	10 104	46 546	27 802	1 990	6 013
工资、福利费(万元)						
应付职工薪酬	3 412 531	98 851	769 432	827 263	74 815	135 060

12－4 续表 2－2　　　　　　　　　　　　　　(2018 年)

新建区	南昌县	安义县	进贤县	经济开发区	高新开发区	红谷滩新区
412 980	**2 922 909**	**34 108**	**202 939**	**435 770**	**379 246**	**595 389**
267 156	1 320 208	25 009	118 783	279 639	268 478	316 092
	63 054	2 600	3 346	131 702	123 944	20 180
12 270	89 369	2 006	2 192	13 224	4 723	10 347
42 942	373 730	7 260	11 620	38 362	32 567	119 421
211 944	794 053	13 143	101 625	84 350	107 243	166 142
				12 000		
1 265 540	9 635 035	120 261	712 189	1 429 464	1 833 205	3 277 335
1 264 782	9 598 149	120 261	706 576	1 378 356	1 827 531	3 180 262
1 155 739	8 929 867	109 471	650 550	1 316 365	1 662 320	3 051 547
1 153 480	8 913 791	109 471	649 598	1 274 256	1 658 975	2 959 447
16 934	128 362	4 232	15 249	7 552	19 715	58 697
16 530	127 681	4 232	14 989	7 352	19 567	57 129
1	592		348	342	2 078	2 614
2 939	32 222	772	5 617	2 204	10 232	6 420
16 691	185 440	1 946	12 645	32 469	44 837	73 740
6 438	36 796	281	2 103	7 178	19 770	9 053
74	879		116	1 499	510	405
1 125	27 574	75	810	6 357	16 703	4 442
66 171	322 411	3 554	26 163	61 873	59 652	56 172
252	2 804		32	806	1 752	6 311
1 122	1 270		552	321	982	7 264
65 301	323 945	3 554	25 643	62 360	60 422	54 864
10 267	79 090	871	5 997	14 578	8 672	19 840
118 517	825 970	6 550	78 641	110 434	213 066	153 927

主要统计指标解释

建筑施工企业 指从事房屋、构筑物和设备安装生产活动的独立施工单位,分为建筑安装企业和自营施工单位两种组织形式。建筑安装企业是指行政上有独立组织、经济上实行独立核算的企业。一般称为建筑公司、安装公司、工程公司、工程局(处)等。自营施工单位是指附属于现有生产企业、事业内部或行政单位的,为建造和修理本单位固定资产而自行组织的。并同时具备下述条件:(1)对内独立核算;(2)有固定组织和施工队伍;(3)全年施工期在半年以上。

建筑业总产值 建筑总产值是货币表现的建筑安装企业在一定时期内生产的建筑业产品的总和。按现行报表制度规定,具体包括:建筑工程产值、设备安装工程产值和其他产值。

建筑业增加值 是建筑业企业在报告期内以货币表现的建筑业生产经营活动的最终成果。建筑业增加值有两种计算方法:一是生产法,即建筑业总产出减去建筑业中间消耗后的余额;二是分配法(收入法),即从收入的角度出发,根据生产要素在生产过程中应得到的收入份额计算,具体构成项目有固定资产折旧、劳动者报酬、生产税净额、营业盈余。

利润总额 指建筑业企业在一定时期内所实现的利润。包括营业利润、投资收益和营业外收入与营业外支出的差额。

工程结算收入 指本企业承包实现的工程价额结算收入以及向发包单位收取的除工程价款以外按规定列作营业收入的各种款项,如临时设施费、劳动保险费、施工机构调迁等以及向发包单位收取的各种索赔款。

十三、交通运输、邮电通信和规上服务业

TRANSPORTATION, POSTAL TELECOMMUNICATIONS AND ABOVE DESIGNATED SIZE IN SERVICES

本篇内容包括：

1. 交通运输业
2. 邮电通信业
3. 规模以上服务业

货物运输量

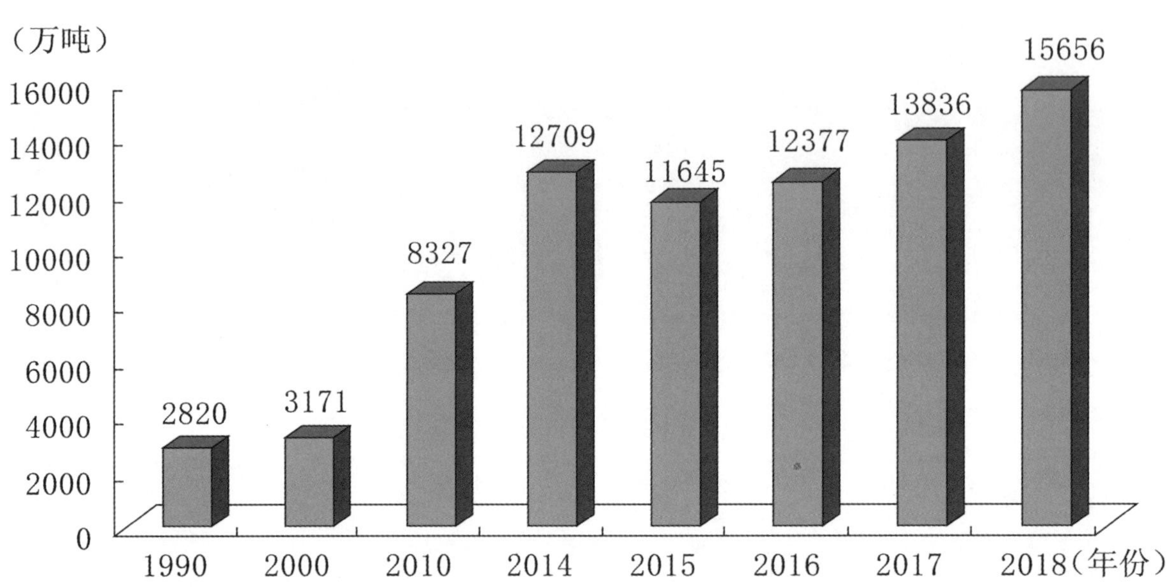

邮电业务总量

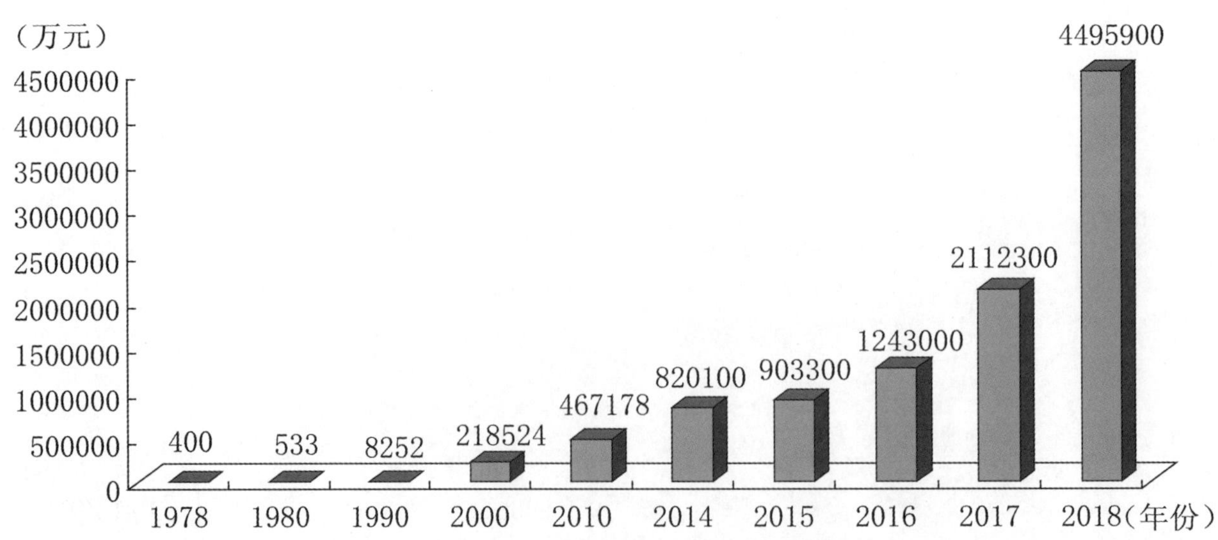

13－1　公路线路长度

单位:公里

指　　标	2012	2013	2014	2015	2016	2017	2018
公路通车里程	**10 852**	**10 822**	**11 166**	**11 199**	**11 386**	**11 388**	**11 258**
等级公路	9 102	9 090	9 553	9 586	9 698	9 700	9 672
#高速公路	342	342	342	377	395	417	432
一级公路	107	107	115	116	187	216	223
二级公路	623	624	628	671	689	685	674
三级公路	452	450	503	494	483	479	626
四级公路	7 579	7 568	7 965	7 928	7 944	7 903	7 717
等外公路	1 750	1 732	1 613	1 614	1 688	1 687	1 586

注:本表数据由南昌市公路局提供。

13－2　民用汽车年末实有数

指　　标	1990	2000	2010	2012	2013	2014	2015	2016	2017	2018
民用汽车合计(辆)	**21 050**	**41 707**	**362 098**	**476 780**	**560 779**	**618 086**	**738 616**	**861 045**	**965 591**	**1 071 207**
#载货汽车	11 150	20 827	65 080	60 259	62 822	58 564	59 256	58 354	60 546	69 302
载客汽车	8 051	18 280	287 341	409 402	492 367	554 951	674 553	797 750	899 841	996 367
其他汽车	1 849	2 600	9 677	7 119	5 590	4 571	4 807	4 941	5 204	5 538
摩托车(辆)	7 202	102 505	120 963	92 278	69 502	20 563	9 071	6 102	5 996	5 211
拖拉机(辆)	4 681	9 314	68 205	93 193	68 060	64 214	67 855	69 931	71 949	73 116
汽车挂车(辆)		114	988	892	787	912	988	1 572	3 125	3 782
补充资料:										
汽车驾驶员(万人)		13.70	82.95	109.47	121.76	139.85	169.59	191.39	205.29	217.23

注:从2007年起,民用汽车拥有量划归南昌市车管所统计,较以前年度的统计口径有所改变。

13－3　运输船舶年末实有数

单位:艘

指　　标	1990	2000	2010	2012	2013	2014	2015	2016	2017	2018
运输船舶	**982**	**475**	**268**	**280**	**263**	**248**	**255**	**184**	**170**	**144**
机动船	771	334	258	274	261	246	253	182	170	144
#客货轮	11	6								
推拖船		29	9	60	1	1		1		
驳　船	211	141	10	6	2	2	2	2		

注:本表数据由南昌市港航管理处提供。

13－4　全社会运输量

指　　标	1990	2000	2010	2012	2013	2014	2015	2016	2017	2018
货物运输量(万吨)	**2 820**	**3 171**	**8 327**	**9 527**	**11 320**	**12 709**	**11 645**	**12 377**	**13 836**	**15 656**
民　　航			3	4	4	5	5	5	5	8
铁　　路	221	224	412	297	239	183	193	247	273	327
公　　路	2 298	2 784	7 244	8 510	10 328	11 734	10 397	11 067	12 436	14 198
水　　运	301	163	668	716	749	787	1 050	1 058	1 122	1 123
旅客运输量(万人)	**3 289**	**3 904**	**10 971**	**11 006**	**6 772**	**6 970**	**6 709**	**6 913**	**7 562**	**7 893**
民　　航			475	602	681	724	749	786	1 094	1 352
铁　　路	517	906	1 977	1 401	2 373	2 415	2 941	3 126	3 515	3 769
公　　路	2 720	2 978	8 519	9 003	3 718	3 831	3 019	3 001	2 953	2 772
水　　运	52	20								

注:1. 从2009年起,公路数据统计口径发生改变,故数据变动较大;2013年全国开展了交通运输业经济统计专项调查,调整了公路2013年数据;

2. 2015年开展了公路水路运输量小样本抽样调查,调整了水运2014、2015年数据;

3. 2015年铁路旅客运输量由客发口径转变为乘车口径;

4. 民航数据为昌北机场的货邮吞吐量和旅客吞吐量;

5. 2015年交通运输部进行了第二次全国公路运输量专项调查,交通运输部根据2015年月度抽样调查数据,对2015年和2016年上报的道路运输量数据进行了调整。

13－5　全社会运输周转量

指　　标	1990	2000	2010	2012	2013	2014	2015	2016	2017	2018
货物周转量(万吨公里)	**152 529**	**180 742**	**1 854 517**	**2 724 323**	**2 556 031**	**2 763 343**	**2 723 225**	**2 822 360**	**3 065 439**	**3 318 322**
公　　路	96 686	148 211	1 751 164	2 616 075	2 378 140	2 583 611	2 326 736	2 422 783	2 641 744	2 894 242
水　　运	55 843	32 531	103 353	108 248	177 891	179 732	396 489	399 577	423 695	424 080
旅客周转量(万人公里)	**118 856**	**197 376**	**716 809**	**742 109**	**427 504**	**439 688**	**304 955**	**302 357**	**296 897**	**279 488**
公　　路	115 521	195 477	716 809	742 109	427 504	439 688	304 955	302 357	296 897	279 488
水　　运	3 335	1 899								

注:1. 从 2009 年起,公路数据统计口径发生改变,故数据变动较大;2013 年全国开展了交通运输业经济统计专项调查,调整了公路 2013 年数据;

2. 2015 年开展了公路水路运输量小样本抽样调查,调整了水运 2014、2015 年数据;

3. 2015 年交通运输部进行了第二次全国公路运输量专项调查,交通运输部根据 2015 年月度抽样调查数据,对 2015 年和 2016 年上报的道路运输量数据进行了调整;

4. 货物周转量和旅客周转量仅包含公路和水运数据,未包含铁路、航空数据。

13－6 邮政业务主要指标

指　　标	1990	2000	2010	2012	2013	2014	2015	2016	2017	2018
邮电业务总量(万元)	**8 252**	**218 524**	**467 178**	**573 643**	**681 000**	**820 100**	**903 300**	**1 243 000**	**2 112 300**	**4 495 900**
#邮政业务总量(万元)			358 600	90 800	115 400	162 800	208 600	314 000	430 300	634 900
邮路总条数(条)		100	111	73	59	79	87	90	118	173
邮路总长度(单程)(公里)	5 266	11 821	19 505	13 283	15 123	15 848	17 027	43 694	26 453	41 278
农村投递路线单程长度(公里)	8 110	8 564	8 687	8 974	8 040	8 040	7 768	8 625	8 612	8 910
函　　件(万件)	4 781	3 016	17 971	2 115	2 054	1 049	1 065	1 097	1 055	1 384
包　　裹(万件)	85	60	121	70	41	34	29	21	17	16
订销报刊累计数(万份)			54 433	18 678	9 873	9 238	9 102	9 203	9 488	8 544
快递业务量(万件)			2 245	3 671	4 773	8 252	10 646	17 150	18 576	27 718
#国内同城快递(万件)			251	476	802	1 324	1 922	2 926	3 278	4 958
国内异地快递(万件)			1 974	3 175	3 946	6 891	8 612	14 060	15 116	22 542
国际及港澳台快递(万件)			20	20	25	37	112	164	182	218

注:1. 从 1998 年起,邮政业务统计由市电信局转为市邮政局;

2. 从 2013 开始,邮政业务总量的统计口径包含快递业务量;

3. 2016 年、2017 年邮路总长度因部门统计数据口径调整,故数据变化较大。

13－7 电信业务主要指标

指　　标	1990	2000	2010	2012	2013	2014	2015	2016	2017	2018
邮电业务总量(万元)	**8 252**	**218 524**	**467 178**	**573 643**	**681 000**	**820 100**	**903 300**	**1 243 000**	**2 112 300**	**4 495 900**
#电信业务总量(万元)			108 578	482 843	565 600	657 300	694 700	929 000	1 682 000	3 861 000
固定电话用户(万户)	3	74	162	138	127	112	107	102	93	91
#城市电话用户	3	60	85	75	80	71	68	65	61	53
农村电话用户		14	23	20	18	15	13	12	11	9
移动电话用户(万户)		43	473	621	629	601	609	555	613	697
互连网宽带用户数(万户)			62	83	116	120	128	154	185	238
光缆线路长度(公里)				30 876	31 897	33 326	33 638	81 303	129 033	153 631
长途电话交换机容量(路端)						319 787	338 687	344 282	348 053	135 788
局用交换机容量(万门)			166	150	120	107	107	1 124	1 127	1 108
移动电话交换机容量(万户)			1 196	1 435	1 489	1 401	1 437	1 191	1 243	631

注:1. 2016 年,由于光缆线路长度、移动电话交换机容量统计口径发生变化,故数据调整较大;

2. 从 2013 年起,市内电话交换机总容量只包括局用交换机容量,不包括用户交换机容量。

13－8　规模以上服务业企业主要指标

（2018 年）　　单位：万元

类　别	企业数（户）	资　产 总　计	负　债 合　计	所有者权益 合　计	营业收入
总　计	**917**	**65 684 962**	**35 516 913**	**30 167 365**	**8 105 230**
按登记注册类型及隶属关系分组					
国有企业	39	1 349 296	663 792	685 504	401 281
中央企业	3	536 043	188 359	347 684	133 748
地方企业	36	813 253	475 433	337 820	267 533
集体企业	5	23 584	21 644	1 940	13 920
股份合作企业	6	9 918	5 039	4 880	10 317
联营企业	1	2 892	1 125	1 766	2 573
有限责任公司	462	51 937 922	29 512 250	22 424 988	5 024 134
股份有限公司	51	11 054 363	4 400 320	6 654 043	1 258 691
私营企业	326	976 391	677 552	298 839	1 200 909
港、澳、台商投资企业	7	205 756	158 524	47 232	83 081
外商投资企业	8	33 099	12 148	20 951	19 774
其他经济类型	12	91 742	64 519	27 222	90 551
# 国有控股企业	206	61 660 979	32 984 512	28 676 467	4 678 747

13－8 续表　　（2018 年）　　单位：万元

类　别	企业数（户）	营业利润	利润总额	所得税 费　用	应　交 增值税	平均用工 人　数（人）
总　计	**917**	**650 013**	**699 074**	**131 971**	**165 363**	**165 534**
按登记注册类型及隶属关系分组						
国有企业	39	4 114	3 949	1 871	8 441	20 419
中央企业	3	－1 335	－5 177	588	3 276	4 690
地方企业	36	5 449	9 126	1 283	5 164	15 729
集体企业	5	96	86	3	205	846
股份合作企业	6	2 881	2 874	639	455	247
联营企业	1	267	261	65	140	57
有限责任公司	462	366 399	398 675	67 757	96 082	95 878
股份有限公司	51	243 408	254 515	55 665	23 583	12 361
私营企业	326	15 933	20 619	4 546	25 438	30 940
港、澳、台商投资企业	7	9 613	10 053	617	8 881	644
外商投资企业	8	－380	－53	70	687	825
其他经济类型	12	7 683	8 096	739	1 453	3 317
# 国有控股企业	206	548 456	587 620	106 926	92 737	76 306

13－9 规模以上服务业分行业主要指标

（2018 年）

单位：万元

类　　别	企业数（户）	资　　产 总　　计	负　　债 合　　计	所有者权益 合　　计	营业收入
总　　计	**917**	**65 684 962**	**35 516 913**	**30 167 365**	**8 105 230**
铁路运输业	1	5 652 883	1 690 342	3 962 541	120 345
道路运输业	120	40 345 855	22 696 972	17 648 883	2 207 743
水上运输业	10	124 846	66 315	58 530	17 392
航空运输业	5	761 597	246 014	515 583	204 171
管道运输业					
多式联运和运输代理业	6	10 582	7 337	3 245	42 227
装卸搬运和仓储业	31	656 265	554 147	102 118	195 452
邮政业	11	80 689	71 317	9 372	222 110
电信、广播电视和卫星传输服务	12	1 466 222	607 946	858 277	1 088 500
互联网和相关服务	27	90 952	25 575	65 376	99 286
软件和信息技术服务业	95	967 224	399 775	566 766	877 515
物业管理	76	878 640	792 576	86 064	155 464
房地产中介服务	17	45 706	23 337	22 369	54 333
房地产租赁经营	26	2 858 131	1 587 684	1 270 446	78 500
其他房地产业					
租赁业	3	4 959	2 472	2 487	3 911
商务服务业	169	848 451	469 650	378 801	913 733
研究和试验发展	3	18 269	6 079	12 191	5 219
专业技术服务业	119	9 090 132	5 274 698	3 815 433	843 604
科技推广和应用服务业	6	26 830	12 195	14 635	11 937
水利管理业					
生态保护和环境治理业	5	11 104	5 517	5 586	11 901
公共设施管理业	14	502 493	389 782	112 711	33 506
土地管理业	1	48 934	31 046	17 888	10 345
居民服务业	20	49 877	30 816	19 061	39 431
机动车、电子产品和日用产品修理业	5	4 393	4 578	－185	5 456
其他服务业	10	42 139	25 168	16 971	39 610
教育	25	194 116	117 161	76 955	150 608
卫生	34	131 606	121 528	10 078	177 359
社会工作	1	2 872	999	1 873	851
新闻和出版业	19	562 930	172 463	390 467	355 546
广播、电视、电影和录音制作业	20	54 318	35 844	18 474	54 234
文化艺术业	7	18 908	3 269	15 638	10 377
体育	4	72 081	6 305	65 776	7 535
娱乐业	15	60 959	38 005	22 954	67 031

类　别	营业利润	利润总额	所得税费用	应交增值税	平均用工人数（人）
总　计	**650 013**	**699 074**	**131 971**	**165 363**	**165 534**
铁路运输业	14 021	13 356	3 350	140	124
道路运输业	219 486	249 231	33 644	38 564	36 253
水上运输业	－2 609	－2 857	122	355	543
航空运输业	－2 995	－4 781	77	6 814	3 825
管道运输业					
多式联运和运输代理业	340	341	99	193	415
装卸搬运和仓储业	1 210	3 732	206	1 654	2 795
邮政业	－11 314	－12 540	730	2 883	8 446
电信、广播电视和卫星传输服务	220 534	222 421	52 797	32 819	13 009
互联网和相关服务	8 079	8 209	714	895	1 949
软件和信息技术服务业	73 162	73 519	7 758	19 415	13 824
物业管理	10 697	11 124	3 254	4 091	16 087
房地产中介服务	8 495	8 665	2 243	2 006	2 715
房地产租赁经营	9 695	12 225	2 285	4 921	2 097
其他房地产业					
租赁业	161	162	44	21	74
商务服务业	－18 636	－15 270	5 156	13 739	23 851
研究和试验发展	－163	－255	67	58	209
专业技术服务业	57 880	62 690	12 844	24 387	16 804
科技推广和应用服务业	2 336	2 391	150	356	200
水利管理业					
生态保护和环境治理业	1 539	1 712	167	361	210
公共设施管理业	1 595	2 204	397	828	2 054
土地管理业	693	697		387	23
居民服务业	8 589	8 790	1 180	248	2 025
机动车、电子产品和日用产品修理业	－1 016	－1 030	3	145	350
其他服务业	1 969	2 007	503	1 711	1 239
教育	12 853	12 917	1 387	2 054	4 951
卫生	－502	－200	972	209	5 294
社会工作	－1	－1			97
新闻和出版业	36 503	38 972	570	4 181	2 962
广播、电视、电影和录音制作业	5 883	6 038	1 066	1 069	721
文化艺术业	－2 435	－696	30	115	466
体育	－418	－398	23	91	343
娱乐业	－5 619	－4 300	134	656	1 579

13－10 规模以上服务业分县区主要指标

（2018 年）

单位:万元

类别	企业数（户）	资产总计	负债合计	所有者权益合计	营业收入
全市	**917**	**65 684 962**	**35 516 913**	**30 167 365**	**8 105 230**
东湖区	112	903 452	378 547	524 905	519 420
西湖区	140	36 713 960	19 388 962	17 324 998	2 212 028
青云谱区	85	984 049	472 888	511 162	357 103
湾里区	14	376 539	234 857	141 682	109 561
青山湖区	73	7 658 389	4 893 705	2 764 684	491 174
新建区	66	1 055 142	428 154	626 305	465 199
南昌县	80	522 535	287 486	235 049	321 081
安义县	24	46 777	27 261	19 516	67 967
进贤县	14	192 807	170 462	22 345	19 235
经济开发区	93	2 240 758	1 428 649	812 109	749 713
高新开发区	117	2 667 539	1 290 360	1 377 179	1 322 770
红谷滩新区	99	12 323 015	6 515 583	5 807 432	1 469 981

13－10 续表

（2018 年）

单位:万元

类别	营业利润	利润总额	所得税费用	应交增值税	平均用工人数（人）
全市	**650 013**	**699 074**	**131 971**	**165 363**	**165 534**
东湖区	38 696	43 877	8 606	9 503	11 569
西湖区	205 059	232 011	55 869	35 678	38 048
青云谱区	24 351	25 168	2 981	7 692	11 882
湾里区	12 058	12 941	617	1 677	863
青山湖区	6 151	7 505	3 116	8 112	14 021
新建区	15 729	15 652	1 187	11 800	6 977
南昌县	2 807	4 515	1 752	6 082	9 614
安义县	676	1 792	520	2 200	1 526
进贤县	－1 041	－859	58	488	879
经济开发区	1 750	4 348	2 229	8 734	12 625
高新开发区	50 182	53 115	9 151	31 760	26 335
红谷滩新区	293 596	299 009	45 886	41 640	31 195

主要统计指标解释

公路里程　指报告期末公路的实际长度。统计范围:包括城间、城乡间、乡(村)间能行驶汽车的公共道路,公路通过城镇街道的里程,公路桥梁长度、隧道长度、渡口宽度。不包括城市街道里程,断头路里程,农(林)业生产用道路里程,工(矿)企业等内部道路里程。

货(客)运量　指在一定时期内,各种运输工具实际运送的货物重量(旅客数量)。货运按吨计算,客运按人计算。货物不论运输距离长短、货物类别,均按实际重量统计。旅客不论行程远近或票价多少,均按一人一次客运量统计;半价票、儿童票也按一人统计。

货物(旅客)周转量　指在一定时期内,由各种运输工具运送的货物(旅客)数量与其相应运输距离的乘积之总和。该指标可以反映运输业生产的总成果,也是编制和检查运输生产计划,计算运输效率、劳动生产率以及核算运输单位成本的主要基础资料。计算货物周转量通常按发出站与到达站之间的最短距离,也就是计费距离计算。

民用汽车拥有量　指报告期末,在公安交通管理部门按照《机动车注册登记工作规范》,已注册登记领有民用车辆牌照的全部汽车数量。

邮政、电信业务总量　指以货币形式表示的邮政、电信通信企业为社会提供各类邮政、电信通信服务的总数量。计算方法为各类业务的实物量分别乘以相应的不变单价,求出各类业务的货币量加总求得。没有不变单价的业务按其业务收入直接相加。

移动电话用户　指在电信运营企业营业网点办理开户登记手续,通过移动电话交换机进入移动电话网,占用移动电话号码的各类电话用户。包括各类签约用户、智能网预付费用户、无线上网卡用户。

固定电话用户　指在电信企业营业网点办理开户登记手续并已接入固定电话网上的全部电话用户。包括普通电话用户、无线市话用户、公用电话用户、窄带综合业务数字网(N—ISDN)用户、智能网专用接入终端用户等。

城市电话用户　指按行政区划属于中央直辖市、省辖市、地级市、县级市的市区、市郊区及县城区范围内的电话用户数。包括分布在农村地区但以县团级以上建制的独立工矿区、林区、驻军的电话用户。

农村电话用户　指按行政区划属于城市范围以外的乡(镇)、村电话用户。

长途电话交换机容量　指电信企业用于接入长途电话网的电话交换机的设备额定容量。

局用交换机容量　指安装在电信企业内用于接续本地固定电话的电话交换机容量,包括接入网设备容量(安装在电信运营企业用于连接语音用户的远端节点的设备容量)。

移动电话交换机容量　指移动电话交换机根据一定话务模型和交换机处理能力计算出来的最大同时服务用户的数量。按报告期末已割接入网正式投入使用的设备实际容量统计。

十四、国内贸易

DOMESTIC TRADE

本篇内容包括：

283/310

社会消费品零售总额

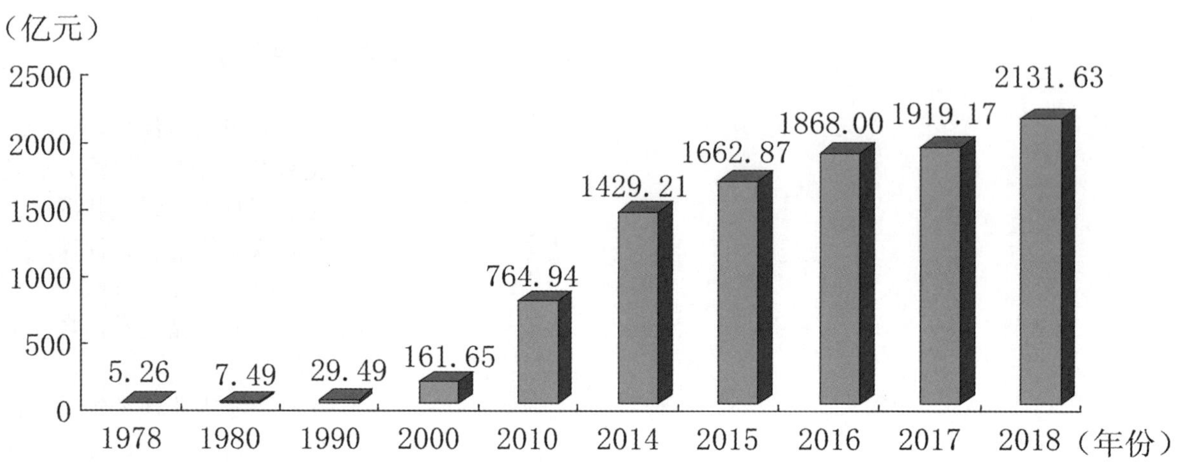

2018年社会消费品零售总额构成

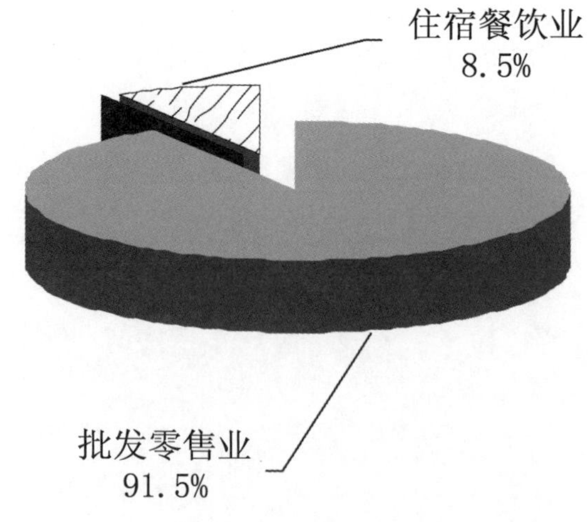

14－1　社会消费品零售总额

单位:万元

年　份	社会消费品零售总额	比上年增长(%)	按行业分			按所在地分	
			批发零售贸易业	住宿餐饮业	其他行业	城镇	乡村
1990	294 909	1.2	280 964	12 866	1 079	179 447	115 462
1991	335 311	13.7	320 869	13 278	1 164	208 060	127 251
1992	393 991	17.5	375 937	16 212	1 842	259 531	134 460
1993	499 975	26.9	470 804	27 172	1 999	328 597	171 378
1994	651 968	30.4	615 112	34 237	2 619	435 680	216 288
1995	824 087	26.4	775 761	44 919	3 407	565 612	258 475
1996	1 030 933	25.1	961 935	64 818	4 180	727 912	303 021
1997	1 226 810	19.0	1 129 974	91 912	4 924	901 320	325 490
1998	1 342 130	9.4	1 232 472	104 320	5 338	999 284	342 846
1999	1 464 264	9.1	1 338 750	119 551	5 963	1 105 970	358 294
2000	1 616 548	10.4	1 476 586	133 778	6 184	1 236 238	380 310
2001	1 800 835	11.4	1 643 529	151 035	6 271	1 392 613	408 222
2002	2 013 334	11.8	1 837 801	169 914	5 619	1 565 829	447 505
2003	2 277 081	13.1	2 080 380	190 474	6 227	1 784 430	492 651
2004	2 658 498	16.8	2 415 251	236 473	6 774	2 095 676	562 822
2005	3 098 086	16.5	2 815 423	277 010	5 653	2 465 359	632 727
2006	3 638 369	17.4	3 305 602	326 420	6 347	2 915 080	723 289
2007	4 364 343	20.0	3 978 292	378 133	7 918	3 523 270	841 073
2008	5 450 461	24.9	4 984 517	457 184	8 760	4 421 327	1 029 134
2009	6 344 337	16.4	5 810 996	522 482	10 859	5 167 738	1 176 599

14－1 续表1

单位:万元

年　份	社会消费品零售总额	比上年增长(%)	按行业分		按所在地分	
			批发零售贸易业	住宿餐饮业	城镇	乡村
2010	7 649 438	20.8	6 971 944	677 494	7 232 206	417 232
2011	9 283 438	18.5	8 285 440	997 999	8 773 566	509 872
2012	11 165 436	18.4	9 950 970	1 214 467	10 516 576	648 861
2013	12 700 063	13.7	11 327 693	1 372 370	12 003 238	696 825
2014	14 292 121	12.5	13 048 814	1 243 307	13 397 988	894 133
2015	16 628 661	12.5	15 377 953	1 250 708	15 500 562	1 128 099
2016	18 680 021	11.8	17 376 553	1 303 467	17 458 963	1 221 058
2017	19 191 742	12.3	17 523 833	1 667 909	17 758 359	1 433 383
2018	21 316 307	11.1	19 494 293	1 822 014	19 682 454	1 633 853
东湖区	3 187 857	10.6	2 653 024	534 834	3 187 857	
西湖区	3 884 660	10.3	3 235 941	648 719	3 884 660	
青云谱区	2 267 368	10.6	2 147 669	119 699	2 267 368	
湾里区	91 832	10.1	71 708	20 124	73 309	18 524
青山湖区	2 298 842	10.5	2 190 119	108 723	1 726 356	572 486
新建区	936 280	12.5	865 999	70 281	744 479	191 801
南昌县	2 005 336	12.0	1 883 546	121 790	1 620 334	385 003
安义县	235 118	10.0	214 860	20 258	200 166	34 952
进贤县	988 959	12.2	961 460	27 499	645 011	343 948
经济开发区	1 308 501	12.3	1 289 635	18 866	1 304 151	4 349
高新开发区	1 933 232	11.5	1 908 174	25 058	1 916 421	16 811
红谷滩新区	2 178 323	11.3	2 072 158	106 165	2 112 342	65 980

注:2010年国家统计制度作了修订,社会消费品零售总额统计分组发生变化,取消社会消费品零售总额中的其他行业。

14－2 限额以上批发零售贸易法人企业商品购进、销售、库存总额

（2018 年）　　单位：万元

指标	法人企业（个）	购进总额	#进口	销售总额
总计	**1 006**	**21 738 980**	**329 572**	**26 680 862**
批发业	**445**	**14 347 208**	**239 233**	**16 765 354**
按登记注册类型分				
内资企业	440	13 854 472	228 074	16 230 009
国有企业	4	469 066		708 620
集体企业				
有限责任公司	246	10 220 574	213 977	11 448 759
国有独资公司	4	73 912		80 060
其他有限责任公司	242	10 146 662	213 977	11 368 699
股份有限公司	18	850 258		891 189
私营企业	171	2 311 674	14 098	3 178 162
#私营有限责任公司	166	2 266 614	14 098	3 117 956
私营股份有限公司	5	45 060		60 206
其他企业				
港澳台商投资企业	2	100 341		96 916
与港澳台商合资经营企业				
港澳台商独资企业	2	100 341		96 916
港澳台商投资股份有限公司				
外商投资企业	3	392 395	11 158	438 428
#中外合资经营企业	2	283 778	11 158	295 505
外资企业	1	108 617		142 923
按国民经济行业分				
农、林、牧产品批发业	13	138 129		159 244
食品、饮料及烟草制品批发业	47	1 023 516	7 304	1 349 907
#米、面制品及食用油批发业	8	89 090	986	90 752
烟草制品批发业	1	460 738		692 234
纺织、服装及家庭用品批发业	49	1 081 527	12 161	1 183 307
#服装批发业	15	256 174	1 969	248 324
日用家电批发业	12	713 827		758 295
文化、体育用品及器材批发业	14	259 095		313 961
医药及医疗器材批发业	84	2 437 634	1 052	3 498 395
矿产品、建材及化工产品批发业	111	4 944 129	92 864	5 437 864
#煤炭及制品批发业	10	757 982		872 833
石油及制品批发业	10	452 370		484 541
金属及金属矿批发业	40	2 982 154	36 566	3 034 562
建材批发业	26	500 363		739 371
化肥批发业	7	46 109		50 766
机械设备、五金交电及电子产品批发业	101	4 220 817	119 185	4 558 360
#汽车及零配件批发业	16	2 167 313	4 501	2 298 309
计算机、软件及辅助设备批发业	15	54 093		65 750
贸易经纪与代理	16	113 412	6 657	117 463
其他批发业	10	128 950	11	146 854

14－2 续表1　　(2018 年)　　单位:万元

指　　标	批　发	#出　口	零　售	年末库存总额
总　计	**17 165 683**	**960 634**	**9 515 179**	**1 720 433**
批发业	**16 021 290**	**959 806**	**744 064**	**892 660**
按登记注册类型分				
内资企业	15 520 281	714 186	709 728	878 252
国有企业	706 611	13 243	2 010	18 326
集体企业				
有限责任公司	11 004 838	582 692	443 921	487 601
国有独资公司	78 460		1 600	893
其他有限责任公司	10 926 378	582 692	442 321	486 708
股份有限公司	744 979		146 210	198 881
私营企业	3 060 777	118 250	117 385	171 598
#私营有限责任公司	3 008 053	118 250	109 903	168 928
私营股份有限公司	52 724		7 482	2 670
其他企业				
港澳台商投资企业	75 741	9 383	21 175	12 350
与港澳台商合资经营企业				
港澳台商独资企业	75 741	9 383	21 175	12 350
港澳台商投资股份有限公司				
外商投资企业	425 267	236 237	13 161	2 058
#中外合资经营企业	295 505	236 237		857
外资企业	129 762		13 161	1 201
按国民经济行业分				
农、林、牧产品批发业	156 929		2 315	6 671
食品、饮料及烟草制品批发业	1 251 647	12 427	98 260	67 822
#米、面制品及食用油批发业	62 859		27 894	6 471
烟草制品批发业	690 225		2 010	18 326
纺织、服装及家庭用品批发业	1 099 429	102 612	83 878	88 023
#服装批发业	188 700	41 801	59 624	23 416
日用家电批发业	741 032		17 263	56 718
文化、体育用品及器材批发业	307 866		6 095	10 745
医药及医疗器材批发业	3 470 704	61 932	27 691	206 851
矿产品、建材及化工产品批发业	5 157 086	167 833	280 778	311 290
#煤炭及制品批发业	847 757		25 076	29 669
石油及制品批发业	304 529		180 012	176 073
金属及金属矿批发业	3 031 577	127 421	2 986	65 323
建材批发业	667 704	3 673	71 668	17 121
化肥批发业	50 766			9 354
机械设备、五金交电及电子产品批发业	4 314 752	547 786	243 608	149 104
#汽车及零配件批发业	2 143 920	238 106	154 390	12 765
计算机、软件及辅助设备批发业	55 541		10 209	2 808
贸易经纪与代理	117 443	52 017	19	4 906
其他批发业	145 434	15 200	1 420	47 248

14－2 续表 2　　(2018 年)　　单位:万元

指　　标	法人企业(个)	购进总额	#进　口	销售总额
零售业	**561**	**7 391 772**	**90 339**	**9 915 509**
按登记注册类型分				
内资企业	544	6 621 999	90 339	9 032 304
国有企业	5	17 065		19 198
股份合作企业	3	14 973		22 659
有限责任公司	249	4 339 541	62 498	5 963 318
国有独资公司				
其他有限责任公司	249	4 339 541	62 498	5 963 318
股份有限公司	21	483 299	27 841	606 794
私营企业	265	1 767 122		2 417 712
私营独资企业				
私营合伙企业				
私营有限责任公司	260	1 725 888		2 340 702
私营股份有限公司	5	41 233		77 010
其他企业				
港澳台商投资企业	10	488 757		535 660
#与港澳台商合资经营企业	2	7 538		9 419
港澳台商独资企业	7	473 694		515 320
外商投资企业	7	281 016		347 545
中外合资经营企业	3	120 916		119 534
外资企业	3	159 670		227 219
按国民经济行业分				
综合零售业	45	986 215	54	1 512 789
#百货零售业	20	776 824		1 265 548
超级市场零售业	18	186 073		216 568
食品、饮料及烟草制品专门零售业	48	342 974		439 887
纺织、服装及日用品专门零售业	63	136 820		213 505
#服装零售业	34	61 680		78 470
文化、体育用品及器材专门零售业	31	913 257	27 841	972 484
#图书、报刊零售业	4	764 996		775 583
医药及医疗器材专门零售业	21	263 618		320 236
#西药零售业	12	245 073		294 579
中药零售业	4	10 891		14 319
汽车、摩托车、燃料及零配件专门零售业	188	3 195 774	59 328	4 544 692
#汽车新车零售业	149	2 674 337	59 328	3 217 107
机动车燃油零售业	19	404 579		1 198 444
家用电器及电子产品专门零售业	89	683 449	2 387	819 098
#日用家电零售业	25	351 107		426 024
计算机、软件及辅助设备零售业	26	56 838		86 430
通讯设备零售业	26	187 677		203 516
五金、家具及室内装修材料专门零售业	22	74 469	729	134 441
货摊、无店铺及其他零售业	54	795 197		958 377

指　　标	批　发	#出　口	零　售	年末库存总额
零售业	**1 144 394**	**828**	**8 771 115**	**827 774**
按登记注册类型分				
内资企业	1 136 252	828	7 896 052	771 553
国有企业	222		18 976	7 931
股份合作企业	460		22 200	560
有限责任公司	837 261		5 126 057	354 569
国有独资公司				
其他有限责任公司	837 261		5 126 057	354 569
股份有限公司	95 928		510 866	226 643
私营企业	202 381	828	2 215 330	181 816
私营独资企业				
私营合伙企业				
私营有限责任公司	202 357	828	2 138 345	155 621
私营股份有限公司	24		76 986	26 195
其他企业				
港澳台商投资企业	8 141		527 519	15 526
#与港澳台商合资经营企业			9 419	224
港澳台商独资企业	8 141		507 179	15 302
外商投资企业			347 545	40 695
中外合资经营企业			119 534	12 280
外资企业			227 219	28 339
按国民经济行业分				
综合零售业	15 736		1 497 052	81 422
#百货零售业	11 724		1 253 823	54 728
超级市场零售业	2 129		214 439	26 122
食品、饮料及烟草制品专门零售业	90 517		349 370	22 615
纺织、服装及日用品专门零售业	2 632		210 873	27 994
#服装零售业	414		78 057	14 373
文化、体育用品及器材专门零售业	384 191		588 293	85 757
#图书、报刊零售业	308 387		467 196	42 453
医药及医疗器材专门零售业	6 772		313 464	59 717
#西药零售业			294 579	57 116
中药零售业	1 228		13 091	1 813
汽车、摩托车、燃料及零配件专门零售业	402 722		4 141 970	316 059
#汽车新车零售业	78 910		3 138 197	296 373
机动车燃油零售业	281 798		916 646	14 198
家用电器及电子产品专门零售业	238 170		580 929	53 149
#日用家电零售业	96 937		329 086	35 725
计算机、软件及辅助设备零售业	22 307		64 123	5 003
通讯设备零售业	117 605		85 911	8 315
五金、家具及室内装修材料专门零售业	556		133 886	1 318
货摊、无店铺及其他零售业	3 098	828	955 279	179 743

14－3　限额以上批发零售贸易法人企业主要财务指标

（2018 年）

单位：万元

类　　别	流动资产合　计	固定资产合　计	固定资产原　价	资产总计	负债合计	所有者权益合计
总　　计	**11 451 635**	**1 035 392**	**1 770 384**	**14 675 628**	**10 674 490**	**4 001 138**
批发业	**7 670 998**	**619 775**	**1 002 232**	**9 494 205**	**7 243 115**	**2 251 089**
按登记注册类型分						
内资企业	7 512 723	599 460	974 676	9 302 224	7 108 631	2 193 593
国有企业	248 781	20 010	43 794	277 407	57 283	220 124
集体企业						
有限责任公司	5 731 344	471 430	793 015	7 043 288	5 749 344	1 293 944
国有独资公司	47 244	5 657	11 135	58 762	32 275	26 488
其他有限责任公司	5 684 099	465 773	781 880	6 984 525	5 717 069	1 267 456
股份有限公司	615 896	8 638	15 641	733 493	445 260	288 233
私营企业	913 130	99 281	121 979	1 244 363	853 276	391 087
#私营独资企业						
私营有限责任公司	872 731	30 249	50 823	1 129 893	786 441	343 452
港澳台商投资企业	34 189	9 091	11 782	44 057	33 691	10 366
#港澳台商独资企业	34 189	9 091	11 782	44 057	33 691	10 366
外商投资企业	124 086	11 224	15 775	147 924	100 794	47 130
#中外合资经营企业	86 700	11 224	15 775	110 538	92 470	18 067
外资企业	37 386			37 386	8 324	29 063
按国民经济行业分						
农、林、牧产品批发业	40 831	2 218	16 616	75 177	60 994	14 183
食品、饮料及烟草制品批发业	549 362	74 841	139 814	702 267	435 134	267 134
#米、面制品及食用油批发业	25 736	5 024	6 636	48 986	19 894	29 092
烟草制品批发业	228 178	16 911	38 225	248 962	36 618	212 344
纺织、服装及家庭用品批发业	607 199	2 382	4 818	625 996	543 601	82 395
#服装批发业	78 332	1 142	2 441	86 023	56 019	30 004
日用家电批发业	484 120	245	624	490 220	442 369	47 851
文化、体育用品及器材批发业	124 946	659	1 464	128 218	94 512	33 706
医药及医疗器材批发业	1 795 401	63 878	96 576	2 100 669	1 677 718	422 951
矿产品、建材及化工产品批发业	2 785 740	362 509	602 553	3 888 928	2 743 520	1 145 408
#煤炭及制品批发业	431 286	335 806	545 192	856 178	624 521	231 658
石油及制品批发业	514 405	7 486	17 856	616 333	325 623	290 710
金属及金属矿批发业	1 059 310	4 896	9 496	1 090 875	931 633	159 242
建材批发业	680 179	7 508	20 645	1 206 571	791 116	415 455
化肥批发业	17 866	1 459	1 899	21 301	15 086	6 215
机械设备、五金交电及电子产品批发业	1 659 396	43 490	66 984	1 784 601	1 565 676	218 925
#汽车及零配件批发业	653 400	15 057	21 388	687 637	655 614	32 023
计算机、软件及辅助设备批发业	42 073	295	729	43 763	32 545	11 219
贸易经纪与代理	39 328	1 092	2 818	41 735	32 439	9 296
其他批发业	68 796	68 707	70 590	146 614	89 522	57 093

类　别	流动资产合　计	固定资产合　计	固定资产原　价	资产总计	负债合计	所有者权益合计
零售业	**3 780 637**	**415 616**	**768 152**	**5 181 423**	**3 431 374**	**1 750 049**
按登记注册类型分						
内资企业	3 595 902	388 441	678 599	4 762 676	3 026 223	1 736 453
国有企业	19 650	2 537	5 139	26 885	18 661	8 224
股份合作企业	3 923	627	852	4 864	2 256	2 609
有限责任公司	2 369 325	284 624	450 497	3 218 130	1 981 093	1 237 037
国有独资公司						
其他有限责任公司	2 369 325	284 624	450 497	3 218 130	1 981 093	1 237 037
股份有限公司	418 518	46 429	123 454	528 191	297 240	230 951
私营企业	783 916	54 044	98 460	983 855	726 413	257 442
私营独资企业						
私营合伙企业						
私营有限责任公司	766 036	51 822	95 773	954 508	701 333	253 175
私营股份有限公司	17 881	2 221	2 687	29 348	25 080	4 268
其他企业						
港澳台商投资企业	92 443	16 854	41 119	298 250	283 049	15 201
#与港澳台商合资经营企业	7 182	1 286	2 726	11 339	7 398	3 941
港澳台商独资企业	85 068	13 176	33 834	284 325	275 522	8 804
外商投资企业	92 292	10 322	48 434	120 497	122 102	－1 606
中外合资经营企业	17 218	2 096	15 433	21 307	35 746	－14 439
外资企业	73 618	7 814	32 128	97 322	85 858	11 464
按国民经济行业分						
综合零售业	484 883	91 805	245 866	908 870	750 599	158 271
#百货零售业	407 314	75 518	198 821	739 782	628 258	111 524
超级市场零售业	68 616	12 841	42 576	155 415	113 708	41 707
食品、饮料及烟草制品专门零售业	253 927	37 673	51 383	353 896	130 682	223 214
纺织、服装及日用品专门零售业	89 278	3 148	6 105	105 572	79 653	25 919
#服装零售业	54 861	569	1 303	60 795	57 500	3 295
文化、体育用品及器材专门零售业	1 034 620	105 655	151 459	1 340 801	583 984	756 817
#图书、报刊零售业	854 326	92 733	129 379	1 135 330	465 099	670 231
医药及医疗器材专门零售业	180 688	10 710	18 106	237 551	213 491	24 061
西药零售业	169 600	10 079	17 222	224 467	202 726	21 741
中药零售业	5 356	223	346	6 933	6 130	803
汽车、摩托车、燃料及零配件专门零售业	1 146 186	159 026	272 611	1 579 294	1 131 877	447 418
#汽车新车零售业	982 230	100 744	179 044	1 265 572	968 831	296 741
机动车燃油零售业	138 401	51 912	82 681	279 664	145 565	134 099
家用电器及电子产品专门零售业	326 783	3 246	7 171	368 092	284 687	83 405
#日用家电零售业	136 296	837	2 476	160 835	131 843	28 992
计算机、软件及辅助设备零售业	43 576	239	1 186	55 328	25 911	29 416
通讯设备零售业	75 156	295	777	75 866	57 680	18 187
五金、家具及室内装修材料专门零售业	45 205	643	6 345	54 852	48 779	6 073
货摊、无店铺及其他零售业	219 067	3 710	9 106	232 495	207 621	24 873

14－3 续表2 (2018年) 单位:万元

类　　别	营业收入	营业成本	营业税金及附加	营业利润	利润总额	本年应交增值税
总　　计	**24 172 578**	**21 728 463**	**137 642**	**527 460**	**516 828**	**282 770**
批发业	**15 276 499**	**13 908 059**	**113 602**	**347 053**	**344 330**	**176 248**
按登记注册类型分						
内资企业	14 766 766	13 433 124	112 713	335 327	332 106	173 904
国有企业	614 026	430 431	81 898	78 641	78 329	32 085
集体企业						
有限责任公司	10 701 473	9 860 275	23 464	176 597	171 728	124 111
国有独资公司	99 629	93 387	274	1 217	1 321	174
其他有限责任公司	10 601 844	9 766 888	23 190	175 380	170 407	123 937
股份有限公司	776 124	666 006	3 073	65 201	65 655	726
私营企业	2 671 950	2 473 586	4 278	14 888	16 389	17 034
#私营独资企业						
私营有限责任公司	2 613 372	2 419 143	3 608	18 896	20 374	16 608
港澳台商投资企业	84 846	75 492	204	1 728	1 820	1 395
#港澳台商独资企业	84 846	75 492	204	1 728	1 820	1 395
外商投资企业	424 887	399 443	684	9 997	10 404	948
#中外合资经营企业	290 054	273 805	328	4 591	4 922	614
外资企业	134 833	125 638	357	5 407	5 482	334
按国民经济行业分						
农、林、牧产品批发业	151 332	146 389	112	2 063	1 031	621
食品、饮料及烟草制品批发业	1 205 564	941 237	83 629	82 923	85 405	37 720
#米、面制品及食用油批发业	80 835	73 430	50	2 039	2 039	95
烟草制品批发业	595 933	413 872	81 848	78 495	78 149	32 085
纺织、服装及家庭用品批发业	1 054 917	1 005 357	1 553	23 210	23 576	4 315
#服装批发业	221 166	208 687	268	6 645	6 815	1 255
日用家电批发业	669 104	640 363	1 016	15 073	15 183	2 460
文化、体育用品及器材批发业	283 203	257 912	121	8 307	8 289	337
医药及医疗器材批发业	3 202 180	2 751 396	9 635	43 665	45 061	75 423
矿产品、建材及化工产品批发业	4 915 137	4 601 601	14 254	138 010	128 880	29 935
#煤炭及制品批发业	856 832	773 835	4 916	20 097	14 205	5 487
石油及制品批发业	418 540	315 384	2 638	64 103	64 085	－204
金属及金属矿批发业	2 643 720	2 603 025	1 488	11 875	11 909	5 654
建材批发业	719 608	644 688	4 876	38 104	34 633	18 334
化肥批发业	46 448	45 136	205	494	595	35
机械设备、五金交电及电子产品批发业	4 216 638	3 967 651	3 486	55 839	58 905	26 682
#汽车及零配件批发业	2 183 831	2 059 696	1 187	35 819	36 007	4 374
计算机、软件及辅助设备批发业	62 594	56 691	99	－502	－582	404
贸易经纪与代理	117 252	108 368	148	1 239	1 323	1 020
其他批发业	130 276	128 149	663	－8 205	－8 136	195

（2018 年） 单位:万元

类　　别	营业收入	营业成本	营业税金及附加	营业利润	利润总额	本年应交增值税
零售业	**8 896 080**	**7 820 404**	**24 040**	**180 407**	**172 497**	**106 522**
按登记注册类型分						
内资企业	8 068 971	7 125 462	22 566	167 257	159 623	99 341
国有企业	17 676	15 613	46	143	705	319
股份合作企业	20 855	19 571	128	683	703	215
有限责任公司	5 378 815	4 782 093	12 696	131 048	125 171	62 460
国有独资公司						
其他有限责任公司	5 378 815	4 782 093	12 696	131 048	125 171	62 460
股份有限公司	536 147	433 232	2 779	4 070	4 944	13 815
私营企业	2 112 853	1 872 536	6 896	31 165	27 936	22 445
私营独资企业						
私营合伙企业						
私营有限责任公司	2 045 702	1 814 846	6 773	31 325	28 079	21 237
私营股份有限公司	67 151	57 690	124	－160	－143	1 208
其他企业						
港澳台商投资企业	519 759	436 358	905	12 977	12 584	3 184
#与港澳台商合资经营企业	9 855	7 725	53	891	889	179
港澳台商独资企业	499 565	421 108	824	12 206	11 812	1 711
外商投资企业	307 350	258 584	569	173	290	3 997
中外合资经营企业	105 429	91 455	199	17	378	1 651
外资企业	201 241	166 637	366	155	－91	2 300
按国民经济行业分						
综合零售业	1 394 129	1 176 816	5 581	7 455	7 110	12 436
#百货零售业	1 186 044	1 009 198	4 900	16 717	16 366	9 264
超级市场零售业	181 673	145 557	619	－3 031	－3 040	3 417
食品、饮料及烟草制品专门零售业	399 242	303 897	3 332	19 919	18 659	11 657
纺织、服装及日用品专门零售业	201 217	140 004	824	6 022	6 122	8 106
#服装零售业	74 066	55 734	280	836	773	5 006
文化、体育用品及器材专门零售业	986 289	787 580	3 129	85 131	78 585	23 097
#图书、报刊零售业	798 852	624 557	2 399	80 099	72 356	19 935
医药及医疗器材专门零售业	285 404	217 164	1 097	－767	－589	7 283
#西药零售业	262 636	199 100	1 038	－943	－765	6 967
中药零售业	12 835	9 910	29	36	36	93
汽车、摩托车、燃料及零配件专门零售业	4 044 756	3 749 466	7 630	52 352	51 418	35 367
#汽车新车零售业	2 869 239	2 636 904	5 923	41 060	40 105	28 977
机动车燃油零售业	1 061 137	1 003 277	1 587	10 467	10 467	5 783
家用电器及电子产品专门零售业	682 223	622 620	1 223	－2 291	－1 824	6 095
#日用家电零售业	332 427	305 429	354	－1 440	－1 093	2 459
计算机、软件及辅助设备零售业	77 849	71 384	169	－377	－365	833
通讯设备零售业	178 719	167 968	325	－3 269	－3 183	1 274
五金、家具及室内装修材料专门零售业	71 692	58 660	220	3 643	3 597	433
货摊、无店铺及其他零售业	831 129	764 199	1 004	8 944	9 418	2 048

14－4　限额以上住宿法人业经营情况

（2018 年）

单位：万元

类　　别	法人企业（个）	从业人数（人）	营业额	#客房收入	#餐费收入	#商品销售收　　入
总　　计	**123**	**9 203**	**184 471**	**106 601**	**57 431**	**8 653**
按登记注册类型分						
内资企业	121	9 039	179 003	102 464	56 623	8 285
国有企业	10	1 259	21 158	12 037	6 173	1 009
有限责任公司	53	4 693	93 048	51 850	29 662	5 801
国有独资公司	1	84	611	48	5	
其他有限责任公司	52	4 609	92 437	51 801	29 657	5 801
股份有限公司	2	77	1 059	799	260	
私营企业	56	3 010	63 738	37 779	20 529	1 475
私营有限责任公司	56	3 010	63 738	37 779	20 529	1 475
外商投资企业	2	164	5 468	4 137	808	368
中外合资经营企业	1	109	2 857	1 781	553	368
外资企业	1	55	2 611	2 356	255	
按控股情况分						
国有控股	17	2 182	46 215	21 821	15 030	4 680
集体控股	2	282	4 345	1 657	1 025	
私人控股	90	5 075	101 486	66 651	28 661	1 875
港澳台商控股	1	141	1 580	609	687	43
外商控股	2	164	5 468	4 137	808	368
其他	10	902	18 847	7 720	9 219	1 166
按经营形式分						
独立门店	96	7 578	159 696	87 090	53 932	8 381
连锁总店（总部）	2	222	5 690	4 394	921	88
连锁直营店	4	556	5 312	5 158	113	33
连锁加盟店	9	210	4 404	4 219	76	7
其他	12	637	9 369	5 740	2 390	144
按国民经济行业分						
旅游饭店	54	5 860	126 544	64 050	47 328	6 898
一般旅馆	64	2 791	49 435	36 813	7 934	1 191
民宿服务	1	20	757	705	26	7
其他住宿业	4	532	7 734	5 033	2 143	557

14－5 限额以上餐饮法人企业经营情况

（2018 年） 单位：万元

类　　别	法人企业（个）	从业人数（人）	营业额	#客房收入	#餐费收入	#商品销售收　　入
总　　计	**73**	**6 560**	**176 218**	**10 348**	**158 360**	**6 227**
按登记注册类型分						
内资企业	67	4 557	90 349	10 348	72 837	5 879
股份合作企业	1	89	853		682	171
有限责任公司	28	1 609	31 818	6 233	22 433	2 177
国有独资公司	1	44	308	132	176	
其他有限责任公司	27	1 565	31 510	6 101	22 257	2 177
私营企业	38	2 859	57 677	4 115	49 722	3 531
私营有限责任公司	36	2 777	51 087	4 115	44 157	2 644
私营股份有限公司	2	82	6 591		5 565	887
港、澳、台商投资企业	2	181	3 342		2 994	347
与港澳台商合资经营企业	2	181	3 342		2 994	347
外商投资企业	4	1 822	82 528		82 528	
外资企业	3	1 775	81 535		81 535	
外商投资股份有限公司	1	47	993		993	
按控股情况分						
国有控股	2	107	1 403	283	882	238
集体控股	1	160	3 296	1 377	805	166
私人控股	57	3 749	73 827	6 346	61 963	5 208
港澳台商控股	1	30	402		295	108
外商控股	4	1 822	82 528		82 528	
其他	8	692	14 763	2 342	11 887	508
按经营形式分						
独立门店	59	2 931	61 383	9 217	45 193	5 688
连锁总店（总部）	6	3 202	104 253		103 980	273
连锁加盟店	1	22	1 664		1 664	
其他	7	405	8 919	1 131	7 523	266
按国民经济行业分						
正餐服务	67	4 587	92 233	10 348	74 457	6 144
快餐服务	5	1 952	83 754		83 671	83
其他餐饮业	1	21	231		231	

14－6　限额以上住宿法人企业主要财务指标

（2018 年）　　单位:万元

类　　别	流动资产合　　计	固定资产合　　计	固定资产原　　价	资产总计	负债合计	所有者权益合计
总　　计	**213 738**	**224 484**	**339 169**	**632 778**	**436 721**	**196 057**
按登记注册类型分						
内资企业	208 480	216 252	324 209	619 212	420 954	198 258
国有企业	24 149	37 072	49 212	93 542	18 753	74 789
有限责任公司	103 610	83 792	162 047	313 232	204 978	108 254
国有独资公司	196	14	24	231	144	87
其他有限责任公司	103 414	83 778	162 023	313 001	204 834	108 167
股份有限公司	256	925	1 470	2 195	1 031	1 164
私营企业	80 465	94 464	111 480	210 244	196 192	14 051
私营有限责任公司	80 465	94 464	111 480	210 244	196 192	14 051
外商投资企业	5 258	8 231	14 960	13 566	15 767	－2 201
中外合资经营企业	4 909	5 536	9 229	10 515	11 031	－516
外资企业	349	2 695	5 731	3 051	4 736	－1 685
按控股情况分						
国有控股	30 286	38 323	70 879	172 355	29 184	143 170
集体控股	9 126	4 522	10 391	33 659	13 630	20 028
私人控股	142 692	111 286	159 150	305 489	299 216	6 274
港澳台商控股	624	7 275	11 842	14 260	3 387	10 874
外商控股	5 258	8 231	14 960	13 566	15 767	－2 201
其他	15 686	41 055	58 156	69 592	68 362	1 230
按经营形式分						
独立门店	190 798	206 938	303 077	561 209	396 864	164 346
连锁总店(总部)	332	137	662	863	5 396	－4 533
连锁直营店	5 899	2 429	6 210	8 577	1 905	6 672
连锁加盟店	1 469	1 350	2 227	3 032	3 977	－945
其他	15 240	13 630	26 993	59 097	28 579	30 517
按国民经济行业分						
旅游饭店	163 939	181 123	279 704	495 943	392 573	103 370
一般旅馆	38 805	27 998	43 676	109 917	34 971	74 946
民宿服务	155	1 045	1 256	1 300	1 314	－14
其他住宿业	10 840	14 317	14 533	25 617	7 862	17 755

类　别	营业收入	营业成本	营业税金及附加	营业利润	利润总额	本年应交增值税
总　计	**185 168**	**69 421**	**4 274**	**－11 781**	**－11 956**	**5 498**
按登记注册类型分						
内资企业	179 848	68 595	4 258	－11 625	－11 829	5 484
国有企业	20 569	10 831	919	－823	－860	435
有限责任公司	89 819	29 431	1 487	－7 768	－7 884	3 381
国有独资公司	611	451	4	4	4	35
其他有限责任公司	89 209	28 980	1 484	－7 772	－7 888	3 347
股份有限公司	1 010	374	31	101	96	31
私营企业	68 450	27 959	1 821	－3 135	－3 181	1 637
私营有限责任公司	68 450	27 959	1 821	－3 135	－3 181	1 637
外商投资企业	5 320	826	17	－155	－126	15
中外合资经营企业	2 857	418	12	－151	－124	13
外资企业	2 464	408	5	－4	－3	2
按控股情况分						
国有控股	44 272	13 435	949	－91	－59	1 633
集体控股	4 345	490	138	745	710	93
私人控股	104 894	39 891	2 534	－10 576	－10 404	3 413
港澳台商控股	1 580	446	2		－597	2
外商控股	5 320	826	17	－155	－126	15
其他	18 597	8 814	382	－1 830	－1 605	329
按经营形式分						
独立门店	160 904	59 371	3 855	－7 708	－7 519	4879
连锁总店(总部)	5 553	2 182	201	311	330	262
连锁直营店	5 087	2 188	31	－3 498	－3 497	67
连锁加盟店	4 514	2 171	43	－508	－290	123
其他	9 110	3 509	144	－378	－980	169
按国民经济行业分						
旅游饭店	128 655	38 825	2 664	－8 154	－8 473	4 054
一般旅馆	48 148	24 420	1 356	－3 750	－3 605	1 388
民宿服务	956	132	1	－112	－112	17
其他住宿业	7 410	6 044	254	235	235	39

14－7 限额以上餐饮法人企业主要财务指标

（2018 年） 单位：万元

类 别	流动资产合计	固定资产合计	固定资产原价	资产总计	负债合计	所有者权益合计
总 计	**73 163**	**30 785**	**56 206**	**142 143**	**129 074**	**13 069**
按登记注册类型分组						
内资企业	51 200	22 994	38 090	97 886	93 668	4 218
股份合作企业	3 036	4	752	3 040	4 041	－1 001
有限责任公司	10 039	12 064	18 662	22 956	26 850	－3 894
国有独资公司	65	2	4	69	198	－129
其他有限责任公司	9 974	12 062	18 658	22 887	26 652	－3 766
私营企业	38 126	10 926	18 676	71 890	62 776	9 114
私营有限责任公司	37 636	10 850	18 530	71 259	62 325	8 934
私营股份有限公司	490	76	146	631	451	180
港、澳、台商投资企业	18 958	499	2 412	19 458	23 304	－3 846
与港澳台商合资经营企业	18 958	499	2 412	19 458	23 304	－3 846
外商投资企业	3 005	7 292	15 704	24 799	12 102	12 698
外资企业	2 834	7 272	15 660	24 578	12 059	12519
外商投资股份有限公司	172	20	43	222	43	179
按控股情况分						
国有控股	202	6 658	8 256	7 038	8 915	－1 877
集体控股	707	13	44	726	682	44
私人控股	45 547	15 502	26 752	8 4513	80 721	3792
港澳台商控股	912	45	408	957	70	887
外商控股	3 005	7 292	15 704	24 799	12 102	12 698
其他	22 790	1 274	5 042	24 111	26 584	－2 473
按经营形式分						
独立门店	47 387	14 834	26 629	81 284	89 625	－8342
连锁总店（总部）	22 379	11 464	23 825	52 577	35 634	16 943
连锁加盟店	445	155	275	778	526	252
其他	2 953	4 332	5 477	7 504	3 288	4 216
按国民经济行业分						
正餐服务	69 931	23 323	39 753	116 718	115 608	1 110
快餐服务	3 073	7 456	16 447	25 260	13 285	11 975
其他餐饮业	159	6	6	165	181	－16

类　　别	营业收入	营业成本	营业税金及附加	营业利润	利润总额	本年应交增值税
总　　计	**167 244**	**87 314**	**999**	**10 115**	**10 613**	**2 355**
按登记注册类型分组						
内资企业	84 764	45 367	845	－825	－420	2 090
股份合作企业	805	349	4	－99	－99	36
有限责任公司	29 841	18 814	140	－2 143	－1 878	1 499
国有独资公司	308	132	10	－10	－10	9
其他有限责任公司	29 533	18 682	129	－2 134	－1 869	1 490
私营企业	54 119	26 204	702	1 416	1 557	555
私营有限责任公司	46 883	20 119	588	946	1 087	554
私营股份有限公司	7 236	6 085	114	470	470	1
港、澳、台商投资企业	3 155	1 872	13	－382	－379	101
与港澳台商合资经营企业	3 155	1 872	13	－382	－379	101
外商投资企业	79 324	40 075	142	11 322	11 412	164
外资企业	78 331	39 540	135	11 295	11 384	94
外商投资股份有限公司	993	535	7	27	28	70
按控股情况分						
国有控股	1 403	887	12	－374	－376	24
集体控股	3 096	2 442	8	－26	－26	691
私人控股	68 597	36 468	767	－1 119	－710	754
港澳台商控股	374	191	2	－59	－59	15
外商控股	79 324	40 075	142	11 322	11 412	164
其他	14 450	7 249	68	371	372	707
按经营形式分						
独立门店	56 934	32 948	773	－3 430	－3 036	1731
连锁总店(总部)	99 673	46 695	59	12 999	13 107	86
连锁加盟店	1 664	657	94	39	38	94
其他	8 972	7 014	74	507	504	444
按国民经济行业分						
正餐服务	86 381	46 546	846	－703	－246	2 252
快餐服务	80 631	40 570	153	10 834	10 876	97
其他餐饮业	231	198	1	－16	－16	7

14－8　各地区限额以上批发零售贸易法人企业主要指标

（2018 年）

地　　区	法人企业（个）	批发企业	零售企业	产业活动单位（个）	年末从业人数（人）	销售合计（万元）
全　　市	**1 006**	**445**	**561**	**2 499**	**85 038**	**26 680 862**
东 湖 区	110	33	77	186	8 912	3 008 349
西 湖 区	277	85	192	639	24 221	4 254 540
青云谱区	79	41	38	66	7 092	1 679 232
湾 里 区	7	5	2		162	72 403
青山湖区	108	43	65	424	6 875	1 127 862
新 建 区	80	41	39	353	3 015	1 315 293
南 昌 县	96	56	40	178	11 700	3 946 447
安 义 县	6	4	2		54	82 601
进 贤 县	26	20	6	2	1 052	452 850
经济开发区	93	65	28	82	4 133	3 781 672
高新开发区	85	46	39	460	10 903	4 583 663
红谷滩新区	39	6	33	109	6 919	2 375 950

14－8 续表　　单位:万元

地　　区	批发额	#出　口	零售额	营业收入	营业成本	营业税金及附加	营业利润
全　　市	**17 165 683**	**960 634**	**9 515 179**	**24 172 578**	**21 728 463**	**137 642**	**527 460**
东 湖 区	1 345 625	47 628	1 662 724	2 664 607	2 445 373	4 784	30 620
西 湖 区	3 184 257	130 177	1 070 283	3 852 454	3 351 510	92 661	121 795
青云谱区	575 789	74 166	1 103 444	1 510 103	1 363 998	4 562	33 886
湾 里 区	70 232	4 744	2 171	69 072	67 256	157	－211
青山湖区	313 072	3 761	814 790	1 026 547	918 270	3 406	9 953
新 建 区	966 979	71 562	348 314	1 222 071	1 017 943	4 524	26 356
南 昌 县	2 927 514	236 237	1 018 933	3 487 537	3 103 521	8 061	77 133
安 义 县	79 350		3 251	73 735	70 491	328	632
进 贤 县	251 572	21 531	201 277	418 853	367 258	450	6 787
经济开发区	2 853 051	36 300	928 621	3 465 504	3 244 511	7 768	39 725
高新开发区	3 530 211	334 528	1 053 452	4 168 654	3 822 522	5 786	56 789
红谷滩新区	1 068 031		1 307 919	2 213 443	1 955 810	5 155	123 996

14－9 各地区限额以上住宿餐饮法人企业主要指标

（2018 年）

地　　区	法人企业（个）			产业活动单位（个）	年末从业人数（人）	营业额（万元）	
		住宿企业	餐饮企业				#客房收入
全　　市	**196**	**123**	**73**	**205**	**15 763**	**360 689**	**116 949**
东 湖 区	24	15	9	17	2 715	54 258	24 656
西 湖 区	46	33	13	117	4 668	139 514	27 124
青云谱区	9	6	3	2	907	15 762	6 782
湾 里 区	11	5	6		330	10 434	783
青山湖区	16	13	3	19	1 108	19 812	12 681
新 建 区	14	3	11	2	994	13 159	3 475
南 昌 县	12	8	4		570	12 307	3 923
安 义 县	7	4	3		226	3 422	1 732
进 贤 县	6	5	1		275	5 385	2 636
经济开发区	6		6	3	131	1 666	33
高新开发区	17	11	6	2	830	21 916	8 762
红谷滩新区	28	20	8	43	3 009	63 055	24 361

14－9 续表　　单位：万元

地　　区			营业收入	营业成本	营业税金及附加	营业利润
	餐费收入	商品销售收入				
全　　市	**215 790**	**14 880**	**352 412**	**156 734**	**5 274**	**－1 666**
东 湖 区	23 094	3 154	59 704	21 509	2 040	－2 058
西 湖 区	103 279	4 443	134 572	57 275	1 442	6 040
青云谱区	6 512	1 353	14 980	9 627	158	－2 172
湾 里 区	7 749	1 762	10 970	8 499	149	－402
青山湖区	4 695	1 188	18 808	12 010	701	－2 749
新 建 区	8 097	1 011	13 351	9 519	87	－1 335
南 昌 县	7 915	185	10 970	5 263	102	－587
安 义 县	1 647	27	3 322	2 073	53	100
进 贤 县	2 306	378	5 043	3 413	161	14
经济开发区	1 492	140	1 607	1 004	14	72
高新开发区	11 625	857	19 549	8 534	181	506
红谷滩新区	37 379	384	59 536	18 006	186	906

14－10 亿元以上商品交易市场摊位成交额情况

(2018年)

类　别	年末出租摊位数(个)	成交额(万元)
全　市	**34 679**	**7 630 916**
食品、饮料、烟酒类	9 069	3 929 901
#食品类	8 942	3 896 478
#粮油类	286	337 590
肉禽蛋类	923	906 713
水产品类	803	477 600
蔬菜类	552	797 752
干鲜果品类	454	595 356
饮料类	4	156
烟酒类	83	33 267
服装、鞋帽、针纺织品类	8 648	978 436
#服装类	4 208	716 369
鞋帽类	2 220	150 836
针纺织品类	2 220	111 231
化妆品类	660	204 041
金银珠宝类	51	39 186
日用品类	6 104	548 085
#可穿戴智能设备	100	13 268
五金、电料类	1 514	738 911
体育、娱乐用品类	3	193
书报杂志类	3	181
电子出版物及音像制品类	20	1 100
家用电器和音像器材类	1 019	188 888
中西药品类		
#西药类		
中草药及中成药类		
文化办公用品类	316	27 579
家俱类	476	53 073
通讯器材类	16	180
煤炭及制品类		
木材及制品类	165	12 813
化工材料及制品类	122	21 218
#化肥类		
金属材料类	1 011	83 501
建筑及装潢材料类	5 082	236 437
机电产品及设备类	192	148 490
#农机类	40	57 000
汽车类	1 384	458 017
种子饲料类		
棉麻类	39	1 224
其他类	984	40 639

14－11 各地区亿元以上商品交易市场基本情况

（2018 年）

地 区	市场数量（个）	总摊位数（个）	年末出租摊位数（个）	营业面积（平方米）	成交额（万元）
全 市	27	39 418	36 838	2 107 647	7 712 093
东 湖 区	3	1 150	1 122	57 145	578 349
西 湖 区	10	18 890	16 391	411 794	3 565 489
青 云 谱 区	4	3 139	3 139	248 931	2 563 307
青 山 湖 区	5	3 939	3 939	482 863	252 536
南 昌 县	3	1 050	1 010	302 353	296 941
红谷滩新区	2	11 250	11 237	604 561	455 471

14－12 批发和零售业连锁经营情况

（2018 年）

指标名称	计量单位	合计		直营店		加盟店	
		2018 年	2017 年	2018 年	2017 年	2018 年	2017 年
一、门店总数	个	3 920	3 032	2 161	1 711	1 759	1 321
二、年末从业人员数	人	30 798	30 365	26 323	25 796	4 475	4 569
三、年末零售营业面积	平方米	1 568 588	1 321 892	1 314 494	1 093 472	254 094	228 420
四、连锁门店商品购进额	万元	3 149 215	3 059 982	2 905 961	2 752 890	243 253	307 091
#统一配送商品购进额	万元	2 814 655	2 801 484	2 581 440	2 499 477	233 215	302 006
#自有配送中心配送商品购进额	万元	2 063 227	2 088 322	1 830 012	1 786 316	233 215	302 006
非自有配送中心配送商品购进额	万元	148 873	114 963	148 873	114 963		
五、连锁门店商品销售额	万元	4 294 911	4 065 469	4 067 863	3 784 242	227 048	281 227
#零售额	万元	2 851 088	2 942 710	2 624 040	2 692 850	227 048	249 859

14－13　住宿和餐饮业连锁经营情况

（2018 年）

指标名称	计量单位	合计		直营店		加盟店	
		2018 年	2017 年	2018 年	2017 年	2018 年	2017 年
一、门店总数	个	190	172	141	135	49	37
二、年末从业人员数	人	8 004	7 141	6 624	6 066	1 380	1 075
三、年末餐饮营业面积	平方米	55 073	53 123	53 463	51 823	1 610	1 300
四、客房数	间	2 196	2 136	1 656	1 888	540	248
五、床位数	个	3 950	3 950	3 030	3 500	920	450
六、餐位数	位	18 076	16 824	15 946	14 914	2 130	1 910
七、连锁门店商品购进(采购)额	万元	63 898	43 100	55 628	37 043	8 270	6 057
#统一配送商品购进(采购)额	万元	61 570	40 783	53 300	34 726	8 270	6 057
# 自有配送中心配送商品购进(采购)额	万元						
非自有配送中心配送商品购进(采购)额	万元						
八、连锁门店营业额	万元	106 471	95 123	83 753	78 752	22 717	16 372
#餐费收入	万元	99 138	87 921	79 181	72 059	19 957	15 862

14－14　批发和零售业(住宿和餐饮业)连锁门店及配送中心分布情况

（2018 年）　　单位:个

地　区	门店总数		直营店数		加盟店数		配送中心数			
									#自　有	
	2018 年	2017 年	2018 年	2017 年	2018 年	2017 年	2018 年	2017 年	2018 年	2017 年
全国合计	**4 110**	**3 204**	**2 302**	**1 846**	**1 808**	**1 358**	**26**	**30**	**24**	**26**
北京	20	16			20	16				
天津	7	8			7	8				
山东	1				1					
内蒙古	5	4			5	4				
其中:呼和浩特	5	4			5	4				
上海	14	5			14	5				
江苏	31	13			31	13				
浙江	133	108	4	7	129	101				
其中:杭州	23	23	2	2	21	21				
宁波	6	3			6	3				
安徽	41	28	2	2	39	26				
其中:合肥	21	8	1	2	20	6				
福建		1		1						
厦门		1		1						
江西	3 753	2 991	2 291	1 829	1 462	1 162	26	30	24	26
其中:南昌	1 862	1 410	1 311	932	551	478	14	18	12	14
湖北	19	6			19	6				
湖南	86	24	5	7	81	17				
其中:长沙	50	21	4	7	46	14				

14－15　个体工商业基本情况

（2018 年）

项　　目	户　数（户）	#城镇	从业人员（人）	#城镇	注册资金（万元）	#城镇
合　　计	**237 084**	**195 332**	**554 309**	**456 270**	**2 413 642**	**1 682 182**
一、农、林、牧、渔业	13 390	2 526	34 053	7 367	536 306	72 295
#农、林、牧、渔服务业	625	114	2 040	911	39 260	6 170
二、采矿业	65	11	304	34	2 137	533
#开采辅助活动	6	1	82	6	309	1
三、制造业	6 905	3 580	25 871	12 035	93 812	44 048
#金属制品、机械和设备修理业	61	40	178	103	1 144	924
四、电力、热力、燃气及水生产和供应业	14	7	58	36	2 917	549
五、建筑业	269	187	748	509	4 046	2 854
六、批发和零售业	138 161	117 136	281 182	240 138	1 034 070	880 258
七、交通运输、仓储和邮政业	1 722	1 658	4 677	4 552	38 729	37 536
八、住宿和餐饮业	41 567	38 696	116 192	108 616	411 161	380 526
九、信息传输、软件和信息技术服务业	1 369	996	3 029	2 283	9 984	7 811
十、金融业	2	2	6	6	13	13
十一、房地产业	994	976	3 272	3 224	6 688	6 535
十二、租赁和商务服务业	1 749	1 539	4 366	3 814	17 987	15 074
十三、科学研究和技术服务业	89	82	219	200	871	831
十四、水利、环境和公共设施管理业	11	10	31	30	61	60
十五、居民服务、修理和其他服务业	29 613	26 841	75 704	69 095	225 553	204 881
十六、教育	90	85	279	268	1 058	1 049
十七、卫生和社会工作	296	264	932	868	3 076	2 924
十八、文化、体育和娱乐业	777	735	3 385	3 194	25 173	24 404
十九、其他	1	1	1	1	1	1

注：本表数据由市市场和质量监督管理局提供。

14－16 私营企业基本情况

（2018 年）

项　　目	户　数（户）	#城镇	投资者人数（人）	#城镇	雇工人数（人）	#城镇	注册资金（万元）	#城镇
合　　计	**143 532**	**117 125**	**281 438**	**231 124**	**793 221**	**632 632**	**91 999 237**	**77 359 307**
一、农、林、牧、渔业	4 484	1 635	8 787	3 621	34 120	12 422	2 581 062	1 262 592
#农、林、牧、渔服务业	543	316	1 192	696	3 041	2 518	420 488	286 598
二、采矿业	41	28	104	78	148	61	41 408	36 500
#开采辅助活动	18	13	54	42	50	15	5 950	4 500
三、制造业	8 877	5 164	19 077	11 105	87 311	38 307	5 714 802	3 444 887
#金属制品、机械和设备修理业	54	44	100	83	147	119	18 864	17 334
四、电力、热力、燃气及水生产和供应业	285	233	601	485	900	719	662 778	620 770
五、建筑业	13 734	11 821	26 123	22 832	103 660	89 518	13 612 851	11 549 647
六、批发和零售业	51 441	39 617	97 019	75 177	258 574	205 313	19 817 424	14 690 977
七、交通运输、仓储和邮政业	2 714	2 126	4 719	3 567	14 848	10 579	856 552	636 056
八、住宿和餐饮业	1 724	1 551	3 321	3 001	7 178	6 707	530 942	465 071
九、信息传输、软件和信息技术服务业	13 243	12 248	25 777	24 024	52 558	50 785	5 674 157	5 345 646
十、金融业	603	517	1 905	1 621	2 499	1 966	10 222 295	10 149 270
十一、房地产业	3 741	3 361	7 480	6 686	24 574	23 311	3 722 997	3 189 934
十二、租赁和商务服务业	30 565	28 044	61 753	56 748	153 343	146 653	22 919 745	21 024 187
十三、科学研究和技术服务业	5 370	4 737	11 321	10 088	23 263	20 168	3 174 274	2 818 499
十四、水利、环境和公共设施管理业	615	532	1 325	1 105	2 056	1 754	713 580	564 123
十五、居民服务、修理和其他服务业	2 483	2 191	4 725	4 190	13 213	11 025	654 704	569 761
十六、教育	658	603	1 344	1 229	2 586	2 502	148 797	133 856
十七、卫生和社会工作	258	245	483	453	1 092	1 061	117 113	112 283
十八、文化、体育和娱乐业	2 696	2 472	5 574	5 114	11 298	9 781	833 756	745 250
十九、其他								

注：本表数据由市市场和质量监督管理局提供。

主要统计指标解释

社会消费品零售总额 指各种经济类型的批发零售贸易业、住宿和餐饮业对城乡居民和社会集团的消费品零售额总和。这个指标反映通过各种商品流通渠道向居民和社会集团供应的生活消费品来满足他们生活需要,是研究人民生活、社会消费品购买力、货币流通等问题的重要指标。对居民的消费品零售额:指售给城乡居民用于生活消费的商品。对社会集团的消费品零售额:指售给机关、团体、部队、学校企业、事业单位和城市街道居民委员会、农村村民委员会用公款购买的用作非生产、非经营使用的消费品。社会消费品零售额包括:(1)售给城乡居民作为生活用的商品及修建房屋建筑材料;(2)售给机关、团体、学校、部队、企业、事业单位的职工食堂和旅店(招待所)附设专门供本店旅客食用,不对外营业的食堂的各种食品、燃料;企业、单位和国营农场直接售给本单位职工和职工食堂的自己生产的产品;(3)售给部队干部、战士生活粮食、副食品、衣着品、日用品、燃料;(4)售给来华的外国人、华侨、港澳台同胞的消费品(包括友谊商店、在海关前后设立的免税商店、外轮供应公司等);(5)居民自费购买的中、西药品,中药材及医疗用品;(6)报社、出版社直接售给居民和社会集团的报纸、图书、杂志,集邮公司(包括邮局集邮专柜)出售的新、旧(盖销的)纪念邮票、特种邮票、首日封、集邮册、集邮工具等;(7)旧货寄售商店自购、自销部分的商品;(8)煤气公司、液化石油气站售给居民和社会集团的煤气灶具和罐装液化石油气;(9)售给社会集团的办公用品、纸张、帐册、文印用品、计算工具、书报杂志和奖品;公共用品和纺织品、针织品;学校用的教学用具;文体用品;有明确专用的劳动保护用品。

(一)按行业分的社会消费品零售额

1. **批发和零售业零售额** 指专门从事商品转卖业务的各种经济类型独立核算的批发零售贸易企业、产业活动单位直接售给居民和社会集团的消费品零售额。

2. **住宿和餐饮业零售额** 指从事食品的烹饪、调制并直接零售给居民饮食的各种宾馆、旅社、饭馆、酒馆、茶馆等餐饮业的零售额。包括各种企业单位附设对外营业的饭馆、火车餐厅、轮船餐厅、车站食堂、机场餐厅的零售额。不包括旅店(招待所)专供本店旅客食用,不对外营业的食堂,机关、团体学校、企业、事业单位的职工食堂出售饭菜的收入。

(二)按销售地区分的社会消费品零售额

1. **城镇的零售额** 指设立在中央直辖市,省、地辖市的市区和镇以上的各行业消费品零售额,不包括乡村的消费品零售额。

2. **城区的零售额** 指设立在城区内的各行业消费品零售额。

3. **乡村的零售额** 指设立在农村的各行业消费品零售额。但不包括分布在农村的独立工矿、林区的商品零售额,这部分零售额,凡属直辖镇以上的列入"城镇的零售额"中。

商品购进总额 指从本企业以外的单位和个人购进(包括从国外直接进口)作为转卖或加工后转卖的商品金额。本指标由从生产者购进额、从批发零售贸易业购进额、进口额和其他项目组成。这个指标反映批发零售贸易业从国内、国外市场上购进商品的总量。

从生产者购进额 指直接从工农业生产者购进的各种工矿产品、农副产品。

进口 指直接从国外进口的商品和委托外贸部门代理进口的商品。

商品销售总额 指对本企业以外的单位和个人出售的商品(包括售给本单位消费用的商品)金额。本指标由对生产经营单位批发额、对批发零售贸易批发额、出口额和对居民和社会集团商品零售额项目组成。这个指标反映批发零售贸易业在国内市场上销售商品以及出口商品的总量。

批发 指除零售以外的一切商品销售活动,包括对生产经营单位批发、对批发零售贸易业批发和出口。

对生产经营单位批发 指售给国民经济和社会各部门作为生产或经营使用的商品。

出口 指直接向国(境)外出口商品和委托外贸部门代理出口的商品。

零售 指售给城乡居民直接用于生活消费的商品和社会集团直接用于公用消费的商品。

期末库存 指批发零售贸易业已取得所有权的全部商品。这个指标反映批发零售业的商品库存情况,以及对市场商品供应的保证程度。

年末从业人数 指在该企业工作并取得劳动报酬的年末实有人员数。包括在岗职工、再就业的离退休人员、在该企业工作的外方人员、港、澳、台方人员、兼职人员、借用的外单位人员和第二职业者。不包括离开本单位但仍保留劳动关系的职工。

年末营业面积 零售业按建筑面积计算的直接对顾客销售商品的固定场地,不包括办公室、仓库、加工场地等面积。住宿和餐饮业对外提供就餐服务的门店建筑面积和从事食品加工、烹饪、调制的厨房面积,不包括办公用房和仓库等面积。该指标按年末实有面积统计。

住宿和餐饮业营业额 指住宿和餐饮业法人企业、产业活动单位在经营活动中因提供服务或销售商品等取得的收入。包括客房收入、餐费收入、商品销售额(含增值税)和其他收入。

客房收入 指住宿和餐饮业法人企业、产业活动单位在经营活动中因提供住宿服务取得的收入。

餐费收入 指住宿和餐饮业法人企业、产业活动单位因为顾客提供就餐服务取得的收入。包括经烹饪、调制后出售的各种食品,如主食、炒菜、凉拌菜等的收入。

商品销售额 指住宿和餐饮业法人企业、产业活动单位出售商品的销售总额(含增值税)。

其他收入 指营业额中除客房收入、餐费收入、商品销售额(含增值税)以外的其他收入。包括:娱乐、健身和商务服务等。

床位数 指宾馆、饭店、酒店、旅馆等供应旅客使用的床位数,不包括临时加的床位和宾馆、饭店、酒店、旅馆等内部工作人员使用的床位。该指标按年内正常情况下的实有数统计。

餐饮数 指住宿和餐饮业法人企业、产业活动单位为顾客提供就餐服务时,正常可同时容纳就餐人员的餐位数量,不包括临时加的餐位。该指标按年内正常情况下的实有数统计。

批发和零售业、住宿和餐饮业的限额以上统计划型标准为:

1、批发业:全年销售额2000万元及以上

2、零售业:全年销售额500万元及以上

3、餐饮业:全年主营业务收入200万元及以上

4、住宿业:星级宾馆、饭店

连锁企业(或称连锁店、连锁公司) 指在核心企业或总店的领导下,由分散的、经营同类商品或服务的企业或活动单位,采取共同方针,实行集中采购和分散销售的有机结合,通过规范化经营,实现规模效益的经济联合组织形式。

一般连锁店应由若干个分店组成。其经营特征:(1)经营同类商品;(2)使用统一商号;(3)统一采购配送,采购与销售相分离(部分商品可根据物流合理和保质保鲜原则由供应商直接送货到门店,其余均由总部统一配送。连锁店总店(总部)指连锁店的核心企业或管理中心。连锁店分店指连锁店所属各分散经营的企业或活动单位,也可称分店或成员店。

连锁店包括下列两种形式:

(1)直营连锁:也叫正规连锁。连锁门店均由总部全资或控股开设,在总部的直接领导下统一经营。连锁总店或核心店作为一个直营店统计。

(2)加盟连锁:包括特许连锁和自由连锁。特许连锁:各连锁门店(被特许人)通过合同形式,取得使用总部(特许人)商标、经营技术和销售总部开发的商品的特许权,各加盟连锁门店为独立法人,但无自主经营权,在总部指导下统一经营。自由连锁:也称自愿连锁,连锁公司的门店均为独立法人,各自的资产所有权关系不变,在公司总部的指导下共同经营。各成员店使用共同的店名,与总部订阅相关购、销、宣传等方面的合同,并按合同开展经营活动。在合同规定的范围之外,各成员店可以自由活动。根据自愿原则,各成员店可自由加入连锁体系,也可自由退出。

商品交易市场 指有固定场所、设施,有若干经营者入场实行集中、公开交易各类实物商品的市场。

亿元以上商品交易市场 指全年成交额在一亿元及以上的商品交易市场。

市场成交总额 指该市场所有摊位商品交易总额之和。

在地口径:指批零住餐统计中的统计范围,以企业经营所在地为统计口径的统计方法,称为"在地口径"统计。

法人口径:指批零住餐统计中的统计范围,以企业法人所在地为统计口径的统计方法,称为"法人口径"统计。

十五、外贸和旅游

FOREIGN ECONOMIC TRADE AND TOURISM RELATIONS

本篇内容包括：

1. 海关进出口情况
2. 外商直接投资情况
3. 旅游发展情况
4. 星级饭店一览表

海关出口总值

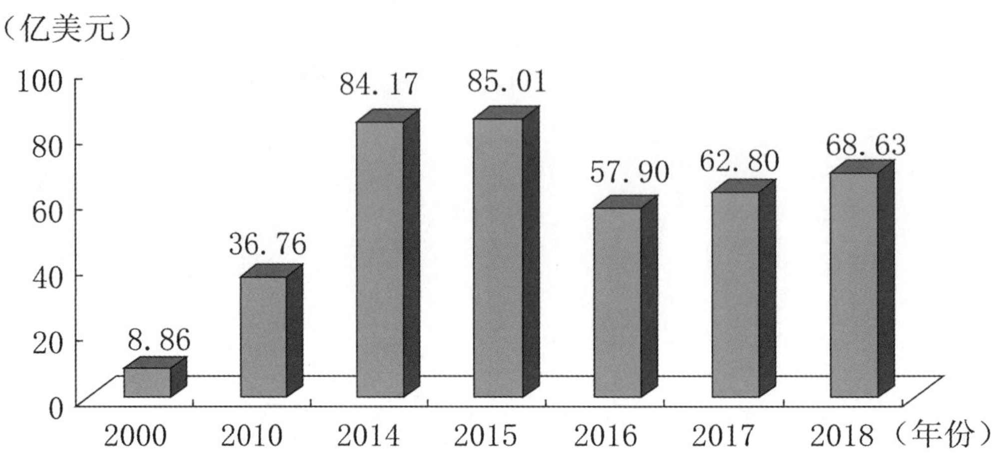

实际利用外资

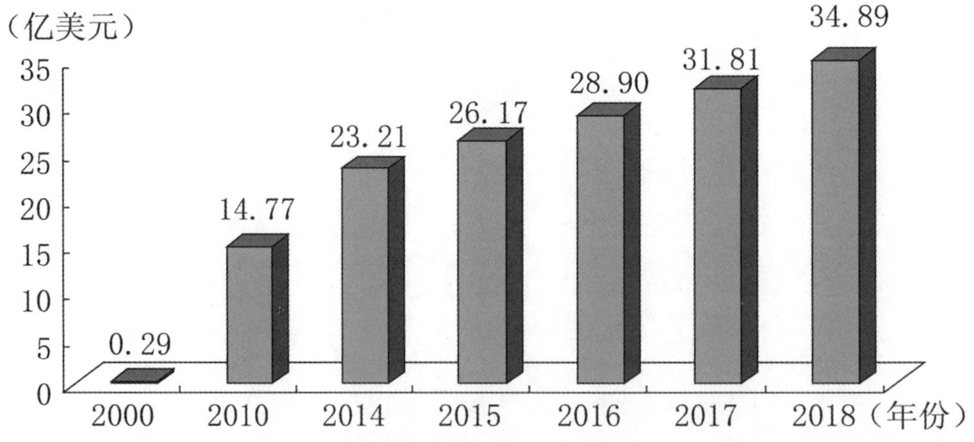

15－1　海关货物进出口总值

单位:亿美元

年　份 地　区	进出口 总　值	出口值	进口值	差　额
2001	9.72	7.96	1.76	6.20
2002	9.09	7.28	1.82	5.46
2003	13.42	10.04	3.37	6.67
2004	16.59	10.75	5.84	4.91
2005	17.45	12.40	5.05	7.35
2006	24.90	17.24	7.66	9.58
2007	31.80	23.21	8.59	14.62
2008	33.99	25.03	8.96	16.08
2009	34.80	21.30	13.49	7.81
2010	53.07	36.76	16.30	20.46
2011	78.75	56.54	22.21	34.33
2012	82.89	64.66	18.24	46.42
2013	97.11	73.08	24.04	49.04
2014	122.22	84.17	38.05	46.12
2015	113.72	85.01	28.71	56.31
2016	93.80	57.90	35.90	22.00
2017	98.41	62.80	35.61	27.19
2018	119.56	68.63	50.93	17.70
东湖区	3.19	2.96	0.23	2.73
西湖区	5.44	4.56	0.88	3.68
青云谱区	4.58	4.46	0.12	4.34
湾里区	0.57	0.57		0.57
青山湖区	8.06	8.00	0.06	7.94
新建区	2.17	1.63	0.54	1.09
南昌县	15.57	10.27	5.30	4.97
安义县	1.73	1.51	0.22	1.29
进贤县	1.53	1.35	0.18	1.17
经济开发区	26.58	8.58	18.00	-9.42
高新开发区	43.71	20.80	22.91	-2.11
红谷滩新区	3.09	3.03	0.06	2.97

注:表中数据为市商务局提供快报数,2018 年全市数据中含省直公司数。

15－2 海关进出口货物分类金额

（2018年） 单位：万美元

商品类别	进出口总值	出口值	进口值
合计	**2 446 631.66**	**1 265 634.49**	**1 180 997.57**
纺织服装	151 154.03	148 765.98	2 388.14
光伏产品	781.20	713.86	67.35
机电产品（包括本目录已具体列名的机电产品）	785 740.61	354 492.79	431 247.87
高新技术产品	523 655.54	180 844.58	342 810.99
农产品	13 676.29	4 818.60	8 857.69
肥料	83.17	83.17	
锯材	1 348.52		1 348.52
胶合板及类似多层板	32.66	32.66	
印刷品	567.20	549.12	18.06
粘土及其他耐火矿物	245.12	87.33	157.79
天然硫酸钡（重晶石）	4.23	4.23	
滑石	0.56	0.56	
钼矿砂及其精矿	69.19		69.19
煤及褐煤	835.19		835.19
成品油	37.62		37.62
石蜡	3.06		3.06
稀土及其制品	333.53	319.40	14.13
多晶硅	0.39		0.39
氧化铝	10.95	10.93	0.03
钨品	25 608.01	25 603.58	4.43
氧化锌及过氧化锌	3.38	3.38	
碳酸钠（纯碱）	1.10	1.10	
柠檬酸	0.48	0.48	
合成有机染料	12.51	7.75	4.76
锌钡白（立德粉）	90.06	90.06	
医药品	7 529.28	6 668.38	860.88
美容化妆品及护肤品	284.17	248.85	35.32
口腔及牙齿清洁剂	23.79	23.79	
洗衣粉	25.23	25.23	
烟花、爆竹	1 283.41	1 283.41	
松香及树脂酸	148.42	148.42	

注：表中数据为市商务局提供快报数。

商 品 类 别	进出口总值	出口值	进口值
杀虫剂、除草剂及类似品	32.10	23.19	8.91
初级形状的聚氯乙烯	207.88	66.32	141.57
新的充气橡胶轮胎	427.92	415.59	12.33
家用或装饰用木制品	2 315.42	2 314.75	0.67
纸及纸板(未切成形的)	5 708.38	5 644.78	63.62
纺织纱线、织物及制品	11 009.28	8 891.65	2 117.71
塑料编织袋(周转袋除外)	72.53	72.53	
水泥及水泥熟料	10.77	10.64	0.13
花岗岩石材及制品	1 748.78	1 748.78	
平板玻璃	2 100.83	255.70	1 845.14
玻璃制品	1 841.92	1 782.38	59.56
陶瓷产品	8 607.40	8 602.17	5.23
珍珠、钻石、宝石及半宝石	2.05	1.68	0.37
铁合金	5 975.30	5 878.89	96.41
钢材	7 101.93	6 402.16	699.79
废钢	0.55	0.55	
未锻轧铜及铜材	2 256.41	884.30	1 372.09
未锻轧铝及铝材	1 791.57	1 415.72	375.84
未锻轧锌及锌合金	1.75	1.75	
镁及其制品(包括废碎料)	160.15	160.15	
钢铁或铜制标准紧固件	3 298.82	1 002.13	2 296.69
不锈钢厨具、餐具等家用器具	1 502.65	1 502.65	
餐桌、厨房及其他家用搪瓷器	35.85	35.85	
手用或机用工具	5 190.80	4 920.41	270.36
电扇	1 310.58	1 212.68	97.90
空气调节器(车用除外)	308.94	308.24	0.69
冰箱	245.46	239.90	5.55
洗衣机	7.68	2.06	5.62
微波炉	0.48	0.48	
纺织机械及零件	664.58	577.08	87.50
家用型缝纫机	11.12	11.12	
工业用缝纫机	140.42	140.42	

商 品 类 别	进出口总值	出口值	进口值
金属加工机床	3 533.00	498.98	3 034.00
电子计算器(包括具有计算功能的袖珍数据记录重现机)	28.12	28.12	
自动数据处理设备及其部件	11 373.23	11 265.60	107.65
自动数据处理设备的零件	2 414.56	1 383.03	1 031.53
打印机(包括多功能一体机)	40.96	40.96	
液晶显示板	1 822.42	414.27	1 408.15
轴承	1 356.75	229.91	1 126.86
电动机及发电机	1 696.11	1 503.38	192.76
风力发电机组	0.70	0.70	
变压器	944.94	912.97	31.97
静止式变流器	2 591.07	2 273.68	317.40
原电池	27.83	27.83	
蓄电池	2 887.72	2 601.96	285.76
太阳能电池	608.04	607.48	0.56
电话机	80 292.38	80 292.00	0.38
扬声器	1 275.56	1 264.57	10.99
激光唱机	14.13	14.13	
录、放像机	100.16	100.16	
声音录制或重放设备	111.70	111.70	
收音设备	467.43	467.43	
彩色电视机	186.13	184.98	1.15
录放音、像机及唱机的零附件	69.82	69.60	0.22
电视、收音机及无线电讯设备的零附件	14 452.46	5 311.95	9 140.53
电容器	2 636.64	357.36	2 279.27
印刷电路	3 886.43	172.19	3 714.24
通断保护电路装置及零件	5 087.42	1 350.77	3 736.63
节能灯	101.43	101.43	
二极管及类似半导体器件	18 139.99	15 827.84	2 312.16
集成电路	251 819.08	7 118.67	244 700.41
电线和电缆	3 334.05	2 096.18	1 237.90
汽车	22 226.54	22 226.54	
装有引擎的汽车底盘	151.45		151.45

商 品 类 别	进出口总值	出口值	进口值
汽车零配件	48 675.88	22 547.47	26 128.42
摩托车	227.05	227.05	
自行车	34.74	34.74	
摩托车及自行车的零配件	1 112.16	1 112.16	
船舶	4.81	4.81	
照相机	34.09	28.79	5.30
眼镜及其零件	347.27	342.17	5.11
医疗仪器及器械	15 500.71	10 843.06	4 657.66
手表	167.17	167.17	
日用钟	121.64	121.64	
家具及其零件	7 727.87	7 625.92	101.95
床垫、寝具及类似品	1 093.88	1 093.88	
灯具、照明装置及零件	13 552.28	13 500.73	51.56
箱包及类似容器	6 922.86	6 905.58	17.29
体育用品及设备	1 717.87	1 717.87	
服装及衣着附件	140 144.75	139 874.33	270.43
鞋类	26 259.89	26 075.33	184.57
塑料制品	12 982.19	10 347.56	2 634.62
玩具	6 643.57	6 643.57	
游戏机及零附件	144.72	144.72	
圣诞用品	2 769.94	2 769.94	
足球、篮球、排球	785.91	785.91	
艺术品、收藏品及古董	279.00	279.00	
贵金属或包贵金属的首饰	12.30	12.30	
伞	212.12	212.12	
竹编结品	21.36	21.36	
藤编结品	0.09	0.09	
柳编结品	2.62	2.62	
天然橡胶(包括胶乳)	139.87	0.75	139.13
合成橡胶(包括胶乳)	458.21	29.90	428.31
原木	1 174.57		1 174.57

商品类别	进出口总值	出口值	进口值
纸浆	1 732.90		1 732.90
纺织用合成纤维	338.70	3.17	335.53
人造纤维短纤	0.02	0.02	
铁矿砂及其精矿	7 890.31		7 890.31
锰矿砂及其精矿	5 470.10		5 470.10
铜矿砂及其精矿	1 102.91		1 102.91
铅矿砂及其精矿	121.58		121.58
乙二醇	0.02		0.02
己内酰胺	0.80	0.80	
聚合物油漆及清漆	259.06	257.93	1.13
感光材料	2 700.68	12.66	2 688.02
初级形状的塑料	2 003.65	696.96	1 306.68
非泡沫塑料的板、片、膜、箔	4 106.26	1 021.70	3 084.56
废塑料	109.05	109.05	
牛皮革及马皮革	282.11	20.90	261.21
玻璃纤维及其制品	260.67	246.01	14.65
废金属	52.96	52.96	
钢铁制标准紧固件	3 198.48	993.26	2 205.22
钢铁或铝制结构体及其部件	6 586.77	6 563.64	23.16
蒸汽锅炉及过热水锅炉	11.11	11.11	
活塞式内燃机的零件	3 661.69	1 366.96	2 294.74
液泵及液体提升机	1 592.07	370.46	1 221.56
制冷设备用压缩机	360.71	77.79	282.91
冷冻机和制冷设备及零件	346.30	340.25	6.04
非家用型水的过滤、净化机器	193.47	162.47	31.00
饮料及液体食品灌装设备	8.71	8.71	
机械提升搬运装卸设备及零件	4 862.21	1 092.04	3770.20
建筑及采矿用机械及零件	1 334.26	1 334.26	
食品、饮料工业用加工机械及零件	4 057.88	4 016.43	41.45
制造纸及纸制品用机械及零件	359.77	232.16	127.63
印刷、装订机械及零件	10 697.40	9 219.54	1 477.85

商品类别	进出口总值	出口值	进口值
金属轧机及零件	23.71	9.72	13.99
橡胶或塑料加工机械及零件	4 698.03	1 324.33	3 373.71
型模及金属铸造用型箱	536.37	219.91	316.46
阀门	920.71	242.21	678.51
制造单晶柱或晶圆用的机器及装置	306.70		306.7
制造半导体器件或集成电路用的机器及装置	4 919.26	202.62	4 716.64
制造平板显示器用的机器及装置	309.51	7.58	301.93
发电机组及旋转式变流机	2 469.65	2 459.17	10.48
变压、整流、电感器及零件	4 492.56	3 673.16	819.41
数字式程控电话或电报交换机	41.33	41.33	
无线电导航雷达及遥控设备	2 344.51	2 323.47	21.04
激光视盘放像机	62.73	62.73	
电视摄像机、数字照相机及视频摄录一体机	5 319.54	5 020.19	299.34
电阻器	228.34	122.93	105.40
航空器零件	1.66	0.27	1.39
计量检测分析自控仪器及器具	29 440.23	4 651.07	24 789.19
已组装的完整表芯	0.06	0.06	
文化产品	26 075.07	25 269.01	806.04
电动载人汽车	65.93	65.93	
家用空气净化器	44.28	44.28	
食用植物油(包括棕榈油)	0.03	0.03	

15－3 按国别(地区)分海关货物进出口总值

(2018 年)

单位:万美元

国别(地区)	进出口总值	出口值	进口值
合计	**1 195 614.38**	**686 307.62**	**509 306.76**
阿尔巴尼亚	77.62	77.62	
阿尔及利亚	2 412.37	2 412.37	
阿富汗	49.03	49.03	
阿根廷	2 966.48	2 966.45	0.04
阿拉伯联合酋长国	12 177.93	11 052.31	1 125.62
阿鲁巴岛	36.12	36.12	
阿曼	337.86	337.86	
阿塞拜疆	93.45	81.65	11.80
埃及	2 410.71	2 410.65	0.06
埃塞俄比亚	14 968.68	14 968.68	
爱尔兰	142.64	107.93	34.71
爱沙尼亚	66.67	59.17	7.51
安哥拉	276.78	276.78	
安提瓜和巴布达	0.23	0.23	
奥地利	1 110.39	175.13	935.25
澳大利亚	22 761.89	11 714.51	11 047.38
澳门	190.60	190.25	0.35
巴巴多斯	31.37	31.37	
巴布亚新几内亚	494.26	494.26	
巴哈马	39.99	39.99	
巴基斯坦	3 893.11	2 978.67	914.44
巴拉圭	842.52	842.52	
巴勒斯坦	6.44	6.44	
巴林	207.23	207.23	
巴拿马	5 318.43	5 318.43	
巴西	9 450.75	7 689.20	1 761.55
白俄罗斯	140.22	137.10	3.13
百慕大群岛	2.33	2.33	
保加利亚	202.67	163.40	39.26
贝宁	177.28	177.28	
比利时	4 913.02	4 443.64	469.38
冰岛	22.03	22.03	
波多黎各	259.89	259.89	
波兰	3 701.48	3 294.30	407.18
玻利维亚	236.26	177.16	59.11
伯利兹	102.66	102.66	
博茨瓦那	206.27	206.27	
不丹	0.93	0.93	
布基纳法索	21.87	21.87	
朝鲜	3.46	3.46	
赤道几内亚	2.01	2.01	

注:表中数据为市商务局提供快报数。

国别(地区)	进出口总值	出口值	进口值
大洋洲其他国家(地区)	3.06	3.06	
丹麦	462.61	430.31	32.30
德国	49 665.08	18 642.50	31 022.58
东帝汶	22.89	22.89	
多哥	2 526.98	2 526.98	
多米尼加	9.71	9.71	
多米尼加共和国	822.92	822.92	
俄罗斯联邦	9 154.90	7 138.72	2 016.19
厄瓜多尔	1 318.65	1 259.89	58.76
厄立特里亚	51.85	51.85	
法国	13 570.93	4 840.79	8 730.14
法属波利尼西亚	121.03	121.03	
法属圭亚那	0.01	0.01	
菲律宾	17 993.02	9 771.90	8 221.12
斐济	188.90	188.90	
芬兰	722.37	177.08	545.30
佛得角	28.20	28.20	
冈比亚	8.74	8.74	
刚果(布)	83.52	83.52	
刚果(金)	3 441.19	1 218.80	2 222.39
哥伦比亚	2 577.24	2 577.22	0.02
哥斯达黎加	1 368.80	998.74	370.06
格林纳达	8.32	8.32	
格鲁吉亚	71.55	71.34	0.20
古巴	1 215.23	1 215.23	
瓜德罗普岛	0.01	0.01	
圭亚那	125.14	125.14	
国别(地区)不详	2.47		2.47
哈萨克斯坦	733.25	148.94	584.31
海地	239.90	239.90	
韩国	113 818.01	32 816.45	81 001.56
荷兰	23 663.47	22 861.72	801.75
荷属安地列斯群岛	118.35	118.35	
黑山	2.34	2.34	
洪都拉斯	238.79	238.79	
基里巴斯	1.85	1.85	
吉布提	953.06	953.06	
吉尔吉斯斯坦	184.91	184.91	
几内亚	335.56	335.56	
几内亚(比绍)	1.77	1.77	
加拿大	9 820.66	9 164.36	656.30
加纳	1 144.48	1 144.48	
加蓬	21.84	21.84	

国别（地区）	进出口总值	出口值	进口值
柬埔寨	1 284.10	1 040.19	243.91
捷克	1 524.15	599.35	924.80
津巴布韦	173.59	173.59	
喀麦隆	219.37	219.37	
卡塔尔	375.41	375.41	
科摩罗	7.50	7.50	
科特迪瓦共和国	457.99	457.99	
科威特	688.36	688.36	
克罗地亚	79.31	79.31	
肯尼亚	3 973.05	3 122.64	850.41
库克群岛	0.20	0.20	
库腊索岛	43.31	43.31	
拉丁美洲其他国家(地区)	4.25	4.25	
拉脱维亚	100.55	88.32	12.23
莱索托	5.68	5.68	
老挝	1 671.18	94.03	1 577.15
黎巴嫩	582.01	577.74	4.27
立陶宛	262.22	255.20	7.02
利比里亚	131.87	131.87	
利比亚	443.14	443.14	
列支敦士登	2.57	1.24	1.33
留尼汪	14.69	14.69	
卢森堡	10.37	2.56	7.81
卢旺达	445.23	397.05	48.18
罗马尼亚	3 498.14	376.32	3 121.82
马达加斯加	841.00	841.00	
马尔代夫	56.15	56.15	
马耳他	615.28	554.53	60.75
马拉维	70.08	70.08	
马来西亚	18 426.63	15 708.37	2 718.25
马里	24.57	24.57	
马绍尔群岛共和国	12.03	12.03	
马提尼克岛	6.68	6.68	
毛里求斯	119.34	119.34	
毛里塔尼亚	2 362.29	168.65	2 193.65
美国	125 287.31	114 534.23	10 753.08
蒙古	135.55	135.55	
孟加拉国	3 275.62	3 274.19	1.42
秘鲁	7 320.44	2 720.80	4 599.64
密克罗尼西亚联邦	8.78	8.78	
缅甸	1 804.39	1 174.24	630.15
摩尔多瓦	18.91	18.91	

国别（地区）	进出口总值	出口值	进口值
摩洛哥	895.72	704.32	191.39
莫桑比克	1 051.20	855.53	195.68
墨西哥	13 080.05	5 382.16	7 697.89
纳米比亚	217.57	217.57	
南非	23 933.83	14 502.11	9 431.72
南苏丹共和国	10.57	10.57	
尼泊尔	114.73	114.73	
尼加拉瓜	295.62	295.62	
尼日尔	0.66	0.66	
尼日利亚	5 254.00	4 779.58	474.42
挪威	1 033.91	951.85	82.06
葡萄牙	1 571.27	728.71	842.56
前南马其顿	24.01	24.01	
日本	167 059.54	21 519.68	145 539.86
瑞典	8 441.61	7 757.56	684.04
瑞士	2 820.17	873.09	1 947.08
萨尔瓦多	241.43	241.43	
萨摩亚	49.15	49.15	
塞尔维亚	78.28	78.28	
塞拉利昂	69.89	69.89	
塞内加尔	684.12	684.12	
塞浦路斯	14.58	14.58	
塞舌尔	25.53	25.53	
沙特阿拉伯	9 392.74	9 392.74	
圣卢西亚	21.72	21.72	
圣马丁岛	41.98	41.98	
圣马力诺	24.50		24.50
圣其茨——尼维斯	6.60	6.60	
圣文森特和格林纳丁斯	4.41	4.41	
斯里兰卡	873.93	872.51	1.41
斯洛伐克	52.84	27.38	25.46
斯洛文尼亚	1 029.22	1 022.66	6.55
斯威士兰	21.09	21.09	
苏丹	878.71	878.71	
苏里南	200.91	200.91	
所罗门群岛	52.23	52.23	
索马里	80.94	80.94	
塔吉克斯坦	25.02	25.02	
台湾省	95 834.06	6 886.30	88 947.77

国别（地区）	进出口总值	出口值	进口值
泰国	23 107.79	14 155.97	8 951.82
坦桑尼亚	862.58	862.58	
特立尼达和多巴哥	351.20	351.20	
突尼斯	160.78	160.65	0.13
土耳其	4 708.76	2 930.42	1 778.34
瓦努阿图	37.14	37.14	
危地马拉	480.03	480.03	
委内瑞拉	121.07	121.07	
文莱	640.22	640.22	
乌干达	284.39	284.39	
乌克兰	658.94	657.64	1.30
乌拉圭	2 277.43	2 277.43	
乌兹别克斯坦	295.42	287.83	7.58
西班牙	7 153.64	6 309.31	844.33
希腊	2 002.17	2 002.17	
香港	104 101.62	104 074.37	27.25
新加坡	17 140.87	10 599.95	6 540.92
新喀里多尼亚	15.90	15.90	
新西兰	1 484.53	1 483.84	0.69
匈牙利	2 431.17	440.70	1 990.48
叙利亚	347.98	347.98	
牙买加	350.27	350.27	
亚美尼亚	39.56	39.56	
也门共和国	499.40	499.40	
伊拉克	1 756.30	1 756.30	
伊朗	7 211.61	7 033.33	178.27
以色列	6 525.99	6 153.20	372.79
意大利	8 805.17	7 834.64	970.53
印度	29 501.55	28 637.57	863.98
印度尼西亚	17 473.54	17 017.64	455.90
英国	11 118.37	9 647.25	1 471.12
英属维尔京群岛	6.24	6.24	
约旦	1 028.23	1 028.23	
越南	30 065.96	24 130.06	5 935.90
赞比亚	2 525.02	2 055.53	469.49
智利	10 777.84	9 436.99	1 340.85
中华人民共和国	40 174.59		40 174.59

15－4　按贸易方式分海关货物进出口总值

（2018年）　　单位:万美元

贸易方式	进出口总值	出口值	进口值
总　计	**1 195 614.38**	**686 307.62**	**509 306.76**
保税监管场所进出境货物	172.62		172.62
边境小额贸易	1.13	1.13	
对外承包工程出口货物	27 237.79	27 237.79	
国家间、国际组织无偿援助和赠送的物资	910.08	910.08	
海关特殊监管区域进口设备	5 767.84		5 767.84
海关特殊监管区域物流货物	2 738.95	753.50	1 985.45
进料加工	145 523.43	70 977.35	74 546.08
来料加工	5 951.40	3 999.73	1 951.66
其他	1 489.19	195.81	1 293.38
外商投资企业作为投资进口的设备、物品	157.91		157.91
一般贸易	1 005 639.73	582 232.23	423 407.50
租赁贸易	24.32		24.32

注:表中数据为市商务局提供快报数。

15－5 外商直接投资情况

年 份 地 区	项 目 数 （个）	合同外资金额 （万美元）	实际利用外资 （万美元）
2001	65	17 381	10 202
2002	149	53 239	34 233
2003	172	73 579	53 656
2004	195	104 743	71 550
2005	187	111 479	83 026
2006	174	120 976	93 520
2007	155	148 992	101 961
2008	137	134 407	111 768
2009	145	152 387	125 089
2010	304	235 619	147 655
2011	185	319 599	168 160
2012	164	249 575	190 259
2013	176	246 918	211 657
2014	189	306 128	232 115
2015	82	98 858	261 656
2016	72	128 446	288 964
2017	52	192 480	318 065
2018	53	100 059	348 899
东 湖 区	8	2 469	25 750
西 湖 区	2	7	32 386
青 云 谱 区	2	－3 158	19 919
湾 里 区	2	80	－
青 山 湖 区	3	6 482	33 356
新 建 区	2	4 429	31 226
南 昌 县	9	12 053	53 113
安 义 县	－	788	－
进 贤 县	－	－	2 882
经济开发区	7	18 919	58 794
高新开发区	6	716	73 538
红谷滩新区	12	57 274	17 935

注：表中数据由市投资促进局提供。

15－6　外商在南昌直接投资情况

（2018 年）

类　　别	项 目 数 （个）	合同外资金额 （万美元）	实际利用外资 （万美元）
总　　计	**53**	**100 059**	**348 899**
按投资方式分			
合资经营企业	21	6 767	111 983
合作经营企业			
外资企业	32	98 920	190 081
外商投资股份制企业		－5 628	46 835
按国民经济行业分			
农、林、牧、渔业		789	2 932
农业		789	2 882
林业			50
渔业			
采矿业			
非金属矿采选业			
制造业	10	10 755	159 958
农副食品加工业	1	32	
食品制造业	1	545	60
酒、饮料和精制茶制造业			4 894
纺织业			
纺织服装、服饰业			3 604
皮革、毛皮、羽毛及其制品和制鞋业			6 440
医药制造业		542	
橡胶和塑料制品业			
非金属矿物制品业			3 029
有色金属冶炼和压延加工业			
金属制品业	1	600	
通用设备制造业		6 581	1 002
专用设备制造业	3	4 885	26 475
汽车制造业	2	－4 946	11 062
电气机械和器材制造业	2	5 480	40 096
计算机、通信和其他电子设备制造业		－2 962	63 296
废弃资源综合利用业		－1	
电力、热力、燃气及水生产和供应业			290
电力、热力生产和供应业			290

注：表中数据由市投资促进局提供。

15-6续表1 (2018年)

类　　别	项目数（个）	合同外资金额（万美元）	实际利用外资（万美元）
建筑业		-77	827
土木工程建筑业			827
建筑装饰、装修和其他建筑业		-77	
批发和零售业	7	20 015	16 504
批发业	4	19 834	13 352
零售业	3	181	3 152
交通运输、仓储和邮政业	2	936	15 227
道路运输业		-791	4 834
多式联运和运输代理业			9 393
装卸搬运和仓储业	2	1 727	1 000
住宿和餐饮业	5	257	45
住宿业			
餐饮业	5	257	45
信息传输、软件和信息技术服务业	7	9 010	
互联网和相关服务	2	4 573	
软件和信息技术服务业	5	4 437	
金融业			290
货币金融服务			
其他金融业			290
房地产业	7	22 355	92 375
房地产业	7	22 355	92 375
租赁和商务服务业	8	35 541	51 020
租赁业	1	48	1 406
商务服务业	7	35 493	49 614
科学研究和技术服务业	3	408	4 306
研究和试验发展		11	1 247
专业技术服务业			3 059
科技推广和应用服务业	3	397	
水利、环境和公共设施管理业			
公共设施管理业			
居民服务、修理和其他服务业	3	38	
居民服务业	1	3	
机动车、电子产品和日用产品修理业	2	35	

15－6续表2　　(2018年)

类　　别	项目数(个)	合同外资金额(万美元)	实际利用外资(万美元)
教育	1	32	
教育	1	32	
卫生和社会工作			5 125
卫生			1 732
社会工作			3 393
文化、体育和娱乐业			
按投资国别(地区)分			
亚洲	45	93 678	317 849
香港	28	97 437	313 162
印度	2	9	
日本	1	387	
约旦	1	7	
澳门		307	
巴基斯坦	1		
新加坡		－2 403	3 079
韩国	2	290	60
台湾省	9	－2 356	1 548
哈萨克斯坦	1		
欧洲	3	3 479	26 637
德国		6 541	1 002
法国	1	8	20 741
意大利		11	
荷兰		－3 120	4 894
瑞士	1	32	
捷克	1	7	
南美洲		4 064	
巴巴多斯		－2 273	
英属维尔京群岛		6 337	
北美洲	4	2 635	4 078
美国	4	2 635	4 078
其他	2	－3 797	335
联合国及机构和国际组织		－5 563	
创业投资公司投资		－130	
投资性公司投资	2	1 896	335

15－7　外商投资企业年底注册登记情况

（2018 年）

类　　别	新批外商投资企业数业数(户)	合同外资金额（万美元）	实际利用外资（万美元）
总　　计	**4 115**	**2 933 485**	**3 092 567**
按投资方式分			
合资经营企业	1 597	449 500	600 822
合作经营企业	106	61 570	49 782
外资企业	2 405	2 405 044	2 148 434
外商投资股份制企业	7	17 371	293 529
其他外商投资企业			
外商投资企业分支机构			

注:本表数据由市投资促进局提供。

15－8 旅游业发展情况

年份	旅游总收入（亿元）	比上年增长（%）
2006	55.32	19.5
2007	66.73	20.6
2008	76.11	14.1
2009	85.85	12.8
2010	100.80	17.4
2011	145.54	44.4
2012	202.00	38.8
2013	275.95	36.6
2014	386.25	40.0
2015	537.90	39.3
2016	816.80	51.8
2017	1 204.60	47.5
2018	1 520.00	26.2

注:本表数据由市文广新旅局提供。

15－9 入境旅游情况

指标	2010	2011	2012	2013	2014	2015	2016	2017	2018
旅游外汇收入									
绝对值(万美元)	3 069	4 650	5 300	6 390	6 803	7 415	8 603	9 971	12 681
比上年增长%	－3.1	16.3	14.0	20.6	6.5	9.0	16.0	15.9	27.2
接待海外旅游者人数									
绝对值(人次)	120 524	143 600	184 466	201 782	207 830	222 008	251 000	278 600	291 168
比上年增长(%)	15.8	18.7	28.5	9.4	3.0	6.8	13.1	11.0	9.9

注:本表数据由市文广新旅局提供,2017 年起接待海外旅游者人数含过境一日游客。

15－10　星级饭店接待入境旅游者人数

指　　标	接待总人数(人次)								
	2010	2011	2012	2013	2014	2015	2016	2017	2018
合　　计	**120 524**	**143 600**	**184 466**	**201 782**	**207 830**	**222 008**	**251 000**	**265 009**	**291 168**
外 国 人	**86 552**	**96 498**	**84 854**	**95 082**	**97 268**	**97 117**	**108 681**	**116 267**	**116 304**
亚洲小计	**23 106**	**25 303**	**23 081**	**29 568**	**33 789**	**41 518**	**46 022**	**42 557**	**43 105**
日　本	5 789	6 358	3 230	3 180	4 180	6 726	8 017	6 249	4 880
韩　国	5 257	5 769	6 920	9 505	11 126	8 800	10 862	3 761	3 592
蒙　古	26	30	25	23	20	65	4	31	
印度尼西亚	997	1 082	1 120	1 350	1 280	2 463	2 314	2 907	3 335
马来西亚	1 279	1 359	1 380	1 650	1 518	1 257	1 156	2 555	3 343
菲律宾	1 278	1 420	1 020	1 378	1 213	731	903	2 277	3 168
新加坡	2 055	2 108	2 200	2 659	2 553	2 792	2 874	3 524	3 723
泰　国	1 180	1 308	1 508	3 506	5 638	10 750	11 453	9 156	7 265
印　度	1 711	1 911	1 801	2 151	1 936	2 074	1 727	1 496	1 614
越　南	488	505	520	630	570	451	610	1 196	1 351
缅　甸	45	50	45	46	50	91	70	928	1 211
朝　鲜	88	90	92	90				2	6
巴基斯坦	356	506	510	550	570	667	881	1 447	1 672
其　他	2 557	2 807	2 710	2 850	3 135	4 651	5 151	7 028	7 945
欧洲小计	**19 096**	**21 173**	**19 639**	**21 258**	**22 136**	**18 787**	**25 289**	**32 732**	**30 902**
英　国	3 231	3 501	3 280	3 580	4 296	2 730	4 469	5 086	5 269
法　国	2 823	3 320	2 240	2 680	2 814	2 027	3 866	4 951	4 819
德　国	2 470	2 680	2 808	3 049	2 896	2 127	3 730	4 689	4 356
意大利	1 802	2 008	1 980	2 037	1 833	1 823	2 288	3 458	3 192
瑞　士	278	305	300	308	323	522	815	1 532	1 408
瑞　典	321	350	320	350	368	507	666	1 265	1 132
俄罗斯	2 284	2 584	2 803	3 105	3 726	2 835	3 075	3 330	3 126
西班牙	2 121	2 320	2 108	2 309	2 424	1 532	1 826	2 670	2 638
其　他	3 766	4 105	3 800	3 840	3 456	4 684	4 554	5 751	4 962
美洲小计	**35 485**	**39 136**	**31 031**	**30 255**	**25 779**	**16 813**	**15 574**	**15 205**	**16 486**
美　国	30 527	33 528	25 215	24 125	19 203	13 586	12 513	12 691	13 736
加拿大	2 258	2 503	2 608	2 780	3 058	1 515	1 687	1 453	1 560
其　他	2 700	3 105	3 208	3 350	3 518	1 712	1 374	1 061	1 190
大洋洲小计	2 971	3 206	3 116	3 358	3 271	4 336	4 068	4 085	4 328
澳大利亚	1 757	1 850	1 808	1 950	2 145	1 859	1 898	1 776	1 906
新西兰	778	850	802	889	711	1 105	1 161	1 348	1 358
其　他	436	506	506	519	415	1 372	1 009	961	1 064
非洲小计	**5 796**	**7 580**	**7 905**	**10 563**	**12 195**	**15 305**	**17 688**	**20 562**	**21 483**
其他小计	98	100	82	80	98	358	40	1 126	
港澳同胞	**18 998**	**29 387**	**74 758**	**80 325**	**69 250**	**71 379**	**72 503**	**88 094**	**174 864**
# 香港同胞	17 142	23 071	56 467	60 606	51 132	44 330	48 590	56 207	67 384
台湾同胞	**14 974**	**17 715**	**24 854**	**26 375**	**41 312**	**53 512**	**69 816**	**60 648**	**75 061**

注:本表数据由市文广新旅局提供。

15－11　国内旅游收入情况

指　标	2010	2011	2012	2013	2014	2015	2016	2017	2018
国内旅游收入									
绝对值(亿元)	98	143	199	272	382	533	811	1 198	1 512
比上年增长(%)	17.1	45.4	39.3	36.9	40.45	39.5	52.1	47.8	26.1
接待国内旅游人数									
绝对值(万人次)	1 498	2 094	2 519	3 282	4 266	5 512	8 276	12 029	15 073
比上年增长(%)	22.1	39.8	20.3	30.3	29.98	29.2	50.1	45.3	25.3

注:本表数据由市文广新旅局提供。

15－12　“春节、五一、十一”旅游情况

年　份	旅游人数（万人次）			旅游收入（万元）		
	春　节	五　一	十　一	春　节	五　一	十　一
2010	75	88	334	31 600	34 024	95 000
2011	81	102	317	34 180	39 638	103 656
2012	98	121	448	47 800	49 865	130 813
2013	114	146	475	57 600	61 132	140 910
2014	138	198	539	72 460	80 388	194 738
2015	167	282	675	91 372	117 527	271 659
2016	251	432	953	132 672	175 468	428 677
2017	361	628	1 348	193 170	248 813	678 600
2018	476	767	1 530	267 800	367 060	800 541

注:本表数据由市文广新旅局提供。

15－13　全市星级饭店一览表

（2018 年）

项　　目	客房数(间)	床位数(床)	电　话	地　　址	属地
五　星　级(8 个)					
江西宾馆	228	407	86206666	八一大道 368 号	东湖区
凯莱大酒店(停业)	327	442	86738855	沿江北大道 39 号	东湖区
锦峰大酒店	167	307	88867777	站前西路 281 号	西湖区
园中源酒店	189	283	88863333	火炬大街 539 号	高新区
嘉来特和平	390	585	86111118	广场南路 10 号	西湖区
泰耐克酒店	209	299	88828888	新府路 28 号	红谷滩新区
东方豪景	346	519	86288888	民德路 411 号	东湖区
力高皇冠	380	530	86699999	沿江中大道 266 号	西湖区
四　星　级(24 个)					
赣江宾馆	312	589	86221159	八一大道 138 号	西湖区
锦都皇冠	214	353	86429999	洪城路 99 号	西湖区
江西饭店	318	505	88858888	八一大道 356 号	东湖区
国贸酒店	243	364	88855555	洪城路 2 号	青云谱区
白璐会所	87	164	88121888	师大瑶湖校区	青山湖区
百瑞四季	224	430	88688198	洪都北大道 10 号	东湖区
京西宾馆	178	331	88850666	省府大院南一路	东湖区
玉泉岛酒店	106	212	88111111	文博路 33 号	青山湖区
七星商务	230	352	88866666	南京西路 225 号	东湖区
鑫峰假日	149	242	88822222	会展路 29 号	红谷滩新区
富庭苑(停业)	199	344	85236666	井冈山大道 388 号	青云谱区
新吉花园	198	329	83822222	丰和北大道 299 号	红谷滩新区
立生国际	214	371	88210999	解放东路 1888 号	青山湖区
进贤皇庭	199	340	85539666	胜利中路 68 号	进贤县
唯客丽晶	390	475	88599999	洛阳路 70 号	西湖区
军山湖酒店	150	258	85680888	胜利中路 138 号	进贤县
君亭红牛	205	343	86300666	二七南路 552 号	西湖区
锦怡大酒店	220	386	86127777	洛阳路 25 号	西湖区
鼎昇大酒店	268	440	87788888	洪都南大道 207 号	青云谱区
琴源山庄	51	116	88681000	乌井路 28 号	湾里区
江西万国国际大酒店	181	240	86220613	八一大道 1 号	西湖区
南昌普瑞思酒店	165	200	85737777	莲西路 888 号	南昌县
为邦理想酒店	169	187	83417777	迎宾大道与 308 省道交叉口为邦生活广场	安义县

注:本表数据由市文广新旅局提供。

15－13 续表　　(2018 年)

项　　目	客房数(间)	床位数(床)	电　话	地　　址	属地
洗药湖山庄(停业)	38	76	88682222	梅岭风景区云顶一号	湾里区
三　星　级(24 个)					
铁路大酒店	129	218	86108108	二七南路 238 号	西湖区
明园大酒店	150	283	87038888	二七南路 527 号	西湖区
核工宾馆	132	271	86351118	北京西路 134 号	西湖区
东城宾馆	144	236	88355999	京东大道 777 号	青山湖区
银龙大酒店(停业)	117	206	88456888	洪都大道 312 号	青云谱区
体育宾馆	150	285	86203288	福州路 28 号	东湖区
华宇商务	167	280	88456666	井岗山大道 685 号	西湖区
春都商务(停业)	96	172	83729999	红谷滩丽景路 666	红谷滩新区
阳光假日	116	160	82108888	二七北路 520 号	东湖区
百胜宾馆	125	224	88226999	顺外路 578 号	青山湖区
滕王阁宾馆	98	146	86651365	桃花北路 1 号	东湖区
绿洲假日	120	200	88113366	上海北路 608 号	青山湖区
新都宾馆	126	235	87073999	长堎镇解放路 346 号	新建区
豫章假日	45	63	83791888	兴湾大道 222 号	湾里区
北斗星商务酒店	100	169	83098888	翠苑路 802 号	红谷滩新区
东申商务宾馆	151	297	88356329	北京东路 1225	青山湖区
大客天下度假酒店	51	88	87193088	太平镇狮山茶场	湾里区
南昌君来大酒店	215	374	86200333	北京西路 259 号	东湖区
永恒经典酒店	143	220	82219788	永外正街 8 号	东湖区
开心优品酒店	101	156	82201888	江大南路 125 号	东湖区
互有精品酒店	166	300	88619888	福山路 96 号	西湖区
安佳商务酒店	180	286	86126699	北京西路 182 号	西湖区
江西悦岸酒店	75	139	82063666	天祥大道 289 号	高新区
维也纳酒店(昌南客运站店)	151	220	82225555	迎宾大道 788 号	南昌县
二　星　级(5 个)					
江铃宾馆	122	214	85233348	迎宾北大道 290 号	青云谱区
唯客快捷酒店	98	157	88168168	洛阳路 70 号	西湖区
维也纳酒店(车站店)	212	314	86208888	站前路 168 号	西湖区
开元商务宾馆(停业)	120	205	88857378	洪城路 63 号	青云谱区
冶金商务酒店	155	262	88860810	二七南路 548 号	西湖区

主要统计指标解释

进出口总额　是指从国外(境外)进入国境的进口商品和从国内运出国境的出口商品的总金额,包括一般贸易(含进料加工)、技术成套设备进口和出口、补偿贸易、加工装配、易货贸易以及中外合资、合作和外商独资企业的进口和出口等。我国规定进口按到岸价格(CIF)计算,出口按离岸价格(FOB)计算。

利用外资　是指我国各级政府、部门、企业、中国银行和其他单位通过对外借款、吸收外商直接投资和用其他方式的境外现汇、设备、技术等。

对外借款　是我国利用外资的主要部分,包括我国通过外国政府贷款、国际金融组织贷款、外国银行商业贷款、出口信贷以及对外发行证券等方式,从国外和港澳地区筹措的资金。

外商直接投资　是指外国企业和经济组织或个人(包括华侨、港澳同胞以及我国在境外注册的企业)按我国有关政策、法规,用现汇、实物、技术等在我国境内开办外商独资企业、与我国境内的企业或经济组织共同举办中外合资经营企业、合作经营企业或合作开发资源的投资(包括外商投资收益的再投资)以及政府有关部门批准的项目投资总额内,企业从境外借人的资金。

外商其他投资　指对外借款和外商直接投资以外,用其他方式吸收的外资,包括补偿贸易、加工装配以及国际租赁等。

入境旅游者　指来中国(大陆)观光、度假、探亲访友、就医疗养、购物、参加会议或从事经济、文化、体育、宗教活动的外国人、港澳台同胞等游客(即入境旅游人数)中在中国(大陆)的旅游住宿设施内至少停留一夜的外国人、港澳台同胞。

入境旅游者不包括下列人员:

(1)应邀来华访问的政府部长以上官员及其随行人员;

(2)外国驻华使领官员、外交人员以及随行的家庭服务人员和受赡养者;

(3)常驻中国(大陆)一年以上的外国专家、留学生、记者、商务机构人员等;

(4)乘坐国际航班过境不需要通过护照检查进入中国(大陆)口岸的中转旅客;

(5)边境地区往来的边民;

(6)回大陆定居的港澳台同胞;

(7)已在中国(大陆)定居的外国人和原已出境又返回在中国(大陆)定居的外国侨民;

(8)归国的中国(大陆)出国人员。

国内旅游者　指中国(大陆)居民离开惯常居住地在境内其他地方的旅游住宿设施内至少停留一夜,最长不超过 12 个月的国内游客。

国内旅游者应包括在中国(大陆)境内常住一年以上的外国人、港澳台同胞。但不包括到各地巡视工作的部以上领导、驻外地办事机构的临时工作人员、调遣的武装人员、到外地学习的学生、到基层锻炼的干部、到境内其他地区定居的人员和无固定居住地的无业游民。

旅游收入　游客(入境游客和国内游客)在旅游过程中(由游客或游客的代表为游客)支付的一切旅游支出就是国家(省、区、市)的旅游收入。旅游支出应包括(过夜)旅游者和一日游游客在整个游程中食、住、行、游、购、娱,以及为亲友、家人购买纪念品、礼品等方面的旅游支出,不包括为商业目的购物、购买房、地、车、船等资本性或交易性的投资、馈赠亲友的现金及给公共机构的捐赠。旅游收入包括国际旅游(外汇)收入和国内旅游收入。

国际旅游(外汇)收入　入境游客在中国(大陆)境内旅行、游览过程中用于交通、参观游览、住宿、餐饮、购物、娱乐等全部花费。

国内旅游收入 指国内游客在国内旅行、游览过程中用于交通、参观游览、住宿、餐饮、购物、娱乐等全部花费。

人天数 指旅游者在旅游目的地停留天数之和,天数按过夜数统计。一个旅游者过一夜为一人天。计算公式为:人天数 = 人数 × 逗留(过夜)天数

星级宾馆 指符合中华人民共和国《旅游饭店星级的划分与评定国家标准》暨《旅游涉外饭店星级的划分与评定国家标准 1997 年版》并经过有关旅游管理权威部门评定(验收)后授予“星级”称号的宾馆、饭店。

十六、房　地　产

REAL ESTATE

本篇内容包括：

1. 房地产开发投资
2. 房地产施工及销售
3. 房地产企业财务状况
4. 房地产企业资金及土地
5. 各县区房地产开发

房地产开发投资增速

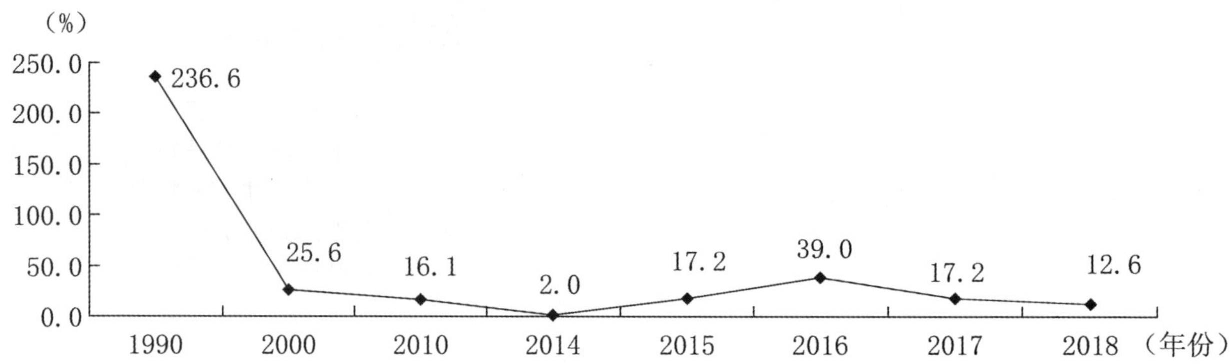

房地产施工销售情况

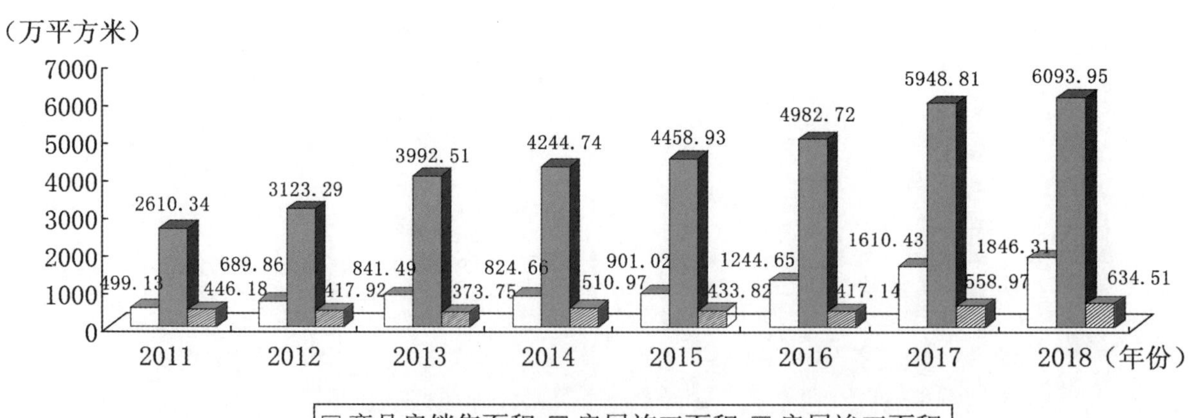

16－1 房地产开发投资情况

（2018 年）

指　标	企业数（个）	计划总投资同比增长（%）	本年完成投资同比增长（%）
按登记注册类型分	**527**	**8.7**	**12.6**
内资企业	494	9.2	13.9
国有企业	1	-91.1	-87.6
集体企业		-100.0	-100.0
国有独资公司	12	-51.6	-55.1
其他有限责任公司	231	-3.2	7.0
股份有限公司	16	-24.1	89.4
私营合伙企业		-100.0	-100.0
私营有限责任公司	232	106.5	68.9
私营股份有限公司	2	-65.7	-93.9
其他企业		-100.0	-100.0
港澳台商投资企业	20	-50.3	-31.7
与港澳台商合资经营企业	10	-14.9	-32.4
港澳台商独资经营企业	10	-61.0	-30.6
其他港澳台投资		-100.0	-100.0
外商投资企业	13	137.1	235.9
中外合资经营企业	5	105.0	317.4
外资企业	7	512.8	654.2
外商投资股份有限公司	1	-24.4	-18.5
按控股情况分	**527**	**8.7**	**12.6**
国有控股	93	-1.1	9.0
集体控股	4	-18.6	31.1
私人控股	300	18.4	26.2
港澳台商控股	38	7.7	10.0
外商控股	5	-33.0	-22.9
其他	87	2.7	-12.7
按资质等级分	**527**	**8.7**	**12.6**
一级	21	14.0	17.3
二级	59	-20.5	-30.7
三级	89	17.5	18.8
四级	28	18.1	20.2
暂定	294	12.4	15.0
其他	36	8.4	19.7

16－2　房地产销售及待售情况

（2018 年）

指　　标	合　计	住　宅	#90 平米以下住房	144 平米以上住房	别墅、高档公寓	办公楼	商业营业用房	其　他
房屋施工面积(平方米)	**60 939 498**	**42 950 424**	**10 375 536**	**4 922 312**	**1 515 413**	**3 975 542**	**7 043 739**	**6 969 793**
其中:本年新开工面积(平方米)	12 775 960	8 694 714	1 013 957	1 051 402	476 434	377 805	1 739 609	1 963 832
房屋竣工面积(平方米)	6 345 134	4 623 450	1 160 916	924 627	158 070	312 793	789 646	619 245
其中:不可销售面积(平方米)	435 310	186 771	7 800	171 853	770	4 966	167 170	76 403
商品住宅竣工套数(套)		40 905	14 798	4 625	1 037			
竣工房屋价值(万元)	1 948 800	1 403 812	328 305	401 662	46 897	123 673	237 272	184 043
出租房屋面积(平方米)	158 118	2 968					155 150	
商品房销售面积(平方米)	18 463 065	15 365 198	3 340 747	1 525 873	342 795	866 729	1 633 537	597 601
现房销售面积(平方米)	2 809 973	2 103 455	339 184	145 476	17 913	103 530	448 669	154 319
期房销售面积(平方米)	15 653 092	13 261 743	3 001 563	1 380 397	324 882	763 199	1 184 868	443 282
商品房销售额(万元)	15 805 835	12 716 041	3 112 440	1 631 260	428 539	802 993	1 917 436	369 365
现房销售额(万元)	1 664 508	1 008 588	276 713	190 231	20 554	111 585	464 745	79 590
期房销售额(万元)	14 141 327	11 707 453	2 835 727	1 441 029	407 985	691 408	1 452 691	289 775
商品住宅销售套数(套)		146 969	45 267	8 383	4 005			
现房销售套数(套)		20 604	4 053	880	166			
期房销售套数(套)		126 365	41 214	7 503	3 839			
待售面积(平方米)	1 811 955	1 004 345	102 840	204 817	47 153	278 334	449 215	80 061
其中:待售 1－3 年面积(平方米)	1 000 479	501 375	32 780	131 390	41 953	231 037	188 105	79 962
待售 3 年以上面积(平方米)	289 966	136 898	32 402	43 151	321	16 914	136 154	

16－3 房地产企业财务指标

（2018 年） 单位:万元

指 标	年初存货	流动资产合计	#存 货	固定资产合计
按登记注册类型分	**21 135 860**	**57 285 797**	**23 594 254**	**1 199 520**
内资企业	19 889 687	52 965 452	22 266 820	913 945
国有企业	70 261	117 304	30 765	2 480
集体企业				
国有独资公司	3 062 074	9 650 890	3 275 700	133 477
其他有限责任公司	10 959 957	30 840 496	12 407 719	328 382
股份有限公司	1 276 195	2 549 230	1 145 402	43 971
私营合伙企业		32 295		69
私营有限责任公司	3 903 539	8 200 914	4 857 583	121 648
私营股份有限公司	617 661	1 574 323	549 651	283 920
其他企业				
港澳台商投资企业	1 194 112	3 673 357	1 210 629	259 407
与港澳台商合资经营企业	598 452	1 789 864	585 972	92 265
港澳台商独资经营企业	595 660	1 883 493	624 658	167 143
其他港澳台投资				
外商投资企业	52 062	646 989	116 805	26 167
中外合资经营企业	21 763	510 924	86 600	26 024
外资企业	30 199	135 765	30 205	43
外商投资股份有限公司	100	300		100
按控股情况分	**21 135 860**	**57 285 797**	**23 594 254**	**1 199 520**
国有控股	5 756 277	18 756 238	6 427 983	255 139
集体控股	155 431	557 770	97 876	555
私人控股	9 909 098	24 347 542	12 002 034	567 348
港澳台商控股	1 172 281	3 584 656	1 089 333	262 859
外商控股	52 778	657 825	116 792	8 217
其他	4 089 995	9 381 767	3 860 236	105 403
按资质等级分	**21 135 860**	**57 285 797**	**23 594 254**	**1 199 520**
一级	784 269	1 604 284	616 401	74 419
二级	3 510 143	6 164 444	3 064 898	271 547
三级	3 531 706	10 957 794	3 741 318	81 392
四级	1 806 809	3 932 595	2 023 202	310 009
暂定	10 215 791	30 790 258	12 524 674	343 104
其他	1 287 142	3 836 423	1 623 761	119 049

指　　标	固定资产原价	固定资产累计折旧	#本年折旧	在建工程
按登记注册类型分	**1 464 593**	**271 029**	**80 812**	**9 171 241**
内资企业	1 113 723	204 180	66 071	8 965 964
国有企业	4 962	2 481	221	
集体企业				
国有独资公司	155 955	22 479	3 692	4 069 108
其他有限责任公司	398 338	73 351	23 899	3 979 883
股份有限公司	62 115	18 275	4 905	60
私营合伙企业	118	50	17	225 954
私营有限责任公司	155 011	34 238	6 669	657 953
私营股份有限公司	337 224	53 306	26 668	33 006
其他企业				
港澳台商投资企业	318 471	60 320	13 258	205 277
与港澳台商合资经营企业	106 589	15 488	4 611	205 277
港澳台商独资经营企业	211 882	44 832	8 647	
其他港澳台投资				
外商投资企业	32 399	6 529	1 483	
中外合资经营企业	31 513	5 736	1 371	
外资企业	686	643	12	
外商投资股份有限公司	200	150	100	
按控股情况分	**1 464 593**	**271 029**	**80 812**	**9 171 241**
国有控股	299 555	44 943	15 040	7 880 667
集体控股	1 930	1 370	149	
私人控股	692 602	130 376	44 264	1 254 927
港澳台商控股	323 703	62 101	13 490	
外商控股	11 886	3 669	602	
其他	134 917	28 571	7 268	35 647
按资质等级分	**1 464 593**	**271 029**	**80 812**	**9 171 241**
一级	96 455	20 442	2 040	
二级	351 118	80 217	16 984	61 713
三级	111 135	33 312	4 702	3 384 059
四级	372 724	63 114	28 103	45 195
暂定	405 400	65 208	24 891	1 773 151
其他	127 761	8 736	4 093	3 907 123

16－3 续表2　　(2018年)　　单位:万元

指　　标	资产总计	流动负债合　　计	#应付账款	非流动负债合计
按登记注册类型分	**67 451 518**	**39 416 350**	**4 265 813**	**11 847 079**
内资企业	62 341 961	36 222 389	4 064 269	11 258 074
国有企业	123 644	111 451	3 701	1 900
集体企业				
国有独资公司	11 627 256	4 134 097	289 455	3 065 933
其他有限责任公司	36 243 366	23 255 342	2 938 869	5 895 440
股份有限公司	2 776 063	1 661 395	117 623	336 518
私营合伙企业	58 240	21 069	2	
私营有限责任公司	9 017 885	5 891 418	235 273	1 280 873
私营股份有限公司	2 495 506	1 147 616	479 345	677 410
其他企业				
港澳台商投资企业	4 375 377	2 748 283	159 552	586 098
与港澳台商合资经营企业	2 065 766	1 334 631	99 418	208 956
港澳台商独资经营企业	2 309 612	1 413 652	60 133	377 142
其他港澳台投资				
外商投资企业	734 179	445 679	41 992	2 908
中外合资经营企业	594 471	396 280	33 302	2 708
外资企业	139 108	49 199	8 691	
外商投资股份有限公司	600	200		200
按控股情况分	**67 451 518**	**39 416 350**	**4 265 813**	**11 847 079**
国有控股	22 648 215	11 247 841	726 038	4 466 777
集体控股	664 772	248 722	26 504	201 000
私人控股	28 153 422	17 387 393	2 525 487	4 887 212
港澳台商控股	4 251 828	2 755 363	152 702	583 559
外商控股	712 924	434 816	45 630	5 247
其他	11 020 357	7 342 216	789 453	1 703 284
按资质等级分	**67 451 518**	**39 416 350**	**4 265 813**	**11 847 079**
一级	2 052 079	1 289 671	41 592	376 615
二级	7 628 442	3 761 594	285 841	1 254 715
三级	12 447 092	5 350 411	310 938	3 026 273
四级	5 394 891	3 016 974	587 703	1 057 551
暂定	35 037 315	22 882 328	2 429 421	5 377 656
其他	4 891 699	3 115 373	610 319	754 270

指　　标	负债总计	所有者权益合　　计	#实收资本	营业收入
按登记注册类型分	**51 422 095**	**16 029 423**	**6 715 890**	**9 449 498**
内资企业	47 640 585	14 701 377	5 867 388	9 074 432
国有企业	113 351	10 293	7 734	15 834
集体企业				
国有独资公司	7 200 030	4 427 227	552 450	832 632
其他有限责任公司	29 146 490	7 096 877	3 718 190	5 457 072
股份有限公司	1 997 913	778 150	470 460	718 774
私营合伙企业	21 069	37 171	3 490	
私营有限责任公司	7 336 705	1 681 180	895 125	1 207 980
私营股份有限公司	1 825 026	670 480	219 940	842 139
其他企业				
港澳台商投资企业	3 332 924	1 042 453	733 052	346 777
与港澳台商合资经营企业	1 543 588	522 178	431 797	156 251
港澳台商独资经营企业	1 789 337	520 275	301 255	190 526
其他港澳台投资				
外商投资企业	448 586	285 593	115 450	28 290
中外合资经营企业	398 988	195 484	103 128	6 373
外资企业	49 199	89 909	12 122	21 617
外商投资股份有限公司	400	200	200	300
按控股情况分	**51 422 095**	**16 029 423**	**6 715 890**	**9 449 498**
国有控股	15 717 532	6 930 683	1 786 078	1 803 600
集体控股	449 722	215 050	100 147	219 008
私人控股	22 439 020	5 714 402	3 105 232	4 459 083
港澳台商控股	3 337 465	914 364	608 005	342 486
外商控股	440 062	272 862	148 196	24 822
其他	9 038 294	1 982 063	968 233	2 600 499
按资质等级分	**51 422 095**	**16 029 423**	**6 715 890**	**9 449 498**
一级	1 666 286	385 793	150 985	210 548
二级	5 161 716	2 466 727	878 133	1 482 542
三级	8 376 684	4 070 408	776 294	1 000 985
四级	4 074 525	1 320 366	426 721	1 196 659
暂定	28 255 655	6 781 660	3 965 979	5 056 230
其他	3 887 229	1 004 470	517 778	502 534

指　　标	营业收入				
	主营业务收　　入	土地转让收　　入	商品房屋销售收入	房屋出租收　　入	其他收入
按登记注册类型分	**9 309 186**	**187 620**	**8 669 244**	**57 586**	**394 735**
内资企业	8 968 599	187 620	8 352 197	51 863	376 919
国有企业	15 187	12 811	319	271	1 786
集体企业					
国有独资公司	828 283	174 205	414 106	4 675	235 297
其他有限责任公司	5 365 696	604	5 208 100	20 637	136 356
股份有限公司	714 014		708 712	2 775	2 527
私营合伙企业					
私营有限责任公司	1 207 285		1 199 741	6 595	949
私营股份有限公司	838 134		821 220	16 910	4
其他企业					
港澳台商投资企业	312 397		293 106	5 208	14 083
与港澳台商合资经营企业	151 462		151 287	166	9
港澳台商独资经营企业	160 935		141 819	5 042	14 074
其他港澳台投资					
外商投资企业	28 190		23 942	515	3 733
中外合资经营企业	6 373		4 287		2 085
外资企业	21 617		19 654	315	1 648
外商投资股份有限公司	200			200	
按控股情况分	**9 309 186**	**187 620**	**8 669 244**	**57 586**	**394 735**
国有控股	1 755 702	187 016	1 207 919	15 072	345 695
集体控股	219 008		211 745	3 059	4 204
私人控股	4 404 816	604	4 375 129	25 845	3 237
港澳台商控股	309 997		290 710	5 208	14 079
外商控股	22 931		20 709	315	1 907
其他	2 596 731		2 563 032	8 086	25 613
按资质等级分	**9 309 186**	**187 620**	**8 669 244**	**57 586**	**394 735**
一级	201 026		174 097	1 146	25 783
二级	1 477 228	604	1 247 406	14 063	215 154
三级	1 000 721	146 249	816 799	6 224	31 449
四级	1 191 974	12 811	1 160 929	17 793	441
暂定	4 970 586		4 840 538	15 739	114 309
其他	467 651	27 956	429 475	2 621	7 599

指　　标	营业成本	#主营业务成本	营业税金及附加	#主营业务税金及附加
按登记注册类型分	**6 248 102**	**6 123 480**	**470 540**	**451 557**
内资企业	6 016 434	5 916 159	455 264	436 851
国有企业	9 878	9 878	243	130
集体企业				
国有独资公司	723 015	716 167	17 824	17 680
其他有限责任公司	3 638 697	3 553 861	231 697	217 403
股份有限公司	416 068	408 967	79 624	76 885
私营合伙企业				
私营有限责任公司	881 451	879 962	95 507	94 384
私营股份有限公司	347 324	347 324	30 369	30 369
其他企业				
港澳台商投资企业	220 484	197 326	13 467	12 907
与港澳台商合资经营企业	104 440	82 701	2 830	2 270
港澳台商独资经营企业	116 044	114 625	10 637	10 637
其他港澳台投资				
外商投资企业	11 184	9 996	1 809	1 799
中外合资经营企业	4 994	3 816	1 048	1 048
外资企业	6 130	6 130	701	701
外商投资股份有限公司	60	50	60	50
按控股情况分	**6 248 102**	**6 123 480**	**470 540**	**451 557**
国有控股	1 466 607	1 442 033	71 154	66 507
集体控股	131 433	125 257	20 787	19 380
私人控股	2 733 523	2 693 504	229 846	223 168
港澳台商控股	215 794	194 158	13 737	13 177
外商控股	9 796	7 684	826	826
其他	1 690 948	1 660 844	134 190	128 500
按资质等级分	**6 248 102**	**6 123 480**	**470 540**	**451 557**
一级	162 826	160 190	10 658	10 593
二级	968 899	954 975	118 258	117 396
三级	700 913	700 910	41 428	41 161
四级	608 604	608 352	41 869	41 840
暂定	3 441 742	3 366 191	243 256	228 012
其他	365 118	332 862	15 072	12 554

指　　标	其他业务利　润	销售费用	管理费用
按登记注册类型分	**41 483**	**346 773**	**291 782**
内资企业	41 213	319 421	259 892
国有企业	11	292	4 379
集体企业			
国有独资公司	10 244	4 451	18 919
其他有限责任公司	10 419	210 986	138 616
股份有限公司	24 816	26 498	22 092
私营合伙企业			
私营有限责任公司	－4 409	55 826	45 939
私营股份有限公司	133	21 368	29 948
其他企业			
港澳台商投资企业	270	25 489	28 676
与港澳台商合资经营企业	4	14 672	9 166
港澳台商独资经营企业	267	10 818	19 510
其他港澳台投资			
外商投资企业		1 864	3 215
中外合资经营企业		1 129	2 016
外资企业		735	1 189
外商投资股份有限公司			10
按控股情况分	**41 483**	**346 773**	**291 782**
国有控股	14 008	39 226	55 217
集体控股		5 911	7 683
私人控股	27 037	192 892	147 157
港澳台商控股	267	24 664	28 225
外商控股		1 498	2 091
其他	172	82 584	51 410
按资质等级分	**41 483**	**346 773**	**291 782**
一级	2 021	10 334	8 223
二级	－353	31 446	46 178
三级	12 306	37 582	30 777
四级		33 071	46 595
暂定	27 583	219 589	139 967
其他	－74	14 752	20 042

指　　标	财务费用	#利息收入	#利息支出	营业利润
按登记注册类型分	**166 213**	**35 442**	**79 917**	**2 076 975**
内资企业	141 329	31 235	75 023	2 044 221
国有企业	－172	344	171	1 256
集体企业				
国有独资公司	1 926	5 288	6 636	106 199
其他有限责任公司	77 288	21 151	32 271	1 243 001
股份有限公司	7 960	882	100	167 248
私营合伙企业				
私营有限责任公司	28 729	1 841	9 506	138 979
私营股份有限公司	25 598	1 729	26 339	387 537
其他企业				
港澳台商投资企业	28 571	453	4 894	17 317
与港澳台商合资经营企业	10 901	193	2 477	14 197
港澳台商独资经营企业	17 670	260	2 418	3 121
其他港澳台投资				
外商投资企业	－3 687	3 755		15 438
中外合资经营企业	－315	363		－971
外资企业	－3 372	3 392		16 238
外商投资股份有限公司				170
按控股情况分	**166 213**	**35 442**	**79 917**	**2 076 975**
国有控股	11 351	16 919	14 315	249 227
集体控股	41	134	118	51 640
私人控股	113 880	9 064	50 022	1 122 354
港澳台商控股	28 893	353	4 894	18 401
外商控股	－3 353	3 421		15 520
其他	15 400	5 553	10 569	619 835
按资质等级分	**166 213**	**35 442**	**79 917**	**2 076 975**
一级	18 869	296	3 816	4 693
二级	20 769	5 351	18 367	383 570
三级	21 676	6 518	5 029	180 210
四级	30 446	2 538	31 833	435 159
暂定	66 302	18 160	16 065	956 363
其他	8 150	2 579	4 808	116 981

16－3 续表 8　　(2018 年)　　单位:万元

指　　标	营业外收入	营业外支出	利润总额
按登记注册类型分	**49 448**	**26 731**	**2 096 592**
内资企业	48 892	23 557	2 070 548
国有企业	623	12	1 825
集体企业			
国有独资公司	10 337	719	115 817
其他有限责任公司	36 357	14 445	1 264 148
股份有限公司	523	236	167 535
私营合伙企业			
私营有限责任公司	812	6 800	134 790
私营股份有限公司	240	1 345	386 432
其他企业			
港澳台商投资企业	370	3 110	10 485
与港澳台商合资经营企业	141	1 041	13 296
港澳台商独资经营企业	230	2 070	－2 812
其他港澳台投资			
外商投资企业	186	64	15 560
中外合资经营企业	136	8	－843
外资企业		6	16 232
外商投资股份有限公司	50	50	170
按控股情况分	**49 448**	**26 731**	**2 096 592**
国有控股	17 216	2 456	273 015
集体控股	83	6	51 717
私人控股	10 969	13 801	1 111 097
港澳台商控股	360	3 106	11 562
外商控股	118	15	15 623
其他	20 703	7 347	633 579
按资质等级分	**49 448**	**26 731**	**2 096 592**
一级	128	1 992	2 828
二级	10 485	2 792	389 076
三级	2 282	2 102	180 391
四级	2 548	2 010	435 963
暂定	33 687	17 668	971 203
其他	319	168	117 132

16－3 续表9　　　　（2018年）　　　　单位：万元

指　　标	应交增值税	本年应付职工薪酬	资产减值损　失	公允价值变动收益	投资收益
按登记注册类型分	**382 982**	**177 090**	**22 329**	**－3 185**	**127 126**
内资企业	370 472	166 915	22 397	－4 842	123 905
国有企业	105	1 925			
集体企业					
国有独资公司	28 542	9 185	－5		2 845
其他有限责任公司	266 470	104 890	22 696	－4 861	117 828
股份有限公司	23 748	14 958	－73		2 149
私营合伙企业		83			
私营有限责任公司	54 156	29 084	－221	19	1 078
私营股份有限公司	－2 549	6 790			5
其他企业					
港澳台商投资企业	10 890	8 625	－92		3 216
与港澳台商合资经营企业	7 656	4 971	－5		
港澳台商独资经营企业	3 234	3 654	－87		3 216
其他港澳台投资					
外商投资企业	1 619	1 550	24	1 658	4
中外合资经营企业	536	916	24	1 658	4
外资企业	1 083	633			
外商投资股份有限公司					
按控股情况分	**382 982**	**177 090**	**22 329**	**－3 185**	**127 126**
国有控股	56 779	27 758	－826		66 472
集体控股	12 838	2 274	1 384		－10
私人控股	192 531	94 630	19 097	496	54 291
港澳台商控股	12 454	8 092	－92		3 216
外商控股	1 528	889		1 658	4
其他	106 853	43 448	2 765	－5 339	3 152
按资质等级分	**382 982**	**177 090**	**22 329**	**－3 185**	**127 126**
一级	11 965	5 554	－441		4 599
二级	44 377	19 982	755		46 066
三级	60 469	21 714	3 515		4 539
四级	24 581	14 466	25		965
暂定	218 896	106 544	18 356	－3 185	69 192
其他	22 694	8 830	119		1 765

16－4　房地产企业资金和土地情况

（2018 年）

单位:万元

指　　标	本年资金来源合计	上年末结余资金	本年资金来源小计	国内贷款	
					银行贷款
按登记注册类型分	**16 456 646**	**4 260 952**	**12 195 694**	**1 819 520**	**1 547 232**
内资企业	15 179 305	3 840 024	11 339 281	1 776 820	1 504 532
国有企业	15 800	3 000	12 800		
集体企业					
国有独资公司	228 622	36 307	192 315	35 200	35 200
其他有限责任公司	9 199 907	2 103 113	7 096 794	1 411 995	1 142 607
股份有限公司	568 721	248 247	320 474	40 000	40 000
私营合伙企业					
私营有限责任公司	4 915 696	1 365 327	3 550 369	289 625	286 725
私营股份有限公司	250 559	84 030	166 529		
其他企业					
港澳台商投资企业	644 521	294 321	350 200	42 500	42 500
与港澳台商合资经营企业	344 163	166 492	177 671	10 000	10 000
港澳台商独资经营企业	300 358	127 829	172 529	32 500	32 500
其他港澳台投资					
外商投资企业	632 820	126 607	506 213	200	200
中外合资经营企业	487 490	120 849	366 641	200	200
外资企业	100 180	5 758	94 422		
其他外商投资	45 150		45 150		
按控股情况分	**16 456 646**	**4 260 952**	**12 195 694**	**1 819 520**	**1 547 232**
国有控股	2 502 880	462 361	2 040 519	300 600	300 600
集体控股	43 298	42 085	1 213		
私人控股	9 421 374	2 057 329	7 364 045	1 242 441	970 153
港澳台商控股	1 172 818	502 850	669 968	57 025	57 025
外商控股	348 815	165 912	182 903		
其他	2 967 461	1 030 415	1 937 046	219 454	219 454
按资质等级分	**16 456 646**	**4 260 952**	**12 195 694**	**1 819 520**	**1 547 232**
一级	452 043	89 640	362 403	2 500	
二级	1 376 756	381 393	995 363	70 000	70 000
三级	1 521 593	624 663	896 930	63 000	63 000
四级	1 420 192	327 356	1 092 836	513 860	463 860
暂定	10 032 326	2 636 571	7 395 755	1 021 781	856 093
其他	1 653 736	201 329	1 452 407	148 379	94 279

指标	本年资金来源小计			
	国内贷款			
	非银行金融机构贷款	自筹资金	其他资金来源	#定金及预付款
按登记注册类型分	**272 288**	**3 770 475**	**6 045 692**	**3 765 723**
内资企业	272 288	3 626 026	5 376 428	3 352 081
国有企业		10 000	1 400	800
集体企业				
国有独资公司		134 884	15 731	3 483
其他有限责任公司	269 388	2 508 700	2 942 362	1 762 262
股份有限公司		61 432	201 831	110 026
私营合伙企业				
私营有限责任公司	2 900	911 010	2 048 575	1 375 273
私营股份有限公司			166 529	100 237
其他企业				
港澳台商投资企业		63 469	244 231	152 654
与港澳台商合资经营企业		25 959	141 712	95 508
港澳台商独资经营企业		37 510	102 519	57 146
其他港澳台投资				
外商投资企业		80 980	425 033	260 988
中外合资经营企业		981	365 460	217 590
外资企业		79 999	14 423	5 248
其他外商投资			45 150	38 150
按控股情况分	**272 288**	**3 770 475**	**6 045 692**	**3 765 723**
国有控股		663 732	997 364	698 335
集体控股			1 213	837
私人控股	272 288	2 200 241	3 544 375	2 234 119
港澳台商控股		329 284	270 011	169 907
外商控股		55 000	127 903	42 675
其他		522 218	1 104 826	619 850
按资质等级分	**272 288**	**3 770 475**	**6 045 692**	**3 765 723**
一级	2 500	328 137	31 766	17 321
二级		126 700	777 958	570 358
三级		210 542	578 440	374 796
四级	50 000	63 837	473 985	238 531
暂定	165 688	2 492 828	3 474 415	1 997 530
其他	54 100	548 431	709 128	567 187

指　　标	本年资金来源小计 其他资金来源 #个人按揭贷款	本年各项应付款合计	#工程款	待开发土地面积(平方米)
按登记注册类型分	**2 279 969**	**2 649 752**	**1 347 384**	**2 634 188**
内资企业	2 024 347	2 453 344	1 232 108	2 626 834
国有企业	600			
集体企业				
国有独资公司	12 248	109 228	77 264	32 634
其他有限责任公司	1 180 100	1 425 330	634 778	1 806 130
股份有限公司	91 805	75 901	34 474	
私营合伙企业				
私营有限责任公司	673 302	842 885	485 592	788 070
私营股份有限公司	66 292			
其他企业				
港澳台商投资企业	91 577	144 488	87 608	
与港澳台商合资经营企业	46 204	91 732	67 226	
港澳台商独资经营企业	45 373	52 756	20 382	
其他港澳台投资				
外商投资企业	164 045	51 920	27 668	7 354
中外合资经营企业	147 870	29 237	8 100	
外资企业	9 175	22 683	19 568	7 354
其他外商投资	7 000			
按控股情况分	**2 279 969**	**2 649 752**	**1 347 384**	**2 634 188**
国有控股	299 029	366 274	252 694	128 268
集体控股	376	5 672	5 672	32 276
私人控股	1 310 256	1 623 985	754 987	1 100 859
港澳台商控股	100 104	165 413	104 453	
外商控股	85 228	7 500	7 500	356 847
其他	484 976	480 908	222 078	1 015 938
按资质等级分	**2 279 969**	**2 649 752**	**1 347 384**	**2 634 188**
一级	14 445	31 302	29 900	
二级	207 600	155 183	108 850	117 700
三级	203 644	230 137	137 360	421 702
四级	235 454	235 624	92 241	132 634
暂定	1 476 885	1 555 640	784 304	1 534 593
其他	141 941	441 866	194 729	427 559

指　　标	本年购置土地面积（平方米）	本年土地成交价款	其中:拆迁补偿费
按登记注册类型分	**1 026 248**	**1 131 157**	**4 420**
内资企业	1 026 248	1 131 157	4 420
国有企业			
集体企业			
国有独资公司			
其他有限责任公司	741 679	781 182	300
股份有限公司			
私营合伙企业			
私营有限责任公司	284 569	349 975	4 120
私营股份有限公司			
其他企业			
港澳台商投资企业			
与港澳台商合资经营企业			
港澳台商独资经营企业			
其他港澳台投资			
外商投资企业			
中外合资经营企业			
外资企业			
其他外商投资			
按控股情况分	**1 026 248**	**1 131 157**	**4 420**
国有控股	35 679	46 430	
集体控股			
私人控股	935 457	1 018 329	4 420
港澳台商控股			
外商控股			
其他	55 112	66 398	
按资质等级分	**1 026 248**	**1 131 157**	**4 420**
一级			
二级			
三级	35 679	46 430	
四级	11 160	658	
暂定	871 479	1 017 969	420
其他	107 930	66 100	4 000

16－5　各地区房地产开发和经营指标

（2018 年）

指　　标	全　市	东湖区	西湖区	青云谱区	湾里区	青山湖区
企业个数（个）	**527**	**11**	**48**	**27**	**30**	**29**
投资比去年增长（%）	**12.6**	**168.2**	**－0.8**	**43.8**	**57.3**	**42.4**
按构成分						
建筑工程	－1.8	95.3	－11.2	－7.6	27.0	－2.9
安装工程	－6.3	51.7	－55.0	－27.5	89.0	－44.0
设备工器具购置	－9.1	－68.5	291.9	－49.5	1 742.1	3 418.1
其他费用	89.0	499.4	22.4	272.5	135.6	1 057.8
#土地购置费	111.2	595.8	20.8	357.8	136.6	82 173.3
按工程用途分						
住　宅	26.0	311.9	24.7	83.8	109.6	－4.0
#90 平方米及以下住房	－1.8	－55.5	292.5	25.2	38.0	－55.0
别墅、高档公寓	－0.7		58.9	－90.0	－10.0	－77.7
办公楼	－12.2	－19.0	－18.1	53.6	－78.5	－95.5
商业营业用房	－16.3	－46.6	－43.8	12.7	18.3	121.1
其　他	12.4	－76.0	－10.1	－9.6	－79.7	583.1
本年新增固定资产（万元）	**2 333 464**		**35 020**	**146 111**	**39 470**	**93 380**
土地开发情况（平方米）						
本年购置土地面积	687 086	53 185		187 045	110 579	67 386
房屋施工、竣工和销售、出租 情况（平方米）						
房屋施工面积	60 939 498	719 061	4 065 002	2 531 166	2 846 329	2 164 029
住　宅	42 950 424	497 300	2 694 650	1 851 293	2 203 677	1 640 264
#90 平方米及以下住房	10 375 536	146 332	369 346	561 574	569 840	435 228
别墅、高档公寓	1 515 413	28 000	30 200	26 102	218 279	103 853
办公楼	3 975 542	53 034	443 508	109 126	55 466	71 985
商业营业用房	7 043 739	31 148	445 115	270 501	219 576	240 510
其　他	6 969 793	137 579	481 729	300 246	367 610	211 270
房屋新开工面积（平方米）	12 775 960	183 627	357 819	577 074	537 936	191 144
住　宅	8 694 714	132 108	217 584	382 989	331 236	109 036
#90 平方米及以下住房	1 013 957	28 000	73 457	40 571	61 802	31 524
别墅、高档公寓	476 434	28 000				
办公楼	377 805		9 639	35 256	1 000	
商业营业用房	1 739 609	10 000	85 534	60 655	90 103	40 053
其　他	1 963 832	41 519	45 062	98 174	115 597	42 055

16－5 续表 1

指　　标	新建区	南昌县	安义县	进贤县	经济开发区	高新开发区	红谷滩新区
企业个数(个)	**23**	**113**	**10**	**48**	**41**	**57**	**90**
投资比去年增长(%)	**－17.3**	**24.0**	**668.7**	**63.5**	**12.6**	**41.0**	**－17.8**
按构成分							
建筑工程	－18.7	26.4	604.9	29.4	20.1	－32.4	－21.9
安装工程	－2.2	27.1	855.0	－17.3	19.3	－39.5	－1.9
设备工器具购置	348.3	0.4	146.1	－50.9	6.2	－32.5	－3.0
其他费用	－35.4	－6.0	1 636.8	943.0	－16.1	581.0	－20.4
#土地购置费	－42.8	184.4	3 472.0	2 416.7	－27.5	653.9	－11.8
按工程用途分							
住　宅	－0.5	30.2	758.8	75.2	2.4	111.9	－21.6
#90平方米及以下住房	－42.0	－10.1	2 326.0	96.0	－1.1	－35.1	－1.4
别墅、高档公寓	－50.8	－51.1			－40.6	596.5	－0.4
办公楼	123.1	24.9		92.3	77.0	－63.3	－15.6
商业营业用房	－56.8	3.5	343.4	－46.2	52.1	－8.3	－22.7
其　他	－40.9	－4.5	1 090.9	598.9	17.3	－34.4	34.4
本年新增固定资产(万元)	**10 093**	**483 161**	**48 462**	**20 567**	**12 006**	**589 176**	**856 018**
土地开发情况(平方米)							
本年购置土地面积	33 770	126 163	11 416	97 542			
房屋施工、竣工和销售、出租情况(平方米)							
房屋施工面积	3 986 081	11 313 598	1 199 898	2 371 794	5 313 947	9 730 653	14 697 940
住　宅	3 618 628	8 837 686	557 759	2 049 321	4 046 683	5 253 328	9 699 835
#90平方米及以下住房	369 589	3 503 646	5 595	177 966	2 261 722	562 972	1 411 726
别墅、高档公寓	261 214	62 980		151 167	69 060	157 528	407 030
办公楼	47 622	159 291	15 733	11 025	235 089	1 601 422	1 172 241
商业营业用房	178 555	1 401 016	241 267	177 681	412 699	1 159 438	2 266 233
其　他	141 276	915 605	385 139	133 767	619 476	1 716 465	1 559 631
房屋新开工面积(平方米)	1 593 654	2 658 842	530 722	721 879	999 492	1 731 018	2 692 753
住　宅	1 346 057	1 846 533	383 496	630 078	694 878	1 061 174	1 559 545
#90平方米及以下住房	213 089	199 717	5 595		183 847	19 592	156 763
别墅、高档公寓	261 214	22 627		11 151		12 095	141 347
办公楼	35 441	52 686	15 733		14 600	47 203	166 247
商业营业用房	116 499	388 673	84 689	43 303	32 086	199 855	588 159
其　他	95 657	370 950	46 804	48 498	257 928	422 786	378 802

16－5 续表 2

指　　标	全　市	东湖区	西湖区	青云谱区	湾里区	青山湖区
房屋竣工面积(平方米)	6 345 134		119 871	276 599	252 768	168 095
住　宅	4 623 450		44 433	185 653	252 168	140 500
# 90 平方米及以下住房	1 160 916		44 433	83 005	75 242	
别墅、高档公寓	158 070			10 622		
办公楼	312 793		53 102			
商业营业用房	789 646		6 698	20 649	600	14 118
其　他	619 245		15 638	70 297		13 477
竣工房屋价值(万元)	1 948 800		34 690	93 451	31 714	38 554
住　宅	1 403 812		10 022	67 194	31 606	34 207
#90 平方米及以下住房	328 305		10 022	33 026	13 282	
别墅、高档公寓	46 897			7 967		
办公楼	123 673		15 864			
商业营业用房	237 272		7 304	6 558	108	3 342
其　他	184 043		1 500	19 699		1 005
商品房销售面积(平方米)	18 463 065	192 038	386 621	352 528	889 704	398 410
住　宅	15 365 198	188 024	245 011	280 904	861 751	351 966
# 90 平方米及以下住房	3 340 747	4 685	45 561	59 798	276 700	72 133
别墅、高档公寓	342 795			1 826	40 663	5 907
办公楼	866 729		90 142	7 428	3 749	2 555
商业营业用房	1 633 537	4 014	26 825	64 083	18 184	40 735
其　他	597 601		24 643	113	6 020	3 154
商品房销售额(万元)	15 805 835	298 323	513 630	513 626	712 386	494 888
住　宅	12 716 041	285 021	357 856	375 615	689 675	442 003
# 90 平方米及以下住房	3 112 440	8 871	57 845	75 615	231 352	94 429
别墅、高档公寓	428 539			3 092	38 966	6 943
办公楼	802 993		89 804	7 278	2 635	2 679
商业营业用房	1 917 436	13 302	47 636	130 369	18 325	48 230
其　他	369 365		18 334	364	1 751	1 976
商品房待售面积(平方米)	1 811 955	79 703	138 623	75 696	161 470	191 609
住　宅	1 004 345	52 988	62 923	65 650	158 075	127 913
# 90 平方米及以下住房	102 840		2 506	15 081	64 143	487
别墅、高档公寓	47 153			8 769	1 235	21 264
办公楼	278 334		29 333	207		11 031
商业营业用房	449 215	26 715	37 108	9 839	3 395	31 313
其　他	80 061		9 259			21 352

16－5 续表 3

指　　标	新建区	南昌县	安义县	进贤县	经济开发区	高新开发区	红谷滩新区
房屋竣工面积(平方米)	17 402	1 740 335	119 844	69 602	40 351	1 920 625	1 619 642
住　宅	17 402	1 362 453	101 195	64 490	8 013	1 251 272	1 195 871
# 90 平方米及以下住房		640 173	3 652			224 019	90 392
别墅、高档公寓				11 151		108 314	27 983
办公楼		17 941	384			155 434	85 932
商业营业用房		280 703	12 819	5 112	27 994	159 039	261 914
其　他		79 238	5 446		4 344	354 880	75 925
竣工房屋价值(万元)	10 093	415 854	35 054	20 162	12 006	589 136	668 086
住　宅	10 093	310 835	29 154	19 702	2 403	359 341	529 255
# 90 平方米及以下住房		142 146	3 652			61 416	64 761
别墅、高档公寓				6 334		17 423	15 173
办公楼		5 090	945			59 850	41 924
商业营业用房		79 128	2 891	460	8 300	53 842	75 339
其　他		20 801	2 064		1 303	116 103	21 568
商品房销售面积(平方米)	4 030 063	4 223 622	674 589	1 041 063	1 485 469	1 423 858	3 365 100
住　宅	3 784 974	3 654 033	494 964	996 768	1 181 287	945 853	2 379 663
# 90 平方米及以下住房	1 013 033	602 299	5 485	2 805	478 177	71 226	708 845
别墅、高档公寓	132 623	31 762		35 303	127	28 786	65 798
办公楼	78 857	27 619			101 149	179 609	375 621
商业营业用房	137 481	530 939	88 487	44 295	110 830	148 913	418 751
其　他	28 751	11 031	91 138		92 203	149 483	191 065
商品房销售额(万元)	2 851 488	3 288 001	403 725	571 241	1 479 891	1 233 748	3 444 888
住　宅	2 597 477	2 605 886	333 223	512 784	1 263 486	858 974	2 394 041
# 90 平方米及以下住房	940 700	501 307	2 766	2 215	508 509	60 492	628 339
别墅、高档公寓	199 090	28 058		22 068	99	21 902	108 321
办公楼	76 953	24 047			66 543	163 908	369 146
商业营业用房	174 058	650 052	50 814	58 457	104 949	122 758	498 486
其　他	3 000	8 016	19 688		44 913	88 108	183 215
商品房待售面积(平方米)	9 693	464 125		179 616	154 462	95 475	261 483
住　宅	9 693	262 681		108 983	91 484	12 234	51 721
# 90 平方米及以下住房		13 781			6 206		636
别墅、高档公寓		2 025		321		11 131	2 408
办公楼		21 347			10 919	70 869	134 628
商业营业用房		180 082		70 633	36 922	10 722	42 486
其　他		15			15 137	1 650	32 648

主要统计指标解释

房地产开发投资 是指房地产开发公司、商品房建设公司及其他房地产开发法人单位和附属于其他法人单位实际从事房地产开发或经营的活动单位统一开发的包括统筹待建、拆迁还建的住宅、厂房、仓库、饭店、宾馆、度假村、写字楼、办公楼等房屋建筑物和配套的服务设施，土地开发工程（如道路、给水、排水、供电、供热、通讯、平整场地等基础设施工程）的投资；不包括单纯的土地交易活动。

房地产开发投资按工程用途分 房地产开发投资按工程用途分为住宅、办公楼、商业营业用房和其他；住宅按照户型结构可以划分为90平方米以下住房、144平方米以上住房等。

（1）住宅：指专供居住的房屋，包括别墅、公寓、职工家属宿舍和集体宿舍（包括职工单身宿舍和学生宿舍）等，但不包括住宅楼中作为人防用、不住人的地下室等。

（2）90平方米以下住房：指在房地产开发企业（单位）投资建设的商品住宅中，套型建筑面积不超过90平方米（包括90平方米）的住房。

（3）144平方米以上住房：指在房地产开发企业（单位）投资建设的商品住宅中，套型建筑面积超过144平方米（不包括144平方米）的住房。

（4）办公楼：指企业、事业、机关、团体、学校、医院等单位使用的各类办公用房（又称写字楼）。

（5）商业营业用房：指商业、粮食、供销、饮食服务业等部门对外营业的用房，如度假村、饭店、商店、门市部、粮店、书店、供销店、菜店、加油站、日杂等房屋。

（6）其他：凡不属于上述各项用途的房屋建筑物，如中小学教学用房、托儿所、幼儿园、图书馆、体育馆等。

房屋建筑面积 房屋建筑面积是从房屋建筑物勒脚以上外墙外围的水平截面积，包括房屋建筑物的有效面积和结构面积，包括房屋结构（如柱、墙）占用的面积和地下室面积。多层建筑按各自然层面积计算，包括房屋内的楼隔层，突出墙面的眺望间、门斗、有柱雨罩的面积。不包括突出墙面结构的构件、艺术装饰等所占的面积，如台阶等。凹阳台、桃台按其水平投影面积一半计算建筑面积。

施工面积 是指报告期内施工的全部房屋建筑面积。包括本期新开工的面积和上期开工跨入本期继续施工的房屋面积，以及上期已停建在本期恢复施工的房屋面积。

新开工面积 指报告期内新开工建设的房屋面积，以单位工程为核算对象。不包括在上期开工跨入报告期继续施工的房屋建筑面积和上期停缓建而在本期复工的建筑面积。房屋的开工面积指整栋房屋的全部建筑面积，不能分割计算。

竣工面积 指报告期内房屋建筑按照设计要求已全部完工，达到住人和使用条件，经验收鉴定合格或达到竣工验收标准，可正式移交使用单位的各栋房屋建筑面积的总和。

销售面积 指报告期内出售商品房屋的合同总面积（即双方签署的正式买卖合同中所确定的建筑面积）。由现房销售面积和期房销售面积两部分组成。

待售面积 指报告期末已竣工的可供销售或出租的商品房屋建筑面积中，尚未销售或出租的商品房屋建筑面积，包括以前年度竣工和本期竣工的房屋面积，但不包括报告期已竣工的拆迁还建、统建代建、公共配套建筑、房地产公司自用及周转房等不可销售或出租的房屋面积。

十七、科技·教育·文化

GENERAL SURVEY

本篇内容包括：

高等学校在校学生数

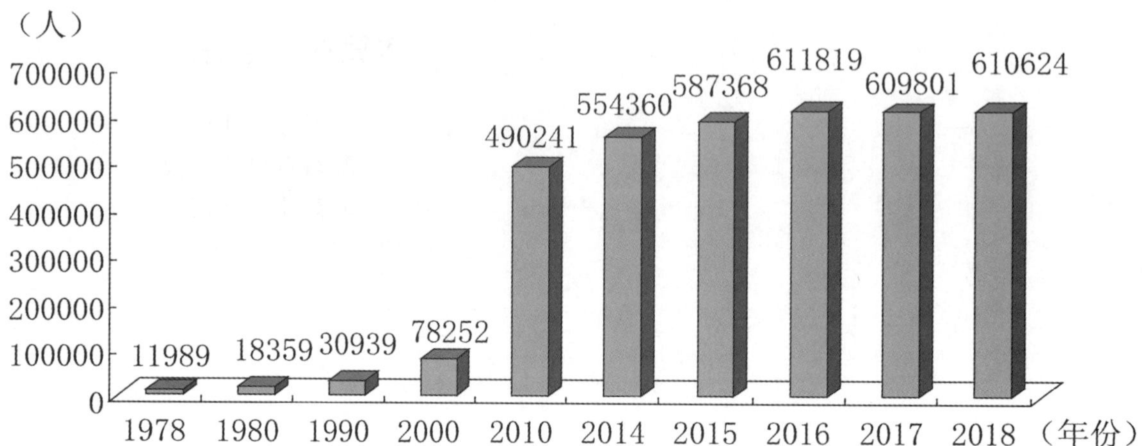

中等专业学校在校学生数

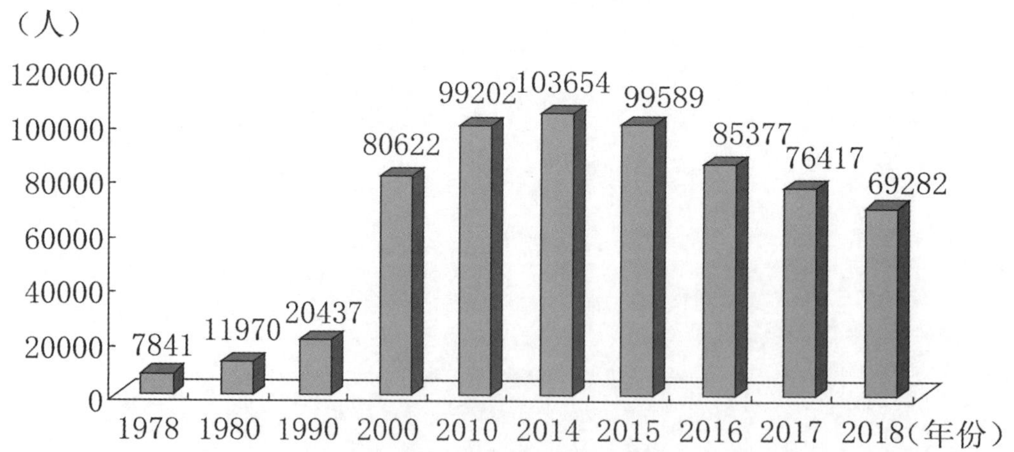

17－1　R&D 经费内部支出

（2010－2018）

年　　份	R&D 经费内部支出（亿元）	规上工业企业	R&D 经费内部支出与 GDP 比值(％)
2010	42.89	25.96	1.94
2011	44.20	28.14	1.64
2012	46.74	30.03	1.56
2013	53.54	33.11	1.58
2014	59.41	39.72	1.60
2015	63.72	43.35	1.59
2016	71.42	50.49	1.62
2017	81.02	56.78	1.68
2018	89.65		1.70

17－2　技术市场基本情况

（2018 年）

统计指标	登记合同数（份数）	合同成交总金额（万元）	#技术交易额
合　　计	**1 818**	**483 051.94**	**365 792.09**
技术开发	596	75 875.39	69 390.64
技术转让	64	18 825.54	18 764.04
技术咨询	149	30 641.62	30 206.29
技术服务	1 009	357 709.39	247 431.12

注:本表数据由市科技局提供。

17－3　专利申请量和授权量

（2018 年）

单位:项

	专利申请量				专利授权量			
	合计	发明	实用新型	外观设计	合计	发明	实用新型	外观设计
个　　人	5 221	1 808	2 580	833	1 883	64	1 177	642
大专院校	5 355	2 125	2 875	355	3 209	554	2 041	614
科研单位	628	411	214	3	215	73	141	1
工矿企业	11 077	2 294	7 668	1 115	7 640	444	6 304	892
机关团体	198	46	142	10	93	12	76	5
合　　计	22 479	6 684	13 479	2 316	13 040	1 147	9 739	2 154

注:本表数据由市科技局提供。

17－4　各类专业技术人员

（事业单位、公有经济企业专业技术人才，2018 年）

项　　目	合　计		女　性	
	人数(人)	比重(%)	人数(人)	比重(%)
总　　计	**58 390**	**100**	**34 034**	**100**
按职称分				
高级岗位(职务)	9 904	16.96	4 214	12.38
中级岗位(职务)	23 413	40.10	13 339	39.19
初级岗位(职务)	25 073	42.94	16 481	48.43
按类别分				
工程技术人员	2 704	4.63	853	2.51
农业技术人员	850	1.46	234	0.69
科学研究人员	137	0.23	53	0.16
卫生技术人员	9 162	15.69	6 090	17.89
教学人员	41 411	70.92	24 784	72.82

注：本表数据由市人社局提供。

17－5 专业技术人员学历状况

（事业单位、公有经济企业专业技术人才，2018 年） 单位：人

项目	合计	研究生	大学本科	大学专科	中专	高中及以下
总计	**58 390**	**2 788**	**36 093**	**15 487**	**3 456**	**566**
按职称分						
高级岗位（职务）	9 904	466	7 155	2 248	28	7
中级岗位（职务）	23 413	1 101	13 329	7 145	1 736	102
初级岗位（职务）	25 073	1 221	15 609	6 094	1 692	457
按类别分						
工程技术人员	2 704	172	1 655	714	122	41
农业技术人员	850	45	368	369	66	2
科学研究人员	137	20	97	20		
卫生技术人员	9 162	533	4 641	2 567	1 201	220
教学人员	41 411	1 853	26 916	10 577	1 871	194

注：本表数据由市人社局提供。

17－6　专业技术人员年龄状况

（事业单位、公有经济企业专业技术人才，2018 年）　　单位：人

项　　目	合　计	35 岁以下	36 岁至 40 岁	41 岁至 45 岁	46 岁至 50 岁	51 岁至 54 岁	55 岁及以上
总　　计	**58 390**	**20 788**	**10 493**	**9 607**	**7 958**	**5 150**	**4 394**
按职称分							
高级岗位（职务）	9 904	36	526	1 877	2 814	2 469	2 182
中级岗位（职务）	23 413	3 911	6 319	5 550	3 975	1 951	1 707
初级岗位（职务）	25 073	16 841	3 648	2 180	1 169	730	505
按类别分							
工程技术人员	2 704	694	592	549	454	270	145
农业技术人员	850	107	197	251	149	80	66
科学研究人员	137	40	48	31	15	1	2
卫生技术人员	9 162	2 406	2 027	1 600	1 296	1 175	658
教学人员	41 411	16 532	6 851	6 174	5 336	3 232	3 286

注：本表数据由市人社局提供。

17－7 专业技术人员行业状况

（事业单位、公有经济企业专业技术人才，2018 年） 单位：人

指　　标	合计	博士	硕士	大学本科	大学专科	中专	高中及以下
总　　计	**58 390**	**65**	**2 723**	**36 093**	**15 487**	**3 456**	**566**
一、农林牧渔业	1 441	2	75	654	612	92	6
二、制造业							
三、电力、燃气及水的生产和供应业							
四、建筑业							
五、交通运输、仓储和邮政业	525		6	317	174	19	9
六、信息传输、软件和信息技术服务业	166		9	102	52	1	2
七、批发和零售业							
八、住宿和餐饮业	7				7		
九、金融业							
十、房地产业	302		2	132	139	17	12
十一、租赁和商务服务业	62		1	26	29	4	2
十二、科学研究、技术服务业	604		73	431	95	5	
十三、水利、环境和公共设施管理业	1 316		44	795	379	73	25
十四、居民服务、修理和其他服务	575		28	428	117	2	
十五、教育	41 253	14	1 808	26 821	10 551	1 867	192
十六、卫生和社会工作	9 394	48	549	4 771	2 621	1 174	231
十七、文化体育和娱乐业	1 110	1	52	655	244	101	57
十八、公共管理、社会保障和社会组织	1 635		76	961	467	101	30

注：本表数据由市人社局提供。

17－8　各类全日制学校基本情况

（2018 年）　　　　单位:人

项　　目	学校数（个）	招生数	毕业生	在校学生	教职员工	#专任教师
合　　计	**898**	**399 284**	**378 491**	**1 449 069**	**97 691**	**80 317**
高等学校	53	182 185	177 386	610 624	46 128	32 150
中等学校	26	23 674	29 386	69 282	2 648	1 720
技工学校	19	9 387	4 261	20 472	1 362	1 026
普通中学	288	103 653	95 742	305 760	28 366	26 791
职业高中	17	2 428	2 759	12 166	943	564
小　　学	487	77 745	68 759	429 758	18 009	17 838
特教学校	8	212	198	1 007	235	228

注:本表数据由省教育厅、市教育局、市人社局共同提供。

17－9　普通中学基本情况

（2018 年）

单位：人

类　　别	招生数	毕业生	在校学生数	教职员工数	#专任教师
合　　计	**103 653**	**95 742**	**305 760**	**28 366**	**26 791**
#女　　性	46 642	41 472	136 421	17 245	16 494
按城乡分					
城　市	55 807	52 349	166 566	16 129	15 161
县　镇	39 885	34 944	114 983	9 714	9 464
农　村	7 961	8 449	24 211	2 523	2 166
按层次分					
初　中	69 036	61 399	199 427		
城　市	33 387	30 108	97 142		
县　镇	28 237	23 500	79 777		
农　村	7 412	7 791	22 508		
高　中	34 617	34 343	106 333		
城　市	22 420	22 241	69 424		
县　镇	11 648	11 444	35 206		
农　村	549	658	1 703		
按地区分					
市　区	64 194	59 806	190 868		
南昌县	18 163	16 818	52 936		
安义县	4 409	4 127	12 730		
进贤县	16 887	14 991	49 226		
按部门分					
教育部门办	87 190	79 057	254 777	23 688	23 237
社会力量办	16 080	16 085	49 762	4 414	3 329
其他部门办	383	600	1 221	264	225

注：本表数据由市教育局提供。

17－10 职业高中基本情况

（2018 年）

单位：人

类　　别	招生数	毕业生	在校学生数	教职员工数	#专任教师
合　　计	**2 428**	**2 759**	**12 166**	**943**	**564**
#女　　性	558	1 052	4 450	405	226
按城乡分					
城　　市	2 137	2 395	11 086	870	493
县　　镇	291	364	1 080	73	71
农　　村					
按部门分					
教育部门办	90	304	644	60	58
社会力量办	2 227	2 318	11 161	850	474
其他部门办	111	137	361	33	32

注：本表数据由市教育局提供。

17－11　小学、特殊教育、工读学校基本情况

（2018年）　　单位：人

类　　别	招生数	毕业生	在校学生数	教职员工数	#专任教师
一、小学	**77 745**	**68 759**	**429 758**	**18 009**	**17 838**
#女性	36 134	31 093	197 128	12 828	12 746
按城乡分					
城市	40 260	33 310	261 165	7 269	7 192
县镇	27 783	23 509	151 107	5 477	5 400
农村	9 702	11 940	62 486	5 263	5 246
按地区分					
市　区	50 554	41 957	271 800	10 425	10 333
南昌县	15 633	12 943	84 914	3 743	3 672
安义县	2 809	2 886	17 909	982	981
进贤县	8 749	10 973	55 135	2 859	2 852
按部门分					
教育部门	71 907	63 205	394 125	17 420	17 328
社会力量办	5 326	4 914	32 239	467	391
其他部门办	512	640	3 394	122	119
二、特殊教育					
特教学校	212	198	1 007	235	228

注：本表数据由市教育局提供。

17－12　幼儿园基本情况

（2018 年）

单位：人

类　　别	幼 儿 园 （个）	在园幼儿	教职员工数	#专任教师
总　　计	**934**	**145 397**	**17 314**	**10 576**
#女　　性		66 589	16 540	10 489
按城乡分				
城　　市	380	71 584	9 516	5 411
县　　镇	373	58 663	6 388	4 250
农　　村	181	15 150	1 410	915
按部门分				
教育部门和集体办	157	24 014	2 360	1 783
社会力量办	703	107 214	13 015	7 643
其他部门办	74	14 169	1 939	1 150

注：本表数据由市教育局提供。

17－13　广播电视情况

(2018 年)

项　　目	2018
一、广播	
1. 广播电台(座)	5
2. 中短波发射台和转播台(座)	1
3. 调频广播台和传输台(座)	4
4. 广播覆盖率(%)	99.63
二、电视	
1. 电视台(座)	5
2. 电视转播发射台和差转台(座)	2
3. 卫星电视地面站(个)	1
4. 全年自制电视节目(小时)	5 778
5. 电视覆盖率(%)	98.25
6. 有线电视用户(万户)	126.45
其中数字电视(万户)	116.12
7. 南昌农村直卫星用户(户)	91 800

注:1. 本表数据由市文广新旅局提供。
2. "电视"含有线电视台,不含教育台。
3. 调频广播台和传输台包括了乡村的小调频台。

17－14　艺术剧团和剧院

(2018 年)

项　　目	合　　计	市　　级	县　　级
一、艺术表演团体			
剧团个数(个)	4	2	2
职工人数(人)	229	154	75
演出场次(场)	177	47	130
年末固定资产原值(万元)	1 399.85	1 082.75	317.1
当年创作首演剧目(个)	2	1	1
全年收入(万元)	3 228.87	2 539.07	669.80
#演出收入			
全年支出(万元)			

注:本表数据由市文广新旅局提供。

17－15　群众艺术馆和文化馆

（2018 年）

项　　目	合　　计	市　　级	县　　级
群艺馆、文化馆数（个）	10	1	9
举办展览（次）	58	6	52
组织文艺活动次数（次）	968	200	768
举办训练班结业人数（人次）	34 593	10 000	24 593
公用房屋建筑面积（平方米）	50 908	20 000	30 908
职工人数（人）	133	36	97

注：本表数据由市文广新旅局提供。

17－16　博　物　馆

（2018 年）

项　　目	合　　计	市　　级	县　　级
博物馆（个）	17	13	4
公用房屋面积（平方米）	79 247	67 122	12 125
藏品（件）	25 699	20 322	5 377
陈列个数（个）	29	23	6
展览个数（个）	19	14	5
参观人次（万人次）	339.72	332.46	7.26
职工（人）	332	294	28

注：本表数据由市文广新旅局提供。

17－17 公 共 图 书 馆

（2018 年）

项　　目	合　　计	市　　级	县　　级
图书馆（个）	10	1	9
藏书（万册）	224.06	178.42	45.64
公用房屋建筑面积（平方米）	43 412	35 288	8 124
发放借书证（个）	51 384	28 403	22 981
总流通人次（万人次）	133.36	92.22	41.14
书刊外借册数（万册次）	128.05	96.21	31.84
经费支出合计（万元）	3 388.93	3 158.73	230.20
#购书支出	237.24	210.24	27.00
职工（人）	137	110	27

注:本表数据由市文广新旅局提供。

主要统计指标解释

专业技术人员 指已取得科学技术职称，或大学、中专的理、工、农医科系毕业，以及国民经济各部门从工作实践中提拔，从事理、工、农、医等自然科学技术的研究、数学、生产的专业人员和在机关、企业、事业单位中从事科学技术业务管理工作的专业人员。

科技活动 指在所有科学技术领域内，即在自然科学、农业科学、医药科学、工程与技术科学、人文与社会科学中，与科技知识的产生、发展、传播和应用密切相关的全部有系统的活动。

研究与发展活动（简称 R&D） 指增加知识总量（包括人类、文化和社会方面的知识），以及运用这些知识去创造新的应用而进行的系统的创造性的工作。

企业办科技机构 指企业自办、或与外单位合办、管理上同生产系统相对独立的，或单独核算的专门技术开发机构（如企业办研究所、开发中心、开发部等专门技术开发机构）。

获奖成果 指企业在本年度内从地（市）及以上政府科技管理部门获得的各种科技成果奖。获奖成果分为：国家级奖、省部级奖和地市级奖。

新产品 指采用新技术原理，新设计构思研制、生产的全新产品或在结构、材质、工艺等某一方面比老产品有明显改进，从而显著提高了产品性能或扩大了使用功能的产品。

从事科技活动人员 指企业在报告期内，从事科技活动的时间（不包括加班时间）占全年工作时间 10%及以上的工程技术人员、管理人员、工人及其他人员。

从事研究与发展活动人员 指报告期参与研究与发展项目（课题）研究、管理和辅助工作的人员，具体包括直接参加研究与发展项目（课题）组人员，直接参与上述项目（课题）的行政管理人员和直接为上述项目（课题）活动提供服务的辅助人员。

工程技术人员 指负担工程技术和工程技术管理工作，并具有工程技术能力的人员。

高中级岗位（职务）人员 指企业从业人员中具有高级职称和中级职称的人员数。高级职称指高级工程师、讲师、正、副教授，正、副研究员，高级统计师，高级会计师，高级经济师，以及相当于这一级的其他技术职务的人员。中级职称指工程师、讲师、助理研究员、技师、统计师、会计师、经济师，以及相当于这一级的其他技术职务的人员。

普通高等学校 指按照国家规定的审批程序批准举办，通过全国统一招生考试，招收高中毕业生为主要培养对象，实施高等教育的全日制大学、独立设置的学院和高等、专科学校、短期职业大学。

成人高等学校 指按照国家有关规定审批，招收通过全国成人高教统一招生考试的具有高中毕业或同等学历的在职从业人员全脱产、半脱产、业余或函授等多种形式对其实施高等学历教育，培养高等教育专科或本科毕业水平的专门人才，修业年限、课程设置等均按高等学历教育要求付诸实施的学校。包括广播电视大学、职工高等学校、农民高等学校、管理干部学院、教育学院、独立设置的函授等。

小学学龄儿童入学 率指调查范围内已入小学学习的学龄儿童占校内外学龄儿童总数（包括弱智儿童在内，但不包括盲聋哑儿童）的比重。计算公式：

小学学龄儿童入学率 = ×100%

艺术表演团体 指从事戏曲、音乐、舞蹈、杂技等专业艺术表演，有独立帐户、实行单独核算的团体。不包括半工半艺，半农半艺的业余剧团。

艺术表演观众人数（人次） 指售票、包场演出或民族地区免费演出的艺术表演观众人次数。不包括彩排审查和内部观摩演出的观看人次数。

十八、卫生·体育·其他

PUBLIC HEALTH, SPORKS AND OTHERS

本篇内容包括：

1. 医疗卫生事业情况
2. 体育事业
3. 婚姻情况
4. 民政事业
5. 社会保险情况
6. 司法情况
7. 交通事故、火灾事故、职工伤亡事故

卫生技术人员数

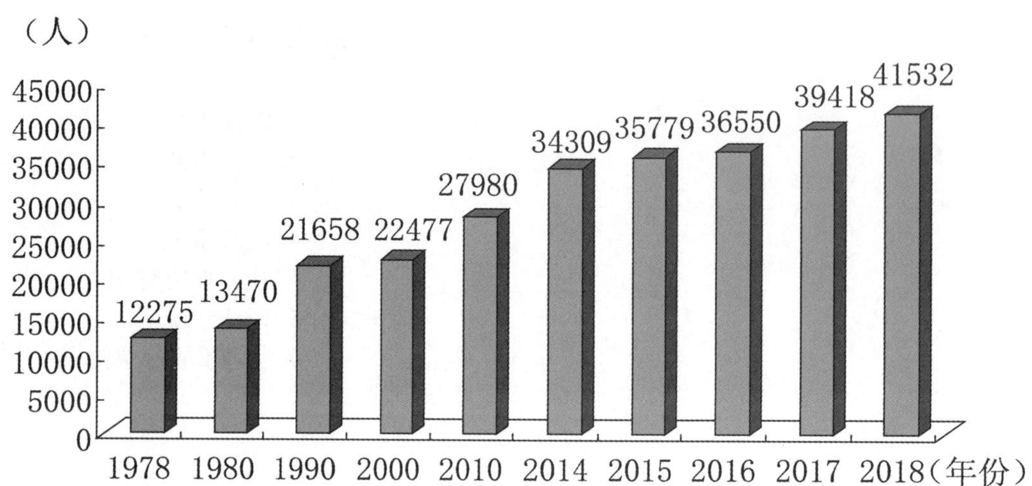

医疗卫生机构病床数

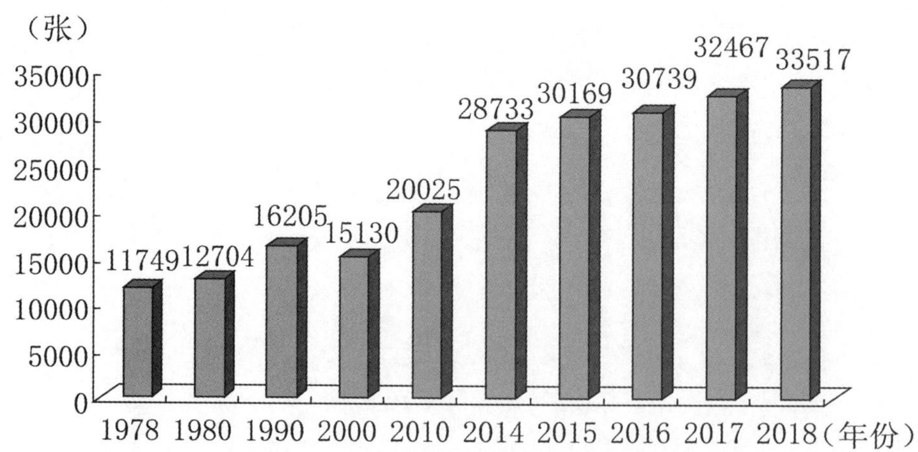

18－1 卫生机构、床位、人员数

（2018 年）

类　　别	机构数（个）	床位数（张）	人员数（人）	#卫生技术人　　员	#医　生	注册护士
总　　计	**2 245**	**33 517**	**52 442**	**41 532**	**14 797**	**19 653**
一、医　　院	122	28 222	35 417	29 866	9 747	15 599
#综合医院	64	16 495	20 175	17 425	5 691	9 239
中医医院	12	3 460	4 003	3 482	1 252	1 574
中西医结合医院	3	1 022	1 603	1 397	481	686
专科医院	43	7 245	9 636	7 562	2 323	4 100
二、基层医疗卫生机构	2 052	3 875	11 547	7 348	3 421	2 668
#社区卫生服务中心（站）	145	550	2 168	1 881	683	871
卫生院	92	3 307	3 197	2 598	1 005	828
村卫生室	1 155		3 556	599	489	110
门诊部	193	18	1 626	1 314	639	578
诊所、卫生所、医务室	467		1 000	956	605	281
三、专业公共卫生机构	46	1 360	4 205	3 467	1 345	1 177
#疾病预防控制中心	12		886	711	354	82
专科医病防治院（所、站）	7	286	270	210	89	61
妇幼保健院（所、站）	11	1 074	2 069	1 797	656	872
卫生监督所（所、站）	11		364	265		
其他	5		616	484	246	162
四、其他卫生机构	25	60	1 273	851	284	209

注：本表数据由市卫健委提供。

18－2 体 育 事 业

项 目	2018
一、举办综合(单项)运动会次数(次)	150
二、参加运动会人数(百人次)	200
三、等级裁判员发展人数(人)	140
四、等级运动员发展人数(人)	234
五、参加省级及其以上和同等城市比赛次数(次)	88
六、参加比赛人数(人次)	5 000
七、获得奖牌数(枚)	1 629
#金牌	768
银牌	452

注:本表数据由市体育局提供。

18－3 市属共青团组织情况

年 份	基层团支部(个)	共青团(人)	#女团员	专职干部(人)
2000	5 636	113 758	47 461	1 402
2010	5 996	127 529	51 038	1 053
2011	6 170	137 326	54 958	926
2012	6 385	142 657	57 091	962
2013	8 379	160 177	71 408	999
2014	8 456	166 076	73 954	1 026
2015	6 321	171 885	70 792	85
2016	6 319	165 268	71 264	189
2017	6 745	159 323		187
2018	7 002	155 257		224

注:本表数据由共青团南昌市委提供。

18－4　2000—2018年妇联系统组织情况

单位:个

项　　目	2000	2011	2012	2013	2014	2015	2016	2017	2018
城镇街道基层妇代会	792	446	440	446	497	579	675		
社区妇联								649	705
农村基层妇代会	1 197	1 037	1 037	1 050	1 051	1 154	1 146	80	
农村妇联								1 080	1 146
乡镇(街办)妇联(含乡级单位)	137	111	111	122	111	120	133	105	123
机关、事业单位妇委会	72	286	341	334	364	375	359	360	360

注:本表数据由市妇女联合会提供。

18－5　2000—2018年工会组织情况

项　　目	2000	2011	2012	2013	2014	2015	2016	2017	2018
工会基层组织数(个)(含法人、行政事业单位)	1 713	12 879	13 779	14 936	16 001	17 016	18 021	18 503	18 930
已建工会组织的基层单位职工人数(万人)	37.01	78.82	80.92	82.08	85.16	86.18	87.24	91.44	93.97
已建工会组织的基层单位工会人数(万人)	33.01	65.87	67.75	68.9	71.88	72.9	73.96	78.16	80.69

注:本表数据由市总工会提供。

18－6　历届南昌市人民代表大会的代表人数

单位:人

项　　目	一届(1954)	二届(1956)	三届(1958)	四届(1960)	五届(1963)	六届(1965)	七届[1](1968)	八届(1982)	九届(1987)	十届(1992)	十一届(1997)	十二届(2001)	十三届(2006)	十四届(2011)	十五届(2016)
代表总数	**233**	**239**	**253**	**307**	**375**	**385**	**724**	**555**	**495**	**489**	**434**	**421**	**438**	**433**	**427**
代表中															
女代表	52	49	68	77	99			150	102	98	89	90	90	94	105
占代表总数%	22.3	20.5	27.0	25.1	26.4			27.0	20.6	20.0	20.5	21.4	20.5	21.7	24.6
代表中															
少数民族代表										8	7	8	9	7	2
占代表总数%										1.6	1.6	1.9	2.1	1.6	0.5

注:1. 国家政治生活处于不正常的文化大革命时期。1968 年 2 月 18 日成立了南昌市革命委员会。根据江西省人民代表大会常务委员会的规定,将革命委员会作为南昌市第七届人民代表大会。七届代表构成为革命委员会成员、人民解放军代表、群众组织推举的代表。

2. 本表数据由市人大常委会机关提供。

18－7　历届南昌市政治协商会议的委员人数

单位:人

项　　目	一届(1955)	二届(1958)	三届(1959)	四届(1962)	五届(1963)	六届(1965)	七届(1982)	八届(1987)	九届(1992)	十届(1997)	十一届(2001)	十二届(2006)	十三届(2011)	十四届(2016)
委　员　总　数	**129**	**189**	**299**	**288**	**300**	**302**	**458**	**405**	**413**	**403**	**405**	**419**	**427**	**422**
委　员　中														
中国共产党代表	22	47	63	81	82	87	175	171	169	157	149	165	170	184
占代表总数%	17.1	24.9	21.1	28.1	27.3	28.8	38.2	42.2	40.9	38.9	36.8	39.4	39.8	43.6
委　员　中														
少数民族代表	3	3	3	3	4	4	6	8	10	11	6	6	6	5
占代表总数%	2.3	1.6	1.0	1.0	1.3	1.3	1.3	2.0	2.4	2.7	1.5	1.4	1.4	1.2
委　员　中														
女性代表	20	29	54	54	58	64	108	100	89	103	119	115	125	139
占代表总数%	15.5	15.3	18.1	18.8	19.3	21.2	21.2	24.7	20.1	25.6	29.4	27.4	29.3	32.9

注:本表数据由市政协机关提供。

18－8　社会福利事业单位基本情况

（2018年）

项　　目	院　　数（个）	工作人员（人）	床　　位（张）	年末在院人数（人）
全市总计	**128**	**2 167**	**15 833**	**7 414**
社会福利院	8	417	1 215	808
儿童福利机构	2	237	544	413
民办养老服务机构	42	1 099	8 872	4 593
农村敬老院	76	414	5 202	1 600

注:本表数据由市民政局提供。

18－9　城镇社区服务和农村服务网络

（2018年）　　单位:个

地　　区	城镇社区机构数
总　　计	**843**
东　湖　区	173
西　湖　区	146
青 云 谱 区	78
湾　里　区	15
青 山 湖 区	181
新　建　区	64
南　昌　县	104
安　义　县	27
进　贤　县	55

注:本表数据由市民政局提供。

18－10　享受国家补助、救济人员情况

单位:人、人次

项　　目	2018
优抚对象	
抚恤、补助优抚对象总金人数	16 341
享受定期抚恤金人数	2 656
享受定期补助人数	13 685
城市居民最低生活保障家庭数	23 977
城市居民最低生活保障人数	32 454
传统救济情况	
农村居民最低生活保障家庭数	48 067
农村居民最低生活保障人数	83 161

注:本表数据由市民政局提供。

18－11　婚姻登记情况

(2018 年)

地　　区	结婚登记(人)	#复婚	离婚登记(对)
南　昌　市	**77 496**	**6 932**	**15 349**
东　湖　区	7 000	958	1 702
西　湖　区	6 680	1 056	1 959
青 云 谱 区	3 500	460	940
湾　里　区	1 062	106	213
青 山 湖 区	9 804	1 188	2 166
南　昌　县	19 306	1 442	3 203
新　建　区	12 484	808	1 843
安　义　县	3 822	154	576
进　贤　县	9 760	348	1 794
红谷滩新区	4 078	412	953

注:本表数据由市民政局提供。

18－12　2005—2018 年婚姻登记情况

年　份	结　婚(人)	#复　婚(人)	离　婚(对)
2005	29 898	847	7 447
2006	43 424	286	8 607
2007	45 201	2 153	9 329
2008	55 610	212	6 747
2009	53 979	1 199	7 326
2010	36 444	300	7 525
2011	50 281		8 579
2012	53 283		10 440
2013	78 303		15 034
2014	106 024	6 172	134 339
2015	92 494	6 474	13 455
2016	82 672	6 512	14 553
2017	82 056	6 656	14 761
2018	77 496	6 932	15 349

注:本表数据由市民政局提供。

18－13　社会保险情况

单位:人

项　目	2017	2018
失业保险参保人数	622 517	630 947
企　业	450 517	472 843
国有企业	164 218	148 005
集体企业	22 247	15 117
港、澳、台及外资企业	23 510	22 369
其他企业	240 542	287 352
事业单位	143 432	124 664
其他单位	28 568	33 440
领取失业保险金人数	6 181	6 484
基本养老保险参保人数	1 906 643	1 996 844
企　业	1 088 729	1 118 509
国有企业	539 129	534 204
集体企业	126 079	128 303
其他企业	365 854	396 054
港、澳、台及外资企业	57 667	59 948
机关事业单位	142 737	145 102
其　他	628 546	733 233

注:本表数据由市人社局提供。

18－14　律师、公证和人民调解基本情况

（含省属）

项　　目	2017	2018
一、律师工作		
律师事务所(个)	90	108
律师(人)	1 285	1 471
#专职	1 150	1 311
兼职	105	118
聘请担任常年法律顾问的单位(处)	4 418	2 265
刑事诉讼辩护及代理(件)	1 585	2 105
民事诉讼代理(件)	8 655	11 522
办理非诉讼法律事务(件)	6 594	1 380
解答法律咨询(件)	13 868	15 784
代理法律文书(件)	4 120	3 942
二、公证工作		
公证处(个)	11	11
公证人员(人)	173	186
#公证员	51	55
助理公证员	92	97
办理公证文书(件)	78 417	77 879
#经济合同文书	2 358	2 473
三、人民调解工作		
专职司法助理员(人)	1 430	686
人民调解委员会(人)	1 998	2 008
调解工作人员(人)	9 045	9 593
调解民间纠纷(件)	16 079	14 346

注:本表数据由市司法局提供。

18－15　2005—2018年南昌市消协受理投诉情况

单位:件

项　目	2005	2006	2007	2008	2009	2010	2011	2012	2013	2014	2015	2016	2017	2018
一、投诉案件数	**1 409**	**1 447**	**1 151**	**1 176**	**1 165**	**1 025**	**1 148**	**2 566**	**2 673**	**2 700**	**1 161**	**1 366**	**1 977**	**1 378**
按行业分														
家用电器类	342	338	273	229	229	215	97	597	652	670	344	375	613	368
家用机械类	108	106	63	80	69	57	78	178	341	381	50	47	141	96
日用百货类	510	489	349	347	347	352	352	852	563	573	90	312	442	312
房屋及装修建材	129	127	109	94	94	89	95	195	124	135	120	210	459	221
服务类		27	12	298	298	267	405	405	226	178		172	242	21
农用生产资料类	151	248	211	6	6		26	26	182	76	60	21	11	5
其它类	169	112	134	122	122	45	95	313	585	687	497	229	69	355
按内容分														
质量	940	905	688	518	513	537	557	657	686	818	524	597	721	434
价格		77	57	57	57	34	95	259	384	397	120	105	101	54
虚假广告	65	76	79	20	20	16	16	335	206	216	56	71	113	152
假冒商品	101	23	14	5	6		2	248	152	167	78	92	112	71
计量	2	15	20	9	9	6	8	256	168	101	81	61	61	47
安全	48	32	9	139	139	98	89	292	386	215	30	61	63	21
其它	253	319	284	428	431	334	381	519	691	786	272	379	806	599
二、当年解决件数	**1 372**	**1 354**	**1 100**	**1 101**	**1 039**	**989**	**1 090**	**2 493**	**2 593**	**2 621**	**1 047**	**1 256**	**1 789**	**1 245**
解决率(%)	97.4	93.6	94.0	93.6	89.2	96.5	95.0	97.0	97.0	97.0	90.1	91.9	90.4	90.3
三、消费者免受损失(万元)	**102**	**144**	**256**	**137**	**180**	**167**	**180**	**210**	**200**	**203**	**136**	**329**	**631**	**463**

注:本表数据由市市场和质量监督管理局提供。

18－16　南昌“12315”受理举报申诉情况

单位:件

项　　目	2017	2018
一、受理申诉	23 107	26 772
#商　　品	11 208	18 658
服　　务	11 899	8 114
二、申诉内容		
质　　量	2 644	3 076
价　　格	84	
广　　告	1 824	8 855
计　　量	25	71
售后服务	602	3 319
其　　他	17 928	11 451
三、挽回损失(万元)		

注:本表数据由市市场和质量监督管理局提供。

18－17　社会治安案件

(2018 年)

单位:件

项　目	全　市	#市　区
受 理 数	87 536	73 091
查 处 数	81 754	68 552

注:本表数据由市公安局提供。

18－18　交　通　事　故

(2018 年)

项　目	合　计	市　区	三　县
一、交通事故次数(次)	461	252	209
二、死亡人数(人)	208	120	88
三、受伤人数(人)	370	188	182
四、经济损失(万元)	202.03	74.88	127.15

注:本表数据由市公安局提供。

18－19　火　灾　事　故

(2018 年)

项　目	合　计	市　区	三　县
一、火灾次数(次)	1 139	860	279
二、死亡人数(人)	9	8	1
三、受伤人数(人)	2	2	
四、经济损失(万元)	2 180.60	1 583.44	597.16

注:本表数据由市公安局提供。

18－20　2006—2018 年人民法院一审案件结案情况

单位:件

项　　目	2006	2007	2008	2009	2010	2011	2012	2013	2014	2015	2016	2017	2018
合　　计	**18 524**	**14 358**	**13 845**	**15 363**	**15 904**	**16 608**	**19 668**	**22 797**	**25 310**	**35 162**	**30 622**	**42 040**	**49 712**
刑事案件	2 397	2 806	2 536	2 476	2 811	2 920	3 836	3 729	3 736	5 440	4 812	5 476	5 708
民事案件	10 049	11 404	11 182	12 752	12 996	13 530	15 717	18 916	21 434	29 304	25 168	35 810	43 926
行政案件	90	148	127	135	97	158	115	152	140	418	642	754	78

注:本表数据由市中级人民法院提供;自 2018 年起,部分行政案件转由铁路法院受理。

18－21　安　全　事　故　情　况

项　　目	安全生产事故(起)	死亡人数(人)
全　　市	**188**	**140**
工矿商贸	48	49
生产经营性道路交通	140	91

注:本表数据由市安全生产监督管理局提供。

主要统计指标解释

医院　指名称为医院，设有固定床位能收容病人住院并能为病人提供医疗、护理服务的医疗机构。包括县及县以上医院、农村乡卫生院、其他医院三部份。按所属性质分为卫生部门、工业及其他部门、集体所有制三类。其中县及县以上医院按业务性质分为综合医院和专科医院。

卫生技术人员　指卫生事业机构支付工资的全部固定职工和合同制职工中现任职务为卫生技术工作人员。包括中医师、西医师、中西医结合高级医师、护师、中药师、西药师、检验师、其他技师、中医士、西医士、护士、助产士、中药剂士、西药剂士、检验士、其他技士、其他中医、护理员、中药剂员、西药剂员、检验员、其他初级卫生技术人员。

医生　指经卫生部门审查合格，从事医疗工作的专业人员。分为中医医生和西医医生、包括卫生技术人员中的中医师、西医师、中西医结合高级医师、中医士、西医士和其他中医。

等级运动员人数　指经考核正式批准授予等级运动员称号的人数。运动员等级分为国际级运动健将、运动健将、一级运动员、二级运动员、三级运动员、少年级运动员。

等级裁判员人数　指经考核正式批准授予等级裁判员称号的人数。裁判员等级分为国际裁判、国家级裁判、一级裁判、二级裁判、三级裁判。

体育场　指有 400 米跑道（中心含足球场）和固定道牙，跑道 6 条以上，并有固定看台的田径场地。以看台容纳观众人数分：甲级 25000 人以上，乙级 15000 – 25000 人，丙级 5000 – 15000 人，丁级 5000 以下，共四级。

律师　指受聘参加法律顾问处工作，提任法律顾问、刑（民）事代理人，刑事辩护人，办理非诉讼事件、解答法律询问，代写法律事务文书等主要从事律师业务的专职法律工作者和兼职律师。

公证人员　指在国家公证机关依法办理公证事务的司法人员。包括公证员、助理公证员和公证处工作的其他人员。

办理公证文书　指公证处一定时期内办结的公证文书件数。公证文书系按司法部规定或批准的格式制作。包括国内公证和涉外公证两部分。其中国内公证分为经济合同公证和民事法律体系公证两大类。

调解人员　在人民调解委员会担负调解民间一般民事纠纷和轻微违法行为所引起的纠纷的工作人员。包括调解委员会的委员和调解小组的调解员。

调解民间纠纷　指调解委员会依照法律规定，根据自愿原则，用说服教育的方法调解民间发生的有关民事权利和义务的争执，促成当事双方达到协议和谅解，解决纠纷。包括婚姻家庭纠纷，财产权益纠纷等。包括法院管理调解的民事案件数。

收养性福利性单位　指提供食宿的，不以盈利为目的的革命伤残军人休养院、复员军人慢性病疗养院、复退军人精神病院、光荣院、社会福利院、精神病人福利院、老年收养机构（敬老院、养老院、老年公寓）等收养性的社会福利事业单位的总称。

附　　录

APPENDIX

本篇内容包括：

1. 中华人民共和国2018年国民经济和社会发展统计公报
2. 全国各省（市、区）主要经济指标
3. 全国各省会城市主要经济指标
4. 江西省2018年国民经济和社会发展统计公报
5. 江西省各设区市主要经济指标

中华人民共和国 2018 年国民经济和社会发展统计公报[1]

中华人民共和国国家统计局

2019 年 2 月 28 日

2018 年，面对复杂严峻的国际环境和艰巨繁重的改革发展稳定任务，在以习近平同志为核心的党中央坚强领导下，各地区各部门以习近平新时代中国特色社会主义思想为指导，全面贯彻党的十九大和十九届二中、三中全会精神，按照党中央、国务院决策部署，统筹推进“五位一体”总体布局，协调推进“四个全面”战略布局，坚持稳中求进工作总基调，深入贯彻新发展理念，落实高质量发展要求，以供给侧结构性改革为主线，着力深化改革扩大开放，坚决打好防范化解重大风险、精准脱贫、污染防治三大攻坚战，有效应对外部环境深刻变化，统筹稳增长、促改革、调结构、惠民生、防风险，做好稳就业、稳金融、稳外贸、稳外资、稳投资、稳预期工作，经济运行总体平稳、稳中有进，质量效益稳步提升，人民生活持续改善，保持了经济持续健康发展和社会大局稳定，朝着实现全面建成小康社会的目标迈出了新的步伐。

一、综合

初步核算，全年国内生产总值[2] 900309 亿元，比上年增长 6.6%。其中，第一产业增加值 64734 亿元，增长 3.5%；第二产业增加值 366001 亿元，增长 5.8%；第三产业增加值 469575 亿元，增长 7.6%。第一产业增加值占国内生产总值的比重为 7.2%，第二产业增加值比重为 40.7%，第三产业增加值比重为 52.2%。全年最终消费支出对国内生产总值增长的贡献率为 76.2%，资本形成总额的贡献率为 32.4%，货物和服务净出口的贡献率为 -8.6%。人均国内生产总值 64644 元，比上年增长 6.1%。国民总收入[3] 896915 亿元，比上年增长 6.5%。全国万元国内生产总值能耗[4] 比上年下降 3.1%。全员劳动生产率[5] 为 107327 元/人，比上年提高 6.6%。

图1 2014-2018年国内生产总值及其增长速度

图2 2014-2018年三次产业增加值占国内生产总值比重

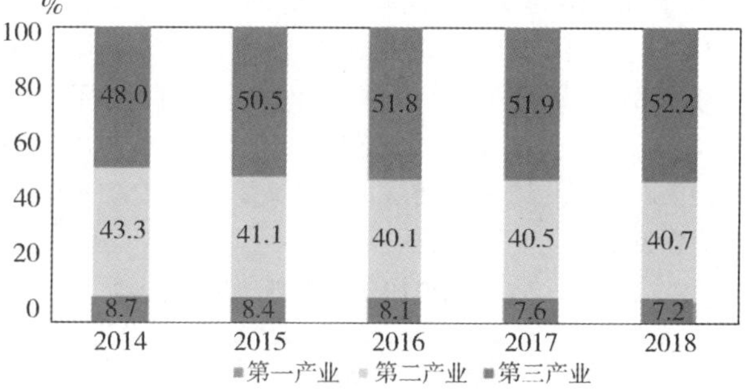

图3 2014-2018年万元国内生产总值能耗降低率

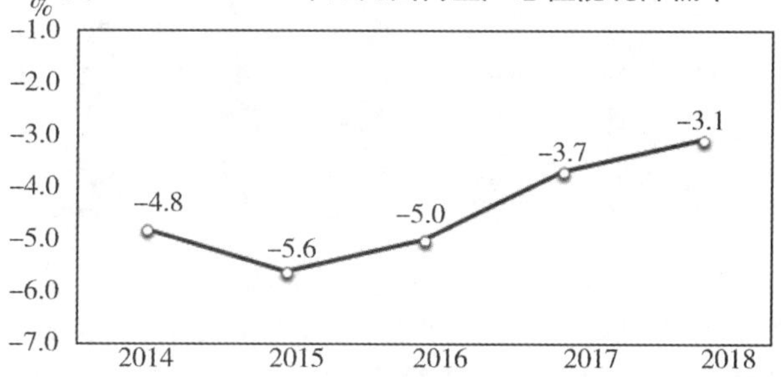

图4 2014-2018年全员劳动生产率

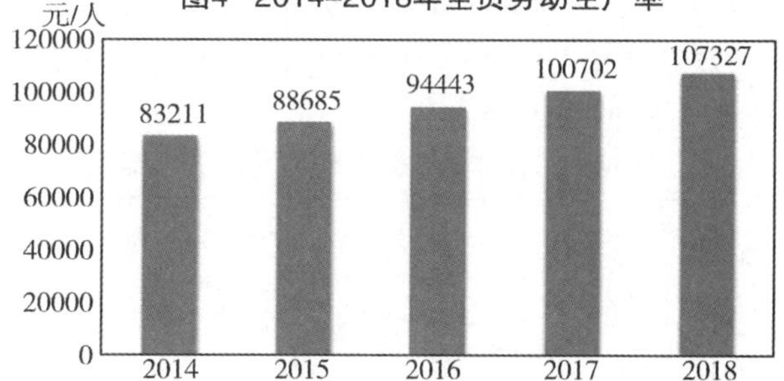

年末全国大陆总人口 139538 万人，比上年末增加 530 万人，其中城镇常住人口 83137 万人，占总人口比重（常住人口城镇化率）为 59.58%，比上年末

提高1.06个百分点。户籍人口城镇化率为43.37%，比上年末提高1.02个百分点。全年出生人口1523万人，出生率为10.94‰；死亡人口993万人，死亡率为7.13‰；自然增长率为3.81‰。全国人户分离的人口[6]2.86亿人，其中流动人口[7]2.41亿人。

表1　2018年年末人口数及其构成

指　　标	年末数（万人）	比重（%）
全国总人口	139538	100.0
其中：城镇	83137	59.58
乡村	56401	40.42
其中：男性	71351	51.1
女性	68187	48.9
其中：0－15岁（含不满16周岁）[8]	24860	17.8
16－59岁（含不满60周岁）	89729	64.3
60周岁及以上	24949	17.9
其中：65周岁及以上	16658	11.9

年末全国就业人员77586万人，其中城镇就业人员43419万人。全年城镇新增就业1361万人，比上年增加10万人。年末全国城镇调查失业率为4.9%，比上年末下降0.1个百分点；城镇登记失业率为3.8%，下降0.1个百分点。全国农民工[9]总量28836万人，比上年增长0.6%。其中，外出农民工17266万人，增长0.5%；本地农民工11570万人，增长0.9%。

图5　2014-2018年城镇新增就业人数

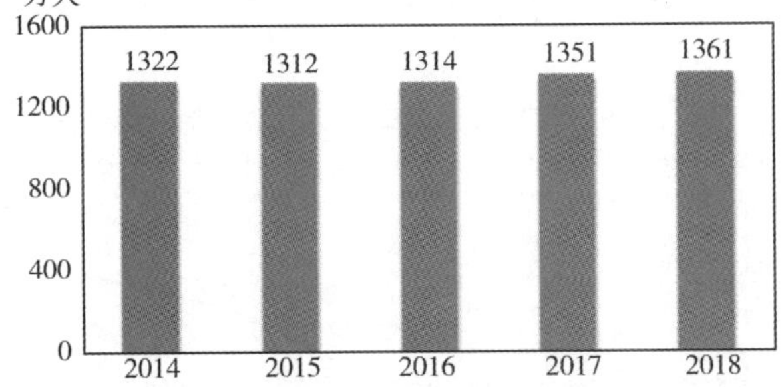

全年居民消费价格比上年上涨2.1%。工业生产者出厂价格上涨3.5%。工业生产者购进价格上涨4.1%。固定资产投资价格上涨5.4%。农产品生产者价格[10]下降0.9%。12月份70个大中城市新建商品住宅销售价格月同比上涨的城市个数为69个，下降的为1个。

图6　2018年居民消费价格月度涨跌幅度

表2　2018年居民消费价格比上年涨跌幅度

单位：%

指　　标	全国	城市	农村
居民消费价格	2.1	2.1	2.1
其中：食品烟酒	1.9	2.1	1.1
衣　着	1.2	1.1	1.5
居　住[11]	2.4	2.1	3.3
生活用品及服务	1.6	1.6	1.6
交通和通信	1.7	1.6	1.8
教育文化和娱乐	2.2	2.3	2.2
医疗保健	4.3	4.6	3.7
其他用品和服务	1.2	1.2	1.2

年末国家外汇储备30727亿美元，比上年末减少672亿美元。全年人民币平均汇率为1美元兑6.6174元人民币，比上年升值2.0%。

图7　2014-2018年年末国家外汇储备

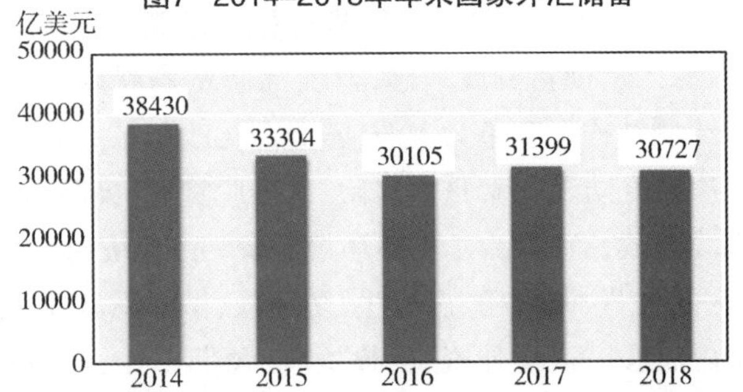

供给侧结构性改革深入推进。全年全国工业产能利用率[12]为76.5%。其中，煤炭开采和洗选业产能利用率为70.6%，比上年提高2.4个百分点；黑色金属冶炼和压延加工业产能利用率为78.0%，提高2.2个百分点。年末商品房待售面积52414万平方米，比上年末减少6510万平方米。其中，商品住宅待售面积25091万平方米，减少5072万平方米。年末规模以上工业企业资产负债率为56.5%，比上年末下降0.5个百分点[13]。全年规模以上工业企业每百元主营业务收入中的成本为83.88元，比上年下降0.20元。全年生态保护和环境治理业、农业固定资产投资（不含农户）分别比上年增长43.0%和15.4%。

新动能持续发展壮大。全年规模以上工业中，战略性新兴产业[14]增加值比上年增长8.9%。高技术制造业[15]增加值增长11.7%，占规模以上工业增加值的比重为13.9%。装备制造业[16]增加值增长8.1%，占规模以上工业增加值的比重为32.9%。全年规模以上服务业[17]中，战略性新兴服务业[18]营业收入比上年增长14.6%。全年高技术产业投资[19]比上年增长14.9%，工业技术改造投资[20]增长12.8%。全年新能源汽车产量115万辆，比上年增长66.2%；智能电视产量11376万台，增长 17.7%。全年网上零售额[21] 90065 亿元，比上年增长 23.9%。

脱贫攻坚成效显著。按照每人每年 2300 元（2010 年不变价）的农村贫困标准计算，年末农村贫困人口 1660 万人，比上年末减少 1386 万人[22]；贫困发生率[23] 1.7%，比上年下降 1.4 个百分点。全年贫困地区[24]农村居民人均可支配收入 10371 元，比上年增长 10.6%，扣除价格因素，实际增长 8.3%。

图8　2014－2018年年末全国农村贫困人口和贫困发生率

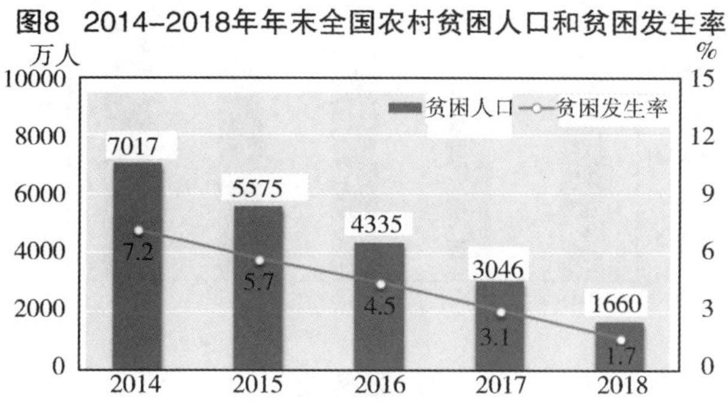

二、农业[25]

全年粮食种植面积 11704 万公顷，比上年减少 95 万公顷。其中，小麦种植面积 2427 万公顷，减少 24 万公顷；稻谷种植面积 3019 万公顷，减少 56 万公顷；玉米种植面积 4213 万公顷，减少 27 万公顷。棉花种植面积 335 万公顷，增加 16 万公顷。油料种植面积 1289 万公顷，减少 33 万公顷。糖料种植面积 163 万公顷，增加 9 万公顷。

全年粮食产量 65789 万吨，比上年减少 371 万吨，减产 0.6%。其中，夏粮产量 13878 万吨，减产 2.1%；早稻产量 2859 万吨，减产 4.3%；秋粮产量 49052 万吨，增产 0.1%。全年谷物产量 61019 万吨，比上年减产 0.8%。其中，稻谷产量 21213 万吨，减产 0.3%；小麦产量 13143 万吨，减产 2.2%；玉米产量 25733 万吨，减产 0.7%。

图9　2014－2018年粮食产量

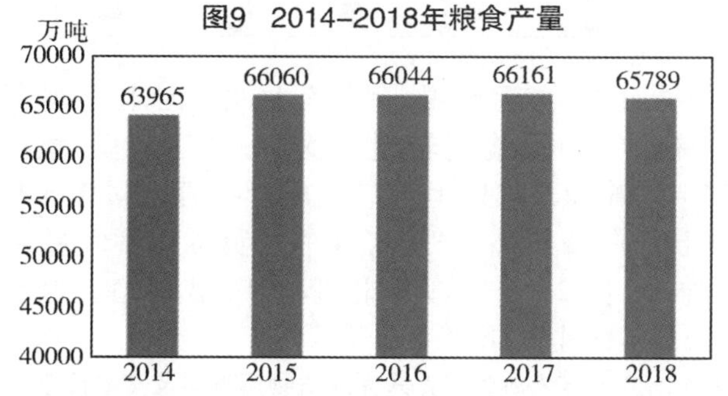

全年棉花产量 610 万吨，比上年增产 7.8%。油料产量 3439 万吨，减产 1.0%。糖料产量 11976 万吨，增产 5.3%。茶叶产量 261 万吨，增产 5.9%。

全年猪牛羊禽肉产量 8517 万吨，比上年下降 0.3%。其中，猪肉产量 5404 万吨，下降 0.9%；牛肉产量 644 万吨，增长 1.5%；羊肉产量 475 万吨，增长 0.8%；禽肉产量 1994 万吨，增长 0.6%。禽蛋产量 3128 万吨，增长 1.0%。牛奶产量 3075 万吨，增长 1.2%。年末生猪存栏 42817 万头，下降 3.0%；生猪出栏 69382 万头，下降 1.2%。

全年水产品产量 6469 万吨，比上年增长 0.4%。其中，养殖水产品产量 5018 万吨，增长 2.3%；捕捞水产品产量 1451 万吨，下降 5.7%。

全年木材产量 8432 万立方米，比上年增长 0.4%。

全年新增耕地灌溉面积 72 万公顷，新增高效节水灌溉面积 144 万公顷。

三、工业和建筑业

全年全部工业增加值 305160 亿元，比上年增长 6.1%。规模以上工业增加值增长 6.2%。在规模以上工业中，分经济类型看，国有控股企业增加值增长 6.2%；股份制企业增长 6.6%，外商及港澳台商投资企业增长 4.8%；私营企业增长 6.2%。分门类看，采矿业增长 2.3%，制造业增长 6.5%，电力、热力、燃气及水生产和供应业增长 9.9%。

图10　2014－2018年全部工业增加值及其增长速度

全年规模以上工业中，农副食品加工业增加值比上年增长 5.9%，纺织业增长 1.0%，化学原料和化学制品制造业增长 3.6%，非金属矿物制品业增长 4.6%，黑色金属冶炼和压延加工业增长 7.0%，通用设备制造业增长 7.2%，专用设备制造业增长 10.9%，汽车制造业增长 4.9%，电气机械和器材制造业增长 7.3%，计算机、通信和其他电子设备制造业增长 13.1%，电力、热力生产和供应业增长 9.6%。

表3　2018 年主要工业产品产量及其增长速度[26]

产品名称	单　位	产　量	比上年增长(%)
纱	万吨	2958.9	-7.3
布	亿米	657.3	-4.9
化学纤维	万吨	5011.1	2.7
成品糖	万吨	1524.1	3.5
卷烟	亿支	23358.7	-0.4

产品名称	单　位	产　量	比上年增长(%)
彩色电视机	万台	18834.8	18.2
其中:液晶电视机	万台	18825.2	19.5
家用电冰箱	万台	7993.2	-3.9
房间空气调节器	万台	20486.0	14.7
一次能源生产总量	亿吨标准煤	37.7	5.0
原煤	亿吨	36.8	4.5
原油	万吨	18910.6	-1.3
天然气	亿立方米	1602.7	8.3
发电量	亿千瓦小时	71117.7	7.7
其中:火电[27]	亿千瓦小时	50738.6	6.7
水电	亿千瓦小时	12342.3	3.0
核电	亿千瓦小时	2943.6	18.7
粗钢	万吨	92800.9	6.6
钢材[28]	万吨	110551.7	5.6
十种有色金属	万吨	5702.7	3.7
其中:精炼铜(电解铜)	万吨	902.9	0.7
原铝(电解铝)	万吨	3580.2	7.5
水泥	亿吨	22.1	-5.3
硫酸(折100%)	万吨	9129.8	-0.9
烧碱(折100%)	万吨	3420.2	2.7
乙烯	万吨	1841.0	1.1
化肥(折100%)	万吨	5424.4	-7.9
发电机组(发电设备)	万千瓦	10600.5	-10.3
汽车	万辆	2781.9	-4.1
其中:基本型乘用车(轿车)	万辆	1160.1	-2.9
运动型多用途乘用车(SUV)	万辆	927.4	-7.7
大中型拖拉机	万台	24.3	-29.3
集成电路	亿块	1739.5	11.2
程控交换机	万线	1006.6	7.3
移动通信手持机	万台	179846.4	-4.8
微型计算机设备	万台	30700.2	0.1
工业机器人	万台(套)	14.8	6.4

年末全国发电装机容量189967万千瓦，比上年末增长6.5%[29]。其中[30]，火电装机容量114367万千瓦，增长3.0%；水电装机容量35226万千瓦，增长2.5%；核电装机容量4466万千瓦，增长24.7%；并网风电装机容量18426万千瓦，增长12.4%；并网太阳能发电装机容量17463万千瓦，增长33.9%。

全年规模以上工业企业利润66351亿元，比上年增长10.3%[31]。分经济类型看，国有控股企业利润18583亿元，比上年增长12.6%；股份制企业46975亿元，增长14.4%，外商及港澳台商投资企业16776亿元，增长1.9%；私营企业17137亿元，增长11.9%。分门类看，采矿业利润5246亿元，比上年增长40.1%；制造业56964亿元，增长8.7%；电力、热力、燃气及水生产和供应业4141亿元，增长4.3%。全年规模以上工业企业主营业务收入利润率为6.49%，比上年提高0.11个百分点。

全年全社会建筑业增加值61808亿元，比上年增长4.5%。全国具有资质等级的总承包和专业承包建筑业企业利润8104亿元，比上年增长8.2%，其中国有控股企业2470亿元，增长8.5%。

图11　2014-2018年建筑业增加值及其增长速度

四、服务业

全年批发和零售业增加值84201亿元，比上年增长6.2%；交通运输、仓储和邮政业增加值40550亿元，增长8.1%；住宿和餐饮业增加值16023亿元，增长6.5%；金融业增加值69100亿元，增长4.4%；房地产业增加值59846亿元，增长3.8%；信息传输、软件和信息技术服务业增加值32431亿元，增长30.7%；租赁和商务服务业增加值24427亿元，增长8.9%。全年规模以上服务业企业营业收入比上年增长11.4%，营业利润增长6.5%。

图12　2014-2018年服务业增加值及其增长速度

全年货物运输总量515亿吨，比上年增长7.1%。货物运输周转量205452亿吨公里，增长4.1%。全年规模以上港口完成货物吞吐量133亿吨，比上年增长2.7%[32]，其中外贸货物吞吐量42亿吨，增长2.0%。规模以上港口集装箱吞吐量24955万标准箱，增长5.2%。

表4　2018年各种运输方式完成货物运输量及其增长速度

指　标	单　位	绝对数	比上年增长(%)
货物运输总量	亿吨	514.6	7.1
铁路	亿吨	40.3	9.2
公路	亿吨	395.9	7.4

指　标	单　　位	绝对数	比上年增长(%)
水运	亿吨	69.9	4.7
民航	万吨	738.5	4.6
管道	亿吨	8.5	5.4
货物运输周转量	亿吨公里	205451.6	4.1
铁路	亿吨公里	28821.0	6.9
公路	亿吨公里	71202.5	6.6
水运	亿吨公里	99303.6	0.7
民航	亿吨公里	262.4	7.7
管道	亿吨公里	5862.0	22.5

全年旅客运输总量179亿人次，比上年下降3.1%[33]。旅客运输周转量34213亿人公里，增长4.3%。

表5　2018年各种运输方式完成旅客运输量及其增长速度

指　标	单　　位	绝对数	比上年增长(%)
旅客运输总量	亿人次	179.2	-3.1
铁路	亿人次	33.7	9.4
公路	亿人次	136.5	-6.3
水运	亿人次	2.8	-0.5
民航	亿人次	6.1	10.9
旅客运输周转量	亿人公里	34213.5	4.3
铁路	亿人公里	14146.6	5.1
公路	亿人公里	9275.5	-5.0
水运	亿人公里	79.8	2.7
民航	亿人公里	10711.6	12.6

年末全国民用汽车保有量24028万辆(包括三轮汽车和低速货车906万辆)，比上年末增长10.5%，其中私人汽车保有量20730万辆，增长10.9%。民用轿车保有量13451万辆，增长10.4%，其中私人轿车12589万辆，增长10.3%。

全年完成邮政行业业务总量[34]12345亿元，比上年增长26.4%。邮政业全年完成邮政函件业务26.8亿件，包裹业务0.2亿件，快递业务量507.1亿件，快递业务收入6038亿元。全年完成电信业务总量[35]65556亿元，比上年增长137.9%。电信业新增移动电话交换机容量[36]17267万户，达到259453万户。年末全国电话用户总数174835万户，其中移动电话用户156610万户。移动电话普及率上升至112.2部/百人。固定互联网宽带接入用户[37]40738万户，比上年末增加5884万户，其中固定互联网光纤宽带接入用户[38]36833万户，增加7440万户；移动宽带用户[39]130565万户，增加17413万户。全年移动互联网用户接入流量711亿GB，比上年增长189.1%。全年软件和信息技术服务业[40]完成软件业务收入63061亿元，按可比口径计算，比上年增长14.2%。

图13　2014-2018年快递业务量及其增长速度

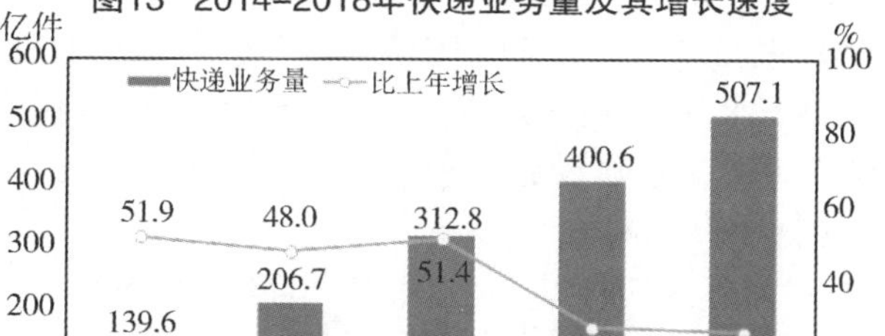

图14　2014-2018年年末固定互联网宽带接入用户数和移动宽带用户数

五、国内贸易[41]

全年社会消费品零售总额380987亿元，比上年增长9.0%。按经营地统计，城镇消费品零售额325637亿元，增长8.8%；乡村消费品零售额55350亿元，增长10.1%。按消费类型统计，商品零售额338271亿元，增长8.9%；餐饮收入额42716亿元，增长9.5%。

在限额以上单位商品零售额中，粮油、食品类零售额比上年增长10.2%，饮料类增长9.0%，烟酒类增长7.4%，服装、鞋帽、针纺织品类增长8.0%，化妆品类增长9.6%，金银珠宝类增长7.4%，日用品类增长13.7%，家用电器和音像器材类增长8.9%，中西药品类增长9.4%，文化办公用品类增长3.0%，家具类增长10.1%，通讯器材类增长7.1%，建筑及装潢材料类增长8.1%，石油及制品类增长13.3%，汽车类下降2.4%。

全年实物商品网上零售额70198亿元，比上年增长25.4%，占社会消费品零售总额的比重为18.4%，比上年提高3.4个百分点。

六、固定资产投资[42]

全年全社会固定资产投资645675亿元，比上年增长5.9%。其中固定资产投资(不含农户)635636亿元，增长5.9%。分区域看[43]，东部地区投资比上年增长5.7%，中部地区投资增长10.0%，西部地区投资增长4.7%，东北地区投资增长1.0%。

在固定资产投资(不含农户)中，第一产业投资22413亿元，比上年增长12.9%；第二产业投资

237899 亿元，增长 6.2%；第三产业投资 375324 亿元，增长 5.5%。民间固定资产投资[44] 394051 亿元，增长 8.7%，占固定资产投资（不含农户）的比重为 62.0%。基础设施投资[45]增长 3.8%。六大高耗能行业投资增长 1.4%。

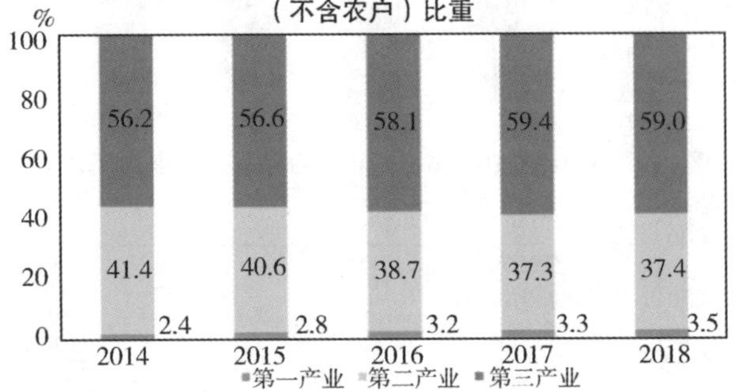

图15 2014-2018年三次产业投资占固定资产投资（不含农户）比重

表 6 2018 年分行业固定资产投资（不含农户）增长速度

行　　业	比上年增长（%）
总　计	5.9
农、林、牧、渔业	12.3
采矿业	4.1
制造业	9.5
电力、热力、燃气及水生产和供应业	-6.7
建筑业	-13.9
批发和零售业	-21.5
交通运输、仓储和邮政业	3.9
住宿和餐饮业	-3.4
信息传输、软件和信息技术服务业	4.0
金融业	-13.1
房地产业[46]	8.3
租赁和商务服务业	14.2
科学研究和技术服务业	13.6
水利、环境和公共设施管理业	3.3
居民服务、修理和其他服务业	-14.4
教育	7.2
卫生和社会工作	8.4
文化、体育和娱乐业	21.2
公共管理、社会保障和社会组织	-18.0

表 7 2018 年固定资产投资新增主要生产与运营能力

指　标	单　位	绝对数
新增 220 千伏及以上变电设备	万千伏安	22082
新建铁路投产里程	公里	4683
其中：高速铁路[47]	公里	4100
增、新建铁路复线投产里程	公里	4711
电气化铁路投产里程	公里	6474
新改建公路里程	公里	356045
其中：高速公路	公里	6063
港口万吨级码头泊位新增通过能力	万吨/年	26428
新增民用运输机场	个	6
新增光缆线路长度	万公里	578

全年房地产开发投资 120264 亿元，比上年增长 9.5%。其中住宅投资 85192 亿元，增长 13.4%；办公楼投资 5996 亿元，下降 11.3%；商业营业用房投资 14177 亿元，下降 9.4%。

全年全国棚户区住房改造开工 626 万套，基本建成 511 万套。全国农村地区建档立卡贫困户危房改造 157 万户[48]。

表 8 2018 年房地产开发和销售主要指标及其增长速度

指　标	单　位	绝对数	比上年增长（%）
投资额	亿元	120264	9.5
其中：住宅	亿元	85192	13.4
房屋施工面积	万平方米	822300	5.2
其中：住宅	万平方米	569987	6.3
房屋新开工面积	万平方米	209342	17.2
其中：住宅	万平方米	153353	19.7
房屋竣工面积	万平方米	93550	-7.8
其中：住宅	万平方米	66016	-8.1
商品房销售面积	万平方米	171654	1.3
其中：住宅	万平方米	147929	2.2
本年到位资金	亿元	165963	6.4
其中：国内贷款	亿元	24005	-4.9
个人按揭贷款	亿元	23706	-0.8

七、对外经济

全年货物进出口总额 305050 亿元，比上年增长 9.7%。其中，出口 164177 亿元，增长 7.1%；进口 140874 亿元，增长 12.9%。货物进出口顺差 23303 亿元，比上年减少 5217 亿元。对“一带一路”[49]沿线国家进出口总额 83657 亿元，比上年增长 13.3%。其中，出口 46478 亿元，增长 7.9%；进口 37179 亿元，增长 20.9%。

图16 2014-2018年货物进出口总额

亿元
350000
300000
250000
200000
150000
100000
50000
0
货物进口额 货物出口额
120358 104336 104967 124790 140874
143884 141167 138419 153309 164177
2014 2015 2016 2017 2018

表 9 2018 年货物进出口总额及其增长速度

指　标	金额（亿元）	比上年增长（%）
货物进出口总额	305050	9.7
货物出口额	164177	7.1
其中：一般贸易	92405	10.9
加工贸易	52676	2.5

指　　标	金额(亿元)	比上年增长(%)
其中:机电产品	96457	7.9
高新技术产品	49374	9.3
货物进口额	140874	12.9
其中:一般贸易	83947	14.3
加工贸易	31097	6.6
其中:机电产品	63727	10.3
高新技术产品	44340	12.2
货物进出口顺差	23303	—

表10　2018年主要商品出口数量、金额及其增长速度

商品名称	单位	数量	比上年增长(%)	金额(亿元)	比上年增长(%)
钢材	万吨	6934	-8.1	3984	7.7
纺织纱线、织物及制品	—	—	—	7851	5.1
服装及衣着附件	—	—	—	10413	-2.3
鞋类	万吨	448	-0.4	3095	-5.4
家具及其零件	—	—	—	3544	4.8
箱包及类似容器	万吨	316	2.0	1787	-1.0
玩具	—	—	—	1662	2.3
塑料制品	万吨	1312	12.3	2870	9.3
集成电路	亿个	2171	6.2	5591	23.5
自动数据处理设备及其部件	万台	147296	-4.4	11355	6.0
手持或车载无线电话机	万台	111918	-7.8	9343	9.8
集装箱	万个	340	13.5	685	20.9
液晶显示板	万个	175810	-9.3	1527	-12.5
汽车	万辆	115	11.3	972	8.3

表11　2018年主要商品进口数量、金额及其增长速度

商品名称	单位	数量	比上年增长(%)	金额(亿元)	比上年增长(%)
谷物及谷物粉	万吨	2047	-20.0	385	-12.4
大豆	万吨	8803	-7.9	2502	-6.9
食用植物油	万吨	629	9.0	313	2.0
铁矿砂及其精矿	万吨	106447	-1.0	4984	-4.0
煤及褐煤	万吨	28123	3.9	1613	4.9
原油	万吨	46190	10.1	15882	43.1
成品油	万吨	3348	13.0	1333	35.6
天然气	万吨	9039	31.9	2552	62.1
初级形状的塑料	万吨	3284	14.5	3718	13.2
纸浆	万吨	2479	4.5	1300	25.1
钢材	万吨	1317	-1.0	1083	5.5
未锻轧铜及铜材	万吨	530	12.9	2469	16.5
集成电路	亿个	4176	10.8	20584	16.9
汽车	万辆	113	-8.5	3331	-2.7

表12　2018年对主要国家和地区货物进出口金额、增长速度及其比重

国家和地区	出口额(亿元)	比上年增长(%)	占全部出口比重(%)	进口额(亿元)	比上年增长(%)	占全部进口比重(%)
欧盟	26974	7.0	16.4	18067	9.2	12.8
美国	31603	8.6	19.2	10195	-2.3	7.2
东盟	21066	11.3	12.8	17722	11.0	12.6
日本	9709	4.4	5.9	11906	6.2	8.5
韩国	7174	3.1	4.4	13495	12.3	9.6
中国香港	19966	5.7	12.2	564	13.8	0.4
中国台湾	3212	7.9	2.0	11714	11.0	8.3
巴西	2214	12.9	1.3	5119	28.2	3.6
俄罗斯	3167	9.1	1.9	3909	39.4	2.8
印度	5054	9.5	3.1	1242	12.2	0.9
南非	1072	6.9	0.7	1799	8.9	1.3

全年服务进出口[50]总额52402亿元,比上年增长11.5%。其中,服务出口17658亿元,增长14.6%;服务进口34744亿元,增长10.0%。服务进出口逆差17086亿元。

全年外商直接投资(不含银行、证券、保险领域)新设立企业60533家,比上年增长69.8%。实际使用外商直接投资金额8856亿元,增长0.9%,折1350亿美元,增长3.0%。其中"一带一路"沿线国家对华直接投资新设立企业4479家,增长16.1%;对华直接投资金额424亿元,增长13.2%,折64亿美元,增长16.0%。全年高技术制造业实际使用外资898亿元,增长35.1%,折137亿美元,增长38.1%。

表13　2018年外商直接投资(不含银行、证券、保险领域)及其增长速度

行　　业	企业数(家)	比上年增长(%)	实际使用金额(亿元)	比上年增长(%)
总　　计	60533	69.8	8856	0.9
其中:农、林、牧、渔业	741	5.0	53	-26.4
制造业	6152	23.4	2713	20.1
电力、热力、燃气及水生产和供应业	284	-23.7	291	23.6
交通运输、仓储和邮政业	754	45.8	314	-16.0
信息传输、软件和信息技术服务业	7222	127.9	773	-44.4
批发和零售业	22853	86.1	643	-16.5
房地产业	1053	42.9	1489	31.4
租赁和商务服务业	9099	78.9	1196	6.4
居民服务、修理和其他服务业	485	39.0	37	-2.6

全年对外非金融类直接投资额7974亿元,比上年下降1.6%,折1205亿美元,增长0.3%。其中,

对“一带一路”沿线国家非金融类直接投资额156亿美元,增长8.9%。

表14　2018年对外非金融类直接投资额及其增长速度

指　　标	金　额（亿美元）	比上年增长(%)
总　　计	1205	0.3
其中:农、林、牧、渔业	18	-20.3
采矿业	92	11.3
制造业	188	-1.6
电力、热力、燃气及水生产和供应业	32	-0.9
建筑业	74	0.8
批发和零售业	106	-57.5
交通运输、仓储和邮政业	58	92.7
信息传输、软件和信息技术服务业	68	-33.7
房地产业	40	82.0
租赁和商务服务业	446	27.6

全年对外承包工程完成营业额11186亿元,比上年下降1.7%,折1690亿美元,增长0.3%。其中,对“一带一路”沿线国家完成营业额893亿美元,增长4.4%,占对外承包工程完成营业额比重为52.8%。对外劳务合作派出各类劳务人员49万人。

八、财政金融

全年全国一般公共预算收入183352亿元,比上年增长6.2%。其中税收收入156401亿元,比上年增加12031亿元,增长8.3%。全年各地共发行地方政府置换债券13130亿元,平均发行利率约3.89%。2015－2018年,置换债券累计发行12.2万亿元,基本完成既定的存量政府债务置换目标。经过置换,年末地方政府债务平均利率比2014年末降低约6.5个百分点,累计节约利息约1.7万亿元。

图17　2014-2018年全国一般公共预算收入

年份	亿元
2014	140370
2015	152269
2016	159605
2017	172593
2018	183352

注:图中2014年至2017年数据为全国一般公共预算收入决算数,2018年为执行数。

年末广义货币供应量(M_2)余额182.7万亿元,比上年末增长8.1%;狭义货币供应量(M_1)余额55.2万亿元,增长1.5%;流通中货币(M_0)余额7.3万亿元,增长3.6%。

全年社会融资规模增量[51]19.3万亿元,按可比口径计算,比上年少3.1万亿元;年末社会融资规模存量[52]200.7万亿元,比上年末增长9.8%。年末全部金融机构本外币各项存款余额182.5万亿元,比年初增加13.2万亿元,其中人民币各项存款余额177.5万亿元,增加13.4万亿元。全部金融机构本外币各项贷款余额141.8万亿元,增加16.2万亿元,其中人民币各项贷款余额136.3万亿元,增加16.2万亿元。

表15　2018年年末全部金融机构本外币存贷款余额及其增长速度

指　　标	年末数（亿元）	比上年末增长(%)
各项存款	1825158	7.8
其中:境内住户存款	724439	11.1
其中:人民币	716038	11.2
境内非金融企业存款	589105	3.1
各项贷款	1417516	12.9
其中:境内短期贷款	443200	7.8
境内中长期贷款	854571	13.8

年末主要农村金融机构(农村信用社、农村合作银行、农村商业银行)人民币贷款余额169822亿元,比年初增加20002亿元。全部金融机构人民币消费贷款余额377903亿元,增加62709亿元。其中,个人短期消费贷款余额87994亿元,增加19989亿元;个人中长期消费贷款余额289909亿元,增加42720亿元。

全年境内交易场所累计筹资[53]64365亿元,比上年增加13572亿元。其中,首次公开发行A股105只,筹资1378亿元,减少923亿元;A股现金再融资(包括公开增发、定向增发、配股、优先股)5505亿元,减少2504亿元;各类主体通过沪深交易所发行债券(包括公司债、可转债、可交换债、政策性金融债、地方政府债和企业资产支持证券)筹资56878亿元,增加17731亿元;全国中小企业股份转让系统[54]新增挂牌公司577家,挂牌公司累计筹资604亿元。

全年发行公司信用类债券[55]7.79万亿元,比上年增加1.92万亿元。

全年保险公司原保险保费收入[56]38017亿元,比上年增长3.9%。其中,寿险业务原保险保费收入20723亿元,健康险和意外伤害险业务原保险保费收入6524亿元,财产险业务原保险保费收入10770亿元。支付各类赔款及给付12298亿元。其中,寿险业务给付4389亿元,健康险和意外伤害险业务赔款及给付2012亿元,财产险业务赔款5897亿元。

九、居民收入消费和社会保障

全年全国居民人均可支配收入28228元，比上年增长8.7%，扣除价格因素，实际增长6.5%。全国居民人均可支配收入中位数[57]24336元，增长8.6%。按常住地分，城镇居民人均可支配收入39251元，比上年增长7.8%，扣除价格因素，实际增长5.6%。城镇居民人均可支配收入中位数36413元，增长7.6%。农村居民人均可支配收入14617元，比上年增长8.8%，扣除价格因素，实际增长6.6%。农村居民人均可支配收入中位数13066元，增长9.2%。按全国居民五等份收入分组[58]，低收入组人均可支配收入6440元，中间偏下收入组人均可支配收入14361元，中间收入组人均可支配收入23189元，中间偏上收入组人均可支配收入36471元，高收入组人均可支配收入70640元。全国农民工人均月收入3721元，比上年增长6.8%。

全年全国居民人均消费支出19853元，比上年增长8.4%，扣除价格因素，实际增长6.2%。按常住地分，城镇居民人均消费支出26112元，增长6.8%，扣除价格因素，实际增长4.6%；农村居民人均消费支出12124元，增长10.7%，扣除价格因素，实际增长8.4%。全国居民恩格尔系数为28.4%，比上年下降0.9个百分点，其中城镇为27.7%，农村为30.1%。

图18 2014-2018年全国居民人均可支配收入及其增长速度

图19 2018年全国居民人均消费支出及其构成

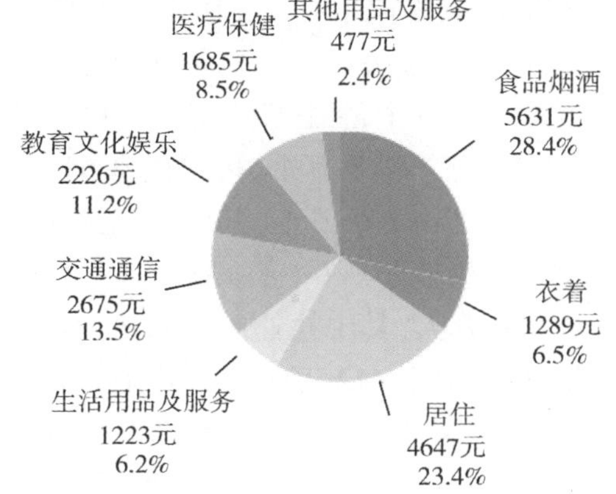

年末全国参加城镇职工基本养老保险人数41848万人，比上年末增加1555万人。参加城乡居民基本养老保险人数52392万人，增加1137万人。参加基本医疗保险人数134452万人，增加16771万人。其中，参加职工基本医疗保险人数31673万人，增加1351万人；参加城乡居民基本医疗保险人数89741万人，增加2382万人。参加失业保险人数19643万人，增加859万人。年末全国领取失业保险金人数223万人。参加工伤保险人数23868万人，增加1145万人，其中参加工伤保险的农民工8085万人，增加278万人。参加生育保险人数20435万人，增加1135万人。年末全国共有1008万人享受城市居民最低生活保障，3520万人享受农村居民最低生活保障，455万人享受农村特困人员[59]救助供养，全年临时救助[60]1075万人次。全年资助4972万人参加基本医疗保险，医疗救助3825万人次。国家抚恤、补助退役军人和其他优抚对象861万人。

年末全国共有各类提供住宿的社会服务机构3.3万个，其中养老服务机构3.0万个，儿童服务机构664个。社会服务床位[61]782.4万张，其中养老服务床位746.3万张，儿童服务床位10.4万张。年末共有社区服务中心2.7万个，社区服务站14.5万个。

十、科学技术和教育

全年研究与试验发展(R&D)经费支出19657亿元，比上年增长11.6%，与国内生产总值之比为2.18%，其中基础研究经费1118亿元。全年国家重点研发计划共安排1052个项目，国家科技重大专项共安排563个课题，国家自然科学基金共资助44504个项目。截至年底，正在运行的国家重点实验室501个，累计建设国家工程研究中心132个，国家工程实验室217个，国家企业技术中心1480家。国家科技成果转化引导基金累计设立21支子基金，资金总规模313亿元。全年境内外专利申请432.3万件，比上年增长16.9%；授予专利权244.7万件，增长33.3%；PCT专利申请受理量[62]为5.5万件。截至年底，有效专利838.1万件，其中境内有效发明专利160.2万件，每万人口发明专利拥有量11.5件。全年共签订技术合同41.2万项，技术合同成交金额17697亿元，比上年增长31.8%。

图20 2014-2018年研究与试验发展（R&D）经费支出及其增长速度

表 16　2018 年专利申请、授权和有效专利情况

指　标	专利数（万件）	比上年增长（%）
专利申请数	432.3	16.9
其中:境内专利申请	412.1	17.3
其中:发明专利申请	154.2	11.6
其中:境内发明专利	138.1	11.9
专利授权数	244.7	33.3
其中:境内专利授权	231.9	36.0
其中:发明专利授权	43.2	2.9
其中:境内发明专利	34.0	6.0
年末有效专利数	838.1	17.3
其中:境内有效专利	739.9	19.3
其中:有效发明专利	236.6	13.5
其中:境内有效发明专利	160.2	18.1

全年成功完成 38 次宇航发射。嫦娥四号探测器成功着陆月球背面并通过中继星将数据传回地球,标志着人类首次月球背面巡视探测任务正式开启;北斗三号基本系统完成建设,开始提供全球服务;我国地震立体观测体系首个天基平台中意电磁监测试验卫星、中法航天合作的首颗卫星中法海洋卫星成功发射。第二艘航母出海试航,国产大型水陆两栖飞机水上首飞,港珠澳大桥正式通车运营。

年末全国共有国家质检中心 791 家。全国现有产品质量、体系和服务认证机构 484 个,累计完成对 63 万家企业的认证。全国共有法定计量技术机构 5030 个,全年强制检定计量器具 10406 万台(件)。全年制定、修订国家标准 2668 项,其中新制定 1935 项。全年制造业产品质量合格率[63]为 93.93%。

全年研究生教育招生 85.8 万人,在学研究生 273.1 万人,毕业生 60.4 万人。普通本专科招生 791.0 万人,在校生 2831.0 万人,毕业生 753.3 万人。中等职业教育[64]招生 557.0 万人,在校生 1555.2 万人,毕业生 487.3 万人。普通高中招生 792.7 万人,在校生 2375.4 万人,毕业生 779.2 万人。初中招生 1602.6 万人,在校生 4652.6 万人,毕业生 1367.8 万人。普通小学招生 1867.3 万人,在校生 10339.3 万人,毕业生 1616.5 万人。特殊教育招生 12.4 万人,在校生 66.6 万人,毕业生 8.1 万人。学前教育在园幼儿 4656.4 万人。九年义务教育巩固率为 94.2%,高中阶段毛入学率为 88.8%。

图21　2014-2018年普通本专科、中等职业教育及普通高中招生人数

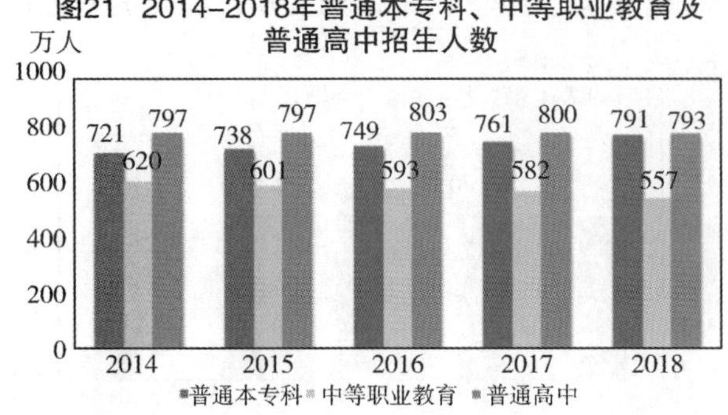

十一、文化旅游、卫生健康和体育

年末全国文化系统共有艺术表演团体 2075 个,博物馆 3331 个。全国共有公共图书馆 3173 个,总流通[65] 84529 万人次;文化馆 3326 个。有线电视实际用户 2.14 亿户,其中有线数字电视实际用户 2.02 亿户。年末广播节目综合人口覆盖率为 98.9%,电视节目综合人口覆盖率为 99.3%。全年生产电视剧 323 部 13726 集,电视动画片 86257 分钟。全年生产故事影片 902 部,科教、纪录、动画和特种影片[66] 180 部。出版各类报纸 340 亿份,各类期刊 24 亿册,图书 95 亿册(张),人均图书拥有量[67] 6.85 册(张)。年末全国共有档案馆 4210 个,已开放各类档案 14016 万卷(件)。

全年国内游客 55.4 亿人次,比上年增长 10.8%;国内旅游收入 51278 亿元,增长 12.3%。入境游客 14120 万人次,增长 1.2%。其中,外国人 3054 万人次,增长 4.7%;香港、澳门和台湾同胞 11066 万人次,增长 0.3%。在入境游客中,过夜游客 6290 万人次,增长 3.6%。国际旅游收入 1271 亿美元,增长 3.0%。国内居民出境 16199 万人次,增长 13.5%。其中因私出境 15502 万人次,增长 14.1%;赴港澳台出境 9919 万人次,增长 14.0%。

图22　2014-2018年国内游客人次及其增长速度

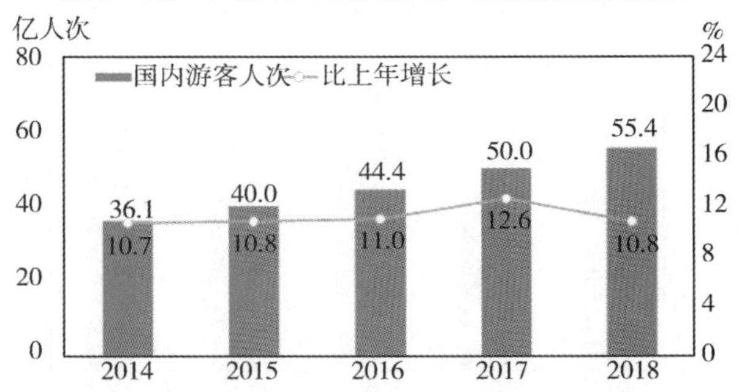

年末全国共有医疗卫生机构 100.4 万个,其中医院 3.2 万个,在医院中有公立医院 1.2 万个,民营医院 2.0 万个;基层医疗卫生机构 95.0 万个,其中乡镇卫生院 3.6 万个,社区卫生服务中心(站)3.5 万个,门诊部(所)24.8 万个,村卫生室 63.0 万个;专业公共卫生机构 1.9 万个,其中疾病预防控制中心 3469 个,卫生监督所(中心)3141 个。年末卫生技术人员 950 万人,其中执业医师和执业助理医师 358 万人,注册护士 412 万人。医疗卫生机构床位 845 万张,其中医院 656 万张,乡镇卫生院 134 万张。全年总诊疗人次[68] 84.2 亿人次,出院人数[69] 2.6 亿人。

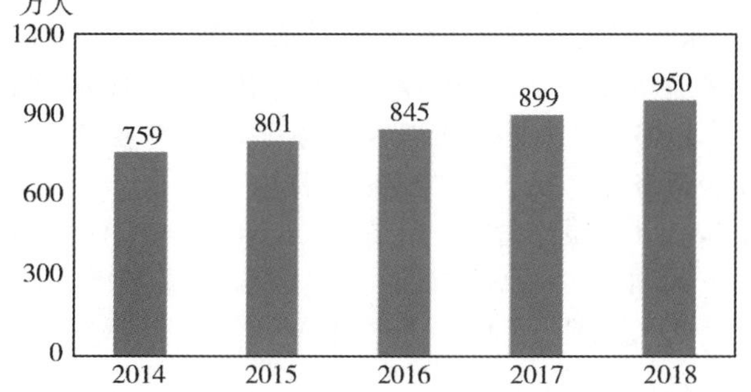

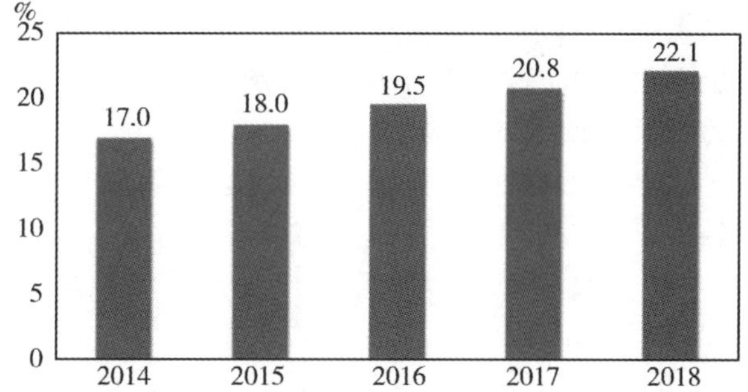

全年我国运动员在24个运动大项中获得118个世界冠军，共创15项世界纪录。全年我国残疾人运动员在20项国际赛事中获得50个世界冠军。

十二、资源、环境和应急管理

全年全国国有建设用地供应总量[70]64.3万公顷，比上年增长6.6%。其中，工矿仓储用地13.2万公顷，增长7.2%；房地产用地[71]14.4万公顷，增长24.6%；基础设施等用地36.8万公顷，增长0.7%。

全年水资源总量27960亿立方米。全年总用水量6110亿立方米，比上年增长1.1%。其中，生活用水增长1.4%，工业用水增长0.6%，农业用水增长1.1%，生态补水增长3.8%。万元国内生产总值用水量[72]73立方米，比上年下降5.1%。万元工业增加值用水量45立方米，下降5.2%。人均用水量439立方米，比上年增长0.6%。

全年完成造林面积707万公顷，其中人工造林面积360万公顷，占全部造林面积的50.9%。森林抚育面积852万公顷。截至年底，国家级自然保护区474个。新增水土流失治理面积5.4万平方公里。

初步核算，全年能源消费总量46.4亿吨标准煤，比上年增长3.3%。煤炭消费量增长1.0%，原油消费量增长6.5%，天然气消费量增长17.7%，电力消费量增长8.5%。煤炭消费量占能源消费总量的59.0%，比上年下降1.4个百分点；天然气、水电、核电、风电等清洁能源消费量占能源消费总量的22.1%，上升1.3个百分点。重点耗能工业企业单位烧碱综合能耗下降0.5%，单位合成氨综合能耗下降0.7%，吨钢综合能耗下降3.3%，单位铜冶炼综合能耗下降4.7%，每千瓦时火力发电标准煤耗下降0.7%。全国万元国内生产总值二氧化碳排放下降4.0%。

近岸海域417个海水水质监测点中，达到国家一、二类海水水质标准的监测点占74.6%，三类海水占6.7%，四类、劣四类海水占18.7%。

在监测的338个地级及以上城市中，城市空气质量达标的城市占35.8%，未达标的城市占64.2%。细颗粒物(PM2.5)未达标城市(基于2015年PM2.5年平均浓度未达标的262个城市)年平均浓度43微克/立方米，比上年下降10.4%。

在开展城市区域声环境监测的323个城市中，声环境质量好的城市占4.0%，较好的占63.5%，一般的占30.7%，较差的占1.2%，差的占0.6%。

全年平均气温为10.09℃，比上年下降0.30℃。共有10个台风登陆。

全年农作物受灾面积2081万公顷，其中绝收259万公顷。全年因洪涝和地质灾害造成直接经济损失1061亿元，因旱灾造成直接经济损失255亿元，因低温冷冻和雪灾造成直接经济损失434亿元，因海洋灾害造成直接经济损失48亿元。全年大陆地区共发生5.0级以上地震16次，成灾11次，造成直接经济损失约30亿元。全年共发生森林火灾2478起，受害森林面积1.6万公顷。

全年各类生产安全事故共死亡34046人。工矿商贸企业就业人员10万人生产安全事故死亡人数1.547人，比上年下降5.6%；煤矿百万吨死亡人数0.093人，下降12.3%。道路交通事故万车死亡人数1.93人，下降6.3%。

注释：

[1]本公报中数据均为初步统计数。各项统计数据均未包括香港特别行政区、澳门特别行政区和台湾省。部分数据因四舍五入的原因，存在总计与分项合计不等的情况。

[2]国内生产总值、各产业增加值、人均国内生产总值和国民总收入绝对数按现价计算，增长速度按不变价格计算。根据第三次全国农业普查结果，对国内生产总值、三次产业增加值比重、全员劳动生产率等历史数据进行了修订。

[3]国民总收入,原称国民生产总值,是指一个国家或地区所有常住单位在一定时期内所获得的初次分配收入总额,等于国内生产总值加上来自国外的初次分配收入净额。

[4]万元国内生产总值能耗按2015年价格计算。

[5]全员劳动生产率为国内生产总值(按2015年价格计算)与全部就业人员的比率。

[6]人户分离的人口是指居住地与户口登记地所在的乡镇街道不一致且离开户口登记地半年及以上的人口。

[7]流动人口是指人户分离人口中扣除市辖区内人户分离的人口。市辖区内人户分离的人口是指一个直辖市或地级市所辖区内和区与区之间,居住地和户口登记地不在同一乡镇街道的人口。

[8]2018年年末,0-14岁(含不满15周岁)人口为23523万人,15-59岁(含不满60周岁)人口为91066万人。

[9]年度农民工数量包括年内在本乡镇以外从业6个月及以上的外出农民工和在本乡镇内从事非农产业6个月及以上的本地农民工两部分。

[10]农产品生产者价格是指农产品生产者直接出售其产品时的价格。

[11]居住类价格包括租赁房房租、住房保养维修及管理、水电燃料等价格。

[12]产能利用率是指实际产出与生产能力(均以价值量计量)的比率。企业的实际产出是指企业报告期内的工业总产值;企业的生产能力是指报告期内,在劳动力、原材料、燃料、运输等保证供给的情况下,生产设备(机械)保持正常运行,企业可实现的、并能长期维持的产品产出。

[13]由于统计制度规定的口径调整、统计执法、剔除重复数据、企业改革剥离等因素,2018年规模以上工业企业财务指标增速及变化按可比口径计算。

[14]工业战略性新兴产业包括节能环保产业,新一代信息技术产业,生物产业,高端装备制造产业,新能源产业,新材料产业,新能源汽车产业等七大产业中的工业相关行业。

[15]高技术制造业包括医药制造业,航空、航天器及设备制造业,电子及通信设备制造业,计算机及办公设备制造业,医疗仪器设备及仪器仪表制造业,信息化学品制造业。

[16]装备制造业包括金属制品业,通用设备制造业,专用设备制造业,汽车制造业,铁路、船舶、航空航天和其他运输设备制造业,电气机械和器材制造业,计算机、通信和其他电子设备制造业,仪器仪表制造业。

[17]规模以上服务业统计范围包括年营业收入1000万元及以上,或年末从业人员50人及以上的交通运输、仓储和邮政业,信息传输、软件和信息技术服务业,房地产业(不含房地产开发经营),租赁和商务服务业,科学研究和技术服务业,水利、环境和公共设施管理业,教育,卫生和社会工作;年营业收入500万元及以上,或年末从业人员50人及以上的居民服务、修理和其他服务业,文化、体育和娱乐业法人单位。

[18]战略性新兴服务业包括节能环保产业,新一代信息技术产业,生物产业,高端装备制造产业,新能源产业,新材料产业,新能源汽车产业等七大产业中的服务业相关行业。

[19]高技术产业投资包括医药制造、航空航天器及设备制造等六大类高技术制造业投资和信息服务、电子商务服务等九大类高技术服务业投资。

[20]工业技术改造投资是指工业企业利用新技术、新工艺、新设备、新材料对现有设施、工艺条件及生产服务等进行改造提升,实现内涵式发展的投资活动。

[21]网上零售额是指通过公共网络交易平台(主要从事实物商品交易的网上平台,包括自建网站和第三方平台)实现的商品和服务零售额。2018年网上零售额增速按可比口径计算。

[22]减贫人口等于当年贫困人口减去上年贫困人口,也相当于当年脱贫人口减去当年返贫人口。

[23]贫困发生率是指贫困人口占目标调查人口的比重。

[24]贫困地区包括集中连片特困地区和片区外的国家扶贫开发工作重点县,原共有832个县。2017年开始将新疆阿克苏地区纳入贫困监测范围。

[25]农、牧、渔业等历史数据根据第三次全国农业普查结果进行了修订。

[26]2017年部分产品产量数据进行了核实调整,2018年产量增速按调整后的可比口径计算。

[27]火电包括燃煤发电量,燃油发电量,燃气发电量,余热、余压、余气发电量,垃圾焚烧发电量,生物质发电量。

[28]钢材产量数据中含企业之间重复加工钢材约21800万吨。

[29]2018年,中国电力企业联合会对发电装机容量统计范围进行了调整,增速按可比口径计算。

[30]少量发电装机容量(如地热等)公报中未列出。

[31]见注释[13]。

[32]2018年部分规模以上港口货物吞吐量统计范围进行调整,扩大至全港企业,相关指标增速按可比口径计算。

[33]旅客运输总量包括铁路、公路、水运、民航营业性旅客运输量，其中公路旅客运输量占70%以上。近年来，随着人们出行方式的变化，居民自驾出行、网络约车及拼车人数增长较快，分流了公路客运量，导致旅客运输总量下降。

[34]邮政行业业务总量按2010年价格计算。

[35]电信业务总量按2015年价格计算。

[36]移动电话交换机容量是指移动电话交换机根据一定话务模型和交换机处理能力计算出来的最大同时服务用户的数量。

[37]固定互联网宽带接入用户是指报告期末在电信企业登记注册，通过xDSL、FTTx + LAN、FTTH/O以及其他宽带接入方式和普通专线接入公众互联网的用户。

[38]固定互联网光纤宽带接入用户是指报告期末在电信企业登记注册，通过FTTH或FTTO方式接入公众互联网的用户。

[39]移动宽带用户是指报告期末在计费系统拥有使用信息，占用3G或4G网络资源的在网用户。

[40]软件和信息技术服务业包括软件开发，集成电路设计，信息系统集成和物联网技术服务，运行维护服务，信息处理和存储支持服务，信息技术咨询服务，数字内容服务和其他信息技术服务等行业。

[41]根据第三次全国农业普查结果及有关制度规定，对2017年社会消费品零售总额及分项基数进行修订，2018年增速按可比口径计算。

[42]根据统计执法检查和第四次全国经济普查单位清查结果，对2017年固定资产投资基数进行一些修订，2018年增速按可比口径计算。

[43]东部地区是指北京、天津、河北、上海、江苏、浙江、福建、山东、广东和海南10省(市)；中部地区是指山西、安徽、江西、河南、湖北和湖南6省；西部地区是指内蒙古、广西、重庆、四川、贵州、云南、西藏、陕西、甘肃、青海、宁夏和新疆12省(区、市)；东北地区是指辽宁、吉林和黑龙江3省。

[44]民间固定资产投资是指具有集体、私营、个人性质的内资企事业单位以及由其控股(包括绝对控股和相对控股)的企业单位建造或购置固定资产的投资。

[45]基础设施投资包括交通运输、邮政业，电信、广播电视和卫星传输服务业，互联网和相关服务业，水利、环境和公共设施管理业投资。

[46]房地产业投资除房地产开发投资外，还包括建设单位自建房屋以及物业管理、中介服务和其他房地产投资。

[47]高速铁路是指线路最大速度200公里/小时及以上的铁路和200公里/小时以下仅运行动车组列车的铁路。

[48]各省(自治区、直辖市)汇总上报截至2018年12月底建档立卡贫困户农村危房改造实际竣工数。

[49]“一带一路”是指“丝绸之路经济带”和“21世纪海上丝绸之路”。

[50]服务进出口按照《国际收支手册(第六版)》标准统计，增速按可比口径计算。

[51]社会融资规模增量是指一定时期内实体经济从金融体系获得的资金总额。

[52]社会融资规模存量是指一定时期末(月末、季末或年末)实体经济从金融体系获得的资金余额。

[53]境内股票市场筹资额按上市日统计。

[54]全国中小企业股份转让系统又称“新三板”，是2012年经国务院批准设立的全国性证券交易场所。全年全国中小企业股份转让系统挂牌公司累计筹资不含优先股。

[55]公司信用类债券包括非金融企业债务融资工具、企业债券以及公司债、可转债等。

[56]原保险保费收入是指保险企业确认的原保险合同保费收入。

[57]人均收入中位数是指将所有调查户按人均收入水平从低到高(或从高到低)顺序排列，处于最中间位置调查户的人均收入。

[58]全国居民五等份收入分组是指将所有调查户按人均收入水平从高到低顺序排列，平均分为五个等份，处于最高20%的收入群体为高收入组，依此类推依次为中间偏上收入组、中间收入组、中间偏下收入组、低收入组。

[59]农村特困人员是指无劳动能力，无生活来源，无法定赡养、抚养、扶养义务人或者其法定义务人无履行义务能力的农村老年人、残疾人以及未满16周岁的未成年人。

[60]临时救助是国家对遭遇突发事件、意外伤害、重大疾病或其他特殊原因导致基本生活陷入困境，其他社会救助制度暂时无法覆盖或救助之后基本生活暂时仍有严重困难的家庭或个人给予的应急性、过渡性的救助。

[61]社会服务床位数除收养性机构外，还包括救助类机构、社区类机构以及军休所、军供站等机构的床位。

[62]PCT专利申请受理量是指国家知识产权局作为PCT专利申请受理局受理的PCT专利申请数量。PCT(PatentCooperationTreaty)即专利合作条约，是专利领域的一项国际合作条约。

[63]制造业产品质量合格率是指以产品质量

检验为手段，按照规定的方法、程序和标准实施质量抽样检测，判定为质量合格的样品数占全部抽样样品数的百分比，统计调查样本覆盖制造业的29个行业。

[64]中等职业教育包括普通中专、成人中专、职业高中和技工学校。

[65]总流通人次是指本年度内到图书馆场馆接受图书馆服务的总人次，包括借阅书刊、咨询问题以及参加各类读者活动等。

[66]特种影片是指那些采用与常规影院放映在技术、设备、节目方面不同的电影展示方式，如巨幕电影、立体电影、立体特效(4D)电影、动感电影、球幕电影等。

[67]人均图书拥有量是指在一年内全国平均每人能拥有的当年出版图书册数。

[68]总诊疗人次指所有诊疗工作的总人次数，包括门诊、急诊、出诊、预约诊疗、单项健康检查、健康咨询指导(不含健康讲座)人次。

[69]出院人数指报告期内所有住院后出院的人数，包括医嘱离院、医嘱转其他医疗机构、非医嘱离院、死亡及其他人数，不含家庭病床撤床人数。

[70]国有建设用地供应总量是指报告期内市、县人民政府根据年度土地供应计划依法以出让、划拨、租赁等方式将土地使用权提供给单位或个人使用的国有建设用地总量。

[71]房地产用地是指商服用地和住宅用地的总和。

[72]万元国内生产总值用水量、万元工业增加值用水量按2015年价格计算。

资料来源：

本公报中户籍人口城镇化率、民用汽车、道路交通事故数据来自公安部；城镇新增就业、登记失业率、社会保障、技工学校数据来自人力资源和社会保障部；外汇储备、汇率数据来自国家外汇管理局；水产品产量数据来自农业农村部；木材产量、造林面积、森林抚育面积、国家级自然保护区数据来自国家林业和草原局；灌溉面积、水资源、水土流失治理面积数据来自水利部；发电装机容量、新增220千伏及以上变电设备数据来自中国电力企业联合会；港口货物吞吐量、港口集装箱吞吐量、公路运输、水运、新改建公路里程、港口万吨级码头泊位新增通过能力数据来自交通运输部；铁路运输、新建铁路投产里程、增新建铁路复线投产里程、电气化铁路投产里程数据来自中国铁路总公司；民航、新增民用运输机场数据来自中国民用航空局；管道数据来自中国石油天然气集团有限公司、中国石油化工集团有限公司、中国海洋石油集团有限公司；邮政业务数据来自国家邮政局；通信业、软件业务收入、新增光缆线路长度等数据来自工业和信息化部；棚户区改造、农村地区建档立卡贫困户危房改造数据来自住房和城乡建设部；货物进出口数据来自海关总署；服务进出口、外商直接投资、对外直接投资、对外承包工程、对外劳务合作等数据来自商务部；财政数据来自财政部；货币金融、公司信用类债券数据来自中国人民银行；境内交易场所筹资数据来自中国证券监督管理委员会；保险业数据来自中国银行保险监督管理委员会；医疗保险、资助参加基本医疗保险、医疗救助数据来自国家医疗保障局；城乡低保、农村特困人员救助供养、临时救助、社会服务数据来自民政部；优抚对象数据来自退役军人事务部；国家重点研发计划、国家科技重大专项、国家重点实验室、科技成果转化引导基金、技术合同等数据来自科学技术部；国家自然科学基金项目数据来自国家自然科学基金委员会；国家工程研究中心、国家工程实验室、国家企业技术中心等数据来自国家发展和改革委员会；专利数据来自国家知识产权局；宇航发射数据来自国家国防科技工业局；质量检验、国家标准制定修订、制造业产品质量合格率数据来自国家市场监督管理总局；教育数据来自教育部；艺术表演团体、博物馆、公共图书馆、文化馆、图书、旅游数据来自文化和旅游部；电视、广播数据来自国家广播电视总局；电影数据来自国家电影局；报纸、期刊数据来自国家新闻出版署；档案数据来自国家档案局；居民出境数据来自国家移民管理局；医疗卫生数据来自国家卫生健康委员会；体育数据来自国家体育总局；残疾人运动员数据来自中国残疾人联合会；国有建设用地供应、海洋灾害造成直接经济损失数据来自自然资源部；万元国内生产总值二氧化碳排放、环境监测等数据来自生态环境部；平均气温、登陆台风数据来自中国气象局；农作物受灾面积、洪涝和地质灾害造成直接经济损失、旱灾造成直接经济损失、低温冷冻和雪灾造成直接经济损失、森林火灾、受害森林面积、安全生产数据来自应急管理部；地震次数、地震灾害造成直接经济损失数据来自中国地震局；其他数据均来自国家统计局。

各省(市、区)按三次产业分法人单位数

(2018年)

单位:个

地区	法人单位	第一产业	第二产业	第三产业
全国	**22 009 092**	**1 670 774**	**4 731 349**	**15 606 969**
北京	719 624	9 008	55 793	654 823
天津	444 546	12 322	84 250	347 974
河北	1 147 414	89 801	290 623	766 990
山西	600 802	99 121	77 335	424 346
内蒙古	328 901	53 418	45 915	229 568
辽宁	655 309	30 723	144 177	480 409
吉林	209 045	19 420	40 508	149 117
黑龙江	335 310	47 322	53 021	234 967
上海	484 495	6 375	101 788	376 332
江苏	2 356 034	49 738	702 204	1 604 092
浙江	1 792 465	65 778	536 493	1 190 194
安徽	872 865	93 247	185 151	594 467
福建	870 050	50 706	198 812	620 532
江西	**573 013**	**60 700**	**123 257**	**389 056**
山东	2 015 001	114 194	471 201	1 429 606
河南	964 944	76 844	174 154	713 946
湖北	943 502	85 154	170 969	687 379
湖南	685 025	60 149	118 652	506 224
广东	1 955 087	37 645	566 416	1 351 026
广西	539 342	77 842	64 913	396 587
海南	100 398	11 912	13 063	75 423
重庆	598 575	105 628	87 381	405 566
四川	629 919	71 812	97 894	460 213
贵州	447 650	97 661	79 790	270 199
云南	579 001	103 864	70 301	404 836
西藏	26 600	589	4 023	21 988
陕西	462 710	50 032	82 057	330 621
甘肃	222 361	36 953	28 440	156 968
青海	108 773	21 704	15 415	71 654
宁夏	90 563	13 909	13 422	63 232
新疆	249 768	17 203	33 931	198 634

各省(市、区)年末总人口

单位:万人

地　　区	2012	2013	2014	2015	2016	2017	2018
全　　国	**135 404**	**136 072**	**136 782**	**137 462**	**138 271**	**139 008**	**139 538**
北　　京	2 069	2 115	2 152	2 171	2 173	2 171	2 154
天　　津	1 413	1 472	1 517	1 547	1 562	1 557	1 560
河　　北	7 288	7 333	7 384	7 425	7 470	7 520	7 556
山　　西	3 611	3 630	3 648	3 664	3 682	3 702	3 718
内 蒙 古	2 490	2 498	2 505	2 511	2 520	2 529	2 534
辽　　宁	4 389	4 390	4 391	4 382	4 378	4 369	4 359
吉　　林	2 750	2 751	2 752	2 753	2 733	2 717	2 704
黑 龙 江	3 834	3 835	3 833	3 812	3 799	3 789	3 773
上　　海	2 380	2 415	2 426	2 415	2 420	2 418	2 424
江　　苏	7 920	7 939	7 960	7 976	7 999	8 029	8 051
浙　　江	5 477	5 498	5 508	5 539	5 590	5 657	5 737
安　　徽	5 988	6 030	6 083	6 144	6 196	6 255	6 324
福　　建	3 748	3 774	3 806	3 839	3 874	3 911	3 941
江　　西	**4 504**	**4 522**	**4 542**	**4 566**	**4 592**	**4 622**	**4 648**
山　　东	9 685	9 733	9 789	9 847	9 947	10 006	10 047
河　　南	9 406	9 413	9 436	9 480	9 532	9 559	9 605
湖　　北	5 779	5 799	5 816	5 852	5 885	5 902	5 917
湖　　南	6 639	6 691	6 737	6 783	6 822	6 860	6 899
广　　东	10 594	10 644	10 724	10 849	10 999	11 169	11 346
广　　西	4 682	4 719	4 754	4 796	4 838	4 885	4 926
海　　南	887	895	903	911	917	926	934
重　　庆	2 945	2 970	2 991	3 017	3 048	3 075	3 102
四　　川	8 076	8 107	8 140	8 204	8 262	8 302	8 341
贵　　州	3 484	3 502	3 508	3 530	3 555	3 580	3 600
云　　南	4 659	4 687	4 714	4 742	4 771	4 801	4 830
西　　藏	308	312	318	324	331	337	344
陕　　西	3 753	3 764	3 775	3 793	3 813	3 835	3 864
甘　　肃	2 578	2 582	2 591	2 600	2 610	2 626	2 637
青　　海	573	578	583	588	593	598	603
宁　　夏	647	654	662	668	675	682	688
新　　疆	2 233	2 264	2 298	2 360	2 398	2 445	2 487

注:本表数据根据年度人口抽样调查推算。全国数据包括中国人民解放军现役军人数,但不包括香港、澳门特别行政区和台湾地区数据;分省数据中未包括中国人民解放军现役军人数。

各省(市、区)年末城镇人口比重

单位:%

地　　区	2012	2013	2014	2015	2016	2017	2018
全　　国	**52.57**	**53.73**	**54.77**	**56.10**	**57.35**	**58.52**	**59.58**
北　　京	86.20	86.30	86.35	86.50	86.50	86.50	86.50
天　　津	81.55	82.01	82.27	82.64	82.93	82.93	83.15
河　　北	46.80	48.12	49.33	51.33	53.32	55.01	56.43
山　　西	51.26	52.56	53.79	55.03	56.21	57.34	58.41
内 蒙 古	57.74	58.71	59.51	60.30	61.19	62.02	62.71
辽　　宁	65.65	66.45	67.05	67.35	67.37	67.49	68.10
吉　　林	53.70	54.20	54.81	55.31	55.97	56.65	57.53
黑 龙 江	56.90	57.40	58.01	58.80	59.20	59.40	60.10
上　　海	89.30	89.60	89.60	87.60	87.90	87.70	88.10
江　　苏	63.00	64.11	65.21	66.52	67.72	68.76	69.61
浙　　江	63.20	64.00	64.87	65.80	67.00	68.00	68.90
安　　徽	46.50	47.86	49.15	50.50	51.99	53.49	54.69
福　　建	59.60	60.77	61.80	62.60	63.60	64.80	65.82
江　　西	**47.51**	**48.87**	**50.22**	**51.62**	**53.10**	**54.60**	**56.02**
山　　东	52.43	53.75	55.01	57.01	59.02	60.58	61.18
河　　南	42.43	43.80	45.20	46.85	48.50	50.16	51.71
湖　　北	53.50	54.51	55.67	56.85	58.10	59.30	60.30
湖　　南	46.65	47.96	49.28	50.89	52.75	54.62	56.02
广　　东	67.40	67.76	68.00	68.71	69.20	69.85	70.70
广　　西	43.53	44.81	46.01	47.06	48.08	49.21	50.22
海　　南	51.60	52.74	53.76	55.12	56.78	58.04	59.06
重　　庆	56.98	58.34	59.60	60.94	62.60	64.08	65.50
四　　川	43.53	44.90	46.30	47.69	49.21	50.79	52.29
贵　　州	36.41	37.83	40.01	42.01	44.15	46.02	47.52
云　　南	39.31	40.48	41.73	43.33	45.03	46.69	47.81
西　　藏	22.75	23.71	25.75	27.74	29.56	30.89	31.14
陕　　西	50.02	51.31	52.57	53.92	55.34	56.79	58.13
甘　　肃	38.75	40.13	41.68	43.19	44.69	46.39	47.69
青　　海	47.44	48.51	49.78	50.30	51.63	53.07	54.47
宁　　夏	50.67	52.01	53.61	55.23	56.29	57.98	58.88
新　　疆	43.98	44.47	46.07	47.23	48.35	49.38	50.91

注:本表数据根据年度人口抽样调查推算。

各省(市、区)生产总值

(2018 年)

地　　区	地区生产总值(亿元)	第一产业	第二产业	第三产业	地区生产总值指数(上年=100)	人均地区生产总值(元)	人均地区生产总值指数(上年=100)
全　　国	**900 310**	**64 734**	**366 001**	**469 575**	**106.6**	**64 644**	**106.1**
北　　京	30 320	119	5 648	24 554	106.6	140 211	107.1
天　　津	18 810	173	7 610	11 027	103.6	120 711	103.7
河　　北	36 010	3 338	16 040	16 632	106.6	47 772	106.0
山　　西	16 818	741	7 089	8 988	106.7	45 328	106.2
内 蒙 古	17 289	1 754	6 807	8 728	105.3	68 302	105.0
辽　　宁	25 315	2 033	10 025	13 257	105.7	58 008	105.9
吉　　林	15 075	1 161	6 411	7 503	104.5	55 611	105.0
黑 龙 江	16 362	3 001	4 031	9 330	104.7	43 274	105.0
上　　海	32 680	104	9 733	22 843	106.6	134 982	106.5
江　　苏	92 595	4 142	41 249	47 205	106.7	115 168	106.3
浙　　江	56 197	1 967	23 506	30 724	107.1	98 643	105.7
安　　徽	30 007	2 638	13 842	13 527	108.0	47 712	106.9
福　　建	35 804	2 380	17 232	16 192	108.3	91 197	107.4
江　　西	**21 985**	**1 877**	**10 250**	**9 857**	**108.7**	**47 434**	**108.1**
山　　东	76 470	4 951	33 642	37 877	106.4	76 267	105.9
河　　南	48 056	4 289	22 035	21 732	107.6	50 152	107.2
湖　　北	39 367	3 548	17 089	18 730	107.8	66 616	107.5
湖　　南	36 426	3 084	14 454	18 889	107.8	52 949	107.2
广　　东	97 278	3 831	40 695	52 751	106.8	86 412	105.1
广　　西	20 353	3 019	8 073	9 260	106.8	41 489	105.8
海　　南	4 832	1 000	1 096	2 736	105.8	51 955	104.8
重　　庆	20 363	1 378	8 329	10 656	106.0	65 933	105.1
四　　川	40 678	4 427	15 323	20 929	108.0	48 883	107.4
贵　　州	14 806	2 160	5 756	6 891	109.1	41 244	108.4
云　　南	17 881	2 499	6 957	8 425	108.9	37 136	108.2
西　　藏	1 478	130	628	719	109.1	43 397	107.0
陕　　西	24 438	1 830	12 157	10 451	108.3	63 477	107.5
甘　　肃	8 246	921	2 795	4 530	106.3	31 336	105.8
青　　海	2 865	268	1 247	1 350	107.2	47 689	106.3
宁　　夏	3 705	280	1 650	1 775	107.0	54 094	106.0
新　　疆	12 199	1 692	4 923	5 584	106.1	49 475	104.1

注:本表绝对量按当年价格计算,指数按不变价格计算。

各省(市、区)固定资产投资(不含农户)增长速度

单位:%

地　区	2015	2016	2017	2018
全　　国	**10.0**	**8.1**	**7.2**	**5.9**
北　　京	8.3	5.9	5.3	-5.5
天　　津	12.6	8.0	0.5	-5.6
河　　北	10.6	8.4	5.3	6.0
山　　西	14.8	0.8	6.3	5.7
内 蒙 古	0.1	10.1	-7.2	-28.3
辽　　宁	-27.8	-63.5	0.1	3.7
吉　　林	12.6	10.1	1.4	1.6
黑 龙 江	3.6	5.5	6.2	-4.7
上　　海	5.6	6.3	7.2	5.2
江　　苏	10.5	7.5	7.5	5.5
浙　　江	13.2	10.9	8.6	7.1
安　　徽	12.0	11.7	11.0	11.8
福　　建	17.4	9.3	13.9	11.5
江　　西	**16.0**	**14.0**	**12.3**	**11.1**
山　　东	13.9	10.5	7.3	4.1
河　　南	16.5	13.7	10.4	8.1
湖　　北	16.2	13.1	11.0	11.0
湖　　南	18.2	13.8	13.1	10.0
广　　东	15.9	10.0	13.5	10.7
广　　西	17.8	12.8	12.8	10.8
海　　南	10.4	11.7	10.1	-12.5
重　　庆	17.0	12.1	9.5	7.0
四　　川	10.2	13.1	10.6	10.2
贵　　州	21.6	21.1	20.1	15.8
云　　南	18.0	19.8	18.0	11.6
西　　藏	21.2	23.2	23.8	9.8
陕　　西	8.3	12.3	14.6	10.4
甘　　肃	11.2	10.5	-40.3	-3.9
青　　海	12.7	9.9	10.5	7.3
宁　　夏	10.7	8.2	3.0	-18.2
新　　疆	10.1	-5.1	20.0	-25.2

各省(市、区)建筑业总产值和房屋建筑面积

(2018 年)

地　区	总产值(亿元)	施工面积(万平方米)	#新开工面积	竣工面积(万平方米)	#住　宅
全　国	**235 085.5**	**1 408 920.4**	**558 778.2**	**413 508.8**	**278 410.0**
北　京	10 939.8	71 969.3	22 275.9	9 771.3	6 029.6
天　津	3 791.1	13 379.9	4 249.3	2 119.6	1 363.6
河　北	5 740.3	35 665.3	13 945.9	9 054.4	6 689.8
山　西	4 071.5	16 651.8	5 661.3	3 692.6	2 569.5
内蒙古	1 040.1	5 369.2	2 579.8	1 699.8	1 341.9
辽　宁	3 528.4	13 659.8	5 278.6	4 310.0	3 129.8
吉　林	2 183.6	8 504.3	4 459.2	3 132.4	2 067.7
黑龙江	1 194.3	3 765.4	1 789.3	1 438.5	1 014.8
上　海	7 072.2	47 577.4	15 552.9	7 960.1	4 201.1
江　苏	30 846.7	249 176.8	94 694.9	74 806.3	54 411.4
浙　江	28 756.2	214 499.4	86 608.2	62 123.3	36 081.3
安　徽	7 888.5	46 758.4	17 734.6	15 894.5	10 729.1
福　建	11 548.8	72 626.8	24 978.7	17 294.2	11 362.4
江　西	**6 993.4**	**33 274.7**	**16 995.1**	**15 638.5**	**10 092.5**
山　东	12 898.3	81 483.6	36 765.1	22 255.7	15 412.2
河　南	11 360.5	63 789.7	28 281.1	20 623.9	14 714.8
湖　北	15 133.9	88 238.1	39 786.8	32 691.9	22 708.4
湖　南	9 581.4	59 247.4	24 462.8	19 929.3	13 473.6
广　东	13 714.4	73 731.3	25 825.2	18 536.5	12 924.6
广　西	4 671.7	26 494.8	9 273.6	8 723.5	5 405.4
海　南	339.2	2 202.3	638.0	594.9	381.6
重　庆	7 819.4	35 140.0	15 156.0	13 780.1	9 835.9
四　川	12 983.8	58 007.4	26 652.9	20 876.7	15 549.8
贵　州	3 330.0	16 660.9	5 691.8	4 904.3	3 186.1
云　南	5 458.5	19 224.4	9 828.0	7 514.7	4 799.8
西　藏	172.8	518.5	296.3	144.5	69.4
陕　西	7 120.2	29 645.2	10 535.6	7 071.9	4 835.1
甘　肃	1 796.4	9 992.4	4 062.7	2 648.5	1 799.8
青　海	435.1	990.6	436.6	451.6	208.4
宁　夏	565.0	2 334.5	1 127.0	801.5	466.8
新　疆	2 110.1	8 341.1	3 155.2	3 023.9	1 554.3

各省(市、区)房地产开发企业投资、土地购置面积和成交价款

(2018年)

地　　区	房地产开发投资(亿元)	#住宅	#办公楼	#商业营业用房	#其它	土地购置面积(万平方米)	土地成交价款(亿元)
全　　国	**120 263.5**	**85 192.2**	**5 996.3**	**14 177.1**	**14 897.8**	**29 141.6**	**16 102.2**
北　　京	3 873.4	2 026.1	522.2	315.0	1 010.1	218.2	503.3
天　　津	2 424.5	1 863.5	59.4	146.2	355.4	226.3	348.3
河　　北	4 476.4	3 471.1	172.2	469.0	364.0	1 150.9	280.9
山　　西	1 376.6	1 033.8	36.8	153.2	152.9	287.8	81.9
内 蒙 古	882.8	642.0	18.6	140.7	81.5	362.6	56.9
辽　　宁	2 599.3	1 944.5	37.8	338.4	278.7	809.9	294.7
吉　　林	1 175.9	841.0	53.2	179.8	101.8	769.1	227.3
黑 龙 江	944.4	647.8	31.2	160.7	104.7	246.1	80.1
上　　海	4 033.2	2 225.9	692.7	461.4	653.1	144.6	221.8
江　　苏	10 982.3	8 366.2	400.7	1 198.0	1 017.4	2 508.8	1 723.9
浙　　江	9 944.9	7 156.5	382.7	788.2	1 617.6	3 026.0	3 002.8
安　　徽	5 974.1	4 563.4	187.0	794.1	429.7	2 939.0	1 337.7
福　　建	4 940.3	3 456.9	215.5	457.6	810.3	1 286.8	1 165.1
江　　西	**2 174.9**	**1 590.6**	**76.4**	**343.8**	**164.1**	**534.7**	**242.5**
山　　东	7 553.0	5 717.5	305.7	806.4	723.4	2 709.2	917.5
河　　南	7 015.5	5 387.6	251.2	781.1	595.6	1 018.4	498.9
湖　　北	4 693.1	3 464.6	241.7	552.5	434.3	954.3	317.5
湖　　南	3 945.9	2 764.5	124.2	590.6	466.7	1 428.6	456.9
广　　东	14 412.2	9 757.9	1 178.9	1 416.7	2 058.8	1 968.4	1 900.2
广　　西	3 004.1	2 217.5	98.1	320.5	368.0	603.0	201.2
海　　南	1 715.0	1 310.5	37.4	171.0	196.0	123.2	47.9
重　　庆	4 248.8	3 012.6	104.8	564.7	566.6	1 260.9	625.6
四　　川	5 697.9	3 764.7	210.5	1 000.6	722.0	1 520.1	743.0
贵　　州	2 349.2	1 557.8	85.9	422.3	283.3	596.6	139.8
云　　南	3 247.2	2 115.2	106.3	552.9	472.9	571.6	159.5
西　　藏	92.6	50.0	1.8	21.0	19.9	33.0	3.7
陕　　西	3 534.7	2 411.6	234.6	462.2	426.3	794.8	237.2
甘　　肃	1 116.4	672.3	55.6	211.4	177.1	181.0	35.8
青　　海	351.8	215.9	16.4	71.3	48.2	56.4	19.5
宁　　夏	449.6	300.4	12.9	90.4	45.9	144.9	16.1
新　　疆	1 033.4	642.5	44.0	195.4	151.5	666.5	214.6

各省(市、区)房地产开发企业房屋施工、竣工面积

(2018 年)

单位:万平方米

地　　区	房屋施工面积	#住　宅	#新开工面积	#住　宅	房屋竣工面积	#住　宅
全　　国	**822 300.2**	**569 986.7**	**209 341.8**	**153 352.6**	**93 550.1**	**66 015.7**
北　　京	12 962.6	5 877.1	2 321.1	1 233.6	1 557.9	731.2
天　　津	10 324.4	7 151.2	2 479.3	1 862.9	2 092.2	1 522.3
河　　北	28 172.1	21 452.6	8 390.1	6 443.6	2 390.4	1 917.2
山　　西	16 949.6	12 314.8	3 872.5	2 957.2	1 407.9	1 094.5
内 蒙 古	15 053.7	9 926.0	3 024.3	2 154.0	1 415.7	1 014.0
辽　　宁	24 216.8	17 742.3	3 961.7	3 118.6	2 273.9	1 711.4
吉　　林	12 079.5	8 398.1	2 478.0	1 752.8	1 520.0	1 105.4
黑 龙 江	10 588.2	7 684.0	2 494.7	1 857.0	1 203.5	920.5
上　　海	14 672.4	7 520.4	2 687.2	1 473.2	3 115.8	1 730.3
江　　苏	62 673.5	46 328.9	16 821.3	12 902.3	8 536.3	6 360.0
浙　　江	44 537.1	27 437.2	12 879.3	8 765.6	5 189.7	3 047.8
安　　徽	41 128.3	29 191.1	10 849.6	8 454.7	4 488.4	3 184.2
福　　建	32 826.0	21 031.6	7 205.4	5 073.7	3 739.0	2 347.2
江　　西	**20 738.6**	**15 246.9**	**5 801.5**	**4 454.7**	**2 031.8**	**1 510.5**
山　　东	69 063.1	50 789.5	18 732.2	13 940.8	10 512.6	8 057.1
河　　南	54 685.6	41 349.9	14 677.7	11 431.1	6 655.2	5 074.1
湖　　北	31 315.6	23 397.5	8 495.3	6 698.7	2 774.0	2 091.7
湖　　南	35 781.5	25 985.6	11 127.7	8 420.8	4 161.0	3 075.0
广　　东	79 935.1	54 791.2	19 144.1	13 593.1	7 615.2	5 216.1
广　　西	25 399.0	18 522.8	6 059.3	4 672.1	2 192.9	1 654.5
海　　南	9 574.6	7 058.9	1 944.6	1 520.6	1 186.8	987.4
重　　庆	27 226.6	17 859.4	7 386.2	5 145.2	4 083.5	2 784.6
四　　川	44 065.9	28 540.4	14 094.4	9 734.5	5 635.3	3 707.6
贵　　州	21 953.3	13 985.4	5 689.2	3 983.8	1 279.6	841.6
云　　南	21 800.4	14 243.5	4 738.3	3 386.8	1 447.3	1 047.6
西　　藏	358.6	225.0	193.1	128.5	49.9	38.7
陕　　西	24 618.0	17 479.7	5 451.8	3 979.6	1 524.7	1 036.2
甘　　肃	9 428.5	6 167.6	2 443.0	1 611.5	752.3	498.7
青　　海	2 549.2	1 582.6	513.8	331.8	319.9	187.4
宁　　夏	6 047.8	3 821.2	994.6	681.6	1 214.0	843.8
新　　疆	11 574.7	6 884.4	2 390.7	1 588.2	1 183.5	677.0

各省(市、区)房地产开发企业商品房销售面积、销售额和待售面积

(2018年)

地区	商品房销售面积(万平方米)	#住宅	商品房销售额(亿元)	#住宅	商品房待售面积(万平方米)	#住宅
全国	**171 654.4**	**147 929.4**	**149 972.7**	**126 392.6**	**52 413.5**	**25 091.1**
北京	696.2	526.8	2 377.0	1 971.1	2 153.3	833.7
天津	1 249.9	1 140.7	2 006.6	1 816.5	640.4	293.4
河北	5 251.9	4 714.4	4 035.0	3 567.3	918.1	610.9
山西	2 360.9	2 215.6	1 610.6	1 473.2	984.8	639.3
内蒙古	2 007.7	1 702.4	1 113.9	909.0	1 241.7	734.9
辽宁	3 934.6	3 554.8	2 967.3	2 615.8	3 248.8	2 180.6
吉林	2 074.5	1 813.8	1 452.4	1 233.5	1 253.7	689.6
黑龙江	1 913.3	1 665.6	1 320.3	1 112.3	1 752.9	1 007.3
上海	1 767.0	1 333.3	4 751.5	3 864.0	2 196.8	651.6
江苏	13 484.2	12 040.7	14 527.3	12 693.9	4 993.7	2 491.2
浙江	9 755.5	7 936.2	14 089.8	12 096.3	2 597.7	859.0
安徽	10 038.4	8 901.2	7 077.0	6 174.8	1 682.6	777.6
福建	6 213.4	4 781.6	6 579.5	5 074.5	1 879.1	522.9
江西	**6 200.7**	**5 389.0**	**4 219.9**	**3 524.3**	**950.5**	**497.7**
山东	13 454.7	11 755.4	10 065.7	8 682.8	2 640.0	1 432.4
河南	13 990.5	12 482.9	8 055.3	6 903.8	2 800.9	1 912.4
湖北	8 865.4	8 101.7	7 531.4	6 591.4	1 769.4	962.7
湖南	9 239.1	7 997.9	5 354.0	4 377.4	1 720.5	804.8
广东	14 336.3	12 075.1	18 742.1	15 595.3	4 971.3	2 358.0
广西	6 212.9	5 589.9	3 826.5	3 330.7	1 380.2	792.5
海南	1 432.2	1 298.8	2 083.3	1 832.0	642.3	443.9
重庆	6 536.2	5 424.8	5 272.7	4 442.9	1 750.7	383.6
四川	12 210.7	9 895.3	8 532.3	6 621.2	2 397.8	584.1
贵州	5 182.0	4 441.4	2 921.0	2 278.1	752.7	295.7
云南	4 531.9	3 643.9	3 406.8	2 690.8	1 157.8	501.8
西藏	73.4	62.1	52.8	42.9	23.2	9.7
陕西	4 118.6	3 545.6	3 407.4	2 808.8	727.0	336.7
甘肃	1 595.7	1 438.0	922.3	774.6	803.9	467.8
青海	447.9	377.4	289.9	224.1	137.3	64.6
宁夏	1 026.5	888.0	517.7	420.6	939.1	384.6
新疆	1 452.2	1 195.1	863.3	648.6	1 305.3	566.0

各省(市、区)社会消费品零售总额

单位:亿元

地　　区	2013	2014	2015	2016	2017	2018
全　　国	**242 843**	**271 896**	**300 931**	**332 316**	**366 262**	**380 987**
北　　京	8 872	9 638	10 338	11 005	11 575	11 748
天　　津	4 470	4 739	5 257	5 636	5 730	5 533
河　　北	10 517	11 820	12 991	14 365	15 908	16 537
山　　西	5 139	5 718	6 034	6 481	6 918	7 339
内 蒙 古	5 114	5 658	6 108	6 701	7 160	7 311
辽　　宁	10 581	11 857	12 787	13 414	13 807	14 143
吉　　林	5 426	6 081	6 652	7 310	7 856	7 520
黑 龙 江	6 251	7 015	7 640	8 403	9 099	9 317
上　　海	8 557	9 303	10 132	10 947	11 830	12 669
江　　苏	20 878	23 458	25 877	28 707	31 737	33 230
浙　　江	15 971	17 835	19 785	21 971	24 309	25 008
安　　徽	7 045	7 957	8 908	10 000	11 193	12 100
福　　建	8 275	9 347	10 506	11 675	13 013	14 317
江　　西	**4 696**	**5 293**	**5 926**	**6 635**	**7 448**	**7 566**
山　　东	22 295	25 112	27 761	30 646	33 649	33 605
河　　南	12 427	14 005	15 740	17 618	19 667	20 595
湖　　北	11 036	12 449	14 003	15 649	17 394	18 334
湖　　南	9 510	10 723	12 024	13 437	14 855	15 638
广　　东	25 454	28 471	31 518	34 739	38 200	39 501
广　　西	5 133	5 773	6 348	7 027	7 813	8 292
海　　南	1 091	1 225	1 325	1 454	1 619	1 717
重　　庆	5 056	5 711	6 424	7 271	8 068	7 977
四　　川	11 001	12 393	13 878	15 602	17 481	18 255
贵　　州	2 601	2 937	3 283	3 709	4 154	3 971
云　　南	4 113	4 633	5 103	5 723	6 423	6 826
西　　藏	322	365	409	459	523	598
陕　　西	5 245	5 919	6 578	7 368	8 236	8 938
甘　　肃	2 369	2 668	2 907	3 184	3 427	3 428
青　　海	550	621	691	767	839	836
宁　　夏	669	737	790	850	930	936
新　　疆	2 179	2 436	2 606	2 826	3 045	3 187

各省(市、区)货物进出口总额

地区	人民币数(亿元)			美元数(亿美元)		
	2016	2017	2018	2016	2017	2018
全　　国	**243 386**	**278 101**	**305 050**	**36 856**	**41 072**	**46 230**
北　　京	18 649	21 944	27 181	2 823	3 240	4 124
天　　津	6 776	7 645	8 079	1 027	1 129	1 225
河　　北	3 078	3 379	3 552	467	499	539
山　　西	1 100	1 163	1 370	167	172	208
内 蒙 古	769	941	1 034	116	139	157
辽　　宁	5 712	6 749	7 546	866	996	1 144
吉　　林	1 218	1 255	1 363	185	185	207
黑 龙 江	1 094	1 282	1 748	165	190	264
上　　海	28 662	32 243	34 009	4 338	4 762	5 156
江　　苏	33 614	39 997	43 802	5 093	5 908	6 640
浙　　江	22 207	25 605	28 519	3 366	3 779	4 325
安　　徽	2 936	3 657	4 151	444	540	630
福　　建	10 345	11 590	12 354	1 568	1 710	1 875
江　　西	**2 638**	**3 011**	**3 165**	**400**	**443**	**482**
山　　东	15 477	17 923	19 302	2 344	2 646	2 924
河　　南	4 714	5 234	5 513	712	776	828
湖　　北	2 600	3 136	3 487	394	463	528
湖　　南	1 741	2 434	3 080	262	360	465
广　　东	63 101	68 169	71 618	9 553	10 067	10 847
广　　西	3 152	3 912	4 107	476	579	623
海　　南	749	703	849	113	104	127
重　　庆	4 139	4 508	5 223	628	666	790
四　　川	3 261	4 605	5 948	493	681	899
贵　　州	376	551	501	57	82	76
云　　南	1 317	1 582	1 973	199	235	299
西　　藏	52	59	48	8	9	7
陕　　西	1 977	2 719	3 514	299	402	533
甘　　肃	450	326	395	68	48	60
青　　海	101	44	46	15	7	7
宁　　夏	215	342	249	33	50	38
新　　疆	1 167	1 392	1 326	176	206	200

各省(市、区)货物进口额

地区	人民币数(亿元)			美元数(亿美元)		
	2016	2017	2018	2016	2017	2018
全　国	**104 967**	**124 790**	**140 874**	**15 879**	**18 438**	**21 356**
北　京	15 219	17 977	22 302	2 303	2 655	3 382
天　津	3 859	4 693	4 870	584	694	737
河　北	1 064	1 253	1 309	161	185	199
山　西	445	473	559	67	70	85
内蒙古	478	610	656	72	90	99
辽　宁	2 873	3 708	4 331	435	547	656
吉　林	940	956	1 037	143	141	157
黑龙江	762	929	1 454	115	137	220
上　海	16 564	19 125	20 343	2 504	2 826	3 085
江　苏	12 570	15 409	17 145	1 902	2 278	2 600
浙　江	4 541	6 166	7 337	687	911	1 113
安　徽	1 056	1 584	1 764	160	234	268
福　建	3 511	4 477	4 739	531	661	720
江　西	**676**	**802**	**941**	**102**	**119**	**143**
山　东	6 429	7 962	8 733	973	1 175	1 323
河　南	1 880	2 062	1 934	284	306	291
湖　北	882	1 073	1 234	133	159	187
湖　南	566	868	1 053	86	129	160
广　东	23 577	25 976	28 900	3 567	3 838	4 380
广　西	1 635	2 013	1 931	247	298	295
海　南	609	407	551	92	60	83
重　庆	1 464	1 625	1 827	221	240	277
四　川	1 414	2 066	2 613	214	306	395
贵　州	63	160	163	10	24	25
云　南	557	808	1 125	84	120	171
西　藏	20	29	19	3	4	3
陕　西	931	1 060	1 435	141	157	217
甘　肃	184	211	249	28	31	38
青　海	11	16	15	2	2	2
宁　夏	50	94	69	8	14	10
新　疆	136	198	237	21	29	36

各省(市、区)货物出口额

地　　区	人民币数(亿元)			美元数(亿美元)		
	2016	2017	2018	2016	2017	2018
全　　国	**138 419**	**153 311**	**164 177**	**20 976**	**22 634**	**24 874**
北　　京	3 430	3 967	4 879	520	586	742
天　　津	2 918	2 952	3 208	443	436	488
河　　北	2 014	2 126	2 243	306	314	340
山　　西	655	690	810	99	102	123
内 蒙 古	290	331	379	44	49	58
辽　　宁	2 839	3 041	3 215	431	449	488
吉　　林	277	299	326	42	44	49
黑 龙 江	332	353	294	50	52	44
上　　海	12 098	13 118	13 667	1 834	1 936	2 072
江　　苏	21 044	24 589	26 658	3 191	3 630	4 040
浙　　江	17 667	19 439	21 182	2 679	2 868	3 212
安　　徽	1 880	2 073	2 387	284	306	362
福　　建	6 834	7 113	7 616	1 037	1 049	1 156
江　　西	**1 962**	**2 209**	**2 224**	**298**	**325**	**340**
山　　东	9 048	9 961	10 570	1 371	1 470	1 601
河　　南	2 833	3 172	3 579	428	470	538
湖　　北	1 718	2 063	2 253	260	305	341
湖　　南	1 174	1 565	2 027	177	232	306
广　　东	39 523	42 193	42 718	5 986	6 229	6 467
广　　西	1 517	1 899	2 176	229	281	328
海　　南	141	296	298	21	44	45
重　　庆	2 675	2 883	3 395	407	426	514
四　　川	1 848	2 538	3 335	279	376	504
贵　　州	312	391	337	47	58	51
云　　南	760	775	848	115	115	128
西　　藏	31	29	29	5	4	4
陕　　西	1 046	1 659	2 079	158	245	316
甘　　肃	266	115	146	41	17	22
青　　海	90	29	31	14	4	5
宁　　夏	165	248	180	25	37	27
新　　疆	1 031	1 194	1 089	156	176	164

各省(市、区)电力消费量

单位:亿千瓦小时

地　　区	2012	2013	2014	2015	2016	2017	2018
全　　国	**49 762.6**	**54 203.4**	**56 383.7**	**58 020.0**	**61 297.1**	**64 821.0**	
北　　京	874.3	913.1	937.1	952.7	1 020.3	1 066.9	1 142.4
天　　津	722.5	774.5	794.4	800.6	807.9	805.6	861.4
河　　北	3 077.7	3 251.2	3 314.1	3 175.7	3 264.5	3 441.7	3 665.7
山　　西	1 765.8	1 832.3	1 822.6	1 737.2	1 797.2	1 990.6	2 160.5
内 蒙 古	2 016.8	2 181.9	2 416.7	2 542.9	2 605.0	2 891.9	3 353.4
辽　　宁	1 899.9	2 008.5	2 038.7	1 984.9	2 037.4	2 135.5	2 302.4
吉　　林	637.0	653.8	667.8	652.0	667.6	703.0	750.6
黑 龙 江	827.9	845.2	859.4	869.0	896.6	928.6	973.9
上　　海	1 353.4	1 410.6	1 369.0	1 405.5	1 486.0	1 526.8	1 566.7
江　　苏	4 580.9	4 956.6	5 012.5	5 114.7	5 458.9	5 807.9	6 128.3
浙　　江	3 210.6	3 453.1	3 506.4	3 553.9	3 873.2	4 192.6	4 532.8
安　　徽	1 361.1	1 528.1	1 585.2	1 639.8	1 795.0	1 921.5	2 135.1
福　　建	1 579.5	1 700.7	1 855.8	1 851.9	1 968.6	2 112.7	2 313.8
江　　西	**867.7**	**947.1**	**1 018.5**	**1 087.3**	**1 182.5**	**1 294.0**	**1 428.8**
山　　东	3 794.6	4 083.1	4 223.5	5 117.0	5 390.7	5 430.2	5 916.8
河　　南	2 747.7	2 899.2	2 919.6	2 879.6	2 989.2	3 166.2	3 417.7
湖　　北	1 507.9	1 629.8	1 656.5	1 665.2	1 763.1	1 869.0	2 071.4
湖　　南	1 346.5	1 423.1	1 430.9	1 447.6	1 495.7	1 581.5	1 745.2
广　　东	4 619.4	4 830.1	5 235.2	5 310.7	5 610.1	5 959.0	6 323.4
广　　西	1 153.9	1 237.7	1 308.0	1 334.3	1 359.6	1 444.9	1 702.7
海　　南	210.3	232.0	251.9	272.4	287.3	305.0	326.8
重　　庆	723.5	813.3	867.2	875.4	924.9	996.5	1 114.5
四　　川	1 830.7	1 949.0	2 014.8	1 992.4	2 101.0	2 205.2	2 459.5
贵　　州	1 046.7	1 126.3	1 173.7	1 174.2	1 241.8	1 384.9	1 482.1
云　　南	1 315.9	1 459.8	1 529.4	1 438.6	1 410.5	1 538.1	1 679.1
西　　藏	27.8	30.7	34.0	40.5	49.2	58.2	69.0
陕　　西	1 066.7	1 152.2	1 226.0	1 221.7	1 357.1	1 494.7	1 594.2
甘　　肃	994.6	1 073.2	1 095.5	1 098.7	1 065.2	1 164.4	1 289.5
青　　海	602.2	676.3	723.2	658.0	637.5	687.0	738.3
宁　　夏	741.8	811.2	848.8	878.3	886.9	978.3	1 064.8
新　　疆	1 151.5	1 539.8	1 900.2	2 160.3	2 316.5	2 542.8	2 138.3

各省(市、区)一般公共预算收入

单位:亿元

地　　区	2013	2014	2015	2016	2017	2018
地方合计	**69 011**	**75 877**	**83 002**	**87 239**	**91 469**	**97 905**
北　　京	3 661	4 027	4 724	5 081	5 431	5 786
天　　津	2 079	2 390	2 667	2 724	2 310	2 106
河　　北	2 296	2 447	2 649	2 850	3 234	3 514
山　　西	1 702	1 821	1 642	1 557	1 867	2 293
内 蒙 古	1 721	1 844	1 964	2 016	1 703	1 858
辽　　宁	3 344	3 193	2 127	2 200	2 393	2 616
吉　　林	1 157	1 203	1 229	1 264	1 211	1 241
黑 龙 江	1 277	1 301	1 166	1 148	1 243	1 283
上　　海	4 110	4 586	5 520	6 406	6 642	7 108
江　　苏	6 568	7 233	8 029	8 121	8 172	8 630
浙　　江	3 797	4 122	4 810	5 302	5 804	6 598
安　　徽	2 075	2 218	2 454	2 673	2 812	3 049
福　　建	2 119	2 362	2 544	2 655	2 809	3 007
江　　西	**1 621**	**1 882**	**2 166**	**2 151**	**2 247**	**2 372**
山　　东	4 560	5 027	5 529	5 860	6 099	6 485
河　　南	2 415	2 739	3 016	3 153	3 407	3 764
湖　　北	2 191	2 567	3 006	3 102	3 248	3 307
湖　　南	2 031	2 263	2 515	2 698	2 758	2 861
广　　东	7 081	8 065	9 367	10 390	11 320	12 103
广　　西	1 318	1 422	1 515	1 556	1 615	1 681
海　　南	481	555	628	638	674	753
重　　庆	1 693	1 922	2 155	2 228	2 252	2 266
四　　川	2 784	3 061	3 355	3 389	3 578	3 911
贵　　州	1 206	1 367	1 503	1 561	1 614	1 727
云　　南	1 611	1 698	1 808	1 812	1 886	1 994
西　　藏	95	124	137	156	186	230
陕　　西	1 748	1 890	2 060	1 834	2 007	2 243
甘　　肃	607	673	744	787	816	871
青　　海	224	252	267	239	246	273
宁　　夏	308	340	373	388	418	444
新　　疆	1 128	1 282	1 331	1 299	1 467	1 531

注:本表数据为地方财政本级收入。

各省(市、区)一般公共预算支出

单位:亿元

地　　区	2013	2014	2015	2016	2017	2018
地方合计	**119 740**	**129 215**	**150 336**	**160 351**	**173 228**	**188 198**
北　　京	4 174	4 525	5 738	6 407	6 825	7 468
天　　津	2 549	2 885	3 232	3 699	3 283	3 104
河　　北	4 410	4 677	5 632	6 050	6 639	7 720
山　　西	3 030	3 085	3 423	3 429	3 756	4 285
内 蒙 古	3 687	3 880	4 253	4 513	4 530	4 806
辽　　宁	5 197	5 080	4 482	4 577	4 879	5 324
吉　　林	2 745	2 913	3 217	3 586	3 726	3 790
黑 龙 江	3 369	3 434	4 021	4 227	4 641	4 676
上　　海	4 529	4 923	6 192	6 919	7 548	8 352
江　　苏	7 798	8 472	9 688	9 982	10 621	11 658
浙　　江	4 730	5 160	6 646	6 974	7 530	8 628
安　　徽	4 350	4 664	5 239	5 523	6 204	6 572
福　　建	3 069	3 307	4 002	4 275	4 684	4 837
江　　西	**3 470**	**3 883**	**4 413**	**4 617**	**5 111**	**5 670**
山　　东	6 689	7 177	8 250	8 755	9 258	10 099
河　　南	5 582	6 029	6 799	7 454	8 216	9 225
湖　　北	4 372	4 934	6 133	6 423	6 801	7 258
湖　　南	4 691	5 017	5 729	6 339	6 869	7 531
广　　东	8 411	9 153	12 828	13 446	15 037	15 737
广　　西	3 209	3 480	4 066	4 442	4 909	5 311
海　　南	1 011	1 100	1 239	1 376	1 444	1 685
重　　庆	3 062	3 304	3 792	4 002	4 336	4 541
四　　川	6 221	6 797	7 498	8 009	8 695	9 718
贵　　州	3 083	3 543	3 939	4 262	4 613	5 017
云　　南	4 097	4 438	4 713	5 019	5 713	6 075
西　　藏	1 014	1 186	1 381	1 588	1 682	1 973
陕　　西	3 665	3 963	4 376	4 389	4 833	5 302
甘　　肃	2 310	2 541	2 958	3 150	3 304	3 774
青　　海	1 228	1 347	1 515	1 525	1 530	1 647
宁　　夏	922	1 000	1 138	1 255	1 373	1 431
新　　疆	3 067	3 318	3 805	4 138	4 637	4 986

注:本表数据为地方财政本级支出。

各省(市、区)各类价格指数

(2018 年) (上年 = 100)

地 区	居民消费价格指数	农业生产资料价格指数	农产品生产者价格指数	固定资产投资价格指数
全 国	**102.1**	**103.1**	**99.1**	**105.4**
北 京	102.5		103.6	103.8
天 津	102.0		104.2	104.5
河 北	102.4	103.2	104.7	105.0
山 西	101.8	102.5	104.7	104.5
内 蒙 古	101.8	102.8	102.0	103.6
辽 宁	102.5	101.8	103.7	103.5
吉 林	102.1	103.7	106.1	104.6
黑 龙 江	102.0	103.6	100.8	103.3
上 海	101.6		100.5	105.6
江 苏	102.3	103.9	100.9	106.0
浙 江	102.3	101.8	100.8	105.7
安 徽	102.0	101.5	99.0	105.8
福 建	101.5	103.1	102.6	104.9
江 西	**102.1**	**102.7**	**97.4**	**106.4**
山 东	102.5	106.9	100.5	106.1
河 南	102.3	104.3	97.9	105.4
湖 北	101.9	100.9	96.6	106.6
湖 南	102.0	102.7	95.4	104.8
广 东	102.2	102.5	101.3	106.2
广 西	102.3	101.8	97.3	104.5
海 南	102.5	102.2	97.3	106.2
重 庆	102.0		99.7	105.0
四 川	101.7	101.8	100.2	106.4
贵 州	101.8	98.8	92.6	105.2
云 南	101.6	101.7	96.9	104.9
西 藏	101.7	101.0		
陕 西	102.1	103.8	100.9	105.4
甘 肃	102.0	104.2	101.7	104.6
青 海	102.5	102.1	100.3	104.3
宁 夏	102.3	105.6	105.0	103.5
新 疆	102.0	104.9	106.3	103.7

各省(市、区)全体居民人均可支配收入

单位:元

地　区	2013	2014	2015	2016	2017	2018
全国总计	**18 311**	**20 167**	**21 966**	**23 821**	**25 974**	**28 228**
北　京	40 830	44 489	48 458	52 530	57 230	62 361
天　津	26 359	28 832	31 291	34 074	37 022	39 506
河　北	15 190	16 647	18 118	19 725	21 484	23 446
山　西	15 120	16 538	17 854	19 049	20 420	21 990
内蒙古	18 693	20 559	22 310	24 127	26 212	28 376
辽　宁	20 818	22 820	24 576	26 040	27 835	29 701
吉　林	15 998	17 520	18 684	19 967	21 368	22 798
黑龙江	15 903	17 404	18 593	19 838	21 206	22 726
上　海	42 174	45 966	49 867	54 305	58 988	64 183
江　苏	24 776	27 173	29 539	32 070	35 024	38 096
浙　江	29 775	32 658	35 537	38 529	42 046	45 840
安　徽	15 154	16 796	18 363	19 998	21 863	23 984
福　建	21 218	23 331	25 404	27 608	30 048	32 644
江　西	**15 100**	**16 734**	**18 437**	**20 110**	**22 031**	**24 080**
山　东	19 008	20 864	22 703	24 685	26 930	29 205
河　南	14 204	15 695	17 125	18 443	20 170	21 964
湖　北	16 472	18 283	20 026	21 787	23 757	25 815
湖　南	16 005	17 622	19 317	21 115	23 103	25 241
广　东	23 421	25 685	27 859	30 296	33 003	35 810
广　西	14 082	15 557	16 873	18 305	19 905	21 485
海　南	15 733	17 476	18 979	20 653	22 553	24 579
重　庆	16 569	18 352	20 110	22 034	24 153	26 386
四　川	14 231	15 749	17 221	18 808	20 580	22 461
贵　州	11 083	12 371	13 697	15 121	16 704	18 430
云　南	12 578	13 772	15 223	16 720	18 348	20 084
西　藏	9 740	10 730	12 254	13 639	15 457	17 286
陕　西	14 372	15 837	17 395	18 874	20 635	22 528
甘　肃	10 954	12 185	13 467	14 670	16 011	17 488
青　海	12 948	14 374	15 813	17 302	19 001	20 757
宁　夏	14 566	15 907	17 329	18 832	20 562	22 400
新　疆	13 670	15 097	16 859	18 355	19 975	21 500

各省(市、区)全体居民人均消费支出

单位:元

地　区	2013	2014	2015	2016	2017	2018
全国总计	**13 220**	**14 491**	**15 712**	**17 111**	**18 322**	**19 853**
北　京	29 176	31 103	33 803	35 416	37 425	39 843
天　津	20 419	22 343	24 162	26 129	27 841	29 903
河　北	10 872	11 932	13 031	14 247	15 437	16 722
山　西	10 118	10 864	11 729	12 683	13 664	14 810
内蒙古	14 878	16 258	17 179	18 072	18 946	19 665
辽　宁	14 950	16 068	17 200	19 853	20 463	21 398
吉　林	12 054	13 026	13 764	14 773	15 632	17 200
黑龙江	12 037	12 769	13 403	14 446	15 577	16 994
上　海	30 400	33 065	34 784	37 458	39 792	43 351
江　苏	17 926	19 164	20 556	22 130	23 469	25 007
浙　江	20 610	22 552	24 117	25 527	27 079	29 471
安　徽	10 544	11 727	12 840	14 712	15 752	17 045
福　建	16 177	17 644	18 850	20 167	21 249	22 996
江　西	**10 053**	**11 089**	**12 403**	**13 259**	**14 459**	**15 792**
山　东	11 897	13 329	14 578	15 926	17 281	18 780
河　南	10 002	11 000	11 835	12 712	13 730	15 169
湖　北	11 761	12 928	14 316	15 889	16 938	19 538
湖　南	11 946	13 289	14 267	15 750	17 160	18 808
广　东	17 421	19 205	20 976	23 448	24 820	26 054
广　西	9 596	10 274	11 401	12 295	13 424	14 935
海　南	11 193	12 471	13 575	14 275	15 403	17 528
重　庆	12 600	13 811	15 140	16 385	17 898	19 248
四　川	11 055	12 368	13 632	14 839	16 180	17 664
贵　州	8 288	9 303	10 414	11 932	12 970	13 798
云　南	8 824	9 870	11 005	11 769	12 658	14 250
西　藏	6 307	7 317	8 246	9 319	10 320	11 520
陕　西	11 217	12 204	13 087	13 943	14 900	16 160
甘　肃	8 943	9 875	10 951	12 254	13 120	14 624
青　海	11 576	12 605	13 611	14 775	15 503	16 557
宁　夏	11 292	12 485	13 816	14 965	15 350	16 715
新　疆	11 392	11 904	12 867	14 066	15 087	16 189

各省(市、区)城镇居民人均可支配收入

单位:元

地　区	2013	2014	2015	2016	2017	2018
全国总计	**26 467**	**28 844**	**31 195**	**33 616**	**36 396**	**39 251**
北　京	44 564	48 532	52 859	57 275	62 406	67 990
天　津	28 980	31 506	34 101	37 110	40 278	42 976
河　北	22 227	24 141	26 152	28 249	30 548	32 977
山　西	22 258	24 069	25 828	27 352	29 132	31 035
内蒙古	26 004	28 350	30 594	32 975	35 670	38 305
辽　宁	26 697	29 082	31 126	32 876	34 993	37 342
吉　林	21 331	23 218	24 901	26 530	28 319	30 172
黑龙江	20 848	22 609	24 203	25 736	27 446	29 191
上　海	44 878	48 841	52 962	57 692	62 596	68 034
江　苏	31 585	34 346	37 173	40 152	43 622	47 200
浙　江	37 080	40 393	43 714	47 237	51 261	55 574
安　徽	22 789	24 839	26 936	29 156	31 640	34 393
福　建	28 174	30 722	33 275	36 014	39 001	42 121
江　西	**22 120**	**24 309**	**26 500**	**28 673**	**31 198**	**33 819**
山　东	26 882	29 222	31 545	34 012	36 789	39 549
河　南	21 741	23 672	25 576	27 233	29 558	31 874
湖　北	22 668	24 852	27 051	29 386	31 889	34 455
湖　南	24 352	26 570	28 838	31 284	33 948	36 698
广　东	29 537	32 148	34 757	37 684	40 975	44 341
广　西	22 689	24 669	26 416	28 324	30 502	32 436
海　南	22 411	24 487	26 356	28 453	30 817	33 349
重　庆	23 058	25 147	27 239	29 610	32 193	34 889
四　川	22 228	24 234	26 205	28 335	30 727	33 216
贵　州	20 565	22 548	24 580	26 743	29 080	31 592
云　南	22 460	24 299	26 373	28 611	30 996	33 488
西　藏	20 394	22 016	25 457	27 802	30 671	33 797
陕　西	22 346	24 366	26 420	28 440	30 810	33 319
甘　肃	19 873	21 804	23 767	25 693	27 763	29 957
青　海	20 352	22 307	24 542	26 757	29 169	31 515
宁　夏	21 476	23 285	25 186	27 153	29 472	31 895
新　疆	21 091	23 214	26 275	28 463	30 775	32 764

各省(市、区)城镇居民人均消费支出

单位:元

地区	2013	2014	2015	2016	2017	2018
全国总计	**18 488**	**19 968**	**21 392**	**23 079**	**24 445**	**26 112**
北京	31 632	33 717	36 642	38 256	40 346	42 926
天津	22 306	24 290	26 230	28 345	30 284	32 655
河北	14 970	16 204	17 587	19 106	20 600	22 127
山西	13 763	14 637	15 819	16 993	18 404	19 790
内蒙古	19 244	20 885	21 876	22 744	23 638	24 437
辽宁	19 318	20 520	21 557	24 996	25 379	26 448
吉林	15 941	17 156	17 973	19 166	20 051	22 394
黑龙江	15 704	16 467	17 152	18 145	19 270	21 035
上海	32 447	35 182	36 946	39 857	42 304	46 015
江苏	22 262	23 476	24 966	26 433	27 726	29 462
浙江	25 254	27 242	28 661	30 068	31 924	34 598
安徽	14 594	16 107	17 234	19 606	20 740	21 523
福建	20 565	22 204	23 520	25 006	25 980	28 145
江西	**13 843**	**15 142**	**16 732**	**17 696**	**19 244**	**20 760**
山东	16 646	18 323	19 854	21 495	23 072	24 798
河南	15 249	16 184	17 154	18 088	19 422	20 989
湖北	15 334	16 681	18 192	20 040	21 276	23 996
湖南	16 867	18 335	19 501	21 420	23 163	25 064
广东	21 621	23 612	25 673	28 613	30 198	30 924
广西	14 470	15 045	16 321	17 268	18 349	20 159
海南	15 833	17 514	18 448	19 015	20 372	22 971
重庆	17 124	18 279	19 742	21 031	22 759	24 154
四川	16 098	17 760	19 277	20 660	21 991	23 484
贵州	13 768	15 255	16 914	19 202	20 348	20 788
云南	14 862	16 268	17 675	18 622	19 560	21 626
西藏	13 679	15 669	17 022	19 440	21 088	23 029
陕西	16 399	17 546	18 464	19 369	20 388	21 966
甘肃	14 411	15 942	17 451	19 539	20 659	22 606
青海	16 223	17 493	19 201	20 853	21 473	22 998
宁夏	15 807	17 216	18 984	20 364	20 219	21 977
新疆	16 858	17 685	19 415	21 229	22 797	24 191

各省(市、区)农村居民人均可支配收入

单位:元

地　　区	2013	2014	2015	2016	2017	2018
全国总计	**9 430**	**10 489**	**11 422**	**12 363**	**13 432**	**14 617**
北　　京	17 101	18 867	20 569	22 310	24 240	26 490
天　　津	15 353	17 014	18 482	20 076	21 754	23 065
河　　北	9 188	10 186	11 051	11 919	12 881	14 031
山　　西	7 949	8 809	9 454	10 082	10 788	11 750
内 蒙 古	8 985	9 976	10 776	11 609	12 584	13 803
辽　　宁	10 161	11 191	12 057	12 881	13 747	14 656
吉　　林	9 781	10 780	11 326	12 123	12 950	13 748
黑 龙 江	9 369	10 453	11 095	11 832	12 665	13 804
上　　海	19 208	21 192	23 205	25 520	27 825	30 375
江　　苏	13 521	14 958	16 257	17 606	19 158	20 845
浙　　江	17 494	19 373	21 125	22 866	24 956	27 302
安　　徽	8 850	9 916	10 821	11 720	12 758	13 996
福　　建	11 405	12 650	13 793	14 999	16 335	17 821
江　　西	**9 089**	**10 117**	**11 139**	**12 138**	**13 242**	**14 460**
山　　东	10 687	11 882	12 930	13 954	15 118	16 297
河　　南	8 969	9 966	10 853	11 697	12 719	13 831
湖　　北	9 692	10 849	11 844	12 725	13 812	14 978
湖　　南	9 029	10 060	10 993	11 930	12 936	14 093
广　　东	11 068	12 246	13 360	14 512	15 780	17 168
广　　西	7 793	8 683	9 467	10 359	11 325	12 435
海　　南	8 802	9 913	10 858	11 843	12 902	13 989
重　　庆	8 493	9 490	10 505	11 549	12 638	13 781
四　　川	8 381	9 348	10 247	11 203	12 227	13 331
贵　　州	5 898	6 671	7 387	8 090	8 869	9 716
云　　南	6 724	7 456	8 242	9 020	9 862	10 768
西　　藏	6 553	7 359	8 244	9 094	10 330	11 450
陕　　西	7 092	7 932	8 689	9 396	10 265	11 213
甘　　肃	5 589	6 277	6 936	7 457	8 076	8 804
青　　海	6 462	7 283	7 933	8 664	9 462	10 393
宁　　夏	7 599	8 410	9 119	9 852	10 738	11 708
新　　疆	7 847	8 724	9 425	10 183	11 045	11 975

各省(市、区)农村居民人均消费支出

单位:元

地　区	2013	2014	2015	2016	2017	2018
全国总计	**7 485**	**8 383**	**9 223**	**10 130**	**10 955**	**12 124**
北　京	13 564	14 535	15 811	17 329	18 810	20 195
天　津	12 491	13 739	14 739	15 912	16 386	16 863
河　北	7 377	8 248	9 023	9 798	10 536	11 383
山　西	6 458	6 992	7 421	8 029	8 424	9 172
内蒙古	9 080	9 972	10 637	11 463	12 184	12 661
辽　宁	7 032	7 801	8 873	9 953	10 787	11 455
吉　林	7 523	8 140	8 783	9 521	10 279	10 826
黑龙江	7 192	7 830	8 391	9 424	10 524	11 417
上　海	13 016	14 820	16 152	17 071	18 090	19 965
江　苏	10 759	11 820	12 883	14 428	15 612	16 567
浙　江	12 803	14 498	16 108	17 359	18 093	19 707
安　徽	7 200	7 981	8 975	10 287	11 106	12 748
福　建	9 986	11 056	11 961	12 911	14 003	14 943
江　西	**6 807**	**7 548**	**8 486**	**9 128**	**9 870**	**10 885**
山　东	6 877	7 962	8 748	9 519	10 342	11 270
河　南	6 359	7 277	7 887	8 587	9 212	10 392
湖　北	7 850	8 681	9 803	10 938	11 633	13 946
湖　南	7 833	9 025	9 691	10 630	11 534	12 721
广　东	8 938	10 043	11 103	12 415	13 200	15 411
广　西	6 035	6 675	7 582	8 351	9 437	10 617
海　南	6 376	7 029	8 210	8 921	9 599	10 956
重　庆	6 971	7 983	8 938	9 954	10 936	11 977
四　川	7 365	8 301	9 251	10 192	11 397	12 723
贵　州	5 291	5 970	6 645	7 533	8 299	9 170
云　南	5 247	6 030	6 830	7 331	8 027	9 123
西　藏	4 102	4 822	5 580	6 070	6 691	7 452
陕　西	6 488	7 252	7 901	8 568	9 306	10 071
甘　肃	5 654	6 148	6 830	7 487	8 030	9 065
青　海	7 506	8 235	8 566	9 222	9 903	10 352
宁　夏	6 740	7 676	8 415	9 138	9 982	10 790
新　疆	7 103	7 365	7 698	8 277	8 713	9 421

各省(市、区)农林牧渔业总产值及增长速度

(2018 年)

地　　区	农林牧渔业总产值(亿元)	#农　业	#林　业	#牧　业	#渔　业	农林牧渔业总产值比上年增长(%)
全　　国	**113 580**	**61 453**	**5 433**	**28 697**	**12 132**	**3.5**
北　　京	297	115	95	72	6	-6.0
天　　津	391	197	13	96	71	0.9
河　　北	5 707	3 086	187	1 814	207	3.0
山　　西	1 461	895	100	362	7	2.2
内 蒙 古	2 985	1 512	100	1 294	29	3.0
辽　　宁	4 062	1 749	149	1 346	628	2.6
吉　　林	2 184	993	73	1 002	39	2.2
黑 龙 江	5 624	3 635	186	1 542	106	3.5
上　　海	290	150	16	48	56	-2.3
江　　苏	7 192	3 735	147	1 091	1 708	0.9
浙　　江	3 157	1 518	177	332	1 043	1.7
安　　徽	4 673	2 254	333	1 316	506	2.6
福　　建	4 230	1 653	389	718	1 318	3.5
江　　西	**3 149**	**1 549**	**320**	**672**	**474**	**3.5**
山　　东	9 397	4 678	182	2 433	1 426	3.0
河　　南	7 758	4 974	129	2 068	123	3.9
湖　　北	6 208	3 034	235	1 387	1 106	3.4
湖　　南	5 362	2 664	387	1 465	417	3.6
广　　东	6 318	3 090	391	1 185	1 384	4.2
广　　西	4 909	2 717	380	1 072	504	5.6
海　　南	1 536	730	110	245	387	4.1
重　　庆	2 052	1 293	101	520	100	2.5
四　　川	7 196	4 154	359	2 246	248	3.9
贵　　州	3 620	2 289	253	846	55	7.0
云　　南	4 109	2 235	397	1 237	98	6.3
西　　藏	195	88	3	98		5.5
陕　　西	3 240	2 245	105	683	30	3.3
甘　　肃	1 659	1 166	33	319	2	3.7
青　　海	406	169	10	216	4	4.6
宁　　夏	576	345	9	176	20	4.0
新　　疆	3 638	2 541	63	796	28	5.1

注:本表绝对数按当年价格计算,增长速度按可比价格计算。

各省(市、区)农村贫困人口(2010年标准)

单位:万人

地　　区	2012	2013	2014	2015	2016	2017	2018
全　　国	**9 899**	**8 249**	**7 017**	**5 575**	**4 335**	**3 046**	**1 660**
北　　京	1	.	.	.	.	.	.
天　　津	1	.	.	.	.	.	.
河　　北	437	366	320	241	188	124	63
山　　西	359	299	269	223	186	133	74
内 蒙 古	139	114	98	76	53	37	14
辽　　宁	146	126	117	86	59	39	24
吉　　林	103	89	81	69	57	41	26
黑 龙 江	130	111	96	86	69	50	27
上　　海	.	.	.	.	.	.	.
江　　苏	106	95	61	.	.	.	.
浙　　江	83	72	45	.	.	.	.
安　　徽	543	440	371	309	237	158	67
福　　建	87	73	50	36	23	.	.
江　　西	**385**	**328**	**276**	**208**	**155**	**107**	**63**
山　　东	313	264	231	172	140	60	.
河　　南	764	639	565	463	371	277	168
湖　　北	395	323	271	216	176	114	67
湖　　南	767	640	532	434	343	232	105
广　　东	128	115	82	47	.	.	.
广　　西	755	634	540	452	341	246	140
海　　南	65	60	50	41	32	23	7
重　　庆	162	139	119	88	45	21	13
四　　川	724	602	509	400	306	212	98
贵　　州	923	745	623	507	402	295	173
云　　南	804	661	574	471	373	279	179
西　　藏	85	72	61	48	34	20	13
陕　　西	483	410	350	288	226	169	83
甘　　肃	596	496	417	325	262	200	121
青　　海	82	63	52	42	31	23	10
宁　　夏	60	51	45	37	30	19	9
新　　疆	273	222	212	180	147	113	64

注:“.”表示数值较小,统计上不显著。

各省(市、区)规模以上工业企业主要经济指标(一)

(2018 年)

单位:亿元

地　　区	主营业务收入	主营业务成本	销售费用	管理费用	财务费用	利润总额
全　　国	**1 022 241.1**	**857 474.1**	**30 924.4**	**46 125.1**	**11 904.9**	**66 351.4**
北　　京	21 435.7	17 812.7	1 199.4	1 088.8	204.7	1 530.0
天　　津	17 549.7	14 743.6	493.6	773.1	160.9	1 200.7
河　　北	37 835.5	32 614.0	869.7	1 331.8	568.4	2 211.7
山　　西	19 252.1	15 243.4	620.8	1 044.6	690.7	1 355.9
内 蒙 古	14 023.1	10 857.1	434.3	561.4	462.4	1 409.4
辽　　宁	26 489.9	22 092.7	774.6	1 121.3	445.7	1 460.3
吉　　林	13 637.5	11 083.0	659.1	703.1	145.6	817.0
黑 龙 江	9 078.0	7 210.5	313.6	492.8	124.3	487.0
上　　海	38 445.7	30 916.6	1 465.4	2 633.0	96.6	3 338.4
江　　苏	128 085.6	108 782.4	3 755.3	5 761.7	1 047.2	8 491.9
浙　　江	68 653.8	57 544.3	2 161.7	3 949.2	759.9	4 452.1
安　　徽	39 354.9	33 685.7	1 017.2	1 545.2	442.6	2 448.2
福　　建	51 298.0	44 205.3	1 233.4	1 786.2	412.2	3 537.1
江　　西	**32 077.4**	**27 781.8**	**660.4**	**998.6**	**223.4**	**2 157.8**
山　　东	92 703.6	79 589.5	2 653.7	3 463.0	1 289.5	4 872.2
河　　南	46 627.6	39 809.6	1 045.7	1 533.3	709.3	3 053.4
湖　　北	42 358.1	35 453.6	1 287.6	1 812.4	405.7	2 755.4
湖　　南	34 850.5	29 000.0	1 137.7	1 708.4	383.9	1 726.9
广　　东	135 616.1	113 816.8	4 750.0	7 732.2	686.9	8 309.7
广　　西	18 707.9	16 052.6	423.8	628.1	202.0	1 100.1
海　　南	2 202.3	1 710.0	131.8	75.6	43.9	145.3
重　　庆	19 674.7	16 751.8	615.7	845.2	193.9	1 218.7
四　　川	40 646.7	33 829.1	1 363.8	1 674.1	561.6	2 717.9
贵　　州	9 390.8	7 107.4	335.9	403.8	214.5	879.2
云　　南	13 227.4	10 283.7	382.9	503.1	302.0	925.2
西　　藏	257.6	199.4	9.0	20.2	8.1	17.4
陕　　西	23 060.4	18 136.6	590.7	957.4	342.3	2 436.3
甘　　肃	8 888.9	7 658.9	142.2	255.9	217.0	270.4
青　　海	2 177.9	1 763.0	57.0	109.1	111.9	62.7
宁　　夏	4 305.6	3 592.1	86.2	178.3	167.7	174.2
新　　疆	10 328.2	8 146.9	252.3	434.1	280.1	788.8

注:本表为快报数据。

各省(市、区)规模以上工业企业主要经济指标(二)

(2018 年)

单位:亿元

地区	亏损企业亏损总额	流动资产合计	应收账款	存货	产成品	资产总计	负债合计
全　　国	**7 940.8**	**554 165.1**	**143 418.2**	**116 671.3**	**43 119.1**	**1 134 382.2**	**641 273.8**
北　　京	397.0	17 938.5	4 473.1	2 617.6	990.8	48 009.5	21 437.1
天　　津	244.9	10 728.5	2 694.0	2 234.4	803.4	20 939.6	12 133.6
河　　北	293.7	20 295.7	4 308.2	4 533.4	1 592.3	44 371.8	26 715.3
山　　西	327.6	15 233.9	2 691.3	2 157.2	783.1	37 707.0	27 194.0
内 蒙 古	293.5	10 632.1	1 968.9	1 640.1	621.1	30 626.9	19 460.4
辽　　宁	350.4	17 859.1	3 924.5	4 393.5	1 476.8	35 637.8	22 562.2
吉　　林	223.1	8 371.8	1 533.4	1 868.9	649.3	17 968.0	10 126.4
黑 龙 江	144.5	6 679.9	1 425.7	1 343.7	416.1	14 981.6	8 732.5
上　　海	237.6	24 768.0	7 365.6	5 228.8	1 650.1	42 661.8	20 060.7
江　　苏	715.6	66 896.9	22 059.9	14 426.7	5 534.3	119 590.9	62 924.3
浙　　江	436.1	42 716.0	12 840.7	9 056.6	3 665.2	77 666.7	43 113.7
安　　徽	184.5	18 564.2	5 802.1	3 808.6	1 501.0	37 599.7	21 612.4
福　　建	169.1	18 861.6	4 898.6	4 351.0	1 742.8	36 232.5	18 523.4
江　　西	**86.9**	**11 391.4**	**2 798.0**	**2 585.8**	**990.4**	**24 085.5**	**12 454.3**
山　　东	598.5	52 528.1	9 914.3	11 485.3	4 458.4	102 275.6	62 247.1
河　　南	333.3	23 696.6	5 468.7	4 594.0	1 668.4	50 431.7	28 263.9
湖　　北	209.1	18 555.4	4 734.4	4 051.0	1 591.1	39 895.1	20 307.7
湖　　南	174.8	12 443.9	3 589.3	3 060.5	1 012.2	27 195.3	14 011.6
广　　东	838.8	75 060.2	22 927.0	15 784.3	5 858.8	124 284.2	69 812.1
广　　西	135.2	8 432.6	1 764.2	1 928.2	822.0	17 158.8	10 813.5
海　　南	36.8	1 284.7	220.1	200.9	72.4	3 090.5	1 600.0
重　　庆	140.9	8 982.2	2 990.7	1 775.1	699.4	19 172.5	11 053.7
四　　川	296.7	19 059.7	5 107.4	3 860.8	1 429.9	44 075.9	24 885.2
贵　　州	144.1	6 723.3	1 039.5	1 345.0	338.2	15 068.0	9 293.4
云　　南	162.6	7 528.1	1 230.3	2 397.7	559.2	20 562.1	12 479.4
西　　藏	24.1	423.7	42.1	32.1	8.1	1 570.0	833.2
陕　　西	190.2	12 254.6	2 402.8	2 287.6	947.0	32 432.5	17 486.7
甘　　肃	152.1	4 448.3	814.3	1 239.3	424.6	12 148.6	7 896.8
青　　海	108.0	2 022.4	426.9	357.4	123.3	6 337.5	4 355.6
宁　　夏	100.6	3 208.3	674.9	704.8	217.0	9 657.0	6 410.8
新　　疆	190.4	6 575.3	1 287.1	1 321.1	472.4	20 947.6	12 472.7

各省(市、区)货运量和货物周转量

(2018年)

地区	货运量(万吨)	#铁　路	公　路	水　运	货物周转量(万吨公里)	#铁　路	公　路	水　运
全　国	**5 152 674**	**402 573**	**3 956 871**	**702 684**	**204 686**	**28 821**	**71 249**	**99 053**
北　京	20 873	596	20 278		1 034	867	167	
天　津	52 221	9 249	34 711	8 261	2 241	510	404	1 327
河　北	249 265	19 580	226 334	3 352	13 873	4 832	8 550	491
山　西	211 497	85 260	126 214	23	4 489	2 582	1 908	
内 蒙 古	232 525	72 506	160 018		5 596	2 610	2 986	
辽　宁	223 346	19 691	189 737	13 918	10 654	1 185	3 152	6 318
吉　林	52 156	5 615	46 520	22	1 705	515	1 189	
黑 龙 江	55 190	11 357	42 943	889	1 601	785	811	6
上　海	106 983	482	39 595	66 906	28 300	10	299	27 991
江　苏	233 157	6 171	139 251	87 735	8 969	303	2 544	6 122
浙　江	269 083	4 330	166 533	98 219	11 538	222	1 964	9 353
安　徽	406 761	8 066	283 817	114 877	11 804	721	5 452	5 631
福　建	136 947	3 518	96 576	36 854	7 646	147	1 290	6 209
江　西	**174 285**	**5 155**	**157 646**	**11 484**	**4 529**	**531**	**3 760**	**238**
山　东	354 019	23 247	312 807	17 964	10 052	1 357	6 860	1 836
河　南	259 884	10 461	235 183	14 240	8 982	2 066	5 894	1 022
湖　北	204 307	4 730	163 145	36 432	6 676	870	2 956	2 850
湖　南	229 957	4 468	204 389	21 101	4 387	813	3 115	459
广　东	416 389	9 293	304 743	102 353	28 338	271	3 890	24 177
广　西	190 652	7 140	153 389	30 123	4 984	710	2 683	1 591
海　南	22 040	1 068	12 052	8 921	876	17	85	774
重　庆	128 491	1 967	107 064	19 460	3 598	207	1 153	2 239
四　川	187 385	7 199	173 324	6 862	2 946	861	1 815	270
贵　州	102 537	5 513	95 354	1 670	1 798	606	1 147	45
云　南	140 670	4 661	135 321	688	1 972	465	1 489	17
西　藏	2 433	70	2 363		150	33	117	
陕　西	173 245	42 245	130 823	177	4 025	1 723	2 301	1
甘　肃	70 386	6 087	64 271	28	2 610	1 491	1 119	
青　海	18 905	3 220	15 685		551	276	276	
宁　夏	38 916	7 159	31 757		628	229	398	
新　疆	97 498	12 469	85 029		2 484	1 007	1 477	

注:不分地区合计中包括管道运输企业、民航运输企业、中国远洋海运集团有限公司下属海外公司完成量。货运量和货物周转量的全国总计等于分省数与不分地区数据之和。

各省(市、区)入境旅游情况

地　　区	入境游客(万人次)			外汇收入(万美元)		
	2016	2017	2018	2016	2017	2018
北　　京	**416.53**	**392.56**	**400.41**	**507 000**	**512 981**	**551 639**
天　　津	82.43	79.21	58.96	355 687	375 147	110 985
河　　北	83.79	91.01	98.86	55 241	57 869	64 667
山　　西	62.98	67.00	71.35	31 738	35 014	37 798
内 蒙 古	177.91	184.83	188.08	113 903	124 556	127 210
辽　　宁	273.67	278.85	287.70	182 392	177 806	173 958
吉　　林	161.95	148.43	143.75	79 121	76 579	68 585
黑 龙 江	95.70	103.88	109.16	45 805	47 958	53 706
上　　海	690.43	719.33	742.04	641 920	669 865	726 139
江　　苏	329.77	370.10	400.85	380 362	419 472	464 836
浙　　江	525.59	589.06	456.76	312 759	358 644	259 579
安　　徽	313.43	351.09	370.75	254 236	288 078	318 757
福　　建	611.48	691.74	513.55	662 569	758 803	282 821
江　　西	**164.83**	**174.69**	**191.78**	**58 454**	**62 992**	**74 538**
山　　东	328.82	440.52	422.00	306 342	317 404	329 282
河　　南	149.93	155.89	167.25	64 650	66 155	72 323
湖　　北	337.56	368.14	405.11	187 239	210 474	237 969
湖　　南	240.81	322.28	365.08	100 457	129 537	152 041
广　　东	3507.21	3654.52	3748.06	1 857 713	1 996 040	2 051 174
广　　西	482.52	512.44	562.33	216 427	239 563	277 773
海　　南	74.89	111.95	126.36	34 989	68 102	77 052
重　　庆	180.89	224.85	279.98	168 682	194 759	218 989
四　　川	308.79	336.17	369.82	158 168	144 654	151 165
贵　　州	72.29	32.40	39.69	25 271	28 327	31 763
云　　南	600.38	667.69	706.08	307 477	355 033	441 800
西　　藏	32.19	34.35	47.62	19 439	19 751	24 709
陕　　西	338.20	383.74	437.14	233 855	270 440	312 666
甘　　肃	7.15	7.88	10.01	1 914	2 086	2 830
青　　海	7.01	7.02	6.92	4 416	3 829	3 613
宁　　夏	5.12	6.53	8.82	4 058	3 763	5 587
新　　疆	58.21	77.41	99.30	51 873	81 081	94 637

各省会城市地区生产总值

(2018 年)

地区	绝对值(亿元)	位次	比上年增长(%)	位次
中部				
南昌	5 274.67	16	8.9	4
合肥	7 822.90	11	8.5	6
长沙	11 003.41	6	8.5	6
郑州	10 143.32	7	8.1	10
武汉	14 847.29	3	8.0	11
太原	3 884.48	18	9.2	2
东部				
石家庄	6 082.60	15	7.4	16
南京	12 820.40	5	8.0	11
杭州	13 509.00	4	6.7	20
福州	7 856.81	9	8.6	5
济南	7 856.60	10	7.4	16
广州	22 859.35	1	6.2	22
海口	1 510.51	24	7.6	14
东北				
沈阳	6 292.40	14	5.4	23
长春	7 175.70	12	7.2	18
哈尔滨	6 300.50	13	5.1	25
西部				
呼和浩特	2 903.50	21	3.9	26
成都	15 342.77	2	8.0	11
贵阳	3 798.50	19	9.9	1
昆明	5 206.90	17	8.4	8
西安	8 349.86	8	8.2	9
兰州	2 732.94	22	6.5	21
西宁	1 286.41	25	9.0	3
银川	1 901.48	23	7.2	18
南宁			5.4	23
乌鲁木齐	3 060.14	20	7.6	14
拉萨				

注:本表数据为快报数。

续表 3 (2018 年)

地区	第三产业增加值			
	绝对值(亿元)	位次	比上年增长(%)	位次
中　部				
南　昌	2 423.07	17	10.1	4
合　肥	3 933.10	12	8.0	16
长　沙	6 024.49	6	10.7	2
郑　州	5 545.53	7	8.3	13
武　汉	8 107.54	4	10.1	4
太　原	2 404.30	18	8.8	11
东　部				
石家庄	3 376.70	14	10.2	3
南　京	7 825.37	5	9.1	9
杭　州	8 632.00	2	7.5	19
福　州	4 157.26	10	9.2	7
济　南	4 754.80	9	7.5	19
广　州	16 401.84	1	6.6	24
海　口	1 170.56	23	8.1	15
东　北				
沈　阳	3 655.70	13	5.4	25
长　春			7.8	17
哈尔滨	4 085.70	11	7.5	19
西　部				
呼和浩特	1 993.70	21	4.6	26
成　都	8 303.99	3	9.0	10
贵　阳	2 231.70	19	11.3	1
昆　明	2 946.71	15	7.3	23
西　安	5 165.43	8	8.3	13
兰　州	1 751.97	22	7.4	22
西　宁	772.34	25	9.4	6
银　川	966.84	24	9.2	7
南　宁			7.8	17
乌鲁木齐	2 083.70	20	8.6	12
拉　萨				

注:在总量排位上南昌位次考虑空缺城市指标数据;增速排位为现有数据排位。

各省会城市规模以上工业增加值

（2018年）

地区	比上年增长%	位次
中　　部		
南　　昌	9.5	4
合　　肥	11.3	2
长　　沙	8.2	9
郑　　州	6.8	17
武　　汉	5.7	21
太　　原	10.8	3
东　　部		
石 家 庄	5.4	23
南　　京	7.8	12
杭　　州	6.3	18
福　　州	9.0	6
济　　南	7.1	16
广　　州	5.5	22
海　　口	8.0	10
东　　北		
沈　　阳	7.6	13
长　　春	8.5	7
哈 尔 滨	5.8	20
西　　部		
呼和浩特	3.1	24
成　　都	8.5	7
贵　　阳	7.4	15
昆　　明	14.0	1
西　　安	9.4	5
兰　　州	6.0	19
西　　宁	8.0	10
银　　川	7.5	14
南　　宁	1.5	26
乌鲁木齐	2.4	25
拉　　萨		

各省会城市固定资产投资

（2018年）

地区	比上年增长%	位次
中　　部		
南　　昌	10.9	8
合　　肥	7.1	19
长　　沙	11.5	7
郑　　州	10.9	8
武　　汉	10.6	11
太　　原	26.2	1
东　　部		
石 家 庄	6.4	21
南　　京	9.4	15
杭　　州	10.8	10
福　　州	11.7	6
济　　南	9.6	14
广　　州	8.2	18
海　　口	-6.2	23
东　　北		
沈　　阳	15.3	2
长　　春	6.7	20
哈 尔 滨	-7.2	24
西　　部		
呼和浩特	-26.5	26
成　　都	10.0	12
贵　　阳	15.0	3
昆　　明	5.5	22
西　　安	8.5	17
兰　　州	12.1	4
西　　宁	9.0	16
银　　川	-21.9	25
南　　宁	11.8	5
乌鲁木齐	10.0	12
拉　　萨		

各省会城市社会消费品零售总额

（法人口径，2018 年）

地区	绝对值(亿元)	位次	比上年增长(%)	位次
中　部				
南　昌	2 131.63	17	11.1	2
合　肥	2 976.74	14	9.1	11
长　沙	4 765.04	6	9.9	7
郑　州	4 268.09	10	9.7	8
武　汉	6 843.90	2	10.5	3
太　原	1 811.90	17	8.1	16
东　部				
石家庄	2 934.10	19	9.1	11
南　京	5 832.46	4	8.4	15
杭　州	5 715.00	5	9.0	13
福　州	4 666.46	7	11.3	1
济　南	4 404.50	9	10.0	4
广　州	9 256.19	1	7.6	18
海　口	757.56	20	5.9	22
东　北				
沈　阳	4 051.20	12	9.2	10
长　春	3 003.60	13	6.2	21
哈尔滨	4 125.10	11	4.2	25
西　部				
呼和浩特	1 603.20	19	5.6	23
成　都	6 801.80	3	10.0	4
贵　阳	1 299.50	18	8.0	17
昆　明	2 787.41	16	10.0	4
西　安	4 658.72	8	9.6	9
兰　州	1 352.10	22	7.4	19
西　宁	564.38	24	6.7	20
银　川	552.73	23	4.8	24
南　宁			9.0	13
乌鲁木齐	1 353.99	21	2.8	26
拉　萨				

各省会城市地方一般公共预算收入

（2018 年）

地区	绝对值(亿元)	位次	比上年增长(%)	位次
中　部				
南　昌	461.75	16	10.7	11
合　肥	712.49	10	8.6	18
长　沙	879.71	7	9.9	13
郑　州	1 152.05	6	9.0	15
武　汉	1 528.70	3	11.0	9
太　原	373.23	20	19.7	1
东　部				
石家庄	519.70	14	12.8	6
南　京	1 470.02	4	15.6	3
杭　州	1 825.10	1	12.5	7
福　州	680.38	12	7.3	20
济　南	752.80	8	11.2	8
广　州	1 632.30	2	6.5	21
海　口	169.88	25	13.9	5
东　北				
沈　阳	720.60	9	10.0	12
长　春	478.00	15	6.2	22
哈尔滨	384.40	19	4.4	24
西　部				
呼和浩特	204.70	23	1.5	26
成　都	1 424.20	5	9.4	14
贵　阳	411.30	18	8.9	16
昆　明	595.63	13	6.2	22
西　安	684.71	11	10.8	10
兰　州	253.32	22	8.9	16
西　宁	92.94	26	17.4	2
银　川	181.17	24	2.1	25
南　宁	358.96	21	8.1	19
乌鲁木齐	458.28	17	14.3	4
拉　萨				

各省会城市实际利用外资额

（2018 年）

地区	绝对值(亿美元)	位次	比上年增长(%)	位次
中　　部				
南　　昌	34.89	10	9.7	9
合　　肥	32.30	11	6.9	10
长　　沙	57.80	6	10.1	8
郑　　州	42.11	7	4.0	15
武　　汉	109.27	1	13.3	6
太　　原	0.09	18	-91.9	17
东　　部				
石 家 庄	14.50	13	12.3	7
南　　京	38.53	8	4.9	14
杭　　州	68.30	3	3.3	16
福　　州				
济　　南				
广　　州	66.11	4	5.1	13
海　　口	2.54	17	778.0	1
东　　北				
沈　　阳	14.30	14	41.3	2
长　　春	3.30	16		
哈 尔 滨	36.50	9	6.1	11
西　　部				
呼和浩特				
成　　都	76.30	2	17.5	4
贵　　阳	15.90	12	18.1	3
昆　　明	8.50	15	6.1	11
西　　安	63.54	5	14.9	5
兰　　州				
西　　宁				
银　　川				
南　　宁				
乌鲁木齐				
拉　　萨				

各省会城市海关出口总额

（2018 年）

地区	绝对值（亿元）	位次	比上年增长（%）	位次
中　　部				
南　　昌	451.67	14	6.2	19
合　　肥	1 203.46	9	22.0	7
长　　沙	823.15	10	40.0	1
郑　　州	2 577.14	4	10.7	14
武　　汉	1 272.70	8	10.0	15
太　　原	663.25	11	15.9	11
东　　部				
石 家 庄	571.60	12	7.6	18
南　　京	2 500.70	5	7.9	16
杭　　州	3 417.10	2	-1.0	24
福　　州	1 654.82	7	11.6	13
济　　南	519.30	13	14.6	12
广　　州	5 607.58	1	-3.2	25
海　　口	67.24	24	21.2	8
东　　北				
沈　　阳	342.10	17	7.7	17
长　　春	152.50	20	17.5	9
哈 尔 滨	103.50	22	5.2	22
西　　部				
呼和浩特	55.94	25	31.4	3
成　　都	2 746.90	3	33.0	2
贵　　阳	165.77	19	6.0	20
昆　　明	248.24	18	24.5	6
西　　安	1 957.49	6	26.1	5
兰　　州	75.61	23	17.1	10
西　　宁	20.31	26	6.0	20
银　　川	127.79	21	-34.8	26
南　　宁	355.09	16	28.8	4
乌鲁木齐	361.36	15	1.2	23
拉　　萨				

各省会城市城镇居民人均可支配收入

（2018 年）

地区	绝对值（元）	位次	比上年增长（%）	位次
中　　部				
南　　昌	40 844	13	8.4	8
合　　肥	41 484	12	9.3	1
长　　沙	50 792	4	8.2	13
郑　　州	39 042	15	8.3	9
武　　汉	47 359	6	9.1	2
太　　原	33 672	25	7.0	21
东　　部				
石 家 庄	35 563	20	8.0	17
南　　京	59 308	3	8.7	4
杭　　州	61 172	1	8.7	4
福　　州	44 457	8	8.5	6
济　　南	50 146	5	7.5	20
广　　州	59 982	2	8.3	9
海　　口	36 137	18	8.5	6
东　　北				
沈　　阳	44 054	9	6.5	23
长　　春	35 332	21	6.5	23
哈 尔 滨	37 828	17	6.4	25
西　　部				
呼和浩特	46 565	7	7.0	21
成　　都	42 128	11	8.2	13
贵　　阳	35 115	23	9.1	2
昆　　明	42 988	10	8.0	17
西　　安	38 729	16	8.1	16
兰　　州	35 014	24	8.3	9
西　　宁	32 500	26	8.2	13
银　　川	35 586	19	7.9	19
南　　宁	35 276	22	6.2	26
乌鲁木齐	40 101	14	8.3	9
拉　　萨				

各省会城市农村居民人均可支配收入

（2018 年）

地区	绝对值（元）	位次	比上年增长（%）	位次
中　部				
南　昌	17 866	12	9.2	7
合　肥	20 389	8	9.7	3
长　沙	29 714	2	8.6	18
郑　州	21 652	7	8.4	20
武　汉	22 652	5	8.5	19
太　原	16 860	15	8.1	23
东　部				
石家庄	14 518	20	8.8	15
南　京	25 263	4	9.2	7
杭　州	33 193	1	9.2	7
福　州	19 419	10	8.7	16
济　南	17 924	11	8.0	24
广　州	26 020	3	10.8	1
海　口	14 886	19	8.2	21
东　北				
沈　阳	16 530	16	6.9	25
长　春	14 237	21	6.0	26
哈尔滨	16 934	14	8.9	14
西　部				
呼和浩特	17 190	13	9.4	5
成　都	22 135	6	9.0	12
贵　阳	15 648	17	9.7	3
昆　明	14 895	18	8.7	16
西　安	13 286	24	9.0	12
兰　州	12 368	25	9.4	5
西　宁	11 504	26	9.1	10
银　川	14 160	22	8.2	21
南　宁	13 654	23	9.1	10
乌鲁木齐	19 623	9	10.0	2
拉　萨				

各省会城市金融机构本外币存、贷款余额

（2018 年末）

单位：亿元

地区	存款余额	位次	贷款余额	位次
中　　部				
南　　昌	10 733.08	19	12 124.64	16
合　　肥	15 677.27	11	14 196.54	12
长　　沙	18 633.60	8	18 360.89	8
郑　　州	22 710.55	6	22 055.67	6
武　　汉	26 331.62	5	28 270.77	5
太　　原	12 317.27	14	12 684.21	13
东　　部				
石 家 庄	13 315.79	13	10 171.75	20
南　　京	34 524.86	4	29 065.66	4
杭　　州	39 810.50	2	36 598.30	2
福　　州	14 204.30	12	15 364.34	10
济　　南	17 060.10	10	16 059.90	9
广　　州	54 788.09	1	40 749.32	1
海　　口	4 899.31	23	5 700.68	23
东　　北				
沈　　阳	17 746.20	9	14 911.60	11
长　　春	11 551.20	16	11 488.30	17
哈 尔 滨	11 616.00	15	11 079.80	19
西　　部				
呼和浩特	5 803.82	22	8 056.96	21
成　　都	37 826.00	3	32 637.00	3
贵　　阳	11 418.50	17	12 508.70	14
昆　　明				
西　　安	21 266.72	7	19 891.60	7
兰　　州	8 814.26	20	11 269.24	18
西　　宁	3 802.21	24	5 468.39	24
银　　川	3 718.57	25	5 028.54	25
南　　宁				
乌鲁木齐	8 477.90	21	7 001.80	22
拉　　萨				

注：表中南昌位次考虑空缺城市指标数据。

副省级(非省会)城市主要经济指标

(2018年)

指标	深圳	大连	宁波	厦门	青岛
地区生产总值(亿元)	24 221.98	7 668.48	10 745.50	4 791.41	12 001.50
比上年增长(%)	7.6	6.5	7.0	7.7	7.4
规模以上工业增加值比上年增长(%)	9.5	15.9	6.3	8.8	6.8
固定资产投资比上年增长(%)	20.6	10.1	3.6	10.1	7.9
社会消费品零售总额(亿元)	6 168.87	3 880.05	4 154.90	1 542.42	4 842.50
比上年增长(%)	7.6	7.8	8.1	6.6	10.0
海关出口总额(亿元)	16 270.19	1 917.01	5 550.65	3 341.54	3 167.10
比上年增长(%)	-1.6	8.1	11.4	2.7	4.8
实际利用外资(亿美元)	82.03	26.78	43.20		86.90
比上年增长(%)	10.8	-17.6	7.2		10.0
地方一般公共预算收入(亿元)	3 538.41	703.98	1 379.70	754.53	1 231.90
比上年增长(%)	6.2	7.0	10.8	8.3	6.5
规模以上工业总产值(亿元)	34 603.77		16 830.00		
比上年增长(%)	9.4		10.3		
城镇居民人均可支配收入(元)	57 543	43 550	60 134	54 401	50 817
比上年增长(%)	8.7	7.3	8.0	8.8	7.7
居民消费价格指数(以上年为100)	102.8	103.0	102.2	101.8	102.1

江西省2018年国民经济和社会发展统计公报

江西省统计局　国家统计局江西调查总队

2018年，在省委省政府的坚强领导下，全省上下深入学习贯彻习近平新时代中国特色社会主义思想和党的十九大精神，从更高层次贯彻落实习近平总书记对江西工作的重要要求，坚持稳中求进工作总基调，贯彻新发展理念，落实高质量发展要求，以供给侧结构性改革为主线，按照“创新引领、改革攻坚、开放提升、绿色崛起、担当实干、兴赣富民”工作方针，统筹做好稳增长、促改革、调结构、优生态、惠民生、防风险各项工作，积极应对各种困难和挑战，全省经济运行总体平稳、稳中有进、稳中提质，社会发展和谐健康。

一、综合

初步核算，全年全省地区生产总值（GDP）21984.8亿元，比上年增长8.7%。其中，第一产业增加值1877.3亿元，增长3.4%；第二产业增加值10250.2亿元，增长8.3%；第三产业增加值9857.2亿元，增长10.3%。三次产业结构为8.6∶46.6∶44.8，三次产业对GDP增长的贡献率为3.7%、48.2%和48.1%。人均生产总值47434元，按年平均汇率计算，折合7168美元，增长8.1%。

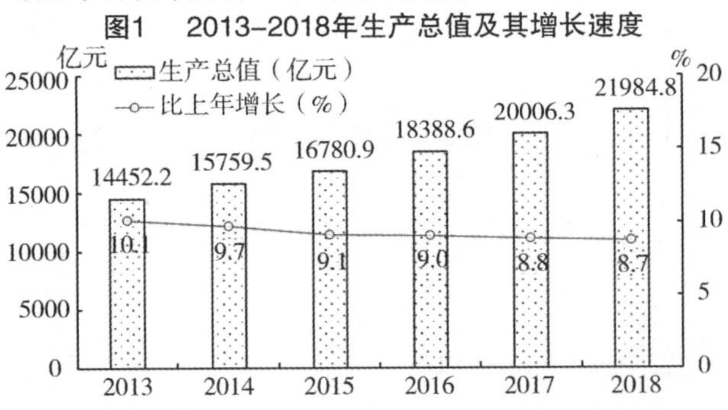

图1　2013-2018年生产总值及其增长速度

图2　2013-2018年三次产业增加值占生产总值比重

年末全省常住人口4647.6万人，比上年末增加25.5万人。其中，城镇人口2603.6万人，占总人口的比重（常住人口城镇化率）为56.0%，比上年末提高1.4个百分点。户籍人口城镇化率为39.8%，比上年末提高1.9个百分点。全年出生人口62.2万人，出生率13.43‰，比上年下降0.36个千分点；死亡人口28.1万人，死亡率6.06‰，下降0.02个千分点；自然增长率7.37‰，下降0.34个千分点。

表1　2018年年末人口数及构成

指　标	年末数（万人）	比重（%）
常住人口	4647.6	100.0
其中：城镇	2603.6	56.0
乡村	2044.0	44.0
其中：男性	2383.6	51.3
女性	2264.0	48.7
其中：0－15岁（含不满16周岁）	1008.5	21.7
16－59岁（含不满60周岁）	2938.2	63.2
60周岁及以上	700.9	15.1
其中：65周岁及以上	489.4	10.5

年末全省全社会就业人数2636.1万人，比上年末减少9.5万人；城镇登记失业率为3.4%，继续控制在4.5%的目标范围之内。全年城镇新增就业55.3万人、新增转移农村劳动力62.3万人，分别完成年度目标的122.9%、124.5%；失业人员再就业22.2万人，完成全年目标任务的116.8%；就业困难人员就业5.4万人，完成全年目标任务的133.8%。全年农民外出从业人员894.9万人，增长2.0%。其中，省外595.4万人，增长2.7%；省内299.5万人，增长0.5%。

全年全省财政总收入3795.0亿元，比上年增长10.1%；税收收入占财政总收入的比重为81.3%，比上年提高2.5个百分点。一般公共预算收入2372.3亿元，增长5.6%；税收收入占一般公共预算收入的比重为70.1%，比上年提高2.7个百分点。在主体税种中，增值税712.9亿元，增长17.1%；企业所得税222.6亿元，增长22.2%；个人所得税89.0亿元，增长27.8%。全年一般公共预算支出5669.9亿元,比上年增长10.9%。在重点支出中,教育支出1052.2亿元,增长11.9%;社会保障和就业支出762.6亿元,增长14.9%;城乡社区支出702.8亿元,增长36.2%。

图3　2013-2018年财政总收入及其增长速度

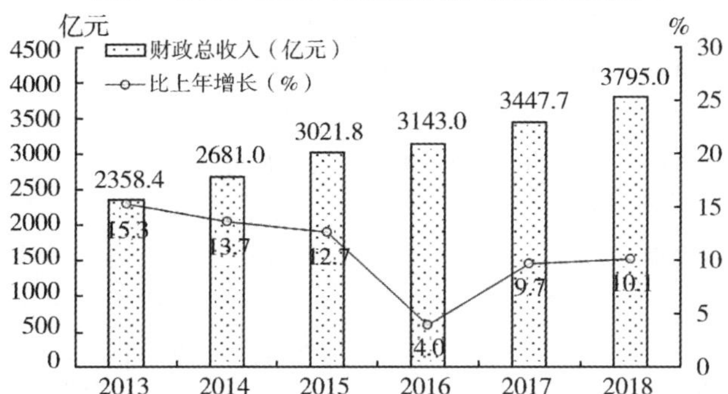

全年全省居民消费价格(CPI)比上年上涨2.1%。其中,城市上涨2.1%,农村上涨2.2%。构成CPI的八大类商品服务价格全部上涨:医疗保健类上涨8.3%,居住类上涨2.6%,教育文化和娱乐类上涨2.6%,交通和通信类上涨1.6%,食品烟酒类上涨1.0%,生活用品及服务类上涨1.0%,其他用品和服务类上涨0.8%,衣着类上涨0.2%。全年工业生产者出厂价格(PPI)上涨%4.2%,工业生产者购进价格上涨3.2%。

图4　2018年居民消费价格月度同比涨跌幅度

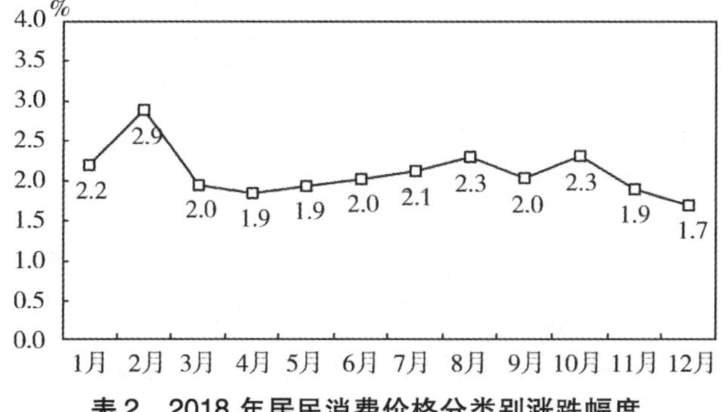

表2　2018年居民消费价格分类别涨跌幅度

类　别	比上年上涨(%)
居民消费价格指数	2.1
食品烟酒	1.0
其中:粮食	1.1
衣着	0.2
居住	2.6
生活用品及服务	1.0
交通和通信	1.6
教育文化和娱乐	2.6
医疗保健	8.3
其他用品和服务	0.8

二、农业

全年全省农林牧渔业总产值3148.6亿元,比上年增长3.5%。粮食种植面积3721.3千公顷,下降1.7%。其中,谷物种植面积3491.7千公顷,下降1.9%。油料种植面积680.1千公顷,增长%0.6%。其中,油菜籽483.0千公顷,下降0.7%。蔬菜种植面积632.9千公顷,增长2.2%。棉花种植面积46.7千公顷,下降7.6%。甘蔗种植面积14.3千公顷,增长0.6%。

全年全省粮食总产量2190.7万吨,比上年下降1.4%,列历史第五高产年份。其中,谷物产量2112.2万吨,下降1.6%。油料产量120.8万吨,增长3.0%。其中,油菜籽69.1万吨,增长2.7%。蔬菜产量1537.0万吨,增长3.2%。棉花产量7.2万吨,下降7.2%。甘蔗产量64.6万吨,下降1.4%。烟叶产量3.6万吨,下降35.1%。茶叶产量6.5万吨,增长6.5%。园林水果产量470.2万吨,增长3.3%。

全年全省肉类总产量325.7万吨,比上年增长0.9%。其中,猪肉产量246.3万吨,下降1.3%;牛肉产量12.5万吨,增长3.4%;羊肉产量2.1万吨,增长6.6%。禽蛋产量47.0万吨,增长2.9%。牛奶产量9.6万吨,增长1.4%。水产品产量255.9万吨,增长%2.2%。年末生猪存栏1587.3万头,比上年末下降2.1%;生猪出栏3124.0万头,下降1.8%。

表3　2018年主要农产品产量及其增长速度

产品名称	产量(万吨)	比上年增长(%)
粮食	2190.7	-1.4
其中:谷物	2112.2	-1.6
油料	120.8	3.0
其中:油菜籽	69.1	2.7
蔬菜	1537.0	3.2
棉花	7.2	-7.2
甘蔗	64.6	-1.4
烟叶	3.6	-35.1
茶叶	6.5	6.5
园林水果	470.2	3.3
肉类	325.7	0.9
水产品	255.9	2.2

年末全省共有省级现代农业示范园159个,建设面积241.3万亩。全年新增1个千亿级产业(水产产业),形成粮食、畜牧、果蔬、水产等四大千亿元

产业，农业产品加工业产值与农业总产值的比为2.2:1。精心打造“四绿一红”五大茶叶品牌，启动了“鄱阳湖水产”和“江西地方鸡”品牌建设，建立了赣南脐橙、南丰蜜橘、广丰马家柚、庐山云雾茶、宁红茶、广昌白莲等10个农产品区域公用品牌。

三、工业和建筑业

全年全省全部工业增加值8113.0亿元，比上年增长8.7%；规模以上工业增加值增长8.9%。规模以上工业增加值中，分轻重工业看，轻工业增长4.7%，重工业增长11.3%。分经济类型看，国有企业增长1.0%，集体企业增长6.7%，股份合作企业下降%12.3%，股份制企业增长9.3%，外商及港澳台商投资企业增长8.7%，其他经济类型企业增长12.0%。分行业看，38个行业大类中34个实现增长，占比达89.5%。其中，计算机、通信和其他电子设备制造业增加值增长27.3%，电气机械和器材制造业增长15.3%，电力、热力生产和供应业增长13.0%，有色金属冶炼和压延加工业增长12.7%。非公工业贡献较大。非公有制工业增加值增长9.7%，占规模以上工业增加值的79.8%，对规模以上工业增长的贡献率为86.5%。其中，私营企业增长10.1%，占规模以上工业增加值的37.0%，对规模以上工业增长的贡献率为41.2%。新产业加速发展。高新技术产业增加值增长12.0%，比规模以上工业快3.1个百分点，占规模以上工业增加值的33.8%，比上年提高2.9个百分点；装备制造业增加值增长13.8%，比规模以上工业快4.9个百分点，占规模以上工业增加值的26.3%，比上年提高0.8个百分点；战略性新兴产业增加值增长11.6%，比规模以上工业快2.7个百分点，占规模以上工业增加值的17.1%，比上年提高2.0个百分点。

图5　2013-2018年规模以上工业增加值增长速度

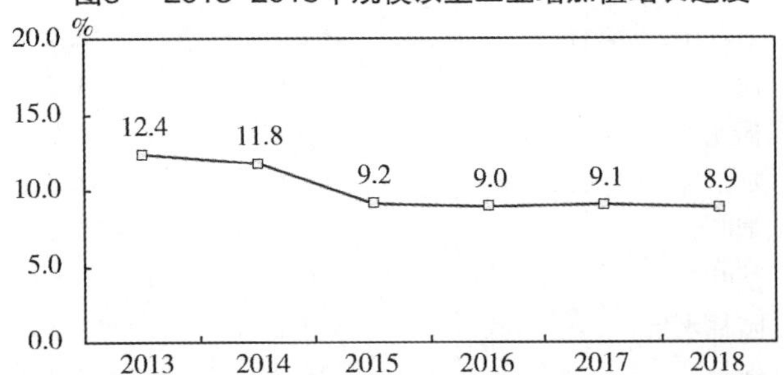

重点监测的370种主要工业产品中216种产量比上年增长，增长面达58.4%。其中，铜材产量增长51.8%，多晶硅增长30.3%，化纤增长23.7%，中成药增长17.8%，智能手机增长10.6%。

表4　2018年规模以上工业主要产品产量及其增长速度

产品名称	单　位	产　量	比上年增长(%)
原煤产量	万吨	530.5	-13.5
原煤库存量	万吨	8.2	3.8
原油加工量	万吨	766.6	9.7
发电量	亿千瓦时	1192.5	12.1
其中：火力发电量	亿千瓦时	1056.3	11.9
饮料酒	万千升	96.2	1.1
其中：白酒(折65度，商品量)	万千升	11.2	-6.2
啤酒	万千升	83.6	1.7
精制茶	万吨	8.9	8.5
卷烟	亿支	638.0	-3.1
纱	万吨	140.3	9.8
布	亿米	7.8	-40.0
服装	亿件	7.5	-1.8
机制纸及纸板	万吨	214.5	5.3
硫酸(折100)	万吨	272.6	-0.1
烧碱(折100)	万吨	43.5	25.0
农用氮、磷、钾化学肥料(折纯)	万吨	11.0	-51.5
化学农药原药(折纯)	万吨	4.9	5.0
单晶硅	万吨	1.6	112.9
多晶硅	万吨	3.4	30.3
化学药品原药	万吨	2.9	-43.2
中成药	万吨	11.5	17.8
化学纤维	万吨	54.6	23.7
水泥	万吨	8813.5	4.7
瓷质砖	万平方米	90004.4	-10.0
粗钢	万吨	2499.2	4.0
钢材	万吨	2571.3	7.9
十种有色金属	万吨	163.7	2.4

全年全省规模以上工业企业实现主营业务收入32077.4亿元，比上年增长12.0%；实现利润总额2157.8亿元，增长16.5%；每百元主营业务收入中的成本为86.61元，比上年减少0.36元。年末规上工业资产负债率为51.7%，比上年末下降0.7个百分点。

年末全省开发区投产工业企业11691户，比上年末增加268户；实际开发面积653.8平方公里，完成基础设施投入1168.2亿元。全年开发区工业增加值增长9.3%，增速高于规模以上工业0.4个百分点；实现出口交货值1722.0亿元，增长9.6%。招商签约资金8385.8亿元，增长6.8%；招商实际到位资金5187.8亿元，招商资金实际到位率为61.9%。实现主营业务收入25843.3亿元，增长12.4%；实现利润总额1860.8亿元，增长15.7%。主营业务收入过百亿的开发区65个。其中，主营

表8　2018年对主要国家(地区)出口值及其增长速度

国家(地区)	出口值(亿元)	比上年增长(%)
东盟	404.8	16.9
美国	369.8	-3.6
欧盟	307.1	-2.9
中国香港	206.9	-2.3
韩国	119.2	-12.2
日本	91.9	15.2
马来西亚	85.1	23.2
印度	79.3	12.3
越南	76.0	9.4
印度尼西亚	65.9	15.4

全年全省新批外商投资企业594家,比上年增长20.0%;合同金额88.8亿美元,下降12.3%;实际使用外商直接投资金额125.7亿美元,增长9.7%。利用省外项目实际进资7346.4亿元,增长10.8%。截至年底,在赣投资具有世界500强投资背景的企业达68家。

表9　2018年分行业实际使用外商直接投资金额及其增长速度

行　　业	金额(亿美元)	比上年增长(%)
总计	125.7	9.7
其中:农、林、牧、渔业	6.7	10.3
制造业	77.8	19.3
电力、燃气及水的生产和供应业	3.2	-15.6
交通运输、仓储和邮政业	3.1	46.7
信息传输、计算机服务和软件业	1.3	116.4
批发和零售业	6.4	-22.8
房地产业	11.7	-29.4
租赁和商务服务业	9.8	47.7
科学研究技术服务和地质勘查业	2.0	225.8

全年新签对外承包工程合同121份,比上年下降57.4%;合同金额32.4亿美元,下降21.1%;完成营业额44.7亿美元,增长4.8%;对外直接投资额8.4亿美元,增长17.4%。对外承包工程和对外劳务合作派出各类劳务人员4147人,增长19.3%。

七、交通、邮电和旅游

全年全省货物运输量174184.2万吨,比上年增长12.8%;货物运输周转量4528.3亿吨公里,增长7.4%。旅客运输量62419.3万人,下降3.1%;旅客运输周转量993.7亿人公里,下降0.7%。开行赣欧班列202列,赣州国际陆港年吞吐量达40.8万标箱、%增长71.4%,九江港年吞吐量达42.9万标箱、增长28%;昌北国际机场开通了外国人口岸签证业务、至比利时首条洲际货运航线,旅客吞吐量1352万人次、增长23.7%,货邮吞吐量8.26万吨、增长58.1%。

表10　2018年各种运输方式货物运输量及其增长速度

指　　标	单　位	绝对值	比上年增长(%)
货物运输量	万吨	174184.2	12.8
铁路	万吨	5046.0	5.4
公路	万吨	157646.0	14.2
水运	万吨	11483.0	-0.1
空运	万吨	9.1	43.7
货物运输周转量	亿吨公里	4528.3	7.4
铁路	亿吨公里	530.2	-0.4
公路	亿吨公里	3759.9	9.5
水运	亿吨公里	238.1	-5.5

表11　2018年各种运输方式旅客运输量及其增长速度

指　　标	单　位	绝对值	比上年增长(%)
旅客运输量	万人	62419.3	-3.1
铁路	万人	11130.7	8.9
公路	万人	49302.0	-6.1
水运	万人	253.0	-5.4
空运	万人	1733.6	22.5
旅客运输周转量	亿人公里	993.7	-0.7
铁路	亿人公里	732.4	1.4
公路	亿人公里	261.0	-5.9
水运	亿人公里	0.3	-1.3

年末全省公路通车里程161941.0公里,其中,高速公路通车里程5931.4公里。铁路营运里程4134.4公里。民用汽车保有量544.4万辆,增长15.0%;民用轿车保有量306.7万辆,增长15.8%,其中私人轿车293.4万辆,增长16.2%。

全年全省邮电业务总量1784.2亿元,比上年增长125.6%。其中,邮政业务总量176.6亿元,增长36.3%;电信业务总量1607.6亿元,增长143.2%。完成邮政函件业务2763.6万件,下降7.8%;包裹业务44.5万件,下降11.2%。快递服务企业业务量6.2亿件,增长41.5%;业务收入67.1亿元,增长36.4%。年末固定电话用户466.1万户,比上年末下降2.3%。其中,城市电话用户313.5万户,下降1.2%;乡村电话用户152.6万户,下降4.4%。移动电话用户4043.5万户,增长17.2%。其中,4G移动电话用户2970.0万户,增长19.9%;3G移动电话用户293.6万户,增长13.2%。固定互联网宽带接入用户1323.4万户,增长32.7%。

八、金融、证券和保险

年末全省金融机构人民币各项存款余额35069.5亿元，比上年末增长8.5%，比年初增加2744.6亿元，同比少增687.2亿元。其中，住户存款17184.4亿元，比年初增加1678.2亿元，同比多增156.5亿元；非金融企业存款10415.5亿元，比年初增加585.2亿元，同比少增894.4亿元。金融机构人民币各项贷款余额30358.4亿元，比上年末增长18.1%，比年初增加4645.0亿元，同比多增654.2亿元。其中，住户贷款12139.6亿元，比年初增加1897.9亿元，同比少增33.3亿元；非金融机构及机关团体贷款18154.6亿元，比年初增加2697.0亿元，同比多增647.9亿元。

年末全省辖区内共有境内上市公司42家，其中，主板公司25家，中小板公司9家，创业板公司8家。辖区内证券公司2家，分公司35家，证券营业部321家，证券交易额4.2万亿元；期货公司1家，期货营业部34家，期货代理成交金额1.9万亿元。

全年全省保险公司保费收入753.6亿元，比上年增长3.6%。其中，财产险保费收入240.4亿元，增长12.5%；寿险保费收入% 186.6亿元，下降19.4%；健康险保费收入113.7亿元，增长36.0%；意外伤害险保费收入18.3亿元，增长24.9%。支付各类赔款及给付264.9亿元，增长22.2%。其中，财产险赔款及给付127.8亿元，增长19.5%；人寿险赔款及给付79.6亿元，增长8.0%；健康险赔款和给付52.2亿元，增长60.1%；意外伤害险赔款和给付5.3亿元，增长48.4%。

九、人民生活和社会保障

全年全省居民人均可支配收入24080元，比上年增长9.3%，扣除价格因素，实际增长7.1%。其中，城镇居民人均可支配收入33819元，增长8.4%，扣除价格因素，实际增长6.2%；农村居民人均可支配收入14460元，增长9.2%，扣除价格因素，实际增长6.8%。城乡居民收入比2.34:1，比上年缩小0.02。

图9 2013-2018年城镇、农村居民人均可支配收入及城乡居民收入比

全年全省居民人均消费支出15792元，比上年增长9.2%。其中，城镇居民人均消费支出20760元，增长7.9%；农村居民人均消费支出10885元，增长10.3%。城、乡居民消费恩格尔系数分别为30.0%、31.3%，比上年下降1.1和2.3个百分点。

年末全省参加城镇职工基本养老保险人数1052.8万人，比上年末增加47.6万人。参加失业保险人数288.0万人，增加1.7万人。参加工伤保险人数534.6万人，增加17.5万人，其中参加工伤保险的农民工112.1万人，减少7.5万人。城市居民得到政府最低生活保障人数63.1万人，城市低保标准580元/人月，向城市低保户发放低保金28.8亿元，月人均补差381元；农村居民得到政府最低生活保障人数163.4万人，农村低保标准340元/人月，向农村低保户发放低保金51.7亿元，月人均补差260元。城镇“三无特困群众”供养保准755元/人月，农村五保户集中供养、分散供养标准分别为455元/人月、350元/人月，集中供养孤儿基本生活保障标准1200元/人月。

全年全省义务教育阶段免除学杂费的学生数628.2万人，义务教育阶段补助家庭经济困难寄宿生活费学生数29.7万人，资助普通高中家庭经济困难学生数25.1万人，资助考入大学（含民办高校独立学院）家庭经济困难学生数3.0万人，资助中等职业教育（不含技工学校）家庭经济困难学生数38.2万人。

全年全省扶贫移民搬迁2.9万人，省级扶贫发展资金投入28.5亿元。实现42万贫困人口脱贫、1000个贫困村退出、10个贫困县达到摘帽条件，2017年申请退出的瑞金、万安、永新、上饶、横峰、广昌等6个贫困县（市）成功脱贫摘帽。

年末全省共有提供住宿的社会福利机构1833个，床位数16.0万张，收养人数9.0万人。社区服务机构和设施总数3789个，其中社区服务中心398个。全年销售社会福利彩票51.2亿元，筹集福利彩票公益金15.0亿元，直接接受社会捐赠0.9亿元。

十、教育和科学技术

全年全省研究生教育招生1.5万人，在校生3.9万人，毕业生1.0万人。普通高等教育招生32.4万人，在校生105.4万人，毕业生31.1万人。成人高等教育招生7.4万人，在校生18.4万人，毕业生5.1万人。中等职业教育招生12.3万人，在校生35.5万人，毕业生10.9万人。普通高中招生34.5万人，在校生100.8万人，毕业生30.5万人。初中学校招生74.1万人，在校生207.0万人，毕业生57.6万人。普通小学招生70.2万人，在校生

421.2 万人，毕业生 73.2 万人。民办学校 10705 所，在校学生 200.8 万人。特殊教育在校生 3.4 万人，幼儿园在园幼儿 161.3 万人。小学毛入学率 103.4%，初中阶段毛入学率 114.9%，高中阶段教育毛入学率 90.5%。普通高考录取率 82.5%，高等教育毛入学率 45.0%。

表 12 2018 各类学校招生、在校生和毕业生人数

单位:万人

指标	招生数	在校生数	毕业生数
研究生教育	1.5	3.9	1.0
普通高等教育	32.4	105.4	31.1
成人高等教育	7.4	18.4	5.1
中等职业教育	12.3	35.5	10.9
普通高中	34.5	100.8	30.5
初中学校	74.1	207.0	57.6
普通小学	70.2	421.2	73.2

全年全省研究与试验发展（R&D）经费支出 307.8 亿元，占 GDP 的比重为 1.4%，比上年提高 0.12 个百分点。年末共有国家工程（技术）研究中心 8 个，省工程（技术）研究中心 346 个；国家级重点实验室 5 个，省级重点实验室 181 个。全年受理专利申请 86001 件，授权专利 52819 件；签订技术合同 3024 项，技术市场合同成交金额 115.8 亿元，其中，技术开发合同成交额 41.2 亿元，技术转让合同成交额 12.6 亿元。建立首个“千人计划”人才产业园，新增共青城和丰城 2 个国家级高新区，国家级高新区增加至 9 个。省部共建东华理工大学核资源与环境国家重点实验室获批组建，中国（南昌）知识产权保护中心、江中集团科研中心投入使用。民航江西航空器适航审定中心、中科院江西产业技术创新与育成中心、中国联通（江西）工业互联网研究院、江西北斗应用研究院、北航江西研究院、南昌大学和南昌航空大学国际创新研究院等挂牌成立。

年末全省共有产品质量检测机构 72 个，其中国家级检测中心 11 个，法定计量技术机构 308 个。全年强制检定计量器具 123.5 万台（件），开展产品质量监督抽查 7799 批次。累计获得 3C 证书的企业 912 家，获得 3C 证书 7058 张。累计发放自愿性产品认证证书 3964 张，发放省级工业产品生产许可证 683 张。测绘部门为经济社会发展提供各种基本比例尺地形图 2372 张，大地成果 3083 点，航摄成果提供与应用 171878.4 万平方公里。

十一、文化旅游、卫生健康和体育

年末全省共有艺术表演团体 83 个，文化馆 118 个，公共图书馆 113 个，博物馆 144 个。广播电视台 101 座，中、短波转播发射台 22 座。有线广播电视用户 648.9 万户，其中，数字电视用户 613.6 万户。年末广播综合人口覆盖率 98.5%，电视综合人口覆盖率 99.1%。全年出版各种图书、期刊、报纸 9107 种，出版各类图书 24184 万册、期刊 7495 万册、报纸 83791 万份。

全年全省接待国内旅游者 68550.4 万人次，比上年增长 19.7%；国内旅游收入 8095.8 亿元，增长 26.6%。接待入境旅游者 206.3 万人次，增长 9.2%；国际旅游外汇收入 7.5 亿美元，增长 18.3%。国有 5A 级旅游景区和国家级风景名胜区门票全面降价，每年惠民让利 2 亿元。

年末全省共有各类医疗卫生机构（含村卫生室）36545 个。其中，医院、卫生院 2310 个，妇幼保健院（所、站）112 个，专科疾病防治院（所、站）108 个，疾病预防控制中心 147 个，卫生监督所（中心）111 个。卫生技术人员 24.7 万人。其中，执业医师和执业助理医师 8.7 万人，注册护士 11.1 万人。医院、卫生院床位数 22.9 万张，其中，乡镇卫生院床位数 5.6 万张。

年末全省共有全民健身中心 1 个，青少年俱乐部 131 个，青少年户外活动营地 4 个；国家级体育传统项目学校 15 所，省级体育传统项目学校 237 所，省级单项体育后备人才基地 37 个。全年新建村级农民体育健身工程 240 个，乡镇农民体育健身工程 28 个。在国际和国内的重大比赛中共获得 93 枚金牌、101 枚银牌和 104 枚铜牌。

十二、自然资源、生态环境和应急管理

全年全省 PM2.5 浓度为 38 微克/立方米，超额完成 44 微克/立方米的年度考核任务，比上年下降 17.4%。优良天数比例为 88.3%，比上年上升 5 个百分点，全年优良天数增加 18 天。空气中的 SO2、PM10、NO2 浓度均达到国家二级标准，分别下降 26.1%、12.3% 和 3.8%。11 个设区市空气质量首次全面完成考核目标任务，南昌市、景德镇市空气质量达到国家二级标准，实现历史性突破。

全年全省地表水水质总体为优，断面水质优良比例为 90.7%，比上年上升 2.2 个百分点。其中，国家考核断面水质优良率 92%，上升 2.7 个百分点，高于国家年度考核目标 9.3 个百分点，基本消除监测断面劣 V 类水体。主要河流断面达标率为 97.4%，上升个百分点。信江、饶河、袁水、长江九江段、东江和环鄱阳湖区河流水质优良比例均为 100%。

全年全省完成造林面积 137.2 万亩，森林抚育 568.1 万亩，改造低产低效林 199.4 万亩，森林覆盖

率稳定在63.1%。共建立自然保护区190处，其中，国家级16处、省级38处、市县级136处。自然保护区面积109.88万公顷，占全省国土面积的6.6%。井冈山、崇义、浮梁被命名为国家第二批生态文明建设示范市县，婺源县被命名为国家第二批“两山”理论实践创新基地。

全省年平均降水量1553.7毫米，较常年偏少7.2%，位列历史第24低位。平均气温18.9℃，较常年偏高0.9℃，位列历史第2高位。平均日照时数1647.9小时，较常年偏多0.9%，位列历史第33高位。

全年全省能源消费总量9310.3万吨标准煤，比上年增长3.5%；万元GDP能耗0.431吨标准煤，比上年下降4.8%，超额完成年度节能“双控”目标任务。规模以上工业综合能源消费量5387.4万吨标准煤，增长3.6%；万元规模以上工业增加值能耗下降4.8%，完成全年下降目标。

全年安全生产事故2160起，其中，道路运输业事故1823起，工矿商贸事故243起，铁路运输业事故50起。安全生产事故死亡人数1333人，其中，道路运输业事故死亡989人，工矿商贸事故死亡265人，铁路运输业事故死亡37人。亿元生产总值安全生产事故死亡人数0.06人。

注释：

1. 本公报中数据均为初步统计数。部分数据因四舍五入的原因，存在着分项与合计不等的情况。

2. 地区生产总值、各产业增加值和人均生产总值绝对数按现价计算，增长速度按不变价格计算。

3. 规模以上工业统计范围为年主营业务收入2000万元及以上的企业，固定资产投资（不含农户）统计范围为计划总投资500万元及以上项目和房地产。

4. 邮电业务总量按2010年不变价格计算。

5. 万元生产总值能耗、万元规模以上工业增加值能耗按2015年不变价格计算。

6. 常住人口是指实际经常居住在某地区一定时间的人口。按人口普查和抽样调查规定，主要包括：居住在本乡镇街道、户口在本乡镇街道或户口待定的人，居住在本乡镇街道、离开户口所在地乡镇街道半年以上的人，户口在本乡镇街道、外出不满半年或在境外工作学习的人。

7. 小学适龄儿童入学率指调查范围内已入小学学习的学龄儿童占校内外学龄儿童总数的百分比。

8. 高中阶段教育毛入学率主要反映高中阶段教育覆盖面，是指高中阶段在校生总数占15－17岁学龄人口数的百分比。

资料来源：

本公报中户籍人口城镇化率、民用汽车、道路交通事故数据来自省公安厅；城镇新增就业、登记失业率、社会保障数据来自省人力资源和社会保障厅；财政数据来自省财政厅；水产品产量数据来自省农业农村厅；保障性住房数据来自省住房和城乡建设厅；外贸数据来自南昌海关；利用外资和省外资金、对外承包工程数据来自省商务厅；铁路客货运输量、周转量数据来自中国铁路南昌局集团有限公司；公路、水路客货运输量、周转量数据来自省交通运输厅；机场旅客吞吐量数据来自省机场集团公司；电信业务量、移动电话用户数、固定电话用户数来自省通信管理局；邮政业务量、快递业务量数据来自省邮政管理局；存贷款数据来自人民银行南昌中心支行；证券、期货数据来自江西证监局；保险数据来自江西银保监局；教育数据来自省教育厅；科技数据来自省科技厅；专利数据来自省知识产权局；质量检测、行业标准数据来自省市场监督管理局；艺术表演团体、博物馆、公共图书馆、文化馆、旅游数据来自省文化和旅游厅；广播、电视、报纸、期刊、图书数据来自省广播电视局；测绘数据来自省自然资源厅；卫生数据来自省卫生健康委；体育数据来自省体育局；城乡低保、社会福利、社区服务、社会捐赠数据来省自省民政厅；扶贫数据来自省扶贫办；造林、森林覆盖率数据来自省林业局；空气和地表水质量、污染物排放、自然保护区数据来自省生态环境厅；降水量、平均气温、日照时数数据来自省气象局；安全生产数据来自省应急管理厅；其他数据来自省统计局和国家统计局江西调查总队。

全省各设区市常住总人口

单位:万人

地　　区	2018年
全　　省	**4 647.57**
南 昌 市	554.55
景德镇市	167.32
萍 乡 市	193.32
九 江 市	489.68
新 余 市	118.67
鹰 潭 市	117.50
赣 州 市	867.76
吉 安 市	495.66
宜 春 市	557.32
抚 州 市	404.72
上 饶 市	681.07

全省各设区市地区生产总值

(2018年)

单位:亿元

地　　区	地区生产总值	第一产业	第二产业	第三产业
全　　省	**21 984.78**	**1 877.33**	**10 250.21**	**9 857.24**
南 昌 市	5 274.67	190.68	2 660.92	2 423.07
景德镇市	846.60	56.45	402.32	387.83
萍 乡 市	1 009.05	59.36	469.27	480.42
九 江 市	2 700.19	189.21	1 362.95	1 148.02
新 余 市	1 027.34	55.47	509.21	462.66
鹰 潭 市	818.98	56.31	450.77	311.90
赣 州 市	2 807.24	340.30	1 194.24	1 272.70
吉 安 市	1 742.23	207.99	790.05	744.19
宜 春 市	2 180.85	269.17	977.51	934.17
抚 州 市	1 382.40	199.28	566.00	617.12
上 饶 市	2 212.78	253.10	1 018.79	940.89

注:本表数据为快报数。

全省各设区市规模以上工业增加值

地　　区	2018年比上年增长(%)
全　　省	**8.9**
南　昌　市	9.5
景德镇市	8.3
萍　乡　市	8.6
九　江　市	8.9
新　余　市	8.5
鹰　潭　市	8.7
赣　州　市	9.5
吉　安　市	9.4
宜　春　市	6.3
抚　州　市	9.0
上　饶　市	9.4

全省各设区市规模以上服务业主要指标

(2018年)

地　　区	企业数(户)	营业收入(亿元)
全　　省	**4 353**	**2 458.42**
南　昌　市	804	717.41
景德镇市	164	99.57
萍　乡　市	131	54.70
九　江　市	378	236.79
新　余　市	109	37.61
鹰　潭　市	171	91.57
赣　州　市	558	292.84
吉　安　市	574	268.68
宜　春　市	499	215.37
抚　州　市	357	166.06
上　饶　市	606	277.42

全省各设区市社会消费品零售总额

单位:亿元

地　　区	2018 年	比上年增长(%)
全　　省	**7 566.44**	**11.0**
南 昌 市	2 131.63	11.1
景德镇市	340.66	10.8
萍 乡 市	384.83	10.9
九 江 市	752.10	11.2
新 余 市	274.36	11.2
鹰 潭 市	220.79	10.8
赣 州 市	901.71	11.1
吉 安 市	514.19	11.3
宜 春 市	676.03	10.7
抚 州 市	544.14	10.6
上 饶 市	825.99	11.1

全省各设区市500万元及以上固定资产投资

地　　区	2018 年比上年增长(%)
全　　省	**11.1**
南 昌 市	10.9
景德镇市	11.2
萍 乡 市	10.5
九 江 市	10.8
新 余 市	10.6
鹰 潭 市	9.3
赣 州 市	11.3
吉 安 市	10.7
宜 春 市	11.0
抚 州 市	10.7
上 饶 市	11.1

全省各设区市财政收入

（2018 年）

单位:亿元

地　　区	财政总收入	#地方一般公共预算收入
全　　省	**3 794.99**	**2 372.33**
南 昌 市	869.36	461.75
景德镇市	132.46	89.86
萍 乡 市	161.58	99.71
九 江 市	508.06	267.89
新 余 市	144.25	76.36
鹰 潭 市	140.87	80.63
赣 州 市	459.51	265.21
吉 安 市	280.52	167.73
宜 春 市	391.35	236.37
抚 州 市	200.70	124.21
上 饶 市	351.57	222.83

全省各设区市实际利用外资额

（省口径）

单位:亿美元

地　　区	2018 年	比上年增长(%)
全　　省	**125.72**	**9.7**
南 昌 市	34.89	9.7
景德镇市	2.23	9.0
萍 乡 市	4.01	9.3
九 江 市	21.72	9.5
新 余 市	4.75	9.2
鹰 潭 市	3.16	9.3
赣 州 市	18.44	10.6
吉 安 市	11.72	9.5
宜 春 市	8.45	9.5
抚 州 市	3.85	9.0
上 饶 市	12.49	9.5

全省各设区市海关进出口总额

（2018 年）

单位:亿元

地　　区	进出口总额	#出口额
全　　省	**3 164.93**	**2 224.14**
南昌市	787.55	451.67
景德镇市	68.55	66.97
萍乡市	112.67	111.19
九江市	357.70	293.63
新余市	161.60	85.55
鹰潭市	323.01	69.65
赣州市	351.52	287.44
吉安市	384.08	307.65
宜春市	193.60	164.01
抚州市	141.33	131.08
上饶市	283.33	255.31

全省各设区市城镇居民人均可支配收入

单位:元

地　　区	2018 年	比上年增长(%)
全　　省	**33 819**	**8.4**
南昌市	40 844	8.4
景德镇市	37 183	8.5
萍乡市	35 763	8.0
九江市	35 265	8.2
新余市	37 592	8.1
鹰潭市	34 263	8.1
赣州市	32 163	8.8
吉安市	34 692	8.6
宜春市	32 248	8.0
抚州市	31 976	8.5
上饶市	34 656	8.8

全省各设区市农村居民人均可支配收入

单位:元

地　　区	2018 年	比上年增长(%)
全　　省	**14 460**	**9.2**
南 昌 市	17 866	9.2
景德镇市	16 510	9.4
萍 乡 市	18 012	8.5
九 江 市	14 482	8.9
新 余 市	17 993	8.5
鹰 潭 市	16 145	9.6
赣 州 市	10 782	11.0
吉 安 市	13 820	10.2
宜 春 市	14 975	8.9
抚 州 市	14 767	8.9
上 饶 市	13 346	9.6

全省各设区市居民消费价格指数

(上年=100)

地　　区	2018 年
全　　省	**102.1**
南 昌 市	102.3
景德镇市	101.5
萍 乡 市	102.2
九 江 市	101.7
新 余 市	101.9
鹰 潭 市	102.2
赣 州 市	102.1
吉 安 市	102.0
宜 春 市	101.7
抚 州 市	102.1
上 饶 市	102.3